보편 공의회 문헌집 제2권 전편
- 라테란 공의회 · 리옹 공의회 -

Conciliorum Oecumenicorum Decreta II

Conciliorum Oecumenicorum Decreta II
Original Text Established by J. Alberigo, J.A. Dossetti, P.-P. Joannou,
C. Leonardi, and P. Prodi, in consultation with H. Jedin
Copyright ⓒ 1972 by Istituto per le scienze religiose-Bologna
All rights reserved.

Translated by Committee for Translation of Decrees of the Ecumenical Councils
Korean Copyright ⓒ 2009 by Catholic Publishing House, Seoul, Korea

보편 공의회 문헌집 제2권 전편
– 제1~4차 라테란 공의회·제1~2차 리옹 공의회 –

2009년 4월 28일 교회 인가
2009년 9월 30일 초판 1쇄 펴냄

엮은이 · 주세페 알베리고 외
옮긴이 · 김영국, 손희송, 이경상, 박준양, 변종찬
펴낸이 · 정진석
펴낸곳 · 가톨릭출판사
편집 겸 인쇄인 · 김승철

주소 · 서울특별시 중구 중림동 149-2
경기도 파주시 조리읍 오산리 400-8 프린팅파크 內
등록 · 1958. 1. 16. 제2-314호
전화 · 1544-1886(대)
070-8233-8221(영업국)
지로번호 · 3000997

ISBN 978-89-321-1165-0 03230

값 12,000원

http://www.catholicbook.kr

인터넷 가톨릭서점 http://www.catholicbook.kr
명동대성당 서적성물센터 (02)776-3601, 3602/ FAX (02)776-1019
가톨릭회관 서적성물센터 (02)777-2521/ FAX (02)777-2520
서초동성당 서적성물센터 서초지점 070-8234-1880
서울성모병원 가톨릭 플러스 070-7757-1886/ FAX (02)2258-6439
미주지사 (323)734-3383/ FAX (323)734-3380

가톨릭의 모든 도서와 성물을 '인터넷 가톨릭서점'에서 만나 보실 수 있습니다.

이 도서의 국립중앙도서관 출판시도서목록(CIP)은 e-CIP홈페이지(http://www.nl.go.kr/ecip)에서
이용하실 수 있습니다. (CIP제어번호:CIP2009002824)

교회문헌 2

보편 공의회 문헌집 제2권 전편

— 제1~4차 라테란 공의회 · 제1~2차 리옹 공의회 —

Conciliorum Oecumenicorum Decreta II

주세페 알베리고 외 엮음 / 김영국, 손희송, 이경상, 박준양, 변종찬 옮김

가톨릭출판사

■■ 일러두기

본문에 인용된 성경은 불가타본 성경을 번역한 것이다. 공동번역성서와 새성경을 참고하되 불가타본 성경 원문을 최대한 살려 번역했다. 장절 표기는 새성경을 따랐다.

역자 서문

가톨릭교회의 보편공의회들의 문헌은 쥬세페 알베리고(Giuseppe Alberigo)의 주도 하에 이탈리아 볼로냐 소재 '종교학 연구소'(Instituto per le Scienze Religiose)에서 종합 정리 하였습니다. 그 연구소는 그리스어와 라틴어로 된 원본들을 발굴하고 편집하여 출간함으로써 학계에 큰 편의를 제공하였습니다. 1962년에 원문대조 이탈리아어 번역본으로 최초의 『보편공의회 문헌집』(Conciliorum Oecumenicorum Decreta, G. Alberigo 외 다수 편집)을 출간하였고 그것을 1973년판을 거쳐 1991년판으로 출간하였습니다. 그리고 미국에서 이탈리아어 번역본을 기초로 그 편집 형태 전체를 그대로 따르면서 영어 번역본(Decrees of Ecumenical Councils, Norman P. Tanner S.J. 편집)을 출간하였고, 1990년도에 독일어 번역본(Dekrete der Ökumenischen Konzilien, J. Wohlmuth 편집)도 역시 같은 모습으로 출간된 바 있습니다.

저희 '보편공의회 문헌 번역위원회'에서는 『보편공의회 문헌집』(Conciliorum Oecumenicorum Decreta, G. Alberigo 외 다수 편집)을 번역의 기본 대상물로 하고, 상기한 여타의 번역본들을 참고하면서 원본의 657-816쪽에 해당하는 부분을 번역하여 2006년 9월 20일에 가톨릭 출판사의 『가톨릭 문화 총서』의 제17권 『보편공의회 문헌집 제3권 −트렌토 공의회・제1차 바티칸 공의회−』이라는 제목으로 출간한 바 있습니다. 이제 그것에 이어서 제1차 라테란 공의회부터 제2차 리옹 공의회에 이르는 문헌들의(『보편공의회 문헌집』 187-331쪽에 해당) 우리말 번역본이 『보편공의회 문헌집 제2권 전편(前篇) −제1~4차 라테란 공의회・제1~2차 리옹 공의회』이라는 제목으로 선보이게 되었습니다. 이는 가톨릭교회 역사상 있었던 아홉 번째 보편공의회부터 열네 번째 보편 공의회까지 총 여섯 개의 보편공의회 문헌들을 번역한 것입니다. 2005년 3월부터 번역에 착수하여 2006년 12월 겨울방학 때부터 일단 번역이 이루어진 부분부터 윤독하기 시작하였고 2008년 3월 번역을 마쳤으며, 계속해서 2009년 2월까지 여러 차례의 윤독회를 거쳐 비로소 세상에 내놓게 된 것입니다.

이미 지난번 번역서 역자서문에서 알려드렸듯이 다른 번역본들과 마찬가지로 원본의 쪽수를 그대로 따랐습니다. 그리고 내용 색인은 원본 전체를 완역한 후에 싣도록 하였습니다. 또한 이번에는 몇 가지 개선책을 시도하였는데, 우선 활자크기에 대해 수많은 독자들께서 제시하셨던 의견을 반영하였습니다. 종전에는 『가톨릭 문화 총서』의 기획물 시리즈에 속해 있어서 총서의 다른 서적들과 동일한 크기를 유지해야 했습니다. 그러나 총서기획에 변동이 생김으로써 이번에는 총서에 속하지 않은 독립 서적으로 출간하게 되었습니다. 따라서 책자 크기의 확대를 통해 가독성을 높이도록 하였습니다. 아울러 본래 원본에는 목차가 없지만, 독자들의 이해를 돕기 위해서 목차를 편성해 넣었습니다. 또한 두 명의 번역위원들이 추가로 가세하여 완성도를 더욱 높이려는 노력을 하였습니다.

신학을 전공하시는 분들이나 그 밖의 독자 여러분께서 보다 쉽게 그리고 직접 교회의 교도권의 가르침에 접근하시는 데에 작으나마 도움이 되고자 했던 저희 위원들의 소박한 마음을 헤아려주시고, 지혜로운 충언과 많은 관심을 쏟아주시기를 바라마지 않습니다.

2009년 예수부활 대축일에

보편공의회 문헌 번역 위원회 위원
김영국, 손희송, 이경상, 박준양, 변종찬

약어표

AAS	*Acta Apostolicae Sedis.*
ACO	E. Schwartz, *Acta Conciliorum Oecumenicorum*: tome I *Concilium universale Ephesinum*(5 vols.); tome II *Concilium universale Chalcedonense*(6 vols.), Berlin and Leipzig, 1927- 1932.
Asd	*Acta scitu dignissima docteque concinnata Constantiensis concilii celebratissimi*, ed. Jerome of Croaria, Hagenau, 1500.
ASS	*Acta Sedis Sanctae*
Benešević	W. Benešević, *Sinagoga v 50 titulov i drugie iuridičeskie zborniki Joana Scholastika*, St. Petersburg, 1914.
Bettenson[2]	H. Bettenson, *Documents of the Christian Church*, Oxford, [2]1967.
Bl	S. Baluze(Balutius), *Nova collectio conciliorum*···, tome I Paris, 1683.
Bn/BN[123]	S. Binius, *Concilia generalia et provincialia*···, 5 vols. Cologne, 1606; 9 vols. ibid., [2]1618; 11 vols. Paris, [3]1636.
Br	C. Baronius(continued by O. Raynaldi), *Annales ecclesiastici*, ed. J.D. Mansi, 38 vols. Lucca, 1728-1759.
BR	*Bullarum, diplomatum et privilegiorum sanctorum Romanorum pontificum* [Bullarium Taurinense], 25 vols. Turin, 1857-1872; Naples, 1867-1885.
Bruns	*Canones apostolorum et conciliorum saeculorum IV. V. VI. VII*, ed. H.T. Bruns, Berlin, 1839(facsimile ed. Turin, 1959).
CChr	*Corpus Christianorum*, Turnhout, 1953-.
CCO	*Les canons des conciles oecuméniques*, ed. P-P. Jouannou(Pontificia commissione per la redazione del codice di diritto canonico orientale. Fonti. Fasc. IX: *Discipline générale antique[IIe-IXe s.]* tome I part I), Grottaferrata, 1962.
CF	*Concilium Florentinum. Documenta et scriptores*, ed. Pontifical Oriental Institute, Rome, 1940-.
CIC	*Codex Iuris Canonici*, 1917.
Cl	N. Coleti, *Sacrosancta concilia ad regiam editionem exacta quae olim quarta parte prodiit*··· *longe locupletior et emendatior exhibetur*···, 23 vols. Venice, 1728-1733.
Clem.	*Clementis Papae V. Constitutiones.*

COD	*Conciliorum Oecumenicorum Decreta*, ed. G. Alberigo and others, Bologna, [5]1973.
CPG	*Les canons des pères Grecs*, ed. P-P. Jouannou(Pontificia commissione per la redazione del codice di diritto canonico orientale. Fonti. Fasc. IX: *Discipline générale antique [IIe-IXe s.]* tome II), Grottaferrata, 1963.
Cr[12]	P. Crabbe, *Concilia omnia, tam generalia, quam particularia*⋯, 2 vols. Cologne, 1538; 3 vols. ibid. [2]1551.
CSEL	*Corpus Scriptorum Ecclesiasticorum Latinorum*, Vienna, 1866-.
CSP	*Les canons des synodes particuliers*, ed. P-P. Jouannou(Pontificia commissione per la redazione del codice di diritto canonico orientale. Fonti. Fasc. IX: *Discipline générale antique [IIe-IXe s.]* tome I part II), Grottaferrata, 1962.
CT	*Concilium Tridentinum. Diariorum, actorum, epistularum, tractatuum nova collectio*, ed. Goerresian Society, 13 vols. so far, Freiburg, 1901-.
D	H. Denzinger and A. Schönmetzer, *Enchiridion symbolorum, definitionum et declarationum de rebus fidei et morum*, Barcelona and Freiburg, [33]1965.
Dc	*Decreta concilii Basileensis*, Basel, 1499.
DDrC	*Dictionnaire de droit canonique*, Paris, 1935-1965.
DHGE	*Dictionnaire d'histoire et géographie ecclésiastique*, Paris, 1912-.
Dölger	F. Döleger, *Regesten der Kaiserurkunden des Oströmischen Reiches von 565-1453*, 5 vols. Munich, 1924-63.
DThC	*Dictionnaire de théologie catholique*, Paris, 1903-1950.
EB	*Enchiridion Biblicum*, Naples and Rome, [4]1961.
EC	*Enciclopedia Cattolica*, Rome, 1949-1954.
ER	*Conciliorum omnium generalium et provincialium collectio* [Editio Regia], 37 vols. Paris, 1644.
Extrav. comm.	*Extravagantes communes*.
Extrv. Ioann. XXII	*Extravagantes Ioannis Papae XXII*.
Fr/Friedberg	*Corpus Iuris Canonici*, ed. E. Friedberg, 2 vols. Leipzig, 1879(facsimile ed. Graz, 1955).
Funk	*Patres Apostolici*, ed. F.X. Funk, 2 vols. Tübingen, [2]1901.
GCS	*Die griechischen christlichen Schriftsteller der ersten Jahrhunderte*, Leipzig and Berlin, 1897-.
Grumel	V. Grumel, *Les regestes des actes du patriarcat de Constantinople*; vol. I *Les actes des patriarches*: fasc. I *Les registes de 381 à 715*, fasc. II *Les registes de 715 à 1043*, Kadiköy-Istanbul, 1932-1936.
Hahn	A. Hahn, *Bibliothek der Symbole und Glaubensregeln der Alten Kirche*, Breslau, [3]1897.
Hardt	H. von der Hardt, *Magnum oecumenicum Constantiense concilium*, 6 vols. Frankfurt and Leipzig, 1696-1700.
HC	*History of the Church*, ed. H. Jedin, 10 vols. London, 1980.
Hinschius	*Decretales Pseudo-Isidorianae et capitula Angilramni*, ed. P. Hinschius, Leipzig, 1863.

H-L	K.J. Hefele, *Histoire des conciles d'après les documents originaux*, trans. and continued by H. Leclerq, 11 vols. 1907-1952.
Hrd	J. Hardouin, *Conciliorum collectio regia maxima ad p. philippi Labbei et p. Gabrielis Cossartii e Societate Jesu labores haud modica accessione facta et emendationibus pluribus additis*···, 12 vols. Paris, 1714-1715.
Jaffé	P. Jaffé, *Regesta pontificum Romanorum ab condita ecclesia ad annum post Christum natum MCXCVIII*, 2 vols. Leipzig, ²1885-1888(facsimile ed. Graz 1956).
JThS	*Journal of Theological Studies.*
Kirch	C. Kirch, *Enchiridion fontium historiae ecclesiasticae antiquae*, ed. L. Ueding, Barcelona and Freiburg, ⁸1950.
Lauchert	F. Lauchert, *Die Kanones der wichtigsten altkirchlichen Concilien nebst den apostolischen Kanones*, Freiburg and Leipzig, 1896(facsimile ed. Frankfurt, 1961).
LC	P. Labbe and G. Cossart, *Sacrosancta concilia ad regiam editionem exacta quae nunc quarta parte prodit auctior studio Philippi Labbei et Gabrielis Cossartii*···, 17 vols. Paris, 1671-1672.
Le concile	*Le concile et les conciles. Contribution à l'histoire de la vie conciliaire de l'église*, [ed. O. Rousseau], Chevetogne, 1960.
LThK	*Lexikon für Theologie und Kirche*, Freiburg, ²1957-1968.
Martin	J.B. Martin, *Conciles et bullaire du diocèse de Lyon*···, Lyons, 1905.
MD	E. Martène and U. Durand, *Thesaurus novus anecdotorum seu collectio monumentorum*···, 5 vols. Paris, 1717.
MGH	*Monumenta Germaniae Historica*, Hannover and Berlin, 1826-.
Mr¹²³	J. Merlin, *Tomus primus quatuor conciliorum generalium, quadraginta septem conciliorum provincialium··· Secundus tomus conciliorum generalium*···, 2 vols. Paris, 1524; Cologne, ²1530; Paris, ³1535.
Msi	J.D. Mansi(continued by J.B. Martin and L. Petit), *Sacrorum conciliorum nova et amplissima collectio*···, 53 vols. Florence, Venice, Paris and Leipzig, 1759-1927.
Msi¹	J.D. Mansi, *Sanctorum conciliorum et decretorum collectio nova seu collectionis conciliorum a pp. Ph. Labbeo et G. Cossartio··· amplioris opera N. Coleti sacerdotis Venetiae recusae supplementum*, 6 vols. Lucca, 1748- 1752.
Mxv	*Monumenta conciliorum generalium sec. XV.*, 4 vols. Vienna, 1857-1935.
NCE	*New Catholic Encyclopedia*, New York, 1967.
N-D	J. Neuner and J. Dupuis, *The Christian Faith*, Bangalore and London, ⁴1983.
Opitz, *Urkunden*	H.G. Opitz, *Athanasius Werke 3.1, Urkunden zur Geschichte des Arianischen Streites*, Berlin and Leipzig, 1934-1935.
Pastor	L. Pastor, *History of the Popes*, trans. L. Autrobus and others, 40 vols. London, 1899-1953.
Percival	H.R. Percival, *The Seven Ecumenical Councils of the Undivided Church*, New York and Oxford, 1900.
PG	J.P. Migne, *Patrologia Graeca*, 162 vols. Paris, 1857-1866.
Pitra	J.B. Pitra, *Iuris ecclesiastici Graecorum historia et monumenta*, 2 vols. Rome,

	1864-1868.
PL	J.P. Migne, *Patrologia Latina*, 221 vols. Paris, 1844-1864.
Potthast	*Regesta pontificum Romanorum inde ab a. post Christum natum MCXCVIII ad a. MCCIV*, ed. A. Potthast, 2 vols. Berlin, 1874-1875(facsimile ed. Graz 1957).
RE	*Realencyklopädie für protestantische Theologie und Kirche*, ed. A. Hauck, Leipzig, ³1896-1913.
RGG	*Die Religion in Geschichte und Gegenwart*, ed. K. Galling, 7 vols. Tübingen, ³1957-1965.
Rm	Τῶν ἁγίων οἰκουμενικῶν συνόδων τῆς καθολικῆς ἐκκλησίας ἅπαντα. Concilia generalia Ecclesiae catholicae [Editio Romana], 4 vols. Rome, 1608-1612.
SC	*Sources chrétiennes*, Paris, 1942-.
Sext	VI^o를 보라.
Strewe	A. Strewe, *Die Canonessammlung des Dionysius Exiguus in der ersten Redaktion*, Beriln, 1931.
Su	L. Surius, *Tomus primus conciliorum omnium, tum generalium, tum provincialium atque particularium*⋯, 4 vols. Cologne, 1567.
Su-Bo	D. Bollani and D. Nicolini, *Conciliorum omnium tam generalium quam provincialium*⋯ *quibus novissima hac editione post Surianam accessere praesertim Nicaenum et Ephesinum*⋯, 5 vols. Venice, 1587.
ThLZ	*Theologische Literaturzeitung*.
TU	*Texte und Untersuchungen*, Leipzig and Berlin, 1882-.
Turner	C.H. Turner, *Ecclesiae occidentalis monumenta iuris antiquissimi. Canon- um et conciliorum Graecorum interpretationes Latinae*, 2 vols. Oxford, 1899-1939.
VI°	*Liber Sextus Decretalium Bonifacii Papae VIII*.
X	*Decretales Gregorii Papae IX*.
ZKG	*Zeitschrift für Kirchengeschichte*.

약어표 XI

구약성경

창세	창세기
탈출	탈출기
레위	레위기
민수	민수기
신명	신명기
여호	여호수아
판관	판관기
룻	룻기
1사무	사무엘기 상권
2사무	사무엘기 하권
1열왕	열왕기 상권
2열왕	열왕기 하권
1역대	역대기 상권
2역대	역대기 하권
에즈	에즈라기
느헤	느헤미야기
토빗	토빗기
유딧	유딧기
에스	에스테르기
1마카	마카베오기 상권
2마카	마카베오기 하권
욥	욥기
시편	시편
잠언	잠언
코헬	코헬렛
아가	아가
지혜	지혜서
집회	집회서
이사	이사야서
예레	예레미야서
애가	애가
바룩	바룩서
에제	에제키엘서
다니	다니엘서
호세	호세아서
요엘	요엘서
아모	아모스
오바	오바드야서
요나	요나서
미카	미카서
나훔	나훔서
하바	하바쿡서
스바	스바니야서
하까	하까이서
즈카	즈카르야서
말라	말라키서

신약성경

마태	마태오 복음서
마르	마르코 복음서
루가	루카 복음서
요한	요한 복음서
사도	사도행전
로마	로마 신자들에게 보낸 서간
1코린	코린토 신자들에게 보낸 첫째 서간
2코린	코린토 신자들에게 보낸 둘째 서간
갈라	갈라티아 신자들에게 보낸 서간
에페	에페소 신자들에게 보낸 서간
필리	필리피 신자들에게 보낸 서간
콜로	콜로새 신자들에게 보낸 서간
1테살	테살로니카 신자들에게 보낸 첫째 서간
2테살	테살로니카 신자들에게 보낸 둘째 서간
1티모	티모테오에게 보낸 첫째 서간
2티모	티모테오에게 보낸 둘째 서간
티토	티토에게 보낸 서간
필레	필레몬에게 보낸 서간
히브	히브리인들에게 보낸 서간
야고	야고보 서간
1베드	베드로의 첫째 서간
2베드	베드로의 둘째 서간
1요한	요한의 첫째 서간
2요한	요한의 둘째 서간
3요한	요한의 셋째 서간
유다	유다 서간
묵시	요한 묵시록

| 차례 |

역자 서문 · V

약어표 · VII

제1차 라테란 공의회 · 187

제2차 라테란 공의회 · 195

제3차 라테란 공의회 · 205

제4차 라테란 공의회 · 227

제1차 리옹 공의회 · 273

제2차 리옹 공의회 · 303

제1차 라테란 공의회 / 187

법규 · 190
- 제1조 [성직매매를 거슬러서]
- 제2조 [파문의 결과]
- 제3조 [주교 선발 및 서품]
- 제4조 [주교의 관할권]
- 제5조 [서품 무효]
- 제6조 [직무 요건]
- 제7조 [이성과 동거 금지]
- 제8조 [성품권과 직무 수행]
- 제9조 [근친혼 금지]
- 제10조 [십자군 운동 참여자를 위한 혜택]
- 제11조 [포르티카니의 유산]
- 제12조 [교회 재산 절도죄에 대한 제재]
- 제13조 [위조화폐 금지]
- 제14조 [강탈 행위 금지]
- 제15조 [법령 갱신]
- 제16조 [수도승에 관한 규정]
  - [제15조] [휴전 위반에 대한 제재]
  - [제16조] [수도승에 관한 규정]
- 제17조 [교황 영토의 보호]
- 제18조 [평신도의 성당 통치 권한 금지]
- 제19조 [수도승원의 점유권 제한]
- 제20조 [재산 보호]
- 제21조 [독신제]
- 제22조 [불법 거래 금지]

제2차 라테란 공의회 / 195

법규 · 197
- 제1조 [성직매매를 거슬러서]
- 제2조 [성직매매를 거슬러서]
- 제3조 [파문의 효력]
- 제4조 [성직자의 검소한 표양]
- 제5조 [교회 재산의 보호]
- 제6조 [독신과 정결]
- 제7조 [독신과 정결]
- 제8조 [수녀들의 독신]
- 제9조 [수도자들의 부당한 돈벌이 금지]
- 제10조 [평신도들의 교회 재산 소유 금지 및 성품권 규정]
- 제11조 [안전 유지]
- 제12조 [휴전 의무]
- 제13조 [고리대금업 금지]
- 제14조 [기사들의 무모한 시합 금지]
- 제15조 [성직자에 대한 폭행 금지 및 성당의 비호권]
- 제16조 [성직 세습 금지]
- 제17조 [근친혼 금지]
- 제18조 [방화 금지]
- 제19조 [제18조의 보충]
- 제20조 [세속 재판에 대한 주교들의 조언]
- 제21조 [사제의 친자]
- 제22조 [거짓된 고해성사]
- 제23조 [성사를 부정하는 이단]
- 제24조 [성무에 따른 요금 청구 금지]
- 제25조 [평신도의 교회 재산권 행사 금지]
- 제26조 [수녀원을 사칭한 세속 숙박업의 금지]
- 제27조 [기도할 때 남녀 수도자들 간의 장소 구분]
- 제28조 [주교좌 공석]
- 제29조 [특정 무기 사용 금지]
- 제30조 [아나클레토 2세를 거슬러서]

제3차 라테란 공의회 / 205

법규 · 211
- 제1조 [교황 선거 교령]
- 제2조 [이단자들과 이교자들을 거슬러서]
- 제3조 [교회 직무의 임명 조건]
- 제4조 [사목 순시 때의 과도한 경비 부담 금지]
- 제5조 [수품자의 생활보장]
- 제6조 [법적 처벌과 항소 남용 금지]
- 제7조 [성직 및 성사 매매와 부당한 금품 징수 금지]
- 제8조 [교회 직무 공석 시 서임 규정]
- 제9조 [성전기사회와 구호수도회원들의 주교 권한 침해 금지]
- 제10조 [수도 생활 규정]
- 제11조 [성적 탈선 금지]
- 제12조 [성직자의 세속 직무 겸직 금지]
- 제13조 [소임의 겸직 금지]
- 제14조 [교회록 중복 금지와 평신도의 월권행위 금지]
- 제15조 [교회 재산의 보호]
- 제16조 [참사회의 의결 절차]
- 제17조 [성당의 설립권과 보호권 남용 금지]
- 제18조 [성당을 통한 교육 사업 규정]
- 제19조 [세속 권세의 교회에 대한 고액 과세 금지]
- 제20조 [무술 시합 금지]
- 제21조 [휴전 의무 위반에 관한 규정]

제22조[안전 유지]
제23조[나환자들을 위한 배려]
제24조[이적 및 해적 행위 금지]
제25조[고리대금업 금지]
제26조[그리스도인의 권리 보호]
제27조[카타르인 및 여타의 이단을 거슬러서]

제4차 라테란 공의회 / 227

법규 · 230

1. 가톨릭 신앙 · 230
2. 요아킴 아빠스의 오류 · 231
3. 이단자들 · 233
4. 라틴인들에 대한 그리스인들의 교만 · 235
5. 총대주교들의 품위 · 236
6. 관구 공의회
7. 과오의 교정 · 237
8. 조사
9. 같은 신앙 안에서 다양한 예법 · 239
10. 설교자의 선발
11. 학교의 교사들 · 240
12. 수도승들의 총회
13. 새로운 수도회 금지 · 242
14. 성직자들의 음행에 대한 처벌
15. 성직자들의 주취(酒臭) 금지
16. 성직자들의 복장 · 243
17. 고위 성직자들의 연회와 성무 태만
18. 성직자의 사형 판결과 결투 금지 · 244
19. 세속적인 비품들의 성당 비치 금지
20. 축성 성유(크리스마)와 성체는 잠가서 보관함
21. 고해성사의 실천과 사제의 성사적 비밀 수호 그리고 적어도 부활절에 영성체하기 · 245
22. 병자들은 육신보다 영혼을 먼저 보살펴야 함
23. 대성당들과 수도회 성당들은 3개월 이상 공석이면 안 됨 · 246
24. 투표 혹은 합의로 선거를 시행함
25. 세속 권세에 의해 행해진 선거는 무효임 · 247
26. 부당한 선거를 인준한 자에 대한 형벌
27. 수품자들의 교육 · 248
28. 사임의 승인을 요청한 사람은 사임해야 함
29. 영혼들의 사목을 하면서 아무도 두개의 교회록을 받을 수 없음
30. 성당들에 임명되는 자들의 자격 · 249
31. 의전 사제들의 아들들은 자기 아버지와 같은 곳에 서임될 수 없음
32. 보호권자들은 성직자에게 적당량의 몫을 남겨 놓아야 함
33. 실제로 순시를 하지 않고서는 거마비를 받지 못함 · 250
34. 다른 이의 성무 활동을 구실로 수하들에게 부담을 주지 못함 · 251
35. 상소의 형식
36. 재판관은 중간 판결이나 형벌을 내리는 판결을 취소할 수 있음
37. 이틀이 넘게 걸리고 특별위임이 없는 서한은 접수가 안 됨
38. 입증을 가능케 할 소송 행위들의 기록 · 252
39. 장물(臟物)의 반환
40. 진정한 소유 · 253
41. 모든 시효에는 선의가 유지되어야 함
42. 세속 정의
43. 성직자는 정당한 이유 없이 세속인에게 충성 서약을 하지 말아야 함
44. 군주들의 법령들은 성당들에 불이익을 끼치지 않아야 함 · 254
45. 어느 성당의 성직자를 살해하거나 절단 상해한 보호권자는 그 보호권을 박탈당함
46. 성직자에게 세금을 징수하지 못함 · 255
47. 파문의 형식
48. 재판관을 기피하는 형식 · 256
49. 의롭지 못하게 파문하는 것에 대한 형벌 · 257
50. 혼인 금지에 대한 소멸
51. 비밀 혼인을 맺는 자들에 대한 형벌 · 258
52. 혼인 소송에서 전문증언(傳聞證言)을 배척함 · 259
53. 십일조를 회피하려고 자신의 토지를 남에게 소작을 주는 자
54. 십일조는 세금 내기 전에 바쳐야 함 · 260
55. 특전들과 상관없이 십일조는 취득한 토지에 대해 봉헌해야 함
56. 약점을 빌미로 본당사제가 십일조를 잃게 할 수 없음
57. 특전들의 용어 해석 · 261
58. 주교들을 위한 동일한 사안 · 262
59. 아빠스와 수도회의 허가 없이는 그 어느 수도자도 보증을 설 수 없음
60. 아빠스는 주교들의 직무를 침해하지 말아야 함
61. 수도자들은 평신도의 손에서 십일조를 받지 말아야 함
62. 성인들의 유해는 성골함 밖에 내놓고 전시하지 말아야 하고, 새로운 유해들은 로마교회의 허가 없이는 공경하지 못함 · 263

63. 성직매매 · 264
64. 같은 주제: 수도승과 수녀승 관련
65. 같은 주제: 금전의 불법 갈취 · 265
66. 같은 주제: 성직자의 탐욕
67. 유대인들의 고리대금
68. 유대인들은 그리스도인들과 복장으로 구별되어야 함 · 266
69. 유대인들은 공직을 맡지 못함
70. 유대인들 중에 신앙으로 개종한 이들은 유대인들의 옛 예법을 고수하지 말아야 함 · 267
[71.] 성지 회복(聖地 回復)을 위한 파견

제1차 리옹 공의회 / 273

[황제 프리드리히 2세의 폐위에 관한 칙서] · 278
법령 Ⅰ · 283
1. 답서(재판 임무 위탁서) · 283
2. 같은 주제 · 284
3. 같은 주제
4. 선거
5. 같은 주제 · 285
6. 대리 재판관의 직무와 권한
7. 전권대사의 직무
8. 심판 · 286
9. 소송의 성립
10. 약탈당한 자들을 위한 손해배상
11. 사기와 항명(법정 출두 거부) · 287
12. 소유가 허용되는 사람
13. 자백
14. 항변
15. 판결과 기판 사항 · 288
16. 상소 · 289
17. 같은 주제
18. 살인 · 290
19. 파문 판결 · 291
20. 같은 주제
21. 같은 주제
22. 같은 주제
법령 Ⅱ · 293
[1.] 고리대금 · 293
[2.] 콘스탄티노플 제국을 위한 지원 · 295
[3.] 자신들에게 맡겨진 백성에게 해야 하는 고위 성직자들의 훈계 · 296
[4.] 타타르인들 · 297
[5.] 십자군

제2차 리옹 공의회 / 303

법령 Ⅰ · 309
십자군의 소집 · 309
십자군의 재정 지원 · 310
십자군 출정을 위한 제반 사항 · 311
공의회 참가 대상과 금품 요구 금지 · 312
법령 Ⅱ · 314
지존하신 삼위일체와 가톨릭 신앙에 대하여 · 314
선거와 선출된 이의 직권에 대하여
교회법적 임명에 대한 이의 제기 규정 · 318
취임 전 권한 행사 금지 · 319
선거의 동의와 인준
부적격자의 선출 · 320
선출에 대한 근거 없는 반대 금지
선거 결과 승복
고위직 선출 관련 항소 규정
승격 대상자에 대한 근거 없는 고발 금지 · 321
선거권자의 자유 보장
공석 중의 부당 점유 금지
본당 사제의 자격 요건
본당 교회록의 한시적 수여 · 322
서품의 시기와 서품자의 자질
이중 혼인
정규 재판관의 직무
교회록 중복 수여 금지 · 323
변론 · 324
강압과 공포에 의해서 이루어진 것들 · 325
성직록(praebenda)과 직위들
교회 재산의 양도 금지
수도원들은 주교에게 예속되어야 함 · 326
세금과 거마비 · 327
성당의 면책권 · 328
고리대금업
고리대금업자의 이자 반환 유언 · 329
불법행위와 야기된 손실 · 330
파문 판결
실효집행 · 331
판결 관련 인사에 대한 부당한 보복행위

라테란 공의회

제1차 라테란 공의회

제2차 라테란 공의회

제3차 라테란 공의회

제4차 라테란 공의회

제1차 라테란 공의회
1123

머리말

1122년 6월 25일에 돌(Dol)의 주교 발데리코(Baldericus)에게 보낸 소집 서한에 교황 자신이 언급한 대로 "교회의 여러 가지 중대한 사안들을 다루는" 전체 공의회(Concilium generale)가 교황 갈리스토 2세의 통치 하에 로마에서 1123년에 거행되었다.[1] 서방교회의 수많은 주교들과 대수도원장들 그리고 수도자들이 로마로 모여 왔는데, 그 수가 300명이 넘었다.[2] 한편 동방교회에서는 아무도 참석하지 않은 것으로 알려져 있다. 하인리히 5세가 보낸 황제의 특사가 참석했다는 것을 입증하는 사료는 없다. 교황의 주재 하에 1123년 3월 18일에 공의회가 개막 되었고, 오직 두 차례의 회기만 가진 채 폐막되었는데, 폐막일은 3월 27일이었을 가능성이 높고 적어도 4월 6일 이전이었다고 본다.

교황 갈리스토 2세의 서한들과 교령들에서[3] 이 공의회에 대해 제법 여러 차례 '전체(generale)' 공의회라고 표현된다. 하지만 이 공의회의 세계성(oecumenicitas)[4]에 대해서는 의심할 만한 여지가 있다. 실제로 로마교황에 의해 소집되고 교부들에 의해 진행된 이 공의회가 열린 진정한 이유는 과거 고대 공의회들이 열리게 했던 이유와는 다른 것이었다. 게다가 11세기와 12세기에 이 공의회와 비슷한 공의회들이 개최되었었는데, 모두 세계 공의회(concilium oecumenicum)라 지칭되지 않았다. 이 공의회의 세계성은 추후에 로마교회의 그 이후 전통에서 부여한 것으로 보인다.

이 공의회에서 교부들은 성직 서임권에 관한 문제들과 교회의 자유와 관련된 문제들을 주로 다루었다. 왜냐하면 이 사안은, 비록 공의회 직전에 있었던 보름스 조약(1122년 9월)을 통해서 어느 정도 해소되었지만, 황제와 교황 사이에 장구한 세월 동안 매우 심각한 긴장 관계와 논쟁의 대상이었기 때문이다. 보름스 조약에 대해서, 라이허스베르크(Reichersberg)의 게르호(Gerhoh)[5]가 증언한 대로 적지 않은 반대가 있었지만, 교부들은 공의회의 권위로 그것을 승인하고 서명하였다. 교부들은 이 조약에 대해서 이 공의회 법규 제3-4조, 제8조, 제12조에서 언급한다. 한편 이교적 파벌들에 의해 찢겨졌던 교회는 본연의 규율과 평화 안에서 다시 회복되었다.

소소한 문제들[6](제노바 교회와 피사 교회 간에 코르시카 섬을 두고 일어난 분쟁이 아직 중요한 사안이었고 그것을 해결하기 위해 교황은 24명의 교부들로 구성된 위원회를 만들었다.) 외에도 교부들은 이단을 척결하고 교회의 풍토를 교정하면서 특별히 교회 개혁에 전념했다(참조: 법규 제1조와 제7조 그리고 제2조, 제5-6조, 제9조, 제11조, 제16조). 이렇게 갈리스토 교황은 선임

---

1) 참조: *Bullaire du pape Callixte II*..., ed. U. Robert, II Paris 1891, 49, nr. 304(Jaffé 6977).
2) 공의회의 진행 기록은 전해지지 않고 있다. 참석한 교부들의 숫자는 H-L 5/1. 631 n.2에서 증언된다. 그리고 추가로 참고할 자료들은 다음과 같다. Simeone monaco, *Opera omnia*..., II ed. Th. Arnold(Rer. Britann. M. A. Script. 75), London 1885, 272; *Annali genovesi* di Caffaro..., L/ T. Belgrano 감수(이탈리아 역사의 원전 11), I Roma-Genova 1890, 19.
3) 참조: *Bullaire*..., II. nr. 304, 322, 358, 361, 389, 410, 486, 489(Jaffé 6977, 6995, 7028, 7031, 7034, 7037a, 7056, 7075a, 7144, 7147).
4) 하우크(Hauck)와 탕글(Tangl)은 '대(grande)' 공의회와 '전체(generale)' 공의회라는 표현에 '세계(ecumanical)' 공의회적 성격은 비중을 차지하지 않는다고 주장한다.
5) 참조: Gerhohus praepositus Geichersbergensis, *Libellus de ordine donorum sancti Spiritus*, ed. E. Sackur, in MGM *Libelli*, III Hannoverae 1897, 280; H-L 인용한 책 631.
6) 참조: H-L 인용한 책 639-643; MGH *Libelli*, III 405와 la precedente n. 3.

교황들인 그레고리오 7세와 우르바노 2세[7])의 모범을 따라 그리고 공의회의 승인에 힘입어, 무려 50년 동안이나 온 교회가 공들였던 일을 성공적으로 마무리 지은 것이다.

아마도 3월 27일의 회합에서 교부들은 일련의 조항들을 승인한 것으로 보인다. 그리고 그것들 중에 여러 개가 몇 년 후에(1140-1150) 그라시아노 법령집(Decretum Gratianum)에 삽입된 것으로 보인다(제1조, 제3-4조, 제6조, 제9조, 제12조, 제14조, 제16a조, 제19-22a조, 그리고 제8조와 제18a조의 일부). 그리고 그라시아노가 수용하지 않은 것은 바로니오(Baronius)에 의해 처음으로 출판되었다(Br 12, 1607, 149-150; ed. Theiner 18, 1869, 343-344). 법규의 모든 조항들이 다 수록된 로마본(Editio romana)에 이어서 12개의 간행물들이 이어졌고 우리는 그 모든 것을 다 검토하였다. 그것들은 다음과 같다: B2 3/2(1618) 464-465; *Conciliorum omnium generalium et provincialium collectio regia*[Editio Regia]. 39voll. Parisiis(1644)(=ER) 27(1644) 37-43; St. Baluze, in P. de Marca, *Dissertationum de concordia sacerdoti et imperii... libri,* II Parisiis 1663, 363(=BdM); Ph. Labbeus - G. Cossartius, *Sacrosancta concilia ad regiam editionem exacta quae nunc quarta parte prodit auctior studio Philippi Labbei et Gabrielis Cossartii...,* 17voll. Lutertiae Parisiorum(1671-1672)(=LC) 10(1671) 896-900; J. Harduinus, *Conciliorum collectio regia maxima ad p. Philippi Labbei et p. Gabrielis Cossartii e Societate Jesu labores haud modica accessione facta et emendationibus pluribus additis...,* 12voll. Parisiis(1714-1715)(=Hrd) 6/2(1714) 1111-1114; N. Coletus, *Sacrosancta concilia ad regiam editionem exacta quae olim quarta parte prodiit... longe locupletior et emendatior exhibetur...,* 23voll. Venetiis(1728-1733)(=Cl) 12(1730) 1333-1337; E. Marténe e U. Durand, in *Veterum scriptorum et monumentorum... collectio,* VII Parisiis 1733, 68-69, 그중 오직 제4조만(=MD); J. D. Mansi, (cont. I. B. Martin, L. Petit), *Sacrorum colnciliorum nova et amplissima collectio...,* 53voll. Florentiae-venetiis-Lipsiae(1759 ad 1927)(=Msi) 1 2(1748) 355-358; Msi 21(1776) 281-286; G.H. Pertz, in MGH, *Leges in f.°,* II/2 Mannoverae 1837, 182-183(=Pertz); J. P. Migne, Patrologiae cursus completus... Series latina, Parisiis(1844-1864)(=PL) 163(1854) 1361-1365; L. Weiland, in MGH, Const., I Hannoverae 1893, 574-576(=MGH).

로마본의 본문은 몇몇 학자들이 교정을 하면서 S. Binius, *Concilia generalia et provincialia...,* 9 voll. coloniae Agrippinae(1618)(=Bn 2), ER, LC, Hrd, Cl, Msi 등에서 재수록하였음을 확인할 수 있다. 우리가 β로 표기하기로 한 불가타본은 22개의 조항을 담고 있고, 2개의 필사본 법전이 그 출처인 것으로 보인다. 실로 로마본에서는 서로 다른 수집들이 발견된다. 바로니오가 편집한 7개의 조항들도(제2조, 제5조, 제10-11조, 제13조, 제15조, 제17조) 일관성 있는 모습으로 수집되지는 않았지만, 불가타본에 인용된 것으로 보인다. 현재 파리 국립도서관에 소장되어 있는 아니안(Aniane) 수도원의 옛 필사본 법전 조항들의 두 번째 편집본은 발루즈 드 마르카(Baluze de Marca)가 발췌하여 수록했는데, 불가타본과는 조항들의 순서가 다르고, 본문의 내용에도 종종 차이를 보인다. 즉 6개의 조항이 누락되었으며(불가타본의 제11조와 마지막 5개 조항: 제18-22조), 2개는(제15-16조) 불가타본과 그 내용이 완전히 다르다. 우리가 α로 표기하기로 한 이 두 번째 교정본에, MD는 후작 롭(Laubes)의 필사본 법전에서 4개의 조항들을(제6조, 제12조, 제15-16조) 그리고 페르츠(Pertz)는 빈도보나(Vindobona: 지금의 Wien)법의 91개조 (오늘날은 2178개조) 필사본 법전에서 16개의 조항들을(불가타본의 제15조와 마지막 5개 조항: 제18-22조은 누락되어 있는데, 아마도 대신 두 개의 제목에 해당하는 분량이 대체된 것 같음) 발

---

[7]) 성지 재정복에 관한 제10조와 그리스도인들 사이의 평화에 관한 제14-15조도 참조하라.

췌 수록한다. 그리고 밍녜(Migne)는 페르츠의 텍스트를 재수록했다. 몇몇 α 수집들은 LC에 채택되었고 β 에도 들어갔다. 결국 파노르미아(Panormia)라 불리는 법조항 모음집을 수록하고 있는 피스토이아(Pistoia) 법전에서 Msi 1로 거듭나면서 출판된 텍스트는 조항들의 배열순서가 α 와 유사하다. 하지만 제15-16조는 β 의 순서를 따른다. 그리고 제18-19조는 β 에도 첨부되었다. α 의 텍스트가 β 보다 먼저 편집된 경우 그 텍스트는 β 에 들어오면서 수정되었다고 할 수 있다. 그래서 우리는 그런 경우에는 α 의 텍스트를 채택하기로 하였다.

우리는 α 가 β 에 앞선 것이라고 보는 관점을 고수한다. 설령 모두가 이러한 관점을 무시한다손 치더라도, 동시대의 저술인 더럼(Durham)의 시메온(Simeon) 수사의 '규정의 역사(Historia regum) (=S)'에서 α 의 조항들을(제11-12조와 제15-17조는 누락했지만) 채택하고 있음은 사실인 것이다.[8] 또한 바로니오가 주석한 대로 α 에 누락된 마지막 5개의 조항들은 그라시아노 법령집에서 갈리스토 교황의 바로 직전 선임자였던 '교황 우르바노 2세'라는 제목 하에 수록되어 있다. 바로니오와 로마본(아마도)이 의존하는 법전은 안셀모의 모음집을 담고 있는 바티칸 법전이며, 여기에는 55개의 장이 수록된 다음에 부록의 형태로 이 공의회의 법규를 다루고 있다. 그렇다면 우리가 언급하는 β 는 안셀모 텍스트의 또 하나의 특별한 간행본인가? 그렇지 않다. 왜냐하면 우리가 알고 있는 모든 필사본 법전들은[9] α 와 관련이 있는 것들이기 때문이다. 그리고 우리가 우선적으로 검토했던 12세기의 바티칸 법전(Reginesis lat. 987=R)도 마찬가지다. 그리고 MGH와 같은 출판본 한 가지에만 의존하는 것은 신빙성이 결여된다고 본다. 바일란트(Weiland)는 실제로 원문들을 세 가지 모음집으로 분류했다. 첫째는 로마본을 담고 있는 '파리시나(Parisina: 파리 모음집)'이고 둘째는 피스토이아 법전(Codex Pistoriense)에서 유래하는 모음집 그리고 셋째는 BdM과 페르츠가 사용했던 법전들이다. 바일란트는 이 세 가지 부류의 모음집들이 가지고 있는 유사한 점들을 완전히 배제한 채 셋째 부류의 두 자료만을 수집하였고 별다른 이유 없이 제17조는 누락시켰다. 한편 우리는 R와 모든 출판본들을 수집한 다음에, α 의 편집을 기반으로 삼으면서 가장 신빙성이 높은 근거 자료인 R와 BdM을 참조하여 우리의 텍스트를 구성하였다. 그리고 제15조와 제16조에 대한 다른 판본들은 주석에 기재하였다. 그리고 부록에 마지막 5개의 조항들을 실었다. 몇몇 가설로 인한 예외적 사용을 제외하고는 MGH의 텍스트는 사용하지 않았다. R, S, BdM, Msi 1에는 법규의 앞부분에 서문이 있는데 우리는 채택하지 않았다.

도서목록:

H-L 5/1(1912) 630-634; DThC 8/2(1925) 2628-2637[F. Vernet]; DDrC 6(1957) 344 - 346; LThK 6([2]1961) 815-816; RE 20(1990) 481-89; U. Robert, *Histoire du pape Calixte II*, Paris-Besançon 1891, 162-177; A. Hauck, *Die Rezeption u. Umbildung der allgemeinen Synoden im Mittelalter*, Hist. Vierteljahrschrift 10(1907) 468ss.; G. Meyer v. Knonau, *Jahrbücher des deutschen Reiches...*, VII Leipzig 1909, 228-239; G. Tangl, *Die Teilnehmer an den allgemeinen Konzilien des Mittelalters*, Weimar 1922, 196-205; A. Fliche, *La riforma gregoriana e la riconquista cristiana(1057-1123)*, Torino 1972, 533-539; G. Fransen, *L'ecclésiologie des conciles médiévaux*, Le concile 125-141; R, Foreville, *Latran I, II, III et Latran IV*, Paris 1965; M. Mollat e P. Tombeur, *Les conciles Latran I á Latran IV: concordance, index, listes de fréquence, tables comparatives*, Louvain 1974; H. J. Sieben, *Die Konzilsidee des lateinischen Mittelalters(847-1378)*, Paderborn 1984; *Sto. Con. Ec.*, 189-191 e 216-218[A. Melloni].

---

8) 참조: Simeone monaco, *Opera omnia...*, II 270-272.
9) Codex Olomucensis Capit. 205는 우리가 보지 못했다. 참조: Pertz, Archiv 10(1849) 682.

CANONES

1. Sanctorum patrum exempla sequentes et officii nostri debito[a] innovantes, ordinari quemquam per pecuniam in ecclesia Dei vel promoveri, auctoritate sedis apostolicae[b] modis omnibus prohibemus. Si quis vero in ecclesia ordinationem vel promotionem taliter[c] adquisierit, adquisita[d] prorsus careat[e] dignitate.[1]

2.[2] A suis episcopis excommunicatos, ab aliis episcopis abbatibus et clericis in communionem[f] recipi procul dubio prohibemus.[3]

3.[4] Nullus in episcopum nisi canonice electum consecret[g]. Quod si praesumptum fuerit[h], et[c] consecratus et consecrator absque recuperationis spe deponatur[i].[5]

4.[6] Nullus omnino archidiaconus aut archipresbyter[k] sive[l] praepositus vel decanus[m] animarum curam vel praebendas ecclesia sine iudicio vel consensu episcopi[c] alicui tribuat. Immo sicut sanctis[n] canonibus constitutum est animarum[o] cura et rerum[p] ecclesiasticarum dispensatio in episcopi iudicio et potestate permaneat[q]. Si quis vero[c] contra hoc[r] facere aut potestatem quae[s] ad episcopum pertinet sibi vendicare praesumpserit, ab ecclesiae liminibus arceatur.[7]

5.[8] Ordinationes quae a Burdino[9] haeresiarcha, postquam a Romana ecclesia est damnatus, quaecumque etiam[t] a pseudoepiscopis per eum postea ordinatis[u] factae[v] sunt, nos irratas esse iudicamus[w].[10]

6.[11] Nullus[x] in praepositum, nullus in archipresbyterum[y], nullus in decanum nisi presbyter[z], nullus in archidiaconum nisi diaconus[aa] ordinetur.[12]

---

a debito *S Msi¹* β   debita *R BdM*   debitum *Pertz*
b secundum apostolicam auctoritatem *Pertz*
c *om. Pertz*   d *om. cd. Pertz*   e careat prorsum *S*   f comunione *R*
g electus consecretur *BdM et v. l. a LC usque ad Msi* electum ad consecrandum manus mittat β
h praesumptum fuerit α *et v. l. a LC usque ad Msi* praesumpserit β *om. Pertz*
i dampnatur *Pertz*   k presbyter *Msi¹*   l aut β   m diaconus *Msi¹*   n sacris *Msi¹*
o *om. R BdM* β animarum *rell. et v. l. in* β   p pecuniarum *v. l. in* β
q permaneant *Msi¹*   r haec β
s quae ... pertinet] ad episcopum pertinentem β
t quaecumque etiam *R S BdM* quae et *Br* quaeque et *Pertz* quaeque *rell.*
u *om. Br et v. l. in* β   v ordinatae *Br (ubi factae ut v. l. invenitur) et v. l. in* β
w nos ... iudicamus] nos esse irritas iudicamus *S Br Msi¹ Pertz* irritas esse decernimus β
x Nullus etiam α   y archidiaconum ordinetur *Pertz*   z vel diaconus *add.* α excepto *S*
aa nullus ... diaconus *om. Pertz*

---

[1] Conc. Tolosanum (1119), c. 1 (Msi 21, 226); c. 10 C. I q. 1 (Fr 1, 360); cf. Schroeder 179 n. 4.
[2] C. 3 in Msi¹, 9 in β.   [3] Cf. Conc. Melfitanum (1089), c. 15 (Msi 20, 724).
[4] C. 2 in Msi¹, 10 in β.   [5] C. 3 D. LXII (Fr 1, 234).
[6] C. 5 in Msi¹, 7 in β.   [7] c. 11 C. XVI q. 7 (Fr 1, 804).   [8] C. 6 in β, 9 in Msi¹.
[9] Mauritius Burdinus i. e. Gregorius VIII antipapa (1118-1121).
[10] Bernardus Guidonis, *Vita Calixti secundi*, in L. A. Muratori, *Rer. Ital. Script.*, III Mediolani 1723, 421; cf. etiam conc. Placentinum (1095), c. 8 (Msi 20, 806) et conc. Romanum (1099), c. 8 (Msi 20, 963).   [11] C. 2 in β, 4 in Msi¹.
[12] Conc. Tolosanum (1119), c. 2 (Msi 21, 226); c. 2 D. LX (Fr 1, 226).

법규

제1조[성직매매를 거슬러서]: 거룩한 교부들의 모범을 따르고 또한 나의 직무가 수반하는 의무를 재확인하면서 사도좌의 권위로 절대적으로 금하는 바, 하느님의 교회에서 아무도 금전으로 인해 수품 받거나 승진되어서는 안 된다. 만일 누가 교회 내에서 그런 식으로 성품이나 승진을 돈으로 얻는다면 완전히 그 품위를 박탈당한다.[1]

제2조[파문의 결과]:[2] 소속 주교에 의해 파문당한 자가 다른 주교나 아빠스 혹은 여타 성직자에 의해 교회와의 통교 안으로 받아들여지는 것을 완전히 금한다.[3]

제3조[주교 선발 및 서품]:[4] 교회법적으로 선발되지 않은 자를 아무도 주교로 축성할 수 없다. 만일 이를 감행한다면 축성받은 자와 축성한 자 모두가 복직의 희망 없이 면직된다.[5]

제4조[주교의 관할권]:[6] 그 어떤 대부제나 대사제, 수석 사제, 지구장 사제도 주교의 결정이나 동의 없이는 영혼의 사목이나 어느 성당의 성직록을 결코 맡을 수 없다. 뿐더러, 거룩한 교회법 조문들에 규정되었듯이 영혼의 사목과 교회 재산의 관리는 주교의 판단과 권위 아래 계속 속해야 한다. 이 규정을 감히 위반하거나 주교에게 유보된 권한을 침탈하는 자는 교회의 영역 밖으로 추방되어야 한다.[7]

제5조[서품 무효]:[8] 이단의 창시자 부르디누스[9]가 로마교회에서 단죄받은 뒤에 그에 의해 주어진 서품과 그 뒤로 그에게서 서품 받은 가짜 주교들이 수여한 서품들은 모두 무효임을 선언한다.[10]

제6조[직무 요건]:[11] 이미 사제품을 받지 않은 자는 그 누구도 수석 사제, 대사제 혹은 지구장 사제의 품격을 받을 수 없다. 그리고 이미 부제가 아닌 자는 그 누구도 대부제의 품격을 받을 수 없다.[12]

---

1) 툴루즈 공의회(1119) 제1조(Msi 21, 226); 제10장 C. Iq. 1(Fr 1,360); 참조: 슈레더 179 n. 4.
2) Msi¹에서는 제3조, β 에서는 제9조.
3) 참조: 멜피 공의회(1089), 제15조(Msi 20, 724).
4) Msi¹에서는 제2조, β 에서는 제10조.
5) 제3장 D. LXII(Fr 1, 234).
6) Msi¹에서는 제5조, β 에서는 제7조.
7) 제11장 C. XVI q. 7(Fr 1, 804).
8) β 에서는 제6조, Msi¹에서는 제15조.
9) 마우리시오 부르디누스, 즉 대립교황 그레고리오 8세(1118-1121).
10) 베르나르도 귀도니스, vita Calixti secundi, in A. Muratori, *Ree. Ital. Script.*, III Milano 1723, 421; 또한 피아첸사 공의회(1095), 제8조(Msi 20, 806), 그리고 로마 공의회(1099), 제8조(Msi 20, 963).
11) β 에서는 제2조, Msi¹에서는 제4조.
12) 툴루즈 공의회(1119), 제2조(Msi 21, 226); 제2장 D. LX(Fr 1, 226).

7.¹ Presbyteris, diaconibus vel^a subdiaconibus^b concubinarum et uxorum contubernia penitus interdicimus et aliarum mulierum cohabitationem, praeter quas synodus Nicaena^c ² propter^d solas necessitudinum causas^e habitare permisit, videlicet matrem sororem amitam vel^f materteram aut alias huiusmodi, de quibus nulla iuste^g valeat suspicio oriri^h.

8.³ Praeterea iuxta beatissimi Stephani papae^i sanctionem⁴ statuimus ut laici, quamvis religiosi sint, nullam tamen de ecclesiasticis rebus aliquid disponendi habeant facultatem⁵, sed secundum apostolorum canones⁶ omnium^k negotiorum ecclesiasticorum^l curam episcopus habeat et ea velut Deo contemplante dispenset. Si⁷ quis ergo principum vel aliorum laicorum dispositionem seu^m donationem^n rerum sive possessionum^o ecclesiasticarum^p sibi vendicaverit, ut sacrilegus videatur^q.⁸

9.⁹ Coniunctiones consanguineorum fieri prohibemus, quoniam eas et divinae et saeculi prohibent leges. Leges enim divinae, hoc^r agentes, et eos qui ex eis prodeunt non solum eiciunt sed^s maledictos appellant. Leges vero saeculi infames tales eos^t vocant et^u ab hereditate repellunt. Nos itaque, patres nostros sequentes, infamia^v eos notamus et infames esse^w censemus.¹⁰

10.¹¹ Eis^x qui^y Hierosolymam proficiscuntur et ad christianam gentem defendendam et tyrannidem infidelium debellandam efficaciter auxilium^z praebuerint, suorum peccatorum remissionem^aa concedimus et domos et^bb familias atque omnia bona eorum in beati Petri et Romanae ecclesiae protectione^cc, sicut a domino nostro papa Urbano^dd statutum^ee

---

a et *S Msi¹ Pertz*   b diaconis et subdiaconis *Msi¹*
c Nicaena synodus *S*   d propter α *et v. l. a LC usque ad Msi per* β
e solas necessitudines *S*   f *om. Pertz*
g iure nulla *Msi¹* iuste *post* valeat *BdM* β   h oriri suspicio *S Msi¹ Pertz*
i papae Stephani *S Msi¹ Pertz* papae *om. MGH*   k omnem *con. MGH*
l ecclesiasticorum negotiorum *S*
m vel . . .] aut aliorum vel laicorum . . . *R* aut laicorum aliorum dispensationem vel *BdM* β
n dominationem *Pertz et v. l. in* β   o possessionem α exceptis *R S*
p rerum *add. Pertz* ecclesiarum *Msi¹*
q videatur *BdM* videtur *R* iudicetur *rell.*   r haec *Msi¹*
s etiam *add. S*   t *om.* α exceptis *R BdM*   u *om. Pertz*
v infamia α *et v. l. in LC Cl Msi* infamiis *rell.*   w eos esse *Pertz*
x autem *add. Pertz*   y ad *add. Msi¹*   z suum *add. S Br Msi¹*
aa remissionem peccatorum *Pertz*   bb *om.* α exceptis *R BdM*   cc protectionem *S*
dd Urbano papa *S Pertz*   ee constitutum *R BdM*

---

¹ C. 3 in β.   ² Cf. conc. Nic. I, c. 3, v. supra p. 7 (et cf. Turner I/1, 116-117).
³ C. 4 in β, 6 in Msi¹.   ⁴ Cf. ps.-Isid., Steph. 12 (Hinschius 186).
⁵ Cf. conc. Lat. (1110), c. 1 (Msi 21, 8); c. 24 C. XVI q. 7 (Fr 1, 807).
⁶ Cf. Can. ap. 38 (CSP 29).   ⁷ Inc. c. 9 in Pertz.
⁸ Si quis . . . videatur: conc. Lat. (1110), c. 2 (Msi 21, 8); c. 25 C. XVI q. 7 (Fr 1, 807).
⁹ C. 5 in β, 8 in Msi¹, 10 in Pertz.
¹⁰ Ps.-Isid., Calixt. 16 (Hinschius 140); c. 2 C. XXXV q. 2-3 (Fr 1, 1264); cf. etiam conc. Troianum (1093), c. 1 (Msi 20, 789-790).
¹¹ C. 11 in β, 12 in Msi¹, Pertz.

제7조[이성과 동거 금지]:[1] 사제나 부제 그리고 차부제가 첩이나 아내와 함께 생활하는 것과 니케아 공의회에서 피치 못할 사정에 한하여 허락한 경우,[2] 즉 그 어떤 정당한 추문도 유발하지 않을 모친, 친누이, 고모나 이모 혹은 그와 유사한 경우를 제외하고, 어떤 여인과도 한집에 사는 것을 완전히 금한다.

제8조[성품권과 직무 수행]:[3] 또한 지극히 복된 스테파노 교황이 명한 바를[4] 따라 평신도들은, 그들이 신심 깊은 자들이라 할지라도, 교회의 일을 처리할 권한을 가질 수 없고,[5] 사도들의 법규에 따라[6] 교회의 모든 업무들의 관리는 주교가 관할하며, 주교는 하느님의 관점에서 그런 일들을 처리해야 한다고 규정하는 바이다. 따라서[7] 만일 어떤 군주나 여타의 평신도가 교회의 재산이나 소유물들의 처분이나 기부에 관한 권한을 침탈하면 신성모독을 한 것으로 간주된다.[8]

제9조[근친혼 금지]:[9] 근친 간의 혼인을 금하는 바이다. 왜냐하면 하느님의 법과 세속의 법 모두가 그것을 금하고 있기 때문이다. 실로 하느님의 법규들은 이런 관계를 맺는 자들과 그 소생들을 배척하는 것은 물론이고 그들을 저주받은 자들이라고 선언한다. 세상의 법규들도 그들을 파렴치범으로 규정하고 상속권을 박탈하므로 나는 교부들을 따라 그들에게 파렴치의 낙인을 부여하고 그들을 파렴치범으로 간주한다.[10]

제10조[십자군 운동 참여자를 위한 혜택]:[11] 그리스도 백성을 보호하고 비신자들의 횡포를 굴복시키기 위해 자신들의 도움을 제공하고자 예루살렘으로 출발하는 자들에게 그들의 죄를

---

1) β에서는 제3조.
2) 참조: 제1차 니케아 공의회, 제3조(또한 Turner I/1, 116-117).
3) β에서는 제4조, Msi¹에서는 제6조.
4) 참조: pseudo-Isidoro, Stephanus 12(Hinschius, 186).
5) 라테란 공의회(1110), 제1조(Msi 20, 789-790).
6) 참조: 사도들의 법규 제38조(CSP 29).
7) 이 문장은 Pertz에서는 제9조에 포함되어 있다.
8) 따라서 만일…… 신성모독한 것으로 간주된다: 라테란 공의회(1110), 제2조(Msi 21, 8); 제25장 XVI q. 7(Fr 1, 807).
9) β에서는 제5조, Msi¹에서는 제8조, Pertz에서는 제10조.
10) Pseudo-Isidoro, Callistus 16(Hinschius 140); 제2장 C XXXV q. 2-3(Fr 1, 1264); 또한 트로이아 공의회(1093), 제1조 (Msi 20, 789-790).
11) β에서는 제11조, Msi¹와 Pertz에서는 제12조.

fuit[1], suscipimus[a]. Quicumque ergo[b] ea distrahere vel auferre, quamdiu in via illa[c] morantur, praesumpserint, excommunicationis ultione plectantur. Eos[2] autem qui vel[d] pro Hierosolymitano vel pro[e] Hispanico[f] itinere cruces sibi in vestibus posuisse noscuntur et eas[g] dimisisse, cruces iterato[h] assumere et[i] viam ab instanti pascha usque ad sequens proximum[k] pascha perficere, apostolica auctoritate praecipimus. Alioquin ex tunc eos ab ecclesiae introitu[l] sequestramus et[m] in omnibus terris eorum divina[n] officia praeter infantium baptisma et morientium poenitentias[o] interdicimus.

11.[3] Illam vero pravam defunctorum[b] Porticanorum[4] consuetudinem, quae hactenus ibi fuit, ex fratrum nostrorum et totius curiae[p] consilio necnon ex[q] voluntate atque[r] consensu praefecti removendam censemus, ut Porticanorum habitatorum sine heredibus morientium bona contra morientis deliberationem[s] minime pervadantur. Ita[t] tamen ut[u] Porticani in[b] Romanae ecclesiae et nostra[v] nostrorumque successorum oboedientia[w] et[x] fidelitate[x] permaneant.[5]

12.[6] Sanctorum patrum canonibus consona sentientes, oblationes de sacratissimo et reverendissimo altari beati Petri et[y] Salvatoris et sanctae Mariae Rotundae et sancti[z] Nicolai Barensis, sancti Egidii[aa] aut[bb] de aliis omnium ecclesiarum[cc] altaribus sive crucibus, a laicis auferri penitus interdicimus et sub anathematis districtione[dd] prohibemus[ee]. Ecclesias[ff][7] a[b] laicis[b] incastellari aut[b] in servitutem redigi, auctoritate apostolica[gg] prohibemus[hh].[8]

13.[9] Quicumque[ii] monetam falsam scienter[kk] fecerit aut studiose

[a] suscepimus *Pertz*   [b] *om. Pertz*   [c] *om. Br* illi *Msi¹*
[d] *om.* β   [e] *om. R BdM* β excepto *Br*   [f] Hispanico α *Br et v. l. a LC* Hispano *rell.*
[g] eas postea *MGH* postea *S Pertz* viam v. l. in β viam postea *Br*
[h] iterate *S Pertz*   [i] *om.* β excepto *Br*
[k] proximum sequens *S Br Msi¹* proximum pascha sequens *Pertz*
[l] introitu ecclesiae *Br*   [m] *om.* β excepto *Br*   [n] omnia *add. R BdM*
[o] infantium...] infantum... *R Pertz* infantibus baptismum (baptisma *Br*) et morientibus poenitentiam *Br Msi¹*
[p] curiae totius *Pertz*   [q] *om. Pertz* ex *Msi¹* et β   [r] et *Br*
[s] deliberationem morientis *Msi¹* morientium deliberationem β
[t] Ita...permaneant *om. Br*   [u] in posterum *add. Pertz*   [v] nostrae *Pertz*
[w] oboedientiae *Pertz*   [x] fideliter *Pertz*   [y] *om. a LC ad Msi*
[z] ecclesiae sancti *Pertz*   [aa] et sancti...Egidii *om. Msi¹* β
[bb] sive *Pertz* ac β   [cc] ecclesiarum omnium *Msi¹*
[dd] districtione anathematis *Pertz*   [ee] firmamus β
[ff] et ecclesias *Msi¹ Pertz*   [gg] apostolica auctoritate *Pertz*
[hh] Ecclesias...prohibemus *om. MD*   [ii] si quis *Br*   [kk] se sciente α

---

[1] Cf. Urbani concio synodalis ad conc. Claromontanum (1095) (Msi 20, 823).
[2] Inc. c. 13 in Msi¹, Pertz.   [3] Om. R S BdM; c. 12 in β, 14 in Pertz.
[4] Habitatores fortasse Leonianae civitatis ubi et Sancti Petri porticus est.
[5] Cf. *Bullaire*..., ed. U. Robert, II nr. 410 (Jaffé 7075a).
[6] Om. S; c. 11 in BdM, 14 in β, 15 in Msi¹, Pertz.   [7] Inc. c. 12 in R, BdM.
[8] c. 14 C. X q. 1 (Fr 1, 616).   [9] C. 15 in β, 16 in Msi¹, Pertz.

사하노라. 그리고 존경하올 우르바노 교황께서 제정하셨던 바에 따라,[1] 그들의 가옥들과 가족들 그리고 그들의 모든 재산을 복된 베드로와 로마교회의 보호 하에 두는 바이다.

따라서[2] 그들의 순례 기간 중에 그러한 재산을 감히 축내거나 탈취하는 자는 누구든지 파문을 받는다. 사도적 권위를 가지고 명하는 바, 예루살렘이나 에스파냐를 순례하기 위해 자신들의 의복에 십자가 표시를 부착했다가 추후에 제거한 자들은 다시 부착할 것이며, 다음 부활절과 그 다음 부활절 사이의 시기에 마치게 될 그 여정의 종료까지 그것을 착용해야 한다. 그렇게 하지 않으면, 그 순간부터 그들이 성당을 출입하는 것을 금하며, 그들의 영토에서는 어린이의 세례와 임종자의 고해성사를 제외한 모든 거룩한 의식이 그들에게 베풀어지는 것을 금하는 바이다.

제11조[포르티카니의 유산]:[3] 나의 형제들과 교황청 기구 전체의 조언에 힘입어, 또한 나의 의지와 해당 장관의 동의를 가지고 명령하는 바, 상속자 없이 사망한 포르티카니(Porticani)들[4]의 재산을 사망한 당사자의 의지를 거슬러서 분배하는 일이 결코 없도록 하기 위하여, 포르티카니들의 죽음에 대해서 지금까지 자행되어 오던 한심스런 관습을 폐지해야 한다. 그리하여 포르티카니들이 로마의 교회, 즉 나와 나의 후계자들의 교회에 순명하는 가운데 신자로 남도록 해야 할 것이다.[5]

제12조[교회 재산 절도죄에 대한 제재]:[6] 거룩한 교부들의 법규들에 발맞추어, 평신도들이 지극히 거룩하고 지극히 공경하올 제단들, 즉 복되신 베드로 성당의 제단, 구세주 성당의 제단, 성 마리아 로톤다 성당의 제단, 그리고 바리의 성 니콜라스 성당의 제단, 성 에지디오 성당의 제단이나 여타 성당들의 제단 혹은 십자가상에 봉헌된 헌금을 가져가는 것을 결코 용납하지 않고, 파문 제재의 형벌로 금한다. 또한[7] 평신도가 성당을 영지에 접수시키거나 종속 상태로 전락시키는 것을 사도적 권한을 가지고 금하는 바이다.[8]

제13조[위조화폐 금지]:[9] 누구라도 의도적으로 위조화폐를 제조하거나 계획적으로 그것들을

---

1) 참조: 클레르몽 공의회(1095)에서 교황 우르바노 2세가 한 시노드 연설(Msi 20, 823).
2) 이 문장은 Msi¹와 Pertz에서는 제13조에 포함되어 있다.
3) R S BdM에서는 누락되어 있고, β에서는 제12조, Pertz에서는 제14조.
4) 이들은 아마도 성 베드로의 주랑이 위치해 있는 레오니아 지역의 주민이었을 것이다.
5) 참조: Bollaire..., ed. U. Robert, II n. 410(Jaffé 7075a).
6) S에서는 누락되어 있고, BdM에서는 제11조, β에서는 제14조, Msi¹와 Pertz에서는 제15조.
7) 이 문장은 R, BdM에서는 제12조에 포함되어 있다.
8) 제14장 C. X q. 1(Fr 1, 616).
9) β에서는 제15조, Msi¹와 Pertz에서는 제16조.

expenderit, tamquam maledictus et pauperum virorum oppressor et[a] civitatis turbator[b] a fidelium consortio separetur.

14.[1] Si quis Romipetas et peregrinos[c], apostolorum limina et aliorum sanctorum oratoria visitantes, capere seu rebus quas ferunt spoliare[d] vel[e] mercatores[f] novis teloneorum[g] seu[h] pedaticorum[i] exactionibus molestare tentaverit[k], donec satisfecerit, communione careat[l] christiana.[2]

15.[3] Quicquid vero de pace et trevia Dei vel[m] de incendio seu de publicis stratis ab antecessoribus nostris Romanis pontificibus constitutum est, nos sancti Spiritus auctoritate confirmamus.[4]

16.[5] Sanctorum etiam patrum vestigiis inhaerentes, generali decreto sancimus, ut monachi propriis episcopis[n] cum omni humilitate subiecti exsistant et eis uti magistris et ecclesiae Dei pastoribus debitam oboedientiam et devotam in omnibus subiectionem exhibeant. Publicas missarum sollemnitates nusquam celebrent. A publicis etiam infirmorum visitationibus, inunctionibus seu etiam poenitentiis, quod ad illorum nullatenus officium pertinet, sese omnino abstineant. In ecclesiis vero, quibus ministrare noscuntur, presbyteros nonnisi per manum sui episcopi habeant, qui ei de suscepta animarum cura respondeant.

[15.] Si quis treguam diffregerit, usque tertio ad satisfactionem ab episcopo admoneatur. Quod si tertio admonitus[o] satisfacere contempserit, episcopus vel cum metropolitani consilio[p] aut[q] cum duobus aut uno vicinorum episcoporum, in rebellem anathematis sententiam[r] dictet[s] et per scripturam episcopis circumquaque denuntiet.[6]

[16.] Interdicimus[t] abbatibus et monachis publicas poenitentias[u] dare[v], infirmos visitare et unctiones facere et missas publicas cantare[w]. Chrisma et oleum, consecrationes altarium, ordinationes clericorum ab episcopis accipiant, in quorum parochiis manent.[7]

a necnon *Br Pertz* necnon et *Msi¹*
b virorum ... turbator] oppressor virorum ... turbator civitatis *S*
c seu mercatores *add. R BdM*   d expoliare *Msi¹*   e vel *R BdM et rell.*
f *om. R BdM* β *(in* β *ut v. l.)*   g teloniorum *Pertz*   h et *S*
i pedagiorum *BdM et v. l. in* β   k praesumpserit *Pertz*   l abstineat β   m *om. MD*
n *om. R*   o *om. Msi¹*   p cum ... consilio] metropolitanus *Br et v. l. in* β
q *om. Br et v. l. in* β vel *Msi¹*   r sententiam anathematis *Br*   s dicat *Br Msi¹*
t etiam *add. Msi¹*   u poenitentias publicas *Msi¹*   v et *add. a Bn² usque ad Msi*
w et missas ... cantare *superius, post* monachis, *collocatur a Msi¹*

---

[1] C. 16 in β, 17 in Msi¹, Pertz.   [2] c. 23 C. XXIV q. 3 (Fr 1 996-997).
[3] Om. S, Pertz; Msi¹ (ut c. 14) et β (ut c. 13) dissimilem textum praebent, quem in calce invenies.
[4] Cf. Falco Beneventanus, *Chronicon*, in L. A. Muratori, *Rer. Ital. Script.*, V Mediolani 1724, 99. De c. 14-15 cf. S. W. Baron, *A Social and Religious History of Jews*, IV Philadelphia 1957, 7, 235-236.
[5] Om. S; in Pertz tantum invenies: „Unctiones et visitationes infirmorum et publicas missas monachis omnino interdicimus", atque postea: „Exempla Leonis ad Dioscorum ut in die resurrectionis levitica et sacerdotalis fiat ordinatio, c. 19. Quod mane dominico continuato ieiunio sabbati possit fieri ordinatio, c. 20"; Msi¹ (ut c. 18) et β (ut c. 17) dissimilem textum praebent, quem in calce invenies.
[6] Conc. Troianum (1093), c. 2 partim (Msi 20, 790).
[7] c. 10 C. XVI q. 1 (Fr 1, 763).

유통시킨다면 그는 저주받은 자요, 가난한 이들의 압제자이며, 공공 안녕의 훼방꾼으로 간주되어 신자들의 통교로부터 격리되어야 한다.

제14조[강탈 행위 금지]:[1] 만일 누가 사도들의 무덤을 참배하러 로마로 가는 순례자들이나 여타의 거룩한 제단들이 있는 순례 성당들에 방문하는 자들을 공격하여 그들의 짐을 강탈하거나, 통관세 내지는 통행료의 추가 징수로 상인들을 괴롭힌다면, 그가 배상을 이행하기 전에는 그리스도교와의 통교가 없는 상태가 된다.[2]

제15조[법령 갱신]:[3] 선임 교황들이 휴전 의무(역자 주: 중세 때 교회 주도로 사순, 대림 시기에 하던 휴전), 방화(放火), 공공 도로에 관하여 제정한 법령들을 성령의 권한을 통해서 확정하는 바이다.[4]

제16조[수도승에 관한 규정]:[5] 거룩한 교부들의 발자취를 따라 일반 교령으로 명하는 바, 수도승들은 그들의 주교들에게 온전한 겸손으로 예속되어야 하고, 스승이요 하느님의 교회의 목자로서 그 주교들에게 마땅한 순명을 하고 만사에 있어서 경건한 예속을 보여야 하며 대중과의 장엄미사는 결코 집전할 수 없다. 또한 자신들의 직무에 수반되는 것이 전혀 아닌 상태에서는 공적인 환자 방문이나 종부성사나 고해성사의 집전을 완전히 그만두어야 한다. 그들의 직무가 인정된 성당들에서, 주교에 의해 파견되어 자기에게 맡겨진 영혼들의 사목에 응답한 사제가 아니면, 성무 집행을 할 수 없다.

[제15조][휴전 위반에 대한 제재]: 만일 누가 휴전을 위반하면 그것에 대해 보속하도록 주교에 의해 세 차례까지 경고를 받는다. 만일 세 차례의 경고 후에도 보속하지 않으면 주교는, 관구장이나 인근의 두 명 혹은 그 이상의 주교들의 의견을 청취하고, 그자에게 파문의 판결을 내려야 하고 인근의 주교들에게 그 사실을 서면으로 알려야 한다.[6]

[제16조][수도승에 관한 규정]: 아빠스들과 수도승들이 대중에게 고해성사를 주는 것과 병자를 방문하여 종부성사를 주는 것 그리고 대중과 창미사를 드리는 것을 금하는 바이다. 그들은 자신들이 상주하는 교구의 주교에게서 크리스마 성유와 병자 성유, 제대 축성 그리고 사제 서품을 받아야 한다.[7]

---

1) β 에서는 제16조, Msi¹와 Pertz에서는 제17조.
2) 제23장 C. XXIV q. 3(Fr 1, 996-997).
3) S와 Pertz에서는 누락되어 있고 Msi¹(제14조)와 β (제13조)에서는 다른 본문이 실려 있는데, 현재 지면 하단에 수록해 놓았다.
4) 참조: Falco Beneventanus, *Chronicon*, in L. A. Muratori, *Rer. Ital. Script.*, V Milano 1724, 99. De c. 14-15, 또한 S. W. Baron, *A Social and Religious History of Jews*, IV Philadelphia 1957, 7, 235-236.
5) S에서는 누락되어 있고 Pertz에서는 다음과 같이 기록되어 있을 뿐이다. "수도승들이 환자 도유와 방문하는 것 그리고 공개적 미사를 드리는 것을 금한다." 그 다음에는 "디오스코루스를 위한 레오의 예증집에 의하면, 부활의 날에는 레위적이며 사제적 서품이 이루어질 것이다, 제19장. 안식일(토요일) 축제의 연장선상에서 주일 아침에 서품식이 있을 것이다, 제20장." Msi¹(제18조)와 β (제17조)에서는 다른 본문이 실려 있는데, 현재 지면 하단에 수록해 놓았다.
6) 트로이아 공의회(1093), 제2조의 한 부분(Msi 20, 790).
7) 제10장 C. XVI q. 3(Fr 1, 763).

17.¹ Ad haec sanctae Romanae ecclesiae possessiones quietas servare per Dei gratiam[a] cupientes, praecipimus et sub districtione anathematis interdicimus, ne aliqua militaris[b] persona Beneventanam[c] beati Petri civitatem praesumat invadere aut violenter retinere[d]. Si quis aliter praesumpserit, anathematis vinculo teneatur[e].²

18.³ In parochialibus[f] ecclesiis presbyteri per episcopos constituantur, qui eis respondeant de animarum cura et de iis quae ad episcopum pertinent. Decimas[g] et ecclesias a laicis non suscipiant absque consensu et voluntate episcoporum et si aliter praesumptum fuerit, canonicae ultioni subiaceant[h].⁴

19. Servitium quod monasteria aut eorum ecclesiae a tempore[i] Gregorii papae VII usque ad hoc tempus fecere[k], et nos concedimus⁵. Possessiones ecclesiarum et episcoporum tricennales[l] abbates vel monachos habere, omnimodis[m] prohibemus[n].⁶

20. Paternarum traditionum exemplis commoniti, pastoralis officii debitum persolventes, ecclesias cum bonis suis tam personis quam possessionibus, clericos videlicet ac monachos eorumque conversos, oratores quoque cum suis nihilominus rebus quas ferunt, tutos et sine molestia esse statuimus. Si quis autem contra hoc facere praesumpserit et postquam facinus suum recognoverit, infra triginta dierum spatium competenter non emendaverit, a liminibus ecclesiae arceatur et anathematis gladio feriatur.⁷

21.⁸ Presbyteris, diaconibus, subdiaconibus et monachis concubinas habere seu matrimonia contrahere penitus interdicimus, contracta quoque matrimonia ab huiusmodi personis disiungi et personas ad poenitentiam debere redigi, iuxta sacrorum canonum diffinitionem iudicamus.⁹

22. Alienationes quae specialiter per Ottonem[o], Hieremiam seu forte Philippum¹⁰ ubilibet de possessionibus Ravennatis exarchatus factae sunt, damnamus. Generaliter autem omnium per intrusionem seu canonice electorum sub episcopi nomine aut abbatis, qui secundum usum ecclesiae suae consecrandus est, alienationes quocumque modo factas necnon personarum ordinationes ab eisdem sine communi consensu clericorum ecclesiae sive per simoniam itidem factas, irritas iudicamus. Illud etiam per omnia interdicimus, ut nullus clericus praebendam suam seu aliquod ecclesiasticum beneficium aliquo modo alienare praesumat. Quod si praesumptum olim fuit vel aliquando fuerit, irritum erit et canonicae ultioni subiacebit.¹¹

[a] per Dei gratiam servare *Pertz*   [b] *om. Br et v. l. in* β
[c] Beneventinam *R BdM* Beneventum *con. Pertz*   [d] tenere *Br Msi¹ Pertz*
[e] tradatur *Br*   [f] vero eorum *add. Msi¹*   [g] autem *add. Msi¹*
[h] et si ... subiaceant *om. Msi¹; cf. c. 19*
[i] sancti *add. Msi¹*   [k] fecerunt *Msi¹*   [l] triennales *Msi¹*   [m] omnimode *Msi¹*
[n] Quod si aliter praesumptum fuerit, canonicae ultioni subiaceant *add. Msi¹; cf. c. 18*
[o] Attonem *v. l. in* β

---

¹ Om. S; c. 8 in β, 10 in Msi¹, 11 in Pertz.
² Cf. Falco Beneventanus, *Chronicon*, in L. A. Muratori, *Rer. Ital. Script.*, V, Mediolani 1724, 99.
³ Hic et seqq. c. om. α, at Msi¹ c. 18-19 una cum c. [16] praebet. Prior pars huius c. (In parochialibus ... ad episcopum pertinent) fortasse ad c. 16 (β) pertinet.
⁴ Decimas ... subiaceant: c. 39 C. XVI q. 7 (Fr 1, 811).
⁵ c. 31 C. XVIII q. 2 (Fr 1, 838).   ⁶ c. 1 C. XVI q. 4 (Fr 1, 796).
⁷ c. 24 C. XXIV q. 3 (Fr 1, 997).   ⁸ Cf. c. 7 huius conc. (v. supra p. 191').
⁹ c. 8 D. XXVII (Fr 1, 100).
¹⁰ Archiepiscopi ecclesiae Ravennatis dissidentes, saec. XII in.
¹¹ Cf. c. 37 C. XII q. 2 (Fr 1, 699).

제17조[교황 영토의 보호]:[1] 거룩한 로마교회의 재산을 하느님의 은총에 힘입어 평화롭게 보존하기를 원하며, 모든 군인들에게 복되신 베드로의 도시인 베네벤토를 침략하거나 무력으로 차지하는 것을 파문 제재의 형벌로 엄격하게 금지하는 바이다. 만일 누가 감히 달리 행동하면, 파문의 사슬로 묶이게 될 것이다.[2]

제18조[평신도의 성당 통치 권한 금지]:[3] 본당사목구들에는 주교들에 의해서, 영혼의 사목과 주교에게 속한 업무들을 수행할 책임을 질 사제들이 배정되어야 한다. 그들은 주교의 동의와 승인 없이는 평신도로부터 십일조나 성당들을 받아서는 안 된다. 그들이 감히 달리 행동하면, 교회법적 형벌 제재를 받게 될 것이다.[4]

제19조[수도승원의 점유권 제한]: 수도승원들과 그들의 성당들이 교황 그레고리오 7세 때부터 현재까지 주교들에게 실천해 온 예우 행위들을 인정하는 바이다.[5] 아빠스들과 수도승들이 30년 취득시효를 이유로 성당들과 주교들의 재산을 취하는 것을 전적으로 금한다.[6]

제20조[재산 보호]: 교부들의 전통의 모범을 상기하고 나의 사목적 직무를 수행하면서 명하는 바, 성당들과 성당들이 보유하고 있는 인적 물적 재산들과 성직자들은 말할 것도 없고 수도승들과 평수사들과 설교가들 그리고 그들이 가진 것들도 온전한 상태로 침해를 받지 말아야 한다. 만일 누가 감히 이를 거슬러서 행동한 경우, 그의 과오가 인정된 후 30일의 기간 안에 배상을 충분히 이행하지 않으면, 교회의 관내에 접근을 금할 것이며 파문의 검으로 칠 것이다.[7]

제21조[독신제]:[8] 사제, 부제, 차부제 그리고 수도승들에게는 내연의 처를 거느리거나 혼인을 하는 것을 완전히 금한다. 거룩한 교회법규들의 규정에 따라, 그런 식의 혼인을 맺은 사람들은 갈라서야 하고 참회하도록 인도돼야 한다고 규정하는 바이다.[9]

제22조[불법 거래 금지]: 라벤나 지역에서 행해진 재산에 대한 양도, 특히 오토, 예레미야 그리고 아마도 필리푸스[10]에 의해 행해진 양도들은 그 장소를 불문하고 단죄하는 바이다. 또한 불법 횡령에 의해 행해진 것이든 자기 교회의 관습에 따라 축성되어야 하는 주교나 아빠스의 이름으로 교회법적으로 선발된 자들에 의해 행해진 것이든 모든 양도는 그 형태를 불문하고 무효이며, 교회의 성직자단의 일치된 동의 없이 혹은 성직매매의 형태로 수여된 성품도 무효임을 전체에 적용되는 형태로 선언하는 바이다. 아울러 그 어느 성직자도 자신의 성직록이나 교회록의 양도를 어떤 식으로든 감행하는 것을 전적으로 금지한다. 이미 감행한 양도나 앞으로 행해질 양도는 무효가 될 것이며, 교회법적 형벌 제재를 받게 될 것이다.[11]

---

1) S에서는 누락되어 있고 β에서는 제8조, Msi¹에서는 제10조, Pertz에서는 제11조.
2) 참조: Falco Beneventanus, *Chronicon*, in L. A. Muratori, *Rer. Ital. Script.*, V Milano 1724, 99.
3) 이 조항과 그 이하의 조항들은 α에서는 누락되어 있고 Msi¹에서는 제18-19조 그리고 제[16]조에 함께 실려 있다. 이 조항의 첫 부분(본당사목구들에는…… 주교들에 의해서…… 배정되어야 한다.)은 β의 제16조에 배치되어 있는 것 같다.
4) 그들은…… 받게 될 것이다: 제39장 C. XVI q. 7(Fr 1, 811).
5) 제31장 C. XVIII q. 2(Fr 1, 838).
6) 제1장 C. XVI q. 4(Fr 1, 796).
7) 제24장 C. XXIV q. 3(Fr 1, 997).
8) 참조: 본 공의회, 제7조(위의 191쪽).
9) 제8장 D. XXVII(Fr 1, 100).
10) 12세기 교황에 대항하던 라벤나 교회의 대주교들.
11) 참조: 제37장 C. XII q. 2(Fr 1, 699).

제2차 라테란 공의회
1139

머리말

1139년 사순 시기에 교황 인노첸시오 2세는 전체 공의회를 소집하여 라테란 대성전에서 거행했다.[1] 알려진 바에 따르면, 공의회는 일 년 전에 소집되었고 실제로 교황 특사들이 영국[2]과 스페인[3]의 주교들과 아빠스들을 강력하게 초청했다. 그리하여 적어도 500명이 넘는 수많은 교부들이 로마에 도착했고, 그중에 단 한 사람만이 동방교회에서 왔는데, 그는 안티오키아의 라틴계 총대주교였다.[4] 사료들에서 추출해 낼 수 있는 바에 따르면, 공의회는 교황의 주재 하에 4월 2일에 개막되었고 같은 달 17일 이전에 폐막되었다고 추정된다.[5]

이 공의회는 연대기들에는 전체 공의회(concilium generale)라 지칭되었고, 인노첸시오 2세 자신은 이를 총(plenarium) 공의회라 지칭했다.[6] 제1차 라테란 공의회와 마찬가지로 그 세계성(oecumenicitas)에 대해서는 의심스럽다.[7]

인노첸시오 2세를 추종하느냐 아나클레토 2세(Anacletus II)를 추종하느냐를 놓고 긴 세월 동안(1130-1138) 분열되었던 로마교회는 교황에게 불순종하는 이교와 파벌 싸움을 극복하고 마침내 평화를 되찾은 것으로 보인다. 이는 피에를레옹(pierleon, 역자 주: 아나클레토 2세의 원래 이름)의 사망과 인노첸시오를 중심으로 하는 일치의 회복을 위해 전 유럽을 대상으로 열정을 불살랐던 클레르보(Clairvaux) 출신 베르나르도의 지속적인 노력의 결과이다. 아나클레토가 얻어낸 지지 때문에 아마도 곤란을 겪었을 인노첸시오는 피에를레옹을 재판에 회부하여, 그가 한 짓은 악마의 행위라고 단죄하였다(참조: 제30조).[8] 이 재판에서는 베르나르도로 하여금 원고 진술을 하게 한 것으로 보인다.[9]

교부들은 헨리코 수사를 추종하던 몇몇 이단자들도 단죄하였고,[10] 교회 개혁에 관한 몇 가지 법률들도 제정하였다. 교황과 공의회 교부들은 그레고리오 7세의 모범을 따라 교회의 본연의 교리를 회복시키고자 마치 전체 교회의 법률들의 모음집을 만들기라도 하듯이 예전의 공

---

1) 공의회의 회의록은 남아 있지 않다. 그리고 연대기들이나 편년사들에서 매우 적은 양의 기록들이 수집된다. 자료들은 H-L 5/1. 721-722., 특히 Bernhardi 154 n. 12를 참조하고 *Dialogus de pontificatu sanctae Romanae ecclesiae*, in MGH Libelli, III Hannoverae 1897, 534. 그리고 같은 책 290, 291을 참조하라.
2) 참조: Richardus Haugustaldensis(영국의 Hexham 출신의 리차드), *De gestis regis Stephani*, ed. B. Howlett(Rer. Britann. M. A. Script. 82/3), London 1886, 175-177.
3) 참조: *Historia Compostellana*, ed. E. Florez(España sagrada 20), Matriti(마드리드) 1765, 597-598(PL 170, 1236).
4) 참조: Bernhardi 154 n. 12; H-L 722 n. 1; Vernet 2638; Tangl 205-210(안티오키아의 총대주교에 관하여 G. B. Mittarelli-A. Costadoni, *Annales Camaldulenses...*, IV Venetiis(베네치아) 1759, 614를 참조하라).
5) 참조: 특히 *Historia Compostellana*, 598; H-L 721; Vernet 2638.
6) 참조: 교황 인노첸시오 2세, Epistolae et privilegia, PL 179, 450, 459, 462(Jaffé 8007, 8016, 8017).
7) 제1차 라테란 공의회의 안내의 말씀을 참조하라.
8) 참조: 제30조. 베네벤토의 팔코(Falco Beneventano: L. A. Muratori, Rer. Ital. Script., V Mediolani 1724, 127)에 의하면 시칠리아의 왕 루제로(Ruggero)도 이 공의회에 의해서 파문되었다. 교부들의 다른 결정들에 대해서는 H-L 738을 참조하라.
9) 참조: l'epistola 213(PL 182, 378).
10) 참조: R. Manselli, *Il monaco Enrico e la sua eresia*, Bull. Ist. Sto. It. per il M.E. 65(1953), 30 e n. 1(그리고 *Studi sulle eresie del sec. XII*, Roma 1953, 56).

의회들의 수많은 법조항들을 다시 취하였다. 그레고리오 7세(제10조), 우르바노 2세(제3조, 제21-22조), 갈리스토 2세(제3조, 제7조, 제23-25조), 그리고 특히 인노첸시오 2세(제1조, 제4-7조, 제9-12조, 제14-20조)의 재위 기간 중에 열렸던 공의회들의 법조항들이 다시 채택되었다. 오르데리크 비탈리스(Orderic Vitalis)의 의견에 의하면, 이 공의회 직후에(1140-1150), 이 법조항들 중에 많은 수가 그라시아노에 의해 그의 법령집에 실렸으나(제2조, 제4-6조, 제8조, 제19-21조, 제26-28조, 그리고 부분적으로 제7조, 제10조, 제12조, 제15-16조, 제18조, 제22조) 커다란 영향력을 행사한 것 같지는 않다.[11]

바로니오(Baronius)는 최초로 두 개의 필사본 법전(하나는 바티칸 도서관 기록서[liber censuum Vaticanae bibliothecae]이고 다른 하나는 바티칸 법령집[codice Vaticano contenente decreti]이다.)에서 30개의 법조항들을 발췌하여 출판했다(12[1607]277-280). 그리고 얼마 후, 로마의 출판업자들이 바티칸도서관과 타라고나(Tarragona)의 안토니오 아우구스틴(Antonio Augustin)의 필사본 법전들을 기반으로 더욱 정확한 간행본을 냈다. 그 본문은 그 후 여러 출판사에서 원문의 수정과 더불어 간행되었는데, 그 목록은 다음과 같다: Bn 2 3/2(1618) 487-489; ER 17(1644) 123-133; LC 10(1671) 1002-1009; Hrd 6/2(1714) 1207-1214; Cl 12(1730) 1497-1507; Msi 21(1776) 526-533. 앞의 간행본들에서 누락되었으나 마르텐(E. Marténe)과 뒤랑(Durand)이 비시냐노(Bisignano)의 성 빈첸시오 필사본에 적혀 있는 부분을 출판했는데, 제15조와 제30조이다. 우리는 모든 간행본들을 수집한 후, 로마 간행본의 본문을 따랐다.

도서목록:

H-L 5/1, 721-738; F. Vernet DThC 8/2(1925) 2637-2644; DDrC 6(1957) 346-347; LThK 6(²1961) 816; RE 20(1990) 481-489; W. Bernhardi, *Konrad III.*, I Leipzig 1883, 154-160; A. Hauck, *Die Rezeption und Umbildung der allgemeinen Synode im Mittelalter*, Hist. Vierteljahrschrift 10(1907)468ss.; G. Tangl, *Die Teilnehmer an den allgemeinen Konzilien des Mittelaters*, Weimer 1922, 196-201 e 205-210; R. L. Poole, *The English Bishops at the Lateran Council of 1139*, Engl. Hist. Review 38(1923) 61-63; W. Hunt, ibid., 557-560; P. F. Palumbo, *Lo scisma del MCXXX...*, Roma 1942, 592-594; A. Fliche-R. Foreville-J. Rousset, *Dal primo concilio Lateranense all'avvento di Innocenzo III*, Torino 1974, 93-94 e 183-185; G. Fransen, *L'ecclésiologie des conciles médiévaux*, Le concile 125-141; Fr.-J. Schmale, *Studien zum Schisma des Jahres 1130*, Köln-Graz 1961; R. Foreville, *Latran I, II, III et Latran IV*, Paris 1965; M. Mollat e P. Tombeur, *Les conciles Latran I à Latran IV: concordance, index, listes de fréquence, tables comparatives*, Louvain 1974; H. J. Sieben, *Die Konzilsidee des lateinischen Mittelalters(847-1378)*, Paderborn 1984; *Sto. Con. Ec.*, 191-195 e 216-218[A. Melloni].

---

11) 참조: *Historia ecclesiastica*, in MGH Script., XX Hanover 1868, 80.

CANONES

1. Statuimus ut[a], si quis simoniace ordinatus fuerit, ab officio omnino cadat quod illicite usurpavit.[1]

2. Si quis praebendam vel prioratum seu decanatum aut honorem vel promotionem aliquam ecclesiasticam seu quodlibet sacramentum ecclesiasticum, utpote[b] chrisma vel oleum sanctum, consecrationes altarium vel ecclesiarum, interveniente exsecrabili ardore avaritiae[c], per pecuniam acquisivit, honore[d] male acquisito careat; et emptor atque venditor et interventor[e] nota infamiae percellantur[2]. Et nec pro pastu nec sub obtentu alicuius consuetudinis ante vel post a quoquam aliquid exigatur vel ipse dare praesumat, quoniam simoniacum est; sed libere et absque imminutione aliqua, collata sibi dignitate atque beneficio perfruatur.[3]

3. A suis episcopis excommunicatos ab aliis[f] suscipi, modis omnibus prohibemus[4]. Qui vero excommunicato, antequam ab eo qui eum excommunicaverit absolvatur, scienter communicare praesumpserit, pari sententiae teneatur obnoxius.

4. Praecipimus etiam quod tam episcopi quam clerici in statu mentis, in habitu corporis, Deo et hominibus placere studeant, et nec in superfluitate, scissura[g] aut colore vestium nec in tonsura, intuentium, quorum forma et exemplum esse debent, offendant aspectum, sed potius, quae[h] eos deceat, sanctitatem prae se ferant[i][5]. Quod si moniti ab episcopis, emendari noluerint, ecclesiasticis careant beneficiis.[6]

5. Illud autem[k] quod in sacro Chalcedoniensi constitutum est concilio[7], irrefragabiliter conservari praecipimus, ut videlicet decedentium bona episcoporum a nullo omnino hominum diripiantur, sed ad opus ecclesiae et successoris sui in libera oeconomi et clericorum permaneant potestate. Cesset igitur de cetero illa detestabilis et saeva rapacitas. Si quis autem amodo[l] hoc attentare praesumpserit, excommunicationi subiaceat. Qui vero morientium presbyterorum vel clericorum bona rapuerint, simili sententiae subiiciantur.[8]

---

[a] ut *Br om. Rm* [b] utputa *Br* [c] emptionis *add. v. l. in Br*
[d] avaritiae...honore *om. Br* [e] intervenditor *Br* [f] alio *Br*
[g] *om. Br* [h] quam *Br* [i] prae se ferant *om. Br*
[k] etiam *Br* [l] aliquo modo *v. l. in Rm* hoc amodo *Br*

---

[1] Conc. Claromontanum (1130), c. 1 partim (Msi 21, 438); conc. Remense (1131), c. 1 partim (Msi 21, 458); conc. Pisanum (1135), c. 1 partim (Msi 21, 489).
[2] Si quis...percellantur: conc. Claromontanum (1130), c. 1 partim (Msi 21, 438); conc. Remense (1131), c. 1 partim (Msi 21, 458); conc. Pisanum (1135), c. 1 partim (Msi 21, 489).
[3] c. 15 C. I q. 3 (Fr 1, 418).
[4] Cf. conc. Melfitanum (1089), c. 15 (Msi 20, 724); conc. Lat. I, c. 2 (v. supra p. 190).
[5] Praecipimus...se ferant: conc. Claromontanum (1130), c. 2 (Msi 21, 438); conc. Remense (1131), c. 2 (Msi 21, 458).
[6] c. 5 C. XXI q. 4 (Fr 1, 859); cf. conc. Remense (1148), c. 2 (Msi 21, 714).
[7] Cf. conc. Chalc., c. 22 (ACO II/2, 151, 183, 194, 201; v. supra p. 97).
[8] Conc. Claromontanum (1130), c. 3 (Msi 21, 438); conc. Remense (1131), c. 3 (Msi 21, 458); c. 47 C. XII q. 2 (Fr 1, 702).

법규

제1조[성직매매를 거슬러서]: 만일 누가 성직매매로 품을 받았다면, 그가 불법적으로 보유하고 있는 직무로부터 예외 없이 면직된다고 규정하는 바이다.[1]

제2조[성직매매를 거슬러서]: 만일 누가 성직록이나 수도원장직 혹은 지구장직, 아니면 고위직이나 여타의 교회 품계의 승진, 또는 견진성사나 종부성사 같은 교회의 성사들, 혹은 제단들이나 성당들의 축성을 탐욕의 저주받은 욕망에 사로잡혀서 돈으로 산다면, 그는 그 잘못 취득한 명예를 박탈당한다. 그리고 매수인, 매도인, 중개인은 공개적 불명예 처벌을 받는다.[2] 그리고 그 누구도 생계나 혹은 여타의 관습을 구실로 선불이든 후불이든 아무것도 요구하지도 제공하지도 말아야 한다. 그것은 성직매매이기 때문이다. 오히려 누구나 자기에게 수여된 명예나 교회록을 자유롭게 그리고 아무런 침해 없이 향유해야 한다.[3]

제3조[파문의 효력]: 자기의 주교로부터 파문당한 자가 다른 주교에 의해 복권되는 것을 전적으로 금하는 바이다.[4] 파문의 벌을 내린 자가 사면해 주기 전에, 파문받은 자와 의식적으로 통교하는 자는 마찬가지의 형벌을 받을 것이다.

제4조[성직자의 검소한 표양]: 주교들과 성직자들에게 명하노니, 자신들의 영혼과 외적 행동들을 가다듬어서 하느님과 사람들에게 기쁨을 주도록 노력해야 한다. 또한 사람들의 모범과 표양이 되어야 하고, 더욱이 자신들의 신분에 맞는 성스러움을 보여줘야 함에도 불구하고, 의복이 쓸데없이 많거나 재단의 형태나 색상 때문에, 혹은 머리 모양 때문에 그들을 바라보는 사람들의 눈길에 물의를 일으켜서는 안 된다.[5] 만일 그들이 주교의 경고가 있은 다음에도 교정하기를 원치 않으면 교회록을 박탈당할 것이다.[6]

제5조[교회 재산의 보호]: 거룩한 칼케돈 공의회에서 제정한 것을[7] 예외 없이 준수해야 한다고 명하는 바이다. 즉 그 누구도 사망한 주교의 재산을 결코 취하지 못한다. 대신에 그러한 재산은 교회의 유익과 그의 후임자를 위해 사용되도록 재무 담당과 성직자들의 자유로운 권한에 예속되어야 한다. 따라서 앞으로는 증오스럽고 혐오스러운 강탈은 그만두게 해야 한다. 만일 누가 앞으로 이를 감행한다면 그는 파문을 받아야 한다. 또한 사망하는 사제들이나 성직자들의 재산을 갈취하는 자들도 같은 형벌을 받을 것이다.[8]

---

1) 클레르몽 공의회(1130), 제1조 부분(Msi 21, 438); 랭스 공의회(1131), 제1조 부분(Msi 21, 458); 피사 공의회(1135), 제1조 부분(Msi 21, 489).
2) 만일 누가…… 처벌을 받는다: 클레르몽 공의회(1130), 제1조 부분(Msi 21, 438); 랭스 공의회(1131), 제1조 부분(Msi 21, 458); 피사 공의회(1135), 제1조 부분(Msi 21, 489).
3) 제15장 C. I q. 3(Fr 1, 418).
4) 멜피 공의회(1089), 제15조(Msi 20, 724); 제1차 라테란 공의회, 제2조(위의 190쪽).
5) 주교들과 성직자들에게 명하노니…… 물의를 일으켜서는 안 된다: 클레르몽 공의회(1130), 제2조(Msi 21, 438); 랭스 공의회(1131), 제2조(Msi 21, 458).
6) 제5장 C. XXI q. 4(Fr 1, 859); 랭스 공의회(1148), 제2조(Msi 21, 714).
7) 참조: 칼케돈 공의회, 제22조(ACO 11/2, 151, 183, 194, 201; 위의 97쪽).
8) 클레르몽 공의회(1130), 제3조(Msi 21, 438); 랭스 공의회(1131), 제3조(Msi 21, 458); 제47장 C. XII q. 2(Fr 1, 702).

6. Decernimus etiam ut ii[a], qui in ordine subdiaconatus et supra uxores duxerint aut concubinas habuerint, officio atque ecclesiastico[b] beneficio careant. Cum enim ipsi templum Dei, vasa Domini, sacrarium Spiritus sancti debeant esse et dici, indignum est eos cubilibus et immunditiis[1] deservire.[2]

7. Ad haec praedecessorum nostrorum Gregorii VII, Urbani et Paschalis Romanorum pontificum vestigiis inhaerentes, praecipimus[c] ut nullus missas eorum audiat, quos uxores vel concubinas habere cognoverit[3]. Ut autem lex continentiae et Deo placens munditia in ecclesiasticis personis et sacris ordinibus dilatetur, statuimus quatenus episcopi presbyteri diaconi subdiaconi regulares canonici et monachi atque conversi professi[d], qui sanctum[e] transgredientes propositum[f] uxores sibi copulare praesumpserint, separentur. Huiusmodi namque copulationem, quam contra ecclesiasticam regulam constat esse contractam, matrimonium non esse censemus. Qui etiam ab invicem separati, pro tantis excessibus condignam poenitentiam agant[g].[4]

8. Id ipsum quoque de sanctimonialibus feminis si, quod absit, nubere attentaverint, observari decernimus.[5]

9. Prava autem consuetudo, prout accepimus, et detestabilis inolevit, quoniam[h] monachi et regulares canonici post susceptum habitum et professionem factam, spreta beatorum magistrorum Benedicti et Augustini regula, leges temporales et medicinam gratia lucri temporalis addiscunt. Avaritiae namque flammis accensi, se patronos causarum faciunt; et cum psalmodiae et hymnis vacare debeant[i], gloriosae vocis confisi munimine, allegationum suarum varietate iustum et iniustum, fas[k] nefasque confundunt. Attestantur[l] vero[m] imperiales constitutiones, absurdum immo et[b] opprobrium esse clericis, si peritos se velint disceptationum esse forensium. Huiusmodi temeratores graviter feriendos[n], apostolica auctoritate decernimus[o]. Ipsi quoque[p], neglecta animarum cura, ordinis sui propositum nullatenus attendentes, pro detestanda pecunia sanitatem pollicentes, humanorum curatores se faciunt[q] corporum. Cumque impudicus oculus impudici cordis sit nuntius, illa[r] de quibus loqui erubescit honestas, non debet religio pertractare. Ut ergo ordo monasticus et canonicus Deo placens in sancto proposito

a hi *Br*   b *om. Br*   c interdicimus *Br*   d et professi *v. l. in Rm*   e sacrum *Br*
f praeceptum *v. l. in Rm*   g poenitentiam agant condignam *Br*
h quod et *Br*   i deberent *Br*   k fasque *Br*   l attestantes *Br*   m enim *Br*
n temeratoribus ... feriendis *Br*   o apostolica ... decernimus *om. Br*
p canonici et monachi *add. Br*   q se faciunt curatores *Br*   r etiam *add. Br*

---

[1] Cf. Rm 13, 13.
[2] Conc. Claromontanum (1130), c. 4 (Msi 21, 438); conc. Remense (1131), c. 4 (Msi 21, 458); c. 2 D. XXVIII (Fr 1, 101).
[3] Ad haec ... cognoverit: conc. Remense (1131), c. 5 (Msi 21, 459).
[4] Ut autem lex ... agant: c. 40 C. XXVII q. 1 partim (Fr 1, 1059); cf. conc. Lat. I, c. 21 β (v. supra p. 194).
[5] c. 40 C. XXVII q. 1 partim (Fr 1, 1059).

제6조[독신과 정결]: 차부제품 이상의 품계에 있는 사람으로서 아내나 내연의 여인을 가지고 있는 자는 그들의 직위와 교회록을 박탈당할 것이다. 명실공히 그들은 하느님의 성전이요 주님의 그릇이며 성령의 거룩한 궁전이기 때문에 자신들을 혼인 생활과 부정한 생활에 전념하게 하는 것은 부당하다.[1)2)]

제7조[독신과 정결]: 선임 로마교황 그레고리오 7세와 우르바노 그리고 파스칼의 발자취에 동참하면서 명하는 바, 그 누구도 아내나 내연의 여인을 가지고 있는 자가 드리는 미사를 그 사실을 알면서 참례해서는 안 된다.[3)] 그래서 절제의 법과 하느님을 기쁘게 해드리는 순결함이 교회 종사자들과 성품에 오른 이들 사이에 확산되어야 하기에, 이 명령을 무시하고 아내 갖기를 감행하는 주교, 사제, 부제, 차부제, 수도회 참사, 수도승 그리고 서원한 평수사들은 자신의 배우자와 헤어져야 한다고 명하는 바이다. 왜냐하면 이런 식으로 교회의 법규를 분명히 위반하면서 맺은 결합은 혼인이라고 인정되지 않기 때문이다. 또한 그들은 서로 결별한 후 그토록 심한 탈선에 대한 응분의 보속을 이행해야 한다.[4)]

제8조[수녀들의 독신]: 봉헌된 삶을 사는 여성들에게도 그녀들이 혼인을 시도한 경우에 마찬가지의 법률이 적용되어야 한다고 규정하는 바이다.[5)]

제9조[수도자들의 부당한 돈벌이 금지]: 알려진 바대로, 수도승들과 수도회 참사들이 수도복을 받고 서원을 발한 후에 복된 베네딕토와 아우구스티노의 규칙을 완전히 무시한 채, 물질적 소득을 추구하기 위해 세속의 법학과 의학 공부를 하는 그릇되고 혐오할 풍토가 확산되고 있다. 실로 탐욕의 불길에 휩싸여 소송에 변호인으로 출석하기도 한다. 시편과 찬미가의 낭송에 몰두해야 함에도 불구하고 화려한 언변에 의존함으로써 그들은 자신들의 주장의 다채로움 때문에 무엇이 옳고 무엇이 그른지 무엇이 도리에 맞고 무엇이 도리에 맞지 않은지를 스스로 혼동한다. 그러나 제국의 법령들은 성직자들이 법정 투쟁에 전문가이기를 원하는 것이 얼마나 한심하고 심지어 얼마나 쓸데없는 짓인가를 보여주고 있다. 게다가 이러한 자들은 영혼의 사목과 자신들의 직무가 수반하는 목적은 완전히 무시하면서, 저주스런 돈을 대가로 건강을 약속해 주고 인간 육신의 치유자 노릇을 한다. 그리고 천박한 눈은 천박한 마음의 표현이듯이, 종교는 그 품위의 본성상 말하기 부끄러운 일들을 하지 말아야 한다. 따라서 사도적 권위를 가지고 명하는 바, 이에 관한 위반자들은 중벌을 받아야 한다. 또한 수도회의 규범과 교회법의 규범이 그 거룩한 목적에 따라 하느님을 기쁘게 해드리는 것으로서 견고하게 보존되도록,

---

1) 참조: 로마 13,13.
2) 클레르몽 공의회(1130), 제4조(Msi 21, 438); 랭스 공의회(1131), 제4조(Msi 21, 458); 제2장 D. XXVIII(Fr 1, 101).
3) 선임 교황…… 참례해서는 안 된다: 랭스 공의회(1131), 제5조(Msi 21, 459).
4) 그래서 절제의 법과…… 보속을 해야 한다: 제40장 C. XXVII q. 1 부분(Fr 1, 1059); 참조: 제1차 라테란 공의회, 제21조β (위의 194쪽).
5) 제40장 C. XXVII q. 1 부분(Fr 1, 1059).

inviolabiliter conservetur, ne hoc ulterius praesumatur, apostolica auctoritate[a] interdicimus. Episcopi autem, abbates et priores tantae enormitati consentientes et non corrigentes, propriis honoribus spolientur et[b] ab ecclesiae liminibus arceantur.[1]

10. Decimas ecclesiarum, quas in usu pietatis concessas esse canonica demonstrat auctoritas, a laicis possideri apostolica auctoritate[a] prohibemus. Sive enim ab episcopis vel regibus vel quibuslibet personis eas acceperint, nisi ecclesiae reddiderint, sciant se sacrilegii crimen committere et periculum aeternae damnationis incurrere[2]. Praecipimus etiam ut laici, qui ecclesias tenent, aut eas episcopis restituant aut excommunicationi subiaceant[3]. Innovamus autem et praecipimus, ut nullus in archidiaconum vel decanum nisi diaconus vel presbyter ordinetur; archidiaconi vero, decani[c] vel praepositi[d], qui infra ordines praenominatos exsistunt, si inoboedientes ordinari contempserint, honore suscepto priventur[e][4]. Prohibemus autem ne adolescentibus vel infra sacros ordines constitutis, sed[f] qui[f] prudentia et merito vitae clarescunt, praedicti concedantur honores[5]. Praecipimus etiam ne conductitiis[g] presbyteris ecclesiae committantur et unaquaeque ecclesia, cui facultas suppetit, proprium habeat sacerdotem.[6]

11. Praecipimus etiam ut presbyteri, clerici, monachi, peregrini et mercatores et[h] rustici euntes et redeuntes et in agricoltura persistentes, et animalia cum quibus aratur[i] et semina portant ad agrum, et oves[k], omni tempore securi sint.[7]

12. Treguam autem[l] ab occasu solis in quarta feria usque ad ortum solis in secunda feria, et ab adventu Domini usque ad octavas epiphaniae et a quinquagesima usque ad octavam paschae, ab omnibus inviolabiliter observari praecipimus. Si quis autem treguam[h] frangere tentaverit, post tertiam commonitionem si non satisfecerit, episcopus suus in eum excommunicationis[h] sententiam dictet et scriptam[m] episcopis vicinis[n]

---

[a] auctoritate apostolica *Br*   [b] vel *Br et v. l. in Rm Bn² RE*   [c] vel praepositi *Br*
[d] decani *Br*   [e] priventur suscepto *Br*   [f] nisi *Br*   [g] inductitiis *Br*
[h] *om. Br*   [i] *fortasse* arant   [k] et animalia ... oves *om. Br*   [l] Dei *add. Br*
[m] *fortasse* scripto   [n] vicinis episcopis *Br*

---

[1] Conc. Claromontanum (1130), c. 5 (Msi 21, 438-439); conc. Remense (1131), c. 6 (Msi 21, 459).
[2] Decimas ... incurrere: conc. Romanum (1078), c. 6 (Msi 20, 510); c. 1 C. XVI q. 7 partim, sub nomine Gregorii papae VII (Fr 1, 800).
[3] Praecipimus ... subiaceant: conc. Claromontanum (1130), c. 6 (Msi 21, 439); conc. Remense (1131), c. 7 (Msi 21, 459).
[4] Innovamus ... priventur: conc. Claromontanum (1130), c. 7 (Msi 21, 439); conc. Pisanum (1135), c. 7 (Msi 21, 489).
[5] Innovamus ... honores: conc. Remense (1131), c. 8 (Msi 21, 459-460); c. 3 D. LX (Fr 1, 226-227); Prohibemus ... honores: conc. Pisanum (1135), c. 9 (Msi 21, 489-490).
[6] Praecipimus ... sacerdotem: conc. Remense (1131), c. 9 (Msi 21, 460); c. 5 C. XXI q. 2 (Fr 1, 855). De hoc c. cf. Gerhohus praepositus Reichersbergensis, *Liber de novitatibus huius temporis,* ed. E. Sackur, in MGH *Libelli,* III Hannoverae 1897, 291.
[7] Conc. Claromontanum (1130), c. 8 partim (Msi 21, 439); conc. Remense (1131), c. 10 (Msi 21, 460).

사도적 권위로 이런 일을 다시 감행하는 것을 금하는 바이다. 그리고 주교들과 아빠스들 그리고 수도 장상들이 이러한 남용을 허용하고 교정시키지 못한다면, 그들의 명예를 박탈할 것이며, 그들을 교회의 울타리 밖으로 축출할 것이다.[1]

제10조[평신도들의 교회 재산 소유 금지 및 성품권 규정]: 성당들의 십일조는 교회법적 권한에 의해 종교적 목적으로 사용하도록 지정되었음이 명시되어 있기에, 그것을 평신도들이 취득하는 것을 사도적 권위로 금하는 바이다. 따라서 주교들로부터 받았든 군주들로부터 받았든 혹은 여타의 누구에게서 받았든 그 돈을 성당에 되돌려주지 않으면 독성죄를 범하는 것이며 영벌의 위험에 처해진다는 것을 깨닫기 바란다.[2] 또한 성당을 소유하고 있는 평신도들은 그 성당들을 주교에게 반납하지 않으면 파문의 형벌을 받아야 한다고 명하는 바이다.[3] 이미 부제가 아니거나 사제가 아니면 대부제나 지구장직을 맡을 수 없다는 규정을 그대로 갱신하는 바이다. 또한 앞서 말한 품을 받지 않은 상태에서 대부제나 지구장 혹은 수석 사제가 된 자가 불순명으로 서품 받기를 거부하면, 그들은 받은 직위를 박탈당한다.[4] 아울러 미성년자나 아직 수품되지 않은 자에게 앞서 말한 직위를 수여하는 것도 금하는 바이다. 다만 지혜와 생활의 공로가 탁월한 자들에게는 그러하지 아니하다.[5] 또한 돈으로 채용된 사제에게 성당을 맡기는 것을 금하되, 재력이 충분한 모든 성당들은 각 성당마다 고유한 사제가 있어야 한다.[6]

제11조[안전 유지]: 그리고 사제들, 성직자들, 수도승들, 순례자들 상인들 그리고 농부들은 그들이 왕래할 때 그리고 들에서 일할 때, 또한 농사짓는 동물들과 수레 끄는 동물들이 경작하거나 씨를 밭으로 운반할 때 그리고 양 떼까지도 항상 안전한 상태에 있게 해야 한다고 명하는 바이다.[7]

제12조[휴전 의무]: 휴전 의무는 수요일 일몰부터 월요일 일출까지 그리고 주님의 대림 시기부터 주님 공현 팔일 축제까지 그리고 오순 주일부터 부활 팔일 축제까지 모두가 신성하게 준수해야 한다고 명하는 바이다. 만일 누가 휴전 의무를 위반하고 세 차례의 경고가 있은 다음에도 순종하지 않으면, 그의 주교는 그에 대해 파문장을 발부하고, 서면으로 인근 주교들에게 알려야 한다.

---

1) 클레르몽 공의회(1130), 제5조(Msi 21, 438-439); 랭스 공의회(1131), 제6조(Msi 21, 459).
2) 교회법적 권한이…… 깨치기 바란다: 로마 공의회(1078), 제6조(Msi 20, 510); 제1장 C. XVI q. 7 부분 교황 그레고리오 7세의 이름 아래.
3) 또한 성당을…… 명하는 바이다: 클레르몽 공의회(1130), 제6조(Msi 21, 439); 랭스 공의회(1131), 제7조(Msi 21, 459).
4) 이미 부제가…… 박탈당한다: 클레르몽 공의회(1130), 제7조(Msi 21, 439); 피사 공의회(1135), 제7조(Msi 21, 489).
5) 이미 부제가…… 그러하지 아니하다: 랭스 공의회(1131), 제8조(Msi 21, 459-460); 제3장 D. LX(Fr 1, 226-227); 아울러 미성년자나. …… 그러하지 아니하다: 피사 공의회(1135), 제9조(Msi 21, 489-490).
6) 또한 돈으로…… 있어야 한다: 랭스 공의회(1131), 제9조(Msi 21, 460); 제5장 C. XXI q. 2(Fr 1, 855). 이 조항에 대해서 참조: Reichersberg의 수석인 Gerhohus, *Liber de novitatibus huius temporis*, ed. E, Sackur, in MGH *Libelli*, III Hannoverae 1897, 291.
7) 클레르몽 공의회(1130), 제8조 부분(Msi 21, 439); 랭스 공의회(1131), 제6조(Msi 21, 460).

annuntiet. Episcoporum autem nullus excommunicatum[a] in communionem suscipiat, immo scripto susceptam sententiam quisque confirmet. Si quis autem hoc violare praesumpserit, ordinis sui periculo subiacebit. Et quoniam *funiculus triplex difficile rumpitur*[1], praecipimus[2] ut episcopi, ad solum Deum et salutem populi habentes respectum, omni tepiditate seposita, ad pacem firmiter tenendam mutuum sibi consilium et auxilium praebeant neque hoc alicuius amore aut odio praetermittant[b]. Quod si quis in hoc Dei opere[c] tepidus inventus fuerit, damnum propriae dignitatis incurrat.[3]

13. Porro detestabilem et probrosam divinis et humanis legibus, per Scripturam in veteri et novo Testamento abdicatam, illam, inquam, insatiabilem foeneratorum rapacitatem damnamus et ab omni ecclesiastica consolatione sequestramus, praecipientes ut nullus archiepiscopus, nullus episcopus vel cuiuslibet ordinis abbas seu quivis in ordine et clero, nisi cum summa cautela usurarios recipere praesumat; sed in tota vita infames habeantur et nisi resipuerint, christiana sepultura priventur.[4]

14. Detestabiles autem illas nundinas vel ferias, in quibus milites ex condicto convenire solent et ad ostentationem virium suarum et audaciae temerarie[d] congrediuntur, unde mortes hominum et animarum pericula saepe proveniunt, omnino[e] fieri interdicimus. Quod si quis eorum ibidem mortuus fuerit, quamvis ei poscenti poenitentia et viaticum non negetur, ecclesiastica tamen careat sepultura.[5]

15. Item placuit ut si quis, suadente diabolo, huius[f] sacrilegii reatum incurrerit[g], quod[h] in clericum vel monachum violentas[i] manus iniecerit[k], anathematis[l] vinculo[l] subiaceat et nullus episcoporum illum praesumat absolvere, nisi mortis urgente periculo, donec apostolico conspectui praesentetur et eius mandatum suscipiat[6]. Praecipimus etiam ut in eos, qui ad ecclesiam vel coemeterium confugerint, nullus omnino manum[m] mittere audeat. Quod si[n] fecerit, excommunicetur.[7]

[a] excommunicatos *Br*   [b] neque... praetermittant] ne... praetermittatur *Br*
[c] opere Dei *Br*   [d] temerariae *Br*   [e] omni modo *Br*   [f] in *Br*   [g] incurrit *Rm*
[h] sive *Br*   [i] om. *Br*   [k] violenter *add. Br*
[l] anathemati *Br*   [m] manus *Br*   [n] qui *Br*

---

[1] Ec 4, 12.   [2] praecipimus... incurrat: c. 11 D. XC (Fr 1, 315).
[3] Conc. Claromontanum (1130), c. 8 partim (Msi 21, 439); conc. Remense (1131), c. 11 (Msi 21, 460).
[4] Cf. T. P. McLaughlin, *The Teaching of Canonists on Usury...*, Mediaeval Studies 1 (1939) 84; 2 (1940) 4 sqq.
[5] Conc. Claromontanum (1130), c. 9 (Msi 21, 439); conc. Remense (1131), c. 12 (Msi 21, 460-461).
[6] Item placuit... suscipiat: conc. Remense (1131), c. 13 (Msi 21, 461); conc. Pisanum (1135), c. 12 (Msi 21, 490); c. 29 C. XVII q. 4 (Fr 1, 822).
[7] Praecipimus etiam... excommunicetur: conc. Remense (1131), c. 14 (Msi 21, 461); conc. Pisanum (1135), c. 14 (Msi 21, 490); Item placuit... anathematis vinculo subiaceat. Quod si fecerit, excommunicetur: conc. Claromontanum (1130), c. 10 (Msi 21, 439). De hoc c. cf. inter alia DThC 7, 1221; S. Kuttner, *Kanonistische Schuldlehre von Gratian bis auf die Dekretalen Gregors IX.* (Studi e testi 64), Città del Vaticano 1935, 68-69.

그 어떤 주교도 파문받은 자를 통교 안에 받아들여서는 안 된다. 오히려 서면으로 접수된 판결문을 각기 확인해야 한다. 만일 누가 감히 이 규정을 어기면 자신의 품급을 상실하는 위험에 처하게 될 것이다. 그리고 *세 겹으로 꼬인 밧줄은 끊어지기 어렵듯이*,[1] 주교들은[2] 온갖 미온적 태도를 청산하고 오직 하느님과 백성의 구원만을 염두에 두면서, 평화를 확고히 보전하기 위해 서로 간에 조언과 도움을 제공해야 하고, 누군가에 대한 친분이나 혐오 때문에 이를 소홀히 해서는 안 된다고 명하는 바이다. 만일 누가 이러한 하느님의 사업에 미온적인 태도를 드러내면 그는 지위를 박탈당할 것이다.[3]

제13조[고리대금업 금지]: 더 나아가서, 신법과 인정법상 경멸할 만하고 비난받을 만하며, 구약과 신약을 막론하고 성서에서 비난받은 고리대금업자의 흉포한 착취를 단죄하는 바이다. 아울러 온갖 교회적 원조로부터 그들을 배제한다. 또한 그 어떤 대주교, 주교, 혹은 수도회를 불문하고 모든 아빠스 혹은 수도회나 성직 수도회에 소속된 모든 자는, 극도로 신중을 기하지 않고는, 감히 폭리를 취하지 말아야 한다고 명하는 바이다. 만일 개과천선하지 않으면, 전 인생에 대해 불명예자로 취급될 것이며 그리스도교 장례에서도 배제된다.[4]

제14조[기사들의 무모한 시합 금지]: 그리고 기사들이 약속을 정하고 모여서 자기들의 힘을 과시하고 맹목적인 만용을 부리기 위해서 시합을 벌임으로써 자주 사람이 죽고 영혼에 위험을 초래하는, 저 혐오스러운 마상 창 시합의 대회나 비정규적 시합을 완전히 금하는 바이다. 만일 거기에 참여했다가 누가 죽게 되었을 때, 그가 반대하지 않았다면, 고해성사와 노자 성체를 줄 수 있으나, 교회 장례에서는 제외된다.[5]

제15조[성직자에 대한 폭행 금지 및 성당의 비호권]: 마찬가지로 옳다고 생각하여 규정하는 바, 만일 누구라도 마귀에 사로잡혀서 성직자나 수도승에게 손으로 폭력을 가하여 독성죄를 범한다면 파문을 받아야 하고, 죄를 범한 자가 교황 앞에 출두하여 교황이 내린 결정에 예속되기 전에는, 그 어떤 주교도 그의 죄를 사하지 못한다. 다만 그가 죽을 위험에 임박해 있으면 그러하지 아니하다.[6] 또한 명하노니, 성당이나 묘지에 피신해 있는 자에게 그 누구도 감히 손대지 말아야 한다. 그런 일을 범하면 파문에 처한다.[7]

---

1) 코헬 4,12.
2) 주교들은…… 박탈당할 것이다: 제11장 D. XC(Fr 1, 315).
3) 클레르몽 공의회(1130), 제9조 부분(Msi 21, 439); 랭스 공의회(1131), 제11조(Msi 21, 460).
4) 참조: T. P. McLaughlin, *The teaching of Canonists on Usury...*, Mediaeval Sudies 1(1939) 84; 2(1940) 4 이하.
5) 클레르몽 공의회(1130), 제9조(Msi 21, 439); 랭스 공의회(1131), 제12조(Msi 21, 460-461).
6) 마찬가지로…… 생각한다: 랭스 공의회(1131), 제13조(Msi 21, 461); 피사 공의회(1135), 제12조(Msi 21, 490); 제29장 C. XVII q. 4(Fr 1, 822).
7) 또한 명하노니…… 파문에 처한다: 랭스 공의회(1131), 제14조(Msi 21, 461); 피사 공의회(1135), 제14조(Msi 21, 490); 마찬가지로…… 파문을 받아야 하고, 그런 일을 범하면 파문에 처한다: 클레르몽 공의회(1130), 제10조(Msi 21, 439). 이 조항에 대해서 여타의 것들 중에 참조: DThC 7, 1221; S. Kuttner, *Kanonistische Schuldlehre von Gratian bis auf die Dekretalen Gregors IX*(Studi e testi 64), Vatican 1935, 69-69.

16. Indubitatum est quoniam honores ecclesiastici sanguinis non sunt sed meriti, et ecclesia Dei non hereditario iure aliquem^a, neque^b secundum carnem, successorem^c exspectat^c, sed ad sua regimina et officiorum suorum dispensationes, honestas sapientes et religiosas personas exposcit^d. Propterea[1] auctoritate prohibemus apostolica, ne quis ecclesias, praebendas, praeposituras, capellanias aut aliqua^a ecclesiastica officia hereditario iure valeat vindicare aut expostulare^e praesumat. Quod si quis improbus aut ambitionis^f reus^f attentare praesumpserit, debita pena mulctabitur et postulatis carebit.[2]

17. Sane coniunctiones consanguineorum omnino fieri prohibemus; huiusmodi namque incestum^g, qui fere^h (stimulante humani generis inimico) in usum versusⁱ est, sanctorum patrum instituta et sacrosancta Dei detestatur ecclesia. Leges etiam saeculi de tali contubernio natos, infames pronuntiant et ab hereditate repellunt.[3]

18. Pessimam siquidem et depopulatricem et horrendam incendiorum^k malitiam, auctoritate Dei et beatorum apostolorum Petri et Pauli, omnino detestamur et interdicimus[4]. Haec etenim^l pestis et^m hostilis vastitas omnes alias depraedationes exsuperat; quae quantum populo Dei sit damnosa quantumque detrimentum animabus et corporibus inferatⁿ, nullus ignorat. Assurgendum est igitur et omni^o modo^o laborandum, ut tanta clades^a tantaque^a pernicies pro salute populi eradicetur et exstirpetur. Si quis igitur post huius nostrae prohibitionis promulgationem, malo studio sive pro odio sive pro vindicta, ignem^p apposuerit vel apponi fecerit aut appositoribus consilium vel auxilium scienter^a tribuerit, excommunicetur. Et si mortuus fuerit incendiarius, christianorum careat sepultura. Nec absolvatur nisi prius, damno cui intulit secundum facultatem suam resarcito, iuret se ulterius ignem non appositurum. Poenitentia autem^a ei^q detur^q, ut Hierosolymis aut in Hispania in servitio Dei per annum integrum permaneat.[5]

19. Si quis autem archiepiscopus vel^a episcopus^a hoc^r relaxaverit, damnum restituat et per^a annum^a ab^a officio episcopali abstineat.[6]

^a *om. Br* ^b non *Br* ^c successores expectet *Br* ^d exposcat *Br*
^e expoliare *v. l. in Br* ea postulare *v. l. in Hrd Cl Msi* ^f ambitiosus *Br*
^g incestus *Br* ^h quod iam *Br* ⁱ versum *Br*
^k incendiariorum *a LC ad Msi* ^l enim *Br* ^m haec *Br Cl Msi* ⁿ conferat *Br*
^o omnino *Br* ^p ignes *Br* ^q videtur *Rm Bn² ER et v. l. a LC* ^r haec *Br*

---

[1] Propterea ... carebit: c. 7 C. VIII q. 1 (Fr 1, 591).
[2] Conc. Claromontanum (1130), c. 11 (Msi 21, 439); conc. Remense (1131), c. 15 (Msi 21, 461).
[3] Conc. Claromontanum (1130), c. 12 (Msi 21, 439-440); conc. Remense (1131), c. 16 (Msi 21, 461); cf. conc. Lat. I, c. 9 (v. supra p. 191).
[4] Pessimam ... interdicimus. Si quis ... permaneat: c. 32 C. XXIII q. 8 partim (Fr 1, 964-965).
[5] Conc. Claromontanum (1130), c. 13 partim (Msi 21, 440); conc. Remense (1131), c. 17 partim (Msi 21, 461-462). De hoc et duobus sqq. c. cf. *Casus monasterii Petrishusensis,* edd. O. Abel et L. Weiland, in MGH *Script.,* XX Hannoverae 1868, 673.
[6] Conc. Claromontanum (1130), c. 13 partim (Msi 21, 440); conc. Remense (1131), c. 17 partim (Msi 21, 462); c. 32 C. XXIII q. 8 partim (Fr 1, 965).

8. Conc. Oec. Decreta.

제16조[성직 세습 금지]: 교회의 지위는 혈통에 의해서 주어지는 것이 아니라 공로에 따라 주어지는 것이기 때문에 하느님의 교회는 어떤 후임자를 뽑을 경우 세습권이나 혈연을 따지지 않고 그 지위가 수반하는 통솔과 직무 수행을 위해 정직하고 현명하며 신심 깊은 사람을 요구한다는 것은 의심의 여지가 없다. 따라서[1] 그 누구라도 세습권을 내세워 성당, 참사 성직록, 장상의 지위, 담당 사제직 혹은 여타의 교회 직무를 차지하거나 청구하는 것을 나의 사도적 권위를 가지고 금하는 바이다. 만일 파렴치하고 야심에 사로잡힌 누군가가 이런 짓을 시도하면 응당한 형벌 제재를 받아야 하며 그가 요청한 것은 허용되지 말아야 한다고 명하는 바이다.[2]

제17조[근친혼 금지]: 근친 간의 혼인은 전적으로 금한다. 실로 거룩한 교부들의 가르침과 하느님의 거룩한 교회는 (인류의 적이 부추김으로써) 오늘날 거의 풍습이 되어 버린 그러한 근친 간의 혼인을 증오한다. 세속의 법에서조차 그러한 혼인의 소생들을 파렴치범으로 낙인찍고 상속에서 제외시킨다.[3]

제18조[방화 금지]: 하느님과 복된 사도 베드로와 바오로의 권한을 가지고 지극히 나쁜 악행이요 파괴적이고 혐오스러운 방화 행위를 전적으로 단죄하고 금하는 바이다.[4] 실로 이는 해악이요, 치명적인 훼손으로서 강탈의 다른 형태들을 능가하는 것이다. 이것이 하느님 백성에게 얼마나 손해를 입히는 것인지 그리고 그 피해가 영육 간에 얼마나 타격을 주는지를 모르는 사람이 없다. 따라서 백성의 안녕에 그토록 큰 손해를 끼치고 파멸을 초래하는 그런 재앙이 근절되고 척결되도록 대항하고 백방으로 노력하여야 할 것이다. 그러므로 만일 누가 이 금지령이 반포된 이후에 범의에 의해서든 증오심이나 복수심에 의해서든 불을 지르거나 불을 지르도록 충동질을 하거나 불을 지르는 데에 의식적으로 조언이나 여타의 도움을 제공하면 파문을 받는다. 게다가 방화범은 죽은 후 그리스도교 장례에서 제외된다. 또한 자신이 끼친 피해를 능력껏 보상하고 더 이상 어떤 방화도 하지 않겠다는 맹세를 하기 전에는 죄 사함을 받지 못한다. 그리고 보속으로 예루살렘이나 스페인에 보내져서 1년 내내 하느님을 위해 봉사해야 한다.[5]

제19조[제18조의 보충]: 그리고 만일 어떤 대주교나 주교가 이 법규를 완화시키면 그는 피해를 보상하고 1년간 주교 직무 수행으로부터 정지된다.[6]

---

1) 따라서…… 허용되지 말아야 한다: 제7장 C. VIII q. 1(Fr 1, 591).
2) 클레르몽 공의회(1130), 제11조(Msi 21, 439); 랭스 공의회(1131), 제15조(Msi 21, 461).
3) 클레르몽 공의회(1130), 제12조(Msi 21, 439-440); 랭스 공의회(1131), 제16조(Msi 21, 461); 참조: 제1차 라테란 공의회, 제9조(위의 191쪽).
4) 하느님과…… 금하는 바이다. 만일 누가…… 봉사해야 한다: 제32장 C. XXIII q. 8 부분(Fr 1, 964-965).
5) 클레르몽 공의회(1130), 제13조 부분(Msi 21, 440); 랭스 공의회(1131), 제17조 부분(Msi 21, 461-462). 이 조항과 다음 두 조항에 대해서 참조: Casus monasterii Petrischusensis, edd. O. Abel & L. Weiland, in MGH Script., XX Hanover 1868, 673.
6) 클레르몽 공의회(1130), 제13조 부분(Msi 21, 440); 랭스 공의회(1131), 제17조 부분(Msi 21, 461-462); 제32장 C. XXIII q. 8 부분(Fr 1, 965).

20. Sane regibus et principibus facultatem[a] faciendae[a] iustitiae, consultis archiepiscopis et episcopis, non negamus.[1]

21. Presbyterorum filios a sacri altaris ministeriis removendos decernimus, nisi aut in coenobiis aut in canonicis religiose fuerint conversati[2].

22. Sane quia inter cetera unum est quod sanctam maxime perturbat ecclesiam, falsa videlicet poenitentia, confratres[b3] nostros[b] et presbyteros admonemus[c], ne falsis poenitentiis laicorum animas decipi[d] et in infernum pertrahi patiantur. Falsam autem poenitentiam esse constat cum, spretis pluribus, de uno solo poenitentia agitur aut cum sic agitur de uno ut non discedatur ab[e] alio. Unde scriptum est: *Qui totam legem observaverit, offendit[f] autem in uno, factus est omnium reus*[4], scilicet quantum ad vitam aeternam. Sicut enim si peccatis esset omnibus involutus, ita si in uno tantum maneat, aeternae vitae ianuam non intrabit[g]. Falsa etiam[h] fit[h] poenitentia, cum poenitens ab officio vel curiali vel negotiali non recedit, quod sine peccato[i] agi nulla ratione praevalet, aut si odium in corde gestetur, aut si offenso cuilibet[k] non satisfiat, aut si offendenti offensus non[l] indulgeat, aut si arma quis contra iustitiam gerat.[5]

23. Eos[m] autem qui religiositatis[n] speciem simulantes, Domini corporis et sanguinis sacramentum, baptisma puerorum, sacerdotium et ceteros ecclesiasticos ordines, et legitimarum damnant foedera nuptiarum, tamquam haereticos ab ecclesia Dei pellimus et damnamus, et per potestates exteras[o] coerceri praecipimus. Defensores quoque ipsorum eiusdem damnationis vinculo innodamus.[6]

24. Illud quoque adicientes praecipimus, ut pro chrismatis, olei sacri et sepulturae acceptione nullum venditionis pretium exigatur.[7]

25. Si quis praeposituras, praebendas vel alia ecclesiastica beneficia de manu laici acceperit, indigne suscepto careat beneficio. Iuxta namque decreta sanctorum patrum, laici, quamvis religiosi sint, nullam tamen habent disponendi de ecclesiasticis facultatibus potestatem.[8]

[a] faciendae facultatem *Br*
[b] fratres nostros episcopos *v. l. in LC Hrd Cl Msi*   [c] commonemus *Br*
[d] decipiant *Br*   [e] de *Br*   [f] offendat *Br*   [g] sicut... intrabit *om. Br*
[h] est autem *Br*   [i] peccatis *Br*   [k] cuilibet offenso *Br*   [l] non offendenti offensus *Br*
[m] hos *Br*   [n] religionis *Br et v. l. in Rm Bn² ER*
[o] ceteras *Br et v. l. in Rm Bn² ER fortasse* terrenas

---

[1] Conc. Claromontanum (1130), c. 13 partim (Msi 21, 440); conc. Remense (1131), c. 17 partim (Msi 21, 462); c. 32 C. XXIII q. 8 partim (Fr 1, 965).
[2] Conc. Melfitanum (1089), c. 14 (Msi 20, 724); c. 1 D. LVI sub nomine Urbani papae II (Fr 1, 219).
[3] Confratres... gerat: c. 8 D. V *de poen.* (Fr 1, 1242).   [4] Ic 2, 10.
[5] Conc. Melfitanum (1089), c. 16 (Msi 20, 724).
[6] Conc. Tolosanum (1119), c. 3 (Msi 21, 226-227); cf. R. Manselli, Bullettino dell'Ist. Stor. Ital. per il Medio Evo 65 (1953) 30 et n. 1; A. Borst, *Die Katharer* (Schriften der MGH 12), Stuttgart 1953, 115 n. 21; cf. etiam A. Frugoni, *Arnaldo da Brescia nelle fonti del secolo XII*, Roma 1954, 21-22.
[7] Conc. Tolosanum (1119), c. 9 (Msi 21, 227).
[8] Cf. conc. Lat. I, c. 8 (v. supra p. 191); cf. etiam ps.-Isid., Steph. 12 (Hinschius 186).

제20조[세속 재판에 대한 주교들의 조언]: 왕들이나 영주들이 대주교들이나 주교들의 조언을 듣고 판결을 내리는 권한은 건전한 것이기 때문에 그것을 부인하지 않는다.[1]

제21조[사제의 친자]: 사제의 아들들은 거룩한 제단의 직무에서 제외된다고 규정하는 바이다. 다만 그들이 은둔자로서 혹은 수사로서 수도 생활을 하는 자가 되었다면 그러하지 아니하다.[2]

제22조[거짓된 고해성사]: 여러 문제들 중에 교회를 심하게 괴롭히는 한 가지, 즉 거짓된 고해성사의 문제가 있기 때문에 나의 형제 주교들과[3] 사제들에게 권고하는 바, 평신도들의 영혼이 왜곡된 고해성사에 현혹되어 지옥에 떨어지는 일이 없도록 해야 한다. 거짓된 고해성사란 다른 죄들은 무시하고 한 가지 죄만 고백하며 성사를 보는 것이나 혹은 한 가지 죄에 대해서만 청산하고 다른 죄들은 청산하지 않은 채 성사를 보는 것이다. 성서에 *누구든지 율법을 전부 지키다가 한 조목이라도 어기면 율법 전체를 어기는 것이 됩니다.*[4]라고 쓰여 있기 때문에, 이는 분명 영원한 생명에도 해당된다. 과연 모든 죄를 가지고 영원한 생명의 문을 들어갈 수 없듯이, 죄가 하나라도 남아 있어도 들어갈 수 없기는 마찬가지이다. 또한 고해성사 보는 사람이 죄를 짓지 않으면서는 결코 일을 할 수 없는 상태의 공직이나 상업 직에 종사하는 것을 그만두지 않는 것, 마음속에 증오심을 품고 있는 것, 자기가 끼친 손해를 갚지 않는 것, 피해를 입은 경우 가해자를 용서해 주지 않는 것, 정의를 거슬러 무기를 가지고 다니는 것도 거짓된 고해성사에 해당된다.[5]

제23조[성사를 부정하는 이단]: 신앙심이 깊은 체하면서, 주님의 성체와 성혈의 성사와 어린이들의 세례 그리고 사제품과 여타의 교회의 품급들의 성사와 합법적인 혼인의 유대를 경멸하는 자들을 이단자로 취급하여 하느님의 교회에서 축출하며 단죄하는 바이다. 또한 세속의 권력이 그들에게 제재를 가하기를 명하는 바이다. 그리고 그들을 옹호하는 자들에게 같은 단죄의 올가미를 씌우는 바이다.[6]

제24조[성무에 따른 요금 청구 금지]: 덧붙여서 명하는 바, 견진성사, 종부성사, 장례 예식에서 그 어떤 요금도 요구되어서는 안 된다.[7]

제25조[평신도의 교회 재산권 행사 금지]: 만일 누가 평신도로부터 수석 사제직, 성직록 그리고 여타의 교회록을 받는다면 부당하게 받은 녹봉을 박탈당해야 한다. 거룩한 교부들의 교령에 따라, 평신도들은 아무리 신심이 깊다하더라도 교회 재산을 처분할 권리가 없다.

---

1) 클레르몽 공의회(1130), 제13조 부분(Msi 21, 440); 랭스 공의회(1131), 제17조 부분(Msi 21, 462); 제32장 C. XXIII q. 8 부분(Fr 1, 965).
2) 멜피 공의회(1089), 제14조(Msi 20, 724); 제1장 D. LVI 우르바노 2세의 이름 아래(Fr 1, 219).
3) 나의 형제 주교들과…… 해당된다: 제8장 D. V 형벌에 관하여(Fr 1, 1242).
4) 야고 2, 10.
5) 멜피 공의회(1089), 제16조(Msi 20, 724).
6) 툴루즈 공의회(1119), 제3조(Msi 21, 226-227); 참조: R. Manselli, Bullettino dell'Ist. Stor. Ital. per il Medio Evo 65 (1953) 30 & n. 21; 또한 A. Frugoni, *Arnaldo da Brescia nelle fonti del secolo XII*. Roma 1954, 21-22.
7) 툴루즈 공의회(1119), 제9조(Msi 21, 227).

26. Ad haec perniciosam et detestabilem consuetudinem quarundam mulierum, quae licet neque secundum regulam beati Benedicti neque Basilii aut Augustini vivant, sanctimoniales tamen vulgo censeri desiderant, aboleri decernimus[a]. Cum enim, iuxta regulam degentes in coenobiis, tam in ecclesia quam in refectorio atque dormitorio communiter esse debeant, propria sibi aedificant receptacula et privata domicilia, in quibus sub[b] hospitalitatis velamine passim hospites et minus religiosos contra sacros canones[b] et bonos mores suscipere nullatenus erubescunt. Quia ergo omnis qui male agit odit lucem, ac per hoc ipsae, absconditae in iustorum[c] tabernaculo, opinantur se posse latere oculos Iudicis cuncta cernentis, hoc tam inhonestum detestandumque flagitium, ne ulterius fiat, omnimodis prohibemus et sub poena anathematis interdicimus.[1]

27. Simili[d] modo[d] prohibemus, ne[e] sanctimoniales simul cum canonicis vel[f] monachis in ecclesia in uno choro conveniant ad psallendum.[2]

28. Obeuntibus sane episcopis, quoniam ultra tres menses vacare ecclesias[g] prohibent patrum[h] sanctiones, sub anathemate interdicimus, ne canonici de sede episcopali ab electione episcoporum excludant religiosos viros, sed eorum consilio honesta et idonea persona in episcopum eligatur. Quod si exclusis eisdem religiosis electio fuerit celebrata, quod absque eorum assensu et convenientia[i] factum fuerit, irritum habeatur et vacuum.[3]

29. Artem autem illam mortiferam et[k] Deo odibilem ballistariorum[l] et sagittariorum, adversus christianos et catholicos exerceri de cetero sub anathemate prohibemus.[4]

30. Ad haec[m] ordinationes factas a Petro Leonis et aliis schismaticis et[n] haereticis evacuamus et irritas esse censemus.[5]

[a] decrevimus Br   [b] om. Br   [c] iustorum v. l. Rm Bn² iniustorum rell.
[d] similiter Br   [e] ut Br   [f] sive Br   [g] ecclesiam Br
[h] patrum prohibent Br   [i] conniventia Br   [k] om. Rm Bn²
[l] balistaliorum Br   [m] hoc MD   [n] om. MD

---

[1] c. 25 C. XVIII q. 2 partim (Fr 1, 836).
[2] c. 25 C. XVIII q. 2 partim (Fr 1, 836).
[3] c. 35 D. LXIII (Fr. 1, 247); atque etiam Gerhohus praepositus Reichersbergensis, *Liber de novitatibus huius temporis,* in MGH *Libelli,* III 290; *Dialogus de pontificatu sanctae Romanae ecclesiae,* ed. H. Boehmer, ibid., 534. Cf. G. Schreiber, *Kurie und Kloster im 12. Jahrhundert,* I Stuttgart 1910, 163.
[4] c. 1 *X.* V 15 sub nomine Innocentii papae III (Fr 2, 805).
[5] Cf. conc. Pisanum (1135), c. 7 (MGH *Constit.,* I 579); cf. etiam, inter alia, conc. Lat. I, c. 5 (v. supra p. 190), atque *Annales Herbipolenses,* ed. G. H. Pertz, in MGH *Script.,* XVI 2; *Annales Seligenstadenses,* ed. L. Bethmann, in MGH *Script.,* XVII 32; *Historia Mauriniacensis monasterii,* in MGH *Script.,* XXVI 44-45; Ottonis Frisingensis *Chronicon,* ed. R. Wilmans, in MGH *Script.,* XX 261; *Chronicon Urspergense,* in MGH *Script.,* XXIII 344 (de quibus cf. P. Scheffer-Boichorst, *Über die sogenannten Annalen von Seligenstadt und verwandte Quellen,* Forschungen zur deutschen Geschichte 9 [1869] 395, at v. Bernhardi 157 n. 15).

제26조[수녀원을 사칭한 세속 숙박업의 금지]: 몇몇 여인들이 복되신 베네딕토나 바실리오나 아우구스티노의 규칙에 따라 살지 않으면서도, 사람들에게는 수녀로 인식되기를 바라는 해롭고 혐오스러운 관습은 폐지되어야 한다고 규정하는 바이다. 규칙에 따라 수도승원에 사는 여인들은 성당과 식당 그리고 숙소에서 공동생활을 영위해야 한다. 그러나 피정 장소나 개인적인 집을 지어 놓고 겉으로는 구제소를 표방하면서 거룩한 교회법과 좋은 관습을 거슬러서 일반 투숙객들과 전혀 신앙인이 아닌 사람들을 받으면서도 부끄러운 줄 모르는 여인들이 있다. 악을 저지르는 자는 모두 빛을 미워하게 마련이듯이 이 여인들도, 의인들의 장막 안에 숨은 채, 모든 것을 보시는 심판자이신 하느님의 눈을 피할 수 있으리라고 믿고 있다. 따라서 그들이 그처럼 수치스럽고 혐오스러운 추행을 지속하지 못하도록 온갖 방법으로 막을 것이며, 파문 제재로 그것을 금하는 바이다.[1]

제27조[기도할 때 남녀 수도자들 간의 장소 구분]: 마찬가지로 수녀들이 성무일도를 바치기 위해 성당에서 의전 사제들이나 수도승들과 함께 같은 성가대석에 입장하는 것을 금한다.[2]

제28조[주교좌 공석]: 주교가 사망한 경우, 교부들의 지침에 따라 교회가 3개월 이상 공석으로 남아 있으면 안 되기 때문에, 주교좌성당의 참사들이 주교 선출에 수도자들을 배제시키는 것을 파문 제재로 금하는 바이다. 그들은 정직하고 적절한 인물이 주교로 뽑히도록 조언해야 할 것이다. 하지만 만일 수도자들을 제외한 채 주교 선발이 이루어졌다면, 그래서 결과가 그들의 승인과 동의가 없이 이루어졌다면 그것은 무효로 간주되어야 하고 효력을 지니지 못한다.[3]

제29조[특정 무기 사용 금지]: 이제부터 석궁수들과 궁수들의 살인적이고 하느님께서 증오하실 무술이 그리스도교인이요 가톨릭 신자인 사람들에게 행해지는 것을 파문 제재로 금하는 바이다.[4]

제30조[아나클레토 2세를 거슬러서]: 또한 피에를레옹과 여타의 이교자들과 이단자들에 의해 행해진 서품은 무효이며 효력이 없다고 선언하는 바이다.[5]

---

1) 제25장 C. XVIII q. 2 부분(Fr 1, 836).
2) 제25장 C. XVIII q. 2 부분(Fr 1, 836).
3) 제35장 D. LXIII q. 2 부분(Fr 1, 247); 그리고 Reichersberg의 수석인 Gerhohus, *Liber de novitatibus huius temporis,* ed. E, Sackur, in MGH *Libelli,* III 290; *Dialogus de pontificatu sanctae Romanae ecclesiae,* ed. H. Boehmer, ibid., 534. 참조: G. Schreiber, *Kurie und Kloster im 12. Jahrhundert,* I Stuttgart 1910, 163.
4) 제1장, X. V 15 교황 인노첸시오 3세의 이름 아래(Fr 2, 805).
5) 피사 공의회(1135), 제7조(MGH Constit., I 579); 또한 여타의 것들 중에 참조: 제1차 라테란 공의회, 제5조(위의 190쪽), 그리고 *Annales Herbipolenses,* ed. G.H. Pertz, in MGH *Script.,* XVI 2; *Annales Seligenstadenses,* ed. L. Bethmann, in MGH *Script.,* XXVI 44-45; Feising의 Otto, *Chronicon,* ed. R. Wilmans, in MGH *Script.,* XX 261; *Chronicon Urspergense,* in MGH *Script.,* XXIII 344(이것들에 대해서 참조: P. Scheffer-Boichorst, *Über die sogenannten Annalen von Seligensadt und verwandte Quellen,* Forschungen zur deutschen Geschichte 9[1869] 395, 또한 Bernhardi 157 n. 15).

제3차 라테란 공의회
1179

머리말

1177년의 베네치아 조약으로 교황 알렉산데르 3세(1159-1181)와 황제 프리드리히 바르바로사(Friedrich Barbarosa: 1152-1190) 사이에 20년 동안 발생되었던 곤혹스런 반목과 분쟁은 종지부를 찍었다. 교황 아드리아노 4세가 1159년에 선종하자, 추기경들은 동시에 두 명의 교황을 선출했다. 한 사람은 대다수의 추기경들이 선출하여 알렉산데르 3세라는 이름을 택한 시에나의 롤란도 반디넬리(Rolando Bandinelli)였고 다른 한 사람은 소수의 추기경들의 표를 얻었으나 황제 프리드리히의 지지에 힘입어 빅토리오 4세라는 이름으로 교황직을 찬탈한 로마의 옥타비아누스(Octavianus)였다. 황제는 이탈리아에서 자신을 반대하는 모든 세력들을 제거하고 싶어 했고, 자유를 위해 여러 해 동안 투쟁하여 거대한 권한을 행사하던 로마교회를 비롯하여 이탈리아의 도시국가들에 전쟁을 선포하였다. 황제는 긴 세월 동안 전쟁을 계속하였다. 이 분쟁과 함께 아주 심각한 이교(離敎: schisma)가 발생했다. 즉 교황 알렉산데르 3세를 반대하면서 대립교황 빅토리오 4세 다음에 두 명의 또 다른 대립교황들의 선출이 이어졌는데 파스칼 3세(1164-1168)와 그의 뒤를 이은 갈리스토 3세(1168-1178)가 그들이다. 하지만 결국 알렉산데르 3세가 승리를 거두었고 베네치아에서 황제에게 전체 공의회(concilium generale)를 소집할 것을 약속하였다.[1]

이 공의회의 특별한 목적은 교회 내에 발생했던 이교를 종식시키고 교황과 황제 사이에 있었던 반목에 종지부를 찍는 것이었다. 교황 알렉산데르 3세는 1178년에 다음과 같은 말로 공의회를 소집했다. "교부들의 관습에 따라, 좋은 것은 많은 사람들에 의해 모색되고 확인되어야 하노라. 그리고 폐해를 바로잡는 데 필요한 것들과 하느님을 기쁘게 해드릴 것을 결정하기 위하여 성령의 은총에 힘입어 모두 합심하여 노력할지어다."[2] 공의회는 1179년 3월에 로마에서 거행되었는데[3] 유럽 각지에서 약 300명의 교부들과 동방 가톨릭 지역에서 몇 명이 모였으며[4] 그리스교회에서도 한 명의 특사가 파견되었다.[5] 티로의 대주교 굴리엘모의 증언에 의하면,[6] 공의회는 3월 5일에 개막되었다.

교부들은 먼저 아시시의 주교 루피노(Rufino)의 연설을 들었는데, 그는 아주 품위 있는 개막 연설

---

1) 참조: *Pactum praevium inter imperatorum et ecclesiam*, ed. L. Weiland, in MGH *Const.*, I Hannoverae 1893, 364 (c. 25).
2) *Alexandri III papae epistolae et privilegia*, ep. 1356(PL 200, 1184); 또한 소집 서한 1357-1358(Jaffé 13097-13099)와 1178년 9월 21일 서한들 전체 그리고 1178년 5월 30일자 소집 서한(Jaffé 13070). 참조: *Epistolae pontificium Romanorum inedite*, ed. S. Loewenfeld, Leipzig 1855, 154-155 n. 271.
3) 참조: DThC 8/2(1925) 2645.
4) 두 개의 참석자 서명 일람표가 전해지고 있다. 그러나 다 수록된 것은 아니다. 참조: L. D'Achery, *Spicilegium*, XII Paris 1675, 638-651(Msi 22, 213-217, 239-240) 그리고 Msi¹ 2(1748) 691-700(Msi 22, 458-468); Tangl, *Die Teilnehmer...*, 210-219; Rousset de Pina 159와 n. 2.
5) 참조: 특히 P. Lamma, *Comneni e Staufer. Ricerche sui rapporti tra Bisanzio e l'Occidente nel sec. XII*, II Roma 1957, 300-301.
6) 참조: Guliemus ep. Hyrensis, *Historia rerum in partibus transmarinis gestarum*, XXI 26, Recueil des Croisades. Hist. Occidentaux, I Paris 1844, 1049(PL 201, 842).

을 통해 로마교황과 로마교회를 찬양하였다. "로마교회만 홀로 보편 공의회를 소집하여 새로운 교회 법들을 입법하고 옛 법조항들을 폐지할 권한과 권위를 향유합니다. 그 사안에 관련해서, 즉 비중 있는 공의회의 소집에 대해 과거에 여러 차례 갱신된 바 있지만 오늘 이 공의회만큼 그 필요성이 절실한 적은 없었습니다."[7]

이 공의회의 세계 공의회적 성격은 종전의 두 라테란 공의회의 경우와는 달리 의심의 여지가 없다. 실로 교황 알렉산데르 3세가 공의회를 소집하고 주도한 방식과 교회의 일치를 확인하고 이단자들을 단죄하고자 라틴 세계 전 지역에서 모여든 교부들의 수를 볼 때 제1차 라테란 공의회와 제2차 라테란 공의회보다는 오히려 고대 공의회들과 흡사하다 하겠다. 이 공의회는 로마교황이 주관하는 전형적인 중세 공의회의 본보기가 되었다.[8] 그래서 여러 연대기(年代記)에서 이 공의회를 제1차 라테란 공의회라고 기억하는 것은 전혀 놀랄 일이 아니다.

이 공의회의 회의록이 전해지지 않고 있지만, 연대기들이나 연보(年譜)들[9] 그리고 특히 3월 19일 최종 회기에서 승인된 법조항들로부터 추론하는 것은 가능하다.[10] 미래의 이교(離敎)를 방지하기 위해서 제일 먼저 추기경단의 3분의 2 이상의 표를 얻지 못하면 아무도 교황이 될 수 없다는 것부터 규정하였다(제1조). 대립교황에 의해 행해진 모든 서임은 무효로 선언되었으며(제2조), 소위 카타르파라 불리던 이단자들은 파문되었고,[11] 마찬가지로 용병 단체들이나 유럽 방방곡곡에서 파괴를 일삼던 범죄자들도 같은 수위로 단죄를 받았으며, 그들에 대항하기 위해서는 무기를 사용해야 한다는 결정을 처음으로 내렸다(제27조).[12] 한편 교부들은 발도파 이단자들의 설교에 대해서는 간섭하지 않기로 하였다.[13] 이 모든 것은 로마교회의 일치를 강화시키는 데에 초점을 맞추어 행해진 것이다.[14] 알렉산데르 3세와 교부들은 앞서 있었던 제1, 2차 라테란 공의회의 법규들을 재인용하면서, 교회의 개혁에 관해서 수많은 법규들을 제정하였고 풍습과 세속 사회의 관행에 관해서도 몇 가지 제정하였다(제18조, 제20-23조, 제15조).

이 공의회의 법조항들은 추후 교회의 규율 확립에 지대한 역할을 했다.[15] 12세기 말에서 13세기 초 사이에 작성된 법령 모음집들에 자주 포함되었고, 그 후에 교황 그레고리오 9세의 법령집에 이 공의회의 법조항들 전체가 실렸다. 발터 홀츠만(Walter Holtzmann)과 몇몇 학자들은 이 법령 모음집들이 실제로 이 제3차 라테란 공의회와 그 법조항들에서부터 비롯된 것이라고 주장한다.[16]

---

7) G. Morin, *Le discours d'ouverture de concile général de Latran(1179) et l'oeuvre littéraire de maître Rufin, évêque d'Assise*, Atti P. Acc. rom. di arch., s. III Mem. 2(1928) 117, 그리고 113-121.
8) 참조: Hauck, *Die Rezeption...*, 468; Tangl 196, 211; Rousset 618-619; Fransen, *Le concile...*, 127.
9) 참조: 여타의 것들 중에 Rousset 617 n. 121.
10) 참조: Rousset 623-638; 회기들의 날짜를 알아보려면 참조: Vernet 2645-2646.
11) 참조: 여타의 것들 중에 A. Borst, *Die Katharer*, Stuttgart 1953, 115 그리고 10, 241, 247, 250.
12) 참조: 여타의 것들 중에 H. Pissard, *La guerre sainte en pays chrétien. Essai sur l'origine et le développement des théories canoniques*, Paris 1912, 27-34.
13) 참조: 특히 Walterius Map, *De nugis curialium*, ed. M.R. James, Oxford 1914, 60-62; Ph. Pouzet, *Les origines lyonnaises de la secte des Vaudois*, Rev. d'hist. de l'Egl. de France 22(1936) 10-16; G. Gonnet, *Il Valdismo medievale*, Torre Pellice 1942, 25-27; R. Manselli, *Studi sulle eresie del sec. XII*, Roma 1953, 84-87.
14) 참조: 히브리인들과 사라센인들에 관한 제24조와 제26조.
15) 그렇지만 참조: PL 205, 235C.
16) W. Holtzmann, *Collectio Ebracensis*, Zeit. d. Sav.-Stiftung f. Rechtsgeschte, Kan Abt. 17(1928) 550-551; 그리고 *Die Register Papst Alexander III in den Händen der Kanonisten*, Quellen und Forschungen aus italienischen

의심의 여지없이 그 법조항들은 제1, 2차 라테란 공의회와 앞서 있었던 여러 공의회들의 그것들과는 달리 출중한 법률적 식견을 가진 자에 의해서 만들어진 것임이 드러난다 하겠다. 그도 그럴 것이 그 법조항들을 작성하는 것을 주도한 교황 알렉산데르 3세는 법률 전문가였다. 제2차 라테란 공의회와 1148년에 있었던 라임(Rheim) 공의회의 내용(참조: 제2조, 제11조, 제20-22조)이나 그라시아노 법령집(참조: 제1-4조, 제7조, 제11조, 제13-14조, 제17-18조)의 내용에서 발췌한 것 몇 개를 제외하고는 이 공의회의 법조항들은 새로운 것들이며 고유한 것들이다.

그 법조항들에 대해서는 아직도 적절한 조사를 하지 못하였고 매우 불확실한 상태로 전해지고 있다. 수많은 필사본 법전들이 종전의 두 라테란 공의회의 경우와는 달리 교회 당국의 권위로 확인한 편집본을 보존하고 있지 못하다. 다시 말해서 교부들을 대표해서 티로의 굴리엘모 대주교가 작성한 편집본이 전해지지 않는 것이다.[17] 필사본 법전들을 보면, 이 공의회의 법조항들은 자주 연대기들과 법령 모음집들 속에 포함해서 다루는 것을 발견할 수 있다. 영국에서는 같은 시기에 나온 4개의 연대기에서 그 법조항들을 싣고 있는데. 그것들은 다음과 같다: 피터버러의 베네딕투스 아빠스(Abbot Benedict fo Peterborough)의 연대기,[18] 캔터베리의 제르바시오 수사(Monk Gervase of Canterbury)의 연대기,[19] 뉴버그의 윌리엄(William of Newburgh)의 연대기,[20] 호베든의 로저(Roger of Hoveden)의 연대기.[21] 그 외에도 유사한 법령 모음집들이 여러 개가 있는데[22] 아직까지 연구가 많이 되진 않았다.[23] 그리고 다음과 같은 모음집들이 그 뒤를 잇는다. 라테란 공의회의 부록(Appendix concilii Lateransis) 모음집,[24] 밤베르크(Bambergensis) 모음집,[25] 베를린(Berolinensis I) 모음집,[26] 캔터베리(Cantuariensis I-II) 모음

Archiven und Bibliotheken 30(1940) 16-17 또한 Congrés de droit canonique méd. 1958, Louvain 1959, 7. 법령 모음집들에 관해서는 참조: W. Holtzmann, *Über eine Ausgabe der päpstlichen Dekretalen des 12. Jahrh.*, Nachrichten de Akad. der Wiss. in Göttingen(1945) 15-36(=Holtzmann); St. Kuttner, *Notes on a Progected corpus of the Twelfth-Century Decretal Letters*, Traditio 6(1948) 345-351; W. Holtzmann, in *Papal decretals relating to the Diocese of Lincoln in the Twelfth Century*, ed. W. Holtzmann과 E. W. Kemp, Hereford 1954, IX-XVII; id., *Kanon. Ergänzungen zur Italia pontificia*, Quellen und Forschungen aus italienischen Archiven und Bibliotheken 37(1957) 56-67(=Holtzmann II).

17) 참조: Guliemus, Historia..., 1051(PL 201, 842).
18) 참조: *Gesta Regis Henrici II Benedict abbatis...*, ed. W. Stubbs, I London 1876, 222-238.
19) 참조: *The Historical Works of Gervase of Canterbury*, ed. W. Stubbs, I London 1879, 278-292.
20) 참조: *Chronicles of the Reigns of Stephen, Henry II, and Richard I*, ed. R. Howlett, I London 1884, 206-223.
21) 참조: Chronaca magistri Rogeri de Hovedene, ed. W. Stubbs, II London 1869, 173-189; Zwelta의 무명 인사가 쓴 로마교황의 역사로서 Msi¹ 2(1748) 687-690(Msi 22, 455-458)에 출판된 법조항들.
22) 참조: Holtzmann 21-24와 Holtzmann II 58-63의 모음집 목록.
23) Herold는 이 모음집들에 다음의 세 개의 모음집들을 추가한다. Alcobacensis(참조: Holtzmann II 58), Ambrosiana(참조: Holtzmann II 59), Cusana(참조: Holtzmann II 59),
24) 참조: J. F. von Schulte, *Zur Geschichte der Literatur über das Dekret Gratians. II Beitrag*, Sitzungsber. Ak. Wien 64(1870) 139-140(=Schulte II Beitr.); id., *Beitrag zur Geschichite des canonischen Rechts von Gratian bis auf Bernhard von Pavia*, ibid. 72(1872) 486, 500, 514-15(=Schulte); E. Friedberg, *Die Kanones-Sammlungen zwischen Gratian und Bernhard von Pavia*, Leipzig 1897, 63-65, 67, 71-72(=Friedberg); Fr. Heyer, Zeitschr. d. Savigny-Stift. f. Rechtsgesch., Kan. Abt. 3(1913) 625-627(=Heyer); J. Junker, *Die Collectio Berolinensis...*, ibid. 13(1924) 408 (=Juncker); W. Holtzmann, *Die Register Papst Alexanders III.*, cit. 18-19; 또한 참조: St. Kuttner, *Repertorium der Kanonistik*(1140-1234), I Città del Vaticano 1937, 290-91(=Kuttner); Holtzmann 23 n. 28; Holtzmann II 61.
25) 참조: Schulte II Beitr. 139-140; Schulte 494, 495, 514-515; Friedberg 87, 114-115; Heyer 631; Juncker 306-307, 321; W. Holtzmann, *Die Register...*, cit. 54; W. Deeters. *Die Bambergensisgruppe der Dekretalensammlungen des 12. Jh.*, (diss.) Bonn 1956, 43, 315-323(=Deeters); 참조., 또한 Kuttner 292; Holtzmann 23 n. 30; Holtzmann II 61.

집,27) 카셀(Casselana) 모음집,28) 첼트넘(Cheltenhamensis) 모음집,29) 클라우디아(Claudiana) 모음집,30) 클로스터노이부르크(Claustroneoburgensis) 모음집,31) 코튼(Cottoniana) 모음집,32) 데르토사(Dertusensis I) 모음집,33) 두애(Duacensis) 모음집,34) 더럼(Dunelmensis) 모음집,35) 에버바흐(Eberbacensis) 모음집,36) 에르랑겐(Erlangensis) 모음집,37) 플로리안(Florianensis) 모음집,38) 라이프치히(Lipsiensis) 모음집,39) 오리엘(Orielensis II) 모음집,40) 파리(Parisiensis) 모음집,41) 피터하우스(Petrihusensis) 모음집,42) 로체스터(Roffensis) 모음집,43) 생제르맹(Sangermanesis) 모음집44) 그리고 타너(Tanner) 모음집.45)

또한 이 공의회의 법조항들은 다음과 같은 모음집들에도 실려 있다. 로머스도르퍼 브리프부흐(Rommersdorfer Briefbuch) 모음집,46) 리에발의 문서고(Cartularium de Rievalle) 모음집,47)

---

26) 참조: Heyer 622; Juncker 288-9, 307-7, 321ss., 348, 408; 참조: 또한 Kuttner 278; Holtzmann 22 n. 8; Holtzmann II 59.
27) 참조: G. F. Warner - J. P. Gilson, *Catalogue of Western Manuscripts in Old Royal and King's Collections*, I London 1921, 312; 참조: 또한 Kuttner 282; Holtzmann 22 n. 14; Holtzmann II 59.
28) 참조: Corpus iuris canonici, ed. I. H. Böhmer, II Halae Magdeburgicae 1747, XXIV; Schulte II Beitr. 139-140; Schulte 493, 514-5; Friedberg 130; Juncker 408-9; Deeters 43, 315-23; 참조: 또한 Kuttner 293; Holtzmann 23 n. 33; Holtzmann II 62.
29) 참조: E. Seckel, *Über drei Canones-Sammlungen des ausgehenden 12. Jh. in englischen Handschriften*, Neues Archiv 25(1899-1900) 526, 531 n. 4; Heyer 636; Kuttner 298; 참조: 또한 Holtzmann 22 n. 24; Holtzmann II 60.
30) 참조: Kuttner279(Coll. Cottoniana I); 참조: 또한 Holtzmann 22 n. 20; Holtzmann II 60.
31) 참조: F. Schönsteiner, Die Collectio Claustroneoburgensis, Jahrb. des Stiftes Klosterneuburg 2(1909) 1-154; Heyer 622; Juncker 408; H-E. Lohmann, Die Collectio Wigorniensis(Collectio Londinensis Regia). Ein Beitrag zur Quellengeschichte des Kanonischen Rechts im 12. Jh., Zeit. d. Savigny-Stiftung f. Rechtsgesch., Kan.-Abt. 22(1933) 44; 참조: 또한 Kuttner 278; Holtzmann 22 n. 23; Holtzmann II 60.
32) 참조: K. Hampe, Reise nach England vom Juli 1895 bis bis Februar 1896, Neues Archiv 22(1896-97) 388 n. 1; Heyer 635; 참조: 또한 Kuttner 297(Cottoniana II); Holtzmann 22 n. 25; Holtzmann II 60.
33) 참조: W. Holtzmann, *Beiträge zu den Dekretalensammlungen des zwölften Jahr.*, Zeit. d. Savigny-Stiftung f. Rechtsgesch., Kan.-Abt. 16(1927) 40; 참조: 또한 Kuttner 279; Holtzmann 21 n.1; Holtzmann II 58.
34) 참조: Kuttner 279; 참조: 또한 Holtzmann 22 n. 11; Holtzmann II 59.
35) 참조: Kuttner 281; 참조: 또한 Holtzmann 22 n. 16; Holtzmann II 60.
36) 참조: Holtzmann, *Collectio Eberbacensis...*, 551, 555; 참조: 또한 Kuttner 281; Holtzmann 21 n. 2; Holtzmann II 58.
37) 참조: Deeters 43, 315-323; 참조: 또한 Kuttner 294; Holtzmann 23 n. 31; Holtzmann II 62.
38) 참조: Kuttner 281; 참조: 또한 Holtzmann 22 n. 9; Holtzmann II 59.
39) 참조: Schulte 491, 514-5; *Quinque compilationes antiquae...*, ed. E. Friedberg, Lipsae 1882, 189; Friedberg 115ss; Juncker 307, 322-4, 408; Deeters 43, 315-323; 참조: 또한 Kuttner 292-3; Holtzmann 23 n. 32; Holtzmann II 62.
40) 참조: Kuttner 295; 참조: 또한 Holtzmann 23 n. 29; Holtzmann II 61.
41) 참조: Friedberg 46, 52-63; Heyer 621; Juncker 297, 300, 408; 참조: 또한 Kuttner 286; Holtzmann 22 n. 6; Holtzmann II 59.
42) 참조: W. Holtzmann, *Zum Prozeß de Äbtissin Mathia von S. Maria in Capua*, Zeitschrift der Savigny-Stiftung für Rechtsgeschichte, Kanon, Adt. 27(1923) 302; 참조: 또한 Holtzmann 22 n. 26; Holtzmann II 60.
43) 참조: W. Holtzmann, *Papsturkunden in England*, I Berlin 1930, 141; Kuttner 282; 참조: 또한 Holtzmann 22 n. 15; Holtzmann II 59.
44) 참조: H. Singer, *Neue Beiträge über die Dekretalensammlingen vor und nach Bernhard von Pavia*, Sitzingsber. Ak. Wien 171(1914) 121-124; Heyer 639; Juncker 408-9; 참조: 또한 Kuttner 298-9; Holtzmann 23 n. 39; Holtzmann II 62.
45) 참조: Kuttner 294; W. Holtzmann, *Die Dekretalensammlungen des 12, Jahrhunderts. I. Die Sammlung Tanner*, Festschrift zur Feier des 200 Jährigen Bestehens der Ak. der Wissensch. in Göttingen-Berlin-Heidelberg 1951, 86, 106-7; 참조: 또한 Holtzmann 23 n. 35; Holtzmann II 62.
46) 참조: Fr. Kempf, *Das Rommersdorfer Briefbuch des 13. Jahrhunderts*, Mitteilungen des österreichischen Instituts für Geschichtsforschung, Erg. Bd. XII/3, Innsbruck 1933, 505.
47) 참조: *Cartularium abbathiae de Rievalle ordinis Cisterciensis*, Durham 1889, 362-76.

그리고 피렌체 법전(codici Florent. Ricc. 288[Liber diurnus]) 모음집,[48] 인스부르크 대학(Oenipont. Univ. 90[Decretum Gratiani]) 모음집.[49] 그리고 이 공의회와 법령집들을 연구하면서 간과되었었지만, 12세기 바티칸의 모음집 두 개(Vat. Regin. lat. 59650 12sec.[ff.6v-8v][50] et 98451 12sec.[fos. 2r-7v][51])에도 실려 있다.[52] 이 공의회의 법조항들이 전체 라틴교회에 퍼져 나갔고 여러 가지 제반 사안들과 교회 통치권 행사에 큰 비중을 차지했음은 분명하다 하겠다.[53]

최초의 인쇄 출판본은 크라브(P. Crabbe)의 공의회 문헌 모음집(Concilia omnia, tam generalia, quam particularia...)인데, 오늘날 분실되었거나 알려지지 않은 필사본을 기반으로 작성한 것으로서 부록(Appendix)이라 불리기도 한다. 이것은 50개의 부분으로 나누어 전 모음집을 발간하였는데, 제3차 라테란 공의회의 2개 법조항이 전부 첫 번째 부분에 수록되어 있다. 그리고 이 텍스트는 그대로 Su(3, 1567, 626-633)와 Bn(3, 1606, 1345-1350) 모음집에 재수록되었다. Su에는 몇 가지 오류의 흔적이 남아 있고, Bn은 최초로 이 모음집 자체를 라테란 공의회의 부록(Appendix concilii Lateranensis)이라 칭하였고,[54] 호베든의 로저(Roger of Hoveden) 연대기에서 발췌한 몇 가지 변형된 해설들을 첨가하였다. 타라고나(Tarragona)의 안토니오 아구스틴(Antonio Agustin)의 필사본을 사용하면서 로마본의 발행인들(Rm 4, 1612, 27-33)은 몇 군데 손질을 가하고 더 많은 해설을 첨가하면서 더욱 잘 정리된 텍스트를 발간하였다.[55] 로마 텍스트의 뒤를 잇는 출판본들로서 우리가 검토한 것들은 다음과 같다: ER 27(1644) 439-463; LC 10(1671)1507-1523; Hrd 6(1714)1673-1684; Cl 13(1730)416-432; Msi 22(1778)217-233. 뵈머(Böhmer)는 Msi에 앞서 1747년에 자신의 법령집을 출판하였는데, 체계와 내용이 독특한 카셀 모음집에서 법조항들을 발췌하였다.[56] 끝으로 헤롤드(Herold)는 1952년에 본(Bonn)에서 작성한 미출판 논문에서[57] 법조항들의 모든 전승들을 검토하여 체계를 잡았다. 그는 36개의

---

48) 참조: *Le Liber censuum de l'Eglise rimaine*, edd. P. Fabre - L. Duchesne, Paris 1910, Introd. 21, vol. II, 17-18; Deeters ·382.
49) 참조: Fr. Maassen, Beiträge z. Geschichte der juristischen Literatur des Mittelalters, inbesondere der Decretisten-Literatur des zwölften Jahrhunderts, Sitzungsber. Ak. Wien 24(1857) 64; Friedberg 3; Juncker 296, 408; Kuttner 286; 참조: 또한 Holtzmann 21 n. 2; Holtzmann II 58.
50) 참조: A. Luchaire, *Étude sur quelques manuscrits de Rome et de Paris*, Paris 1899, 153-154.
51) 참조: *Chroniques de St-Martial de Limoges*, ed. H. Duplés-Agier, Paris 1874, VIII, LXVIII.
52) 여기에 Herold는 두 개를 더 추가하였다. Bruxelles, Bibl. Royale II 2532와 Darmstadt, Hessische Landes-und Universitätsbibliothek 542.
53) 이미 언급한 대로 법조항들이 그레고리오 9세 법령집에도 포함되어 있다. 또한 다음과 같은 다음과 같은 모음집들에도 실려 있다. ·부르제(Brugensis) 모음집(참조: Friedberg 137; Juncker 408-9; Kuttner 297-8; Holtzmann 23 n. 36; Holtzmann II 62-3), ·프랑크푸르트(Francofurtana) 모음집(참조: St. Kuttner, Collectio Francoturtana, Zeitschrift der Savigny-Stiftung für Rechtsgeschichte, Kanon. Abt. 22(1933) 372; Holtzmann 23 n. 37; Holtzmann II 62-63) 그리고 ·편집 제1권(Compilatio I)(참조: Schulte 514-5; *Quinque compilationes antiquae...*, VIII; Juncker 408-409; Kuttner 322-344).
54) 여기서부터 라테란 공의회 부록이라는 틀린 이름이 시작되었다.
55) 바티칸 필사본(ms. Vat. Lat.) 6418, I(이것에 대해서는 참조: Kuttner, L'édition romaine des conciles généraux et les actes du premier concile de Lyon, Roma 1940, 84)에서는 이 공의회의 법조항들에 대해서 다음과 같이 언급한다. "……법조항들은 애초에 있던 위치에 배치되어야 한다. 그리고 안토니오 아구스틴의 필사본에 기록되어 있는 손질된 본문들을 염두에 두어야 한다(fol. 54r)." 하지만 목록표에는 다음과 같이 언급한다. "……필사본 법전들과 영국 사람 호베든의 로저의 연대기의 순서를 따랐다(fol. aII r)."
56) 참조: *Corpus iuris canonici...*, ed. I. H. Böhmer, II Halae Magdeburgicae 1747, App. 185-198; 각 법조항마다 헤롤드의 해설을 달아 놓았다.

자료집들을 사용하면서58) 34개의 서로 다른 전승들이 존재한다는 결론을 내렸다.59)

연구의 현황이 이러한 가운데, 알려진 모든 전승 자료들을 우리의 출판본에 빠짐없이 참조한다는 것은 불가능한 일이다. 우리가 사용한 자료들은 전체 자료들 중에 오직 최소한의 부분만을 제공하는 것이 사실이다. 게다가 더 심각한 것이 개별 전승 간의 상관관계에 대해서 알지 못하고 있다는 것이다. 헤롤드조차도 이 관계에 대해서 충분한 연구를 해내지 못한 것이 현실이다. 따라서 우리는 오직 하나의 전승, 즉 「라테란 공의회의 부록(Appendix concilii Lateranensis)」의 텍스트만을 출판하기로 하였고, 이 전승의 제일 중요한 기초 자료인 Cr2와 Rm을 참조하였으며 거기에는 Rm의 여러 가지 변형된 해설도 포함하였다. 그런데 이 「라테란 공의회」라는 모음집이 전하는 법조항들은 헤롤드의 텍스트에서 확인되었듯이 매우 정확하다 하겠다. 우리는 헤롤드가 손질한 부분도 본문에 실었고, 그가 포함시킨 23개의 법조항들도 그가 설정한 체계에 따라 각주에 처리하였다.

도서목록:

H-L 5/2, 1086-1112; DThC 8/2(1925) 2644-2652; DDrC 6(1957) 347-349; LThK 6(^{2}1961) 816; RE 20(1990) 481-489; A. Hauck, *Die Rezeption und Umbidung der allgemeinen Synode im Mittelater*, Hist. Vierteljahrschrift 10(1907) 468ss.; G. Tangl, *Die Teilnehmer an den allgemeinen Konzilien des Mittelalters*, Weimer 1922, 196-201 e 210-219; A. Fliche-J. Rousset, *Dalprimo concilio Lateranense all'avvento di Innocenzo III*, Torino 1974, 617-640; M. Pacaut, Alexandre III, *Étude sur la conception du pouvoir pontifical dans sa pensé et dans son oeuvre*, Paris 1956; St. Kuttner, *Brief Note concerning the Canons of the Third Lateran Council*, Traditio 13(1957) 505-506; G. Fransen, *L'ecclésiologie des conciles médiévaux*, Le concile 125-141; R. Foreville, *Latran I, II, III et Latran IV*, Paris 1965; M. Molla te P. Tombeur, *Lesconciles Latran I à Latran IV:concordance, index, listes de fréquence, tables comparatives*, Louvain 1974; *Le troisième concile du Latran*(1179). *Sa Place dans l'histoire*, a cura di J. Longère, Paris 1982; H. J. Sieben, *Die Konzilsidee des lateinischen Mittelalters*(847-1378), Paderborn 1984; Sto. Con. Ec., 195 - 200 e 216-218[A. Melloni].

---

57) W. Herold, Die Canones des 3. Laterankonzils(1179); 이 논문은 홀츠만(W. Holtzmann)이 조언과 지도를 했다.
58) 한편 헤롤드는 피렌체 법전과 두 개의 바티칸 모음집을 모르고 있었다.
59) 참조: St. Kuttner, *Brief Note, Concerning the Canons of the Third Lateran Council*, Traditio 13(1957) 505-6.

CANONES

1.[1] Licet de evitanda[a] discordia in electione summi[b] pontificis manifesta satis a nostris praedecessoribus constituta manaverint[2], tamen quia saepe post illa per improbae ambitionis audaciam gravem passa est ecclesia scissuram, nos etiam ad malum hoc evitandum, de consilio fratrum nostrorum et sacri approbatione concilii aliquid decrevimus[c] adiungendum. Statuimus igitur ut si forte, inimico homine superseminante zizania[d3], inter cardinales de substituendo pontifice non potuerit concordia plena esse, et duabus partibus concordantibus tertia pars noluerit concordare aut sibi alium praesumpserit ordinare[e], ille[f] Romanus pontifex habeatur, qui a duabus partibus fuerit electus et receptus. Si quis autem de tertiae partis nominatione confisus, quia rem[g] non potest, sibi nomen episcopi usurpaverit, tam ipse quam qui eum receperint, excommunicationi subiaceant et totius sacri ordinis privatione mulctentur, ita ut viatici eis etiam, nisi tantum in ultimis, communio denegetur, et nisi resipuerint, cum Dathan et Abiron, quos terra vivos absorbuit[4], accipiant portionem. Praeterea, si a paucioribus aliquis quam a duabus partibus fuerit electus ad apostolatus officium, nisi maior concordia intercesserit, nullatenus assumatur et praedictae poenae subiaceat, si humiliter noluerit abstinere. Ex hoc tamen nullum canonicis constitutionibus[h] et aliis ecclesiasticis[i] praeiudicium generetur, in quibus maioris et senioris[k] partis debet sententia praevalere, quia quod in eis dubium venerit, superioris poterit iudicio definiri. In Romana vero ecclesia aliquid speciale constituitur, quia non potest recursus ad superiorem haberi.[5]

2[6]. Quod a praedecessore nostro felicis memoriae Innocentio factum est[7] innovantes, ordinationes ab Octaviano et Guidone haeresiarchis necnon et Iohanne Strumensi[8], qui eos secutus est, factas, et ab ordinatis ab eis, irritas esse censemus, adicientes etiam ut, si[l] qui dignitates ecclesiasticas seu beneficia per praedictos schismaticos receperunt[m], careant

---

[a] vitanda *H* [b] Romani *H* [c] decernimus *H* [d] zizaniam *Cr²-ER, H*
[e] nominare vel ordinare *v. l. Rm* nominare *H*
[f] absque ulla exceptione ab universa ecclesia *add. v. l. Rm, H*
[g] de ratione esse *v. l. Rm quae tamen glossa videtur*
[h] institutionibus *H* [i] ecclesiis *v. l. Rm, H; fortasse* ecclesiasticis ⟨electionibus⟩
[k] sanioris *Cr², LC-Msi, H* [l] *om. H* [m] acceperunt *H*

---

[1] C. 1 in H.
[2] Cf. praesertim c. 1 conc. Romani a. 1059 sub Nicolao II papa habiti (Msi 19, 897, 907) eiusdemque bull. *In nomine Domini* (Msi 19, 903-904; MGH, *Leges in-f.⁰*, II/2, 177-179); cf. etiam c. 1 D. XXIII (Fr 1 77-79).
[3] Cf. Mt 13, 25.
[4] Cf. Dt 11, 6 (atque etiam Nm 16, 30-33).
[5] c. 6 *X*. I 6 (Fr 2, 51). [6] C. 2 in H.
[7] Cf. conc. Lat. II c. 30 (cf. supra p. 203).
[8] Octavianus i. e. Victor IV antipapa (1159-1164), Guido i. e. Paschalis III antipapa (1164 ad 1168), Iohannes abbas Strumensis i. e. Callistus III antipapa (1168-1178).

법규

제1조[교황 선거 교령]:[1] 교황을 선출함에 있어서 불화를 방지하고자 나의 선임자들이 분명한 법령들을 반포했음에도 불구하고,[2] 종종 사악하고 뻔뻔스런 야심에 의해 교회는 심각한 이교의 고통을 겪었다. 나도 이 악을 피하기 위해 이 문제에 관한 규정을 좀 더 보완하기로 나의 형제들의 조언과 거룩한 공의회의 승인 사항으로 결정하였다. 따라서 원수가 가라지 파종을 멈추지 않기 때문에[3] 혹시라도 교황을 선출함에 있어서 추기경들이 의견의 일치를 보지 못한다면, 그리고 설령 3분의 2가 의견을 모았어도 나머지 3분의 1이 결과에 동의하지 않거나 다른 인물을 뽑으려 시도한다면, 3분의 2가 선출하고 교황으로 인정한 자가 교황이 되어야 한다고 규정하는 바이다. 또한 만일 누가 자신에 대한 3분의 1의 지명에 의존하면서, 실제로는 얻을 수 없는 로마 주교의 칭호를 사칭하면 그 자신은 물론이고 그를 인정한 자들도 파문을 받고 모든 성품의 품급들을 박탈당한다. 따라서 그들에게는 임종의 순간에 노자성체를 영하는 것 외에는 성사적 통교가 막힌다. 그리고 그들은 회개하지 않으면 산 채로 땅에 삼켜진 다탄과 아비람과 같은 운명을 맞게 될 것이다.[4] 뿐더러 만일 누가 3분의 2에 못 미치는 수에 의해 어떤 사도직에 선출되었다면 어떤 식으로도 받아들여져서는 안 된다. 다만 과반수의 동의를 얻어내면 그러하지 아니하다. 그리고 그가 겸허하게 물러서지 않으면 앞서 말한 형벌 제재를 받을 것이다. 그렇지만 이것으로 인해서 과반수의 결정이 우선하게 하는 기존의 교회법들과 여타의 교회적 법령들에 대한 침해가 발생하게 하는 것은 아니다. 왜냐하면 그런 부분에 의혹이 생길 경우 상급자의 권위로 처리할 수 있기 때문이다. 하지만 로마교회의 경우는 장상에게 상소할 수가 없기 때문에 다소 특별한 규정을 적용한다.[5]

제2조[이단자들과 이교자들을 거슬러서]:[6] 추모하는 선임 교황 인노첸시오의 규정을[7] 갱신하면서 선언하는 바, 이단자들인 옥타비아노와 귀도 그리고 그들의 뒤를 잇는 스트루마의 요한[8]과 그들에 의해 서품된 자들에 의해 집전된 성품성사는 무효이다. 뿐더러 앞서 언급한

---

[1] H에서도 제1조.
[2] 참조: 특히 1059년에 니콜라스 2세 때에 있었던 로마 공의회의 제1조(Msi 19, 897, 907) 그리고 그의 칙서 In nomine Domini(Msi 19, 903-904; MGH, Leges in-f.⁰, II/2, 177-179) 또한 제1장 D. XXIII(Fr 1, 77-79).
[3] 참조: 마태 13, 25.
[4] 참조: 신명 11, 6(또한 민수 16, 30-33).
[5] 제6장 X I 6(Fr 2, 51).
[6] H에서는 제2조.
[7] 참조: 제2차 라테란 공의회, 제30조(위의 203쪽).
[8] 옥타비아누스는 대립교황 빅토르 4세(1159-1164)였고, 귀도는 대립교황 파스칼 3세(1164-1168)였으며, 스트루마의 아빠스 출신 요한은 대립교황 갈리스토 3세(1168-1178)였다.

impetratis[1]. Alienationes quoque seu[a] invasiones, quae per eosdem schismaticos sive per laicos factae sunt de rebus ecclesiasticis, omni careant firmitate et ad ecclesiam sine omni eius onere revertantur. Si quis autem contraire praesumpserit, excommunicationi se noverit subiacere. Illos autem, qui sponte iuramentum de tenendo schismate praestiterint[b], a sacris ordinibus et dignitatibus decrevimus[c] manere suspensos.[2]

3.[3] Cum in[d] sacris ordinibus et ministeriis ecclesiasticis, et aetatis maturitas et morum gravitas et scientia litterarum sit inquirenda[e], multo fortius haec[f] in episcopo oportet inquiri, qui ad curam positus aliorum, in se ipso debet ostendere qualiter alios in domo Domini oporteat conversari. Eapropter, ne quod de[g] quibusdam ex necessitate temporis factum est, in exemplum trahatur a posteris, praesenti decreto statuimus, ut nullus in episcopum eligatur, nisi qui iam trigesimum aetatis annum egerit et de legitimo sit matrimonio natus, qui etiam vita et scientia commendabilis demonstretur. Cum autem electus fuerit et confirmationem electionis acceperit et ecclesiasticorum bonorum[h] administrationem habuerit, decurso tempore de consecrandis episcopis a canonibus definito, is ad quem spectant beneficia, quae habuerat, disponendi de illis liberam habeat facultatem. Inferiora etiam ministeria, utputa[i] decanatus, archidiaconatus et alia quae animarum curam habent annexam, nullus omnino suscipiat, sed nec parochialium ecclesiarum regimen, nisi qui iam vigesimum quintum aetatis[k] annum attigerit, et qui scientia et moribus exsistat commendandus. Cum autem assumptus fuerit, si archidiaconus in diaconum[l] et[m] decani[m] (et reliqui admoniti) non fuerint praefixo a canonibus tempore in presbyteros ordinati, et ab illo removeantur officio et alii conferatur, qui et velit et possit convenienter illud implere; nec prosit illis[n] appellationis diffugium, si forte in transgressionem[o] constitutionis istius per appellationem voluerint se tueri. Hoc sane non solum de promovendis, sed de his etiam qui iam promoti sunt, si canones non obsistant, praecipimus observandum. Clerici sane[p] si contra formam istam quemquam elegerint, et eligendi potestate tunc privatos et ab ecclesiasticis beneficiis triennio se noverint suspensos. Dignum est enim ut, quos timor Dei a malo non revocat, ecclesiasticae saltem[q] coerceat severitas disciplinae. Episcopus autem[r], si cui fecerit aut fieri consenserit contra hoc[s], in conferendis praedictis[t] potestatem suam amittat: et per

---

a sive *H*   b praestiterunt *H*   c decernimus *H*   d cunctis *add. v. l. Rm, H*
e quaerenda *H*   f hoc *Cr² Su*   g de *v. l. Rm a rell.*
h honorum *Su Rm*   i utpote *H*   k om. *H*   l diaconem *Cr² Su H*
m decanus *H*   n eis *H*   o trangressione *H*   p vero *v. l. Cr² Su*
q tamen *Cr²Su*   r etiam *H*
s si contra hoc fecerit aut fieri consenserit *v. l. Rm* si aut fecerit contra hoc aut consenserit fieri *H*   t officiis et beneficiis *add. v. l. Rm* officiis *add. H*

---

[1] Cf. etiam *Chronicon universale* anonymi Laudunensis, ed. G. Waitz, in MGH *Script.*, XXVI Hannoverae 1882, 449; Sigeberti Gemblacensis *Continuatio Aquicinctina,* ed. L. Bethmann, in MGH *Script.*, VI Hannoverae 1849, 417.
[2] c. 1 *X.* V 8 (Fr 2, 790); cf. etiam c. 37 C. XII q. 2 (Fr 1, 699).   [3] C. 3 in *H.*

이교자들로부터 받은 교회 직위나 교회록을 받은 자들은 모두 그것을 박탈당할 것이다.[1] 이러한 이교자들이나 평신도들에 의해 행해진 교회 재산에 대한 양도나 점유는 아무런 법적 효력이 없고 대가 없이 교회에 환원되어야 한다. 누구든지 이러한 규정을 어기면 그자에게 파문되었음이 공지되어야 한다. 끝으로 자신의 의지로 이교자로 남기로 선언한 사람들은 성품과 직위가 정지된다고 명하는 바이다.[2]

제3조[교회 직무의 임명 조건]:[3] 거룩한 품급들과 교회의 직무들을 받으려면 연령을 채웠는지, 품성상의 진지함을 갖췄는지, 글을 아는지를 조사해야 하고, 이것들은 주교직의 경우 더욱 강하게 요구되어야 한다. 다른 이들을 인도하도록 되어 있는 주교는 자기 자신의 모습을 통해서 주님의 집에서 어떻게 처신해야 하는지를 보여주어야 하기 때문이다. 따라서 상황에 따른 시대적 필요성 때문에 몇몇 경우에 발생하였던 것이 미래의 사람들에게 선례가 되면 안 되기 때문에 본 교령을 통해 명하노니, 만 30세를 채우지 않은 자와 합법적인 혼인에서 출생한 자가 아니면 아무도 주교로 선발되어서는 안 된다. 또한 생활과 학식에 있어서 적당한 인물이라고 보여야 한다. 주교로 선출되었고 그 선출에 대한 승인이 있었고 교회법이 정한 주교로 축성될 기간을 채운 후, 교회 재산에 대한 관리권을 가진 자는 그에게 맡겨진 재산에 대해 자유로운 재량권을 향유하게 해야 한다. 또한 하위 품급의 성직들, 예를 들어 지구장직이나 대부제직 그리고 영혼들의 사목을 수반하는 여타의 성직들에 대해서는, 만 25세를 넘기지 않은 자 그리고 학식과 품행에 있어서 추천받을 만한 자가 아니면, 그 누구도 그러한 성직을 받을 수 없고, 본당사목구의 재치권도 받을 수 없다. 발령을 받았는데, 아직 부제품을 받지 않은 대부제, 그리고 아직 사제품을 받지 않은 지구장(그리고 여타의 직위에 발령된 자들이 정식으로 경고를 받았음에도 불구하고)이 교회법이 정한 기간 내에 해당 서품을 받지 않으면, 그 직무를 박탈당하고 그 자리는 제대로 그 일을 수행할 능력이 있고 수행할 원의가 있는 자에게 넘겨주어야 한다. 게다가 그런 자들에게는 이 법령의 위반으로 야기되는 조치로부터 자신을 방어하기 위한 항소의 돌파구가 허락되어서는 안 된다. 이 명령은 교회법에 반대 조항이 없는 한, 승품할 성직자들뿐만 아니라 이미 승품된 자들도 준수해야 한다. 이 규정을 어기면서 누군가를 선출한 성직자는 선출권을 박탈당하고 3년간 교회록을 정지당할 것이다. 하느님을 두려워하는 마음만으로는 악으로부터 멀어지는 것이 부족한 자들에게는 적어도 교회의 규율의 엄중함으로 압박을 가하는 것은 실로 옳은 일이다. 이 법규를 위반하거나 위반하는 것을 허락한 주교에게는 앞에 열거한 성직들에 대한 서임권을 박탈할 것이고 서임권은 참사회에 넘어가거나

---

1) 참조: 또한 라온의 미상의 저자가 쓴 *Chronicon universale* ed., G. Waitz, in MGH *Script.*, XXVI Hanover 1882, 449; 장블루의 지게베르트, *Continuatio Aquicinctina*, ed., L. Bethmann, in MGH *Script.*, VI Hanover 1849, 417.
2) 제1장 X. V 8(Fr 2, 790); 또한 제37장 C. XII q. 2(Fr 1, 699).
3) H에서는 제3조

capitulum aut per metropolitanum¹, si ᵃ capitulum concordare nequiverit, ordinentur.²

4.³ Cum apostolus se et ᵇ suos propriis manibus decreverit exhibendos ᶜ, ut locum praedicandi auferret pseudoapostolis et illis quibus praedicabat non exsisteret onerosus⁴, grave nimis et emendatione fore ᵈ dignum dignoscitur, quod quidam fratrum et coepiscoporum nostrorum ita graves in procurationibus suis subditis exsistunt, ut pro huiusmodi causa ᵉ interdum ornamenta ecclesiastica subditi compellantur exponere et longi temporis victum brevis hora consumat. Quocirca statuimus, quod ᶠ archiepiscopi parochias visitantes pro diversitate provinciarum et facultatibus ecclesiarum quadraginta vel quinquaginta ᵍ evectionis ʰ numerum non ⁱ excedant ⁱ; cardinales vero viginti vel viginti quinque non excedant, episcopi viginti vel triginta ᵏ nequaquam excedant, archidiaconi ˡ quinque aut ᵐ septem, decani ⁿ constituti sub ipsis duobus equis exsistant contenti. Nec cum canibus venatoriis et avibus ᵒ proficiscantur, sed ita procedant, ut non quae sunt sua sed quae Iesu Christi quaerere videantur⁵; nec sumptuosas epulas quaerant ᵖ, sed cum gratiarum actione recipiant quod honeste et ᑫ competenter fuerit illis ministratum ʳ. Prohibemus etiam ne subditos suos talliis et exactionibus episcopi gravare praesumant. Sustinemus autem pro multis necessitatibus, quae aliquoties superveniunt, ut si manifesta et rationabilis causa exstiterit, cum caritate moderatum ab eis valeant auxilium postulare. Cum enim dicat apostolus: *Non debent parentibus filii thesaurizare sed parentes filiis*⁶, multum longe a paterna pietate videtur, si praepositi suis subditis ˢ graves exsistant, quos in cunctis necessitatibus pastoris more fovere debent. Archidiaconi autem ᵗ sive decani nullas exactiones vel tallias in presbyteros seu clericos exercere praesumant. Sane, quod de praedicto ᵘ numero evectionis secundum tolerantiam dictum est, in illis locis poterit observari, in quibus ampliores sunt reditus et ecclesiae ᵛ facultates; in pauperioribus autem locis tantam volumus teneri mensuram, ut ex accessu maiorum minores non debeant ʷ

ᵃ etiamsi *H*   ᵇ ac *H*   ᶜ alendos *v. l. Rm*
ᵈ esse *H*   ᵉ ipsa *add. H*   ᶠ ut *H*   ᵍ quadragesimum vel quinquagesimum *H*
ʰ evectionum *v. l. LC Cl Msi*   ⁱ *om. H*
ᵏ episcopi vero vicesimum vel tricesimum, cardinales vero vigesimum aut vigesimum quintum *H*
ˡ vero *add. H*   ᵐ aut *Cr² Su* vel *rell.*   ⁿ vero *add. H*
ᵒ Nec ... avibus] nec *om. Cr² Su* avibus non *Cr² Su*   ᵖ requirant *H*   ᑫ ac *H*
ʳ nec sumptuosas ... ministratum *om. Cr² Su*   ˢ subiectis *H*
ᵗ autem *Cr² Su* vero *rell.*   ᵘ praedicti *H*   ᵛ ecclesiasticae *H*
ʷ minores merito non doleant se *v. l. Rm, H*

---

¹ Cf. c. 36 D. LXIII (Fr 1, 247).
² c. 7 *X*. I 6 (Fr 2, 51-52); cf. G. J. Ebers, *Das Devolutionsrecht, vornehmlich nach katholischem Kirchenrecht,* Stuttgart 1906, 171-178.
³ C. 6 in H.
⁴ Cf. 1 Th 2, 9; 2 Th 3, 7-8; cf. etiam 2 Cor 11, 9.
⁵ Cf. Ph 2, 21.
⁶ 2 Cor 12, 14.

관구장 주교에게 넘어갈 것이다.[1] 단 관구장 주교에게 넘어가는 경우는 참사회가 합의를 도출하지 못하는 때이다.[2]

제4조[사목 순시 때의 과도한 경비 부담 금지]:[3] 나의 형제들(역자 주: 추기경들)과 동료 주교들 중에 일부가 자신들의 수하들에게 매우 큰 부담을 줌으로써 그 수하들이 요구된 바를 조달하느라 성당의 장식품들을 팔고 오랜 기간 동안 먹을 식량이 짧은 시간에 소모되게 하는 일은, 사도(성 바오로)가 거짓 사도들의 입을 막으려고 그리고 설교를 듣는 이들에게 폐를 끼치지 않으려고 당신과 당신 수하들이 자급자족해야 한다고 결정한 순간부터,[4] 매우 심각한 사안으로서 교정해야 할 일로 여겨져 왔다. 따라서 다음과 같이 규정하는 바이다. 대주교들은 본당사목구를 사목 순시할 때 관구의 사정과 성당의 형편에 따라 40필이나 50필 이상의 말을 동원해서는 안 되고, 추기경들은 20필이나 25필을 초과하지 말 것이며, 주교들은 20필에서 30필을 결코 넘어서는 안 되고, 대부제들은 5필 내지는 7필 그리고 그들보다 아랫사람인 지구장들은 두 필로 만족해야 한다. 사냥을 위한 개나 새를 가지고 다녀도 안 되며 오히려 자신의 이익을 추구하지 않고 예수 그리스도의 이익을 추구하기를 원한다는 것을 분명하게 보여주는 태도로 처신해야 한다.[5] 그들은 풍요로운 잔치를 요구하지 말아야 하고 오히려 정직하게 그리고 온당하게 주어진 것을 감사하는 마음으로 받아야 한다. 또한 주교들이 자기 수하들에게 세금과 강제 납부금로 부담을 주는 것도 금하는 바이다. 하지만 그들에게 자주 발생하는 여러 가지 필요성들을 위해서는 그 동기가 분명하고 타당할 경우에 온전히 애덕에 의한 절제된 도움을 요청하는 것은 허락하는 바이다. 사도(성 바오로)가 *자녀가 부모를 위하여 재산을 모아 두는 것이 아니라 부모가 자녀를 위하여 그렇게 하는 법입니다.*[6]라고 말하였기에, 고위 성직자들이 참된 목자로서 자식의 수하들에게 어떤 아쉬움에도 도움을 주려고 하기보다는 자신의 수하들에게 폐를 끼치는 처신은 아버지다운 사랑과는 상당히 거리가 먼 것으로 보인다. 따라서 대부제들이나 지구장들은 사제들에게서 세금도 강제 납부금도 징수해서는 안 된다. 당연히 성당의 수입과 재산이 보다 풍요로운 곳에서는 앞에서 정한 말의 수량의 상한선을 채울 수 있다. 반면에 보다 가난한 지역에서는 장상의 사목 순시에서 하급자들에게 부담을 덜어 주기 위해서,

---

1) 참조: 제36장 D. LXIII(Fr 1, 247).
2) 제7장 X. I 6(Fr 2, 51-52); 참조: G. J. Ebers, *Das Devolutionsrecht, vornehmich nach katholischem Kirchenrecht*, Stuttgart 1906, 171-178.
3) H에서는 제6조.
4) 참조: 1테살 2, 9; 2테살 3, 7-8; 또한 2코린 11, 9.
5) 참조: 필리 2, 21.
6) 2코린 12, 14.

gravari, ne sub tali indulgentia illi, qui paucioribus equis uti solebant hactenus, plurimam[a] sibi credant potestatem indultam.[1]

5.[2] Episcopus si[b] aliquem sine certo titulo, de quo necessaria vitae percipiat, in diaconum[c] vel presbyterum ordinaverit, tamdiu necessaria ei subministret, donec in aliqua ei[d] ecclesia convenientia stipendia militiae clericalis assignet; nisi forte talis[e] qui ordinatur[f] exstiterit, qui de sua vel paterna hereditate subsidium vitae possit habere.[3]

6.[4] Reprehensibilis valde consuetudo in quibusdam partibus inolevit, ut[g] fratres et coepiscopi nostri seu etiam archidiaconi, quos[h] appellaturos in causis suis existimant, nulla penitus admonitione praemissa, suspensionis vel[i] excommunicationis in eos ferant sententiam. Alii etiam, dum superioris sententiam et disciplinam canonicam reformidant, sine ullo gravamine appellationem obiciunt et ad defensionem iniquitatis usurpant, quod ad subsidium[k] innocentium dignoscitur institutum. Quocirca ne vel praelati valeant sine causa gravare subiectos vel subditi pro sua voluntate sub appellationis obtentu correctionem valeant eludere praelatorum, praesenti decreto statuimus, ut nec praelati, nisi canonica commonitione praemissa, suspensionis vel excommunicationis sententiam proferant in subiectos, nisi forte talis sit culpa, quae ipso genere suo excommunicationis[l] poenam inducat; nec subiecti contra disciplinam ecclesiasticam ante ingressum causae in vocem appellationis prorumpant[m]. Si vero quisquam pro sua necessitate crediderit appellandum, competens ei ad prosequendam appellationem terminus praefigatur, infra quem, si forte prosequi[n] neglexerit, libere tunc episcopus sua auctoritate utatur. Si autem in quocumque negotio aliquis appellaverit et eo qui appellatus fuerit veniente, qui appellaverit venire neglexerit, si proprium quid habuit[o], competentem ei[p] recompensationem faciat expensarum, ut hoc saltem timore perterritus[q], in gravamen alterius non facile quis appellet. Praecipue vero in locis[r] religiosis hoc volumus observari, ne monachi sive quicumque religiosi, cum pro aliquo excessu fuerint corrigendi, contra regularem praelati sui et capituli disciplinam appellare praesumant, sed humiliter ac devote suscipiant, quod pro salute sua utiliter[s] eis fuerit iniunctum[t].[5]

7.[6] Cum in ecclesiae corpore omnia debeant ex caritate tractari et quod gratis receptum est gratis[u] impendi, horribile nimis est, quod in quibus-

---

[a] plurium H   [b] praeterea si episcopus H   [c] diaconem H
[d] eidem in· aliqua H   [e] sit add. H   [f] ordinatus H
[g] cum add. H   [h] quosdam H   [i] seu H   [k] praesidium H
[l] suspensionis vel excommunicationis v. l. Rm, H   [m] erumpant H   [n] persequi Cr² Su
[o] habuerit H   [p] illi H   [q] deterritus H   [r] om. v. l. Rm   [s] om. H
[t] sua sciant iis iniunctum v. l. Rm   [u] debeat add. H

---

[1] c. 6 X. III 39 (Fr 2, 623); cf. etiam c. 3 D. XCIV (Fr 1, 331) et c. 8 C. X q. 3 (Fr 1, 625-626); G. Schreiber, *Kurie und Kloster im 12. Jahrhundert*, Stuttgart 1910, I 226, 242; II 171-173, 176.
[2] C. 5, II in H.   [3] c. 4 X. III 5 (Fr 2, 465); cf. conc. Chalc. c. 6 (cf. supra p. 90).
[4] C. 12 in H.   [5] c. 26 X. II 28 (Fr 2, 418-419).   [6] C. 4 in H.

그리고 그때까지는 평소에 말을 조금 소유하고 있던 자가 그러한 허가를 구실로 더 많은 말을 보유할 권한을 받은 것처럼 믿는 일이 없게 하기 위해서 온당한 절제를 발휘하길 바란다.[1]

제5조[수품자의 생활보장]:[2] 만일 어느 주교가 생활에 필요한 것들을 충당할 명확한 보직 없이 누군가에게 부제품이나 사제품을 주었다면, 그 주교는 그를 어느 성당에서 성직 수행에 적정한 임금을 받을 수 있는 자리에 부임시킬 수 없는 상태에서는 그에게 필요한 것들을 제공해 주어야 한다. 다만 수품자 자신의 재산으로나 물려받은 유산으로 그것들을 충당할 수 있으면 그러하지 아니하다.[3]

제6조[법적 처벌과 항소 남용 금지]:[4] 몇몇 지역에서는 비난할 만한 풍습이 자리 잡았는데, 그것은 나의 형제들(추기경들)과 동료 주교들이 혹은 대부제들까지도, 자신들이 예견하기에 자신들의 판결에 항소를 제기할 것 같은 사람들에게 사전에 아무런 경고도 없이 정지 처분이나 파문 제재를 가하는 것이다. 반대로 다른 이들은 장상의 판결이나 교회법적 형벌이 두려워, 자신들의 부정을 방어하려고 무고한 자들을 돕기 위해 설정된 수단을 이용하면서 실제적 이유도 없이 항소를 한다. 따라서 고위 성직자들이 자기 수하들을 이유 없이 짐을 지우는 것을 막고, 이유 없이 당한 수하들은 고위 성직자들이 가하는 교정벌을 항소를 통해 면하게 하고자 본 교령을 통해 명하는 바, 고위 성직자들은 사전의 교회법적 경고 없이는 자기 수하들에게 정지 처분이나 파문 제재를 가하지 못한다. 다만 과오의 본성 자체가 파문 제재를 초래하는 경우는 그러하지 아니하다. 다른 한편으로 수하들은 소송이 시작되기 전에는 교회의 규율을 거슬러서 부적절한 항소 제기를 삼가야 한다. 하지만 만일 누가 자신의 필요에 따라 항소를 해야겠다고 생각하는데 항소할 법적 기간이 그를 위해 정해졌지만 그가 그 기간 내에 그렇게 하지 못하는 일이 생기면 주교가 자유로이 자신의 직권을 행사할 수 있다. 만일 어떤 사건에서 누가 항소를 했는데 피고는 출석하고 자신은 출석하지 못했다면 그리고 원고가 뭐라도 소유하고 있다면 그에게 피고의 비용을 지불하게 해야 한다. 이러한 최소한의 제재라도 함으로써 타인에게 피해를 주면서 너무나 쉽게 항소하는 일을 막을 수 있을 것이다. 이 법규가 특히 수도원들에서 준수되기를 바란다. 즉 수도승들이나 여타의 수도자들은 자신의 과오로 교정벌을 받게 되었을 때 회헌에 부합되는 자신들의 장상이나 참사회가 정한 규율을 거슬러서 항소를 감행해서는 안 된다. 오히려 그들은 자신들의 구원을 위하여 유용하게 규정된 바를 겸손하게 그리고 성실하게 받아들여야 한다.[5]

제7조[성직 및 성사 매매와 부당한 금품 징수 금지]:[6] 교회에서 애덕이 모든 것에 우선해야 하고 무상으로 받은 것은 무상으로 주어야 하기 때문에 일부 성당들에서 금품 거래 행위가

---

1) 제6장 X. III 39(Fr 2, 623); 또한 참조: 제3장 D. XCIV(Fr 1, 331) 그리고 제8장 C. X q.3(Fr 1, 625-626); G. Schreiber, *Kurie und Kloster im 12. Jahrhundert*, Stuttgart 1910, I 226, 242; II 171-173, 176.
2) H에서는 제5조, II.
3) 제4장 X. III 5(Fr 2, 465); 칼케돈 공의회, 제6조(위의 90쪽).
4) H에서는 제12조.
5) 제26장 X. III 28(Fr 2, 418-419).
6) H에서는 제4조.

dam ecclesiis locum venalitas perhibetur habere ita, ut pro episcopis vel
abbatibus seu^a quibuscumque personis ecclesiasticis ponendis in sede seu
introducendis presbyteris in ecclesiam necnon pro sepulturis et exsequiis
mortuorum et benedictionibus nubentium seu aliis sacramentis^b aliquid
exigatur^c, et ille qui indiget non possit ista percipere, nisi manum implere
curaverit largitoris. Putant^d plures ex hoc sibi licere, quia legem moris^e
de longa invaluisse consuetudine arbitrantur, non satis, quia cupiditate
caecati sunt, attendentes, quod tanto graviora sunt crimina quanto
diutius animam infelicem tenuerint alligatam. Ne igitur hoc de cetero fiat
et vel pro personis ecclesiasticis deducendis ad sedem vel sacerdotibus
instituendis aut mortuis sepeliendis seu etiam nubentibus benedicendis
seu etiam^f aliis sacramentis aliquid exigatur, districtius inhibemus. Si
quis autem contra hoc venire praesumpserit, portionem cum Giezi[1] se
noverit habiturum, cuius factum turpis muneris exactione imitatur[2].
Prohibemus insuper, ne novi census ab episcopis vel abbatibus aliisve
praelatis imponantur ecclesiis nec veteres augeantur nec partem redituum
suis usibus appropriare praesumant, sed libertates, quas^g sibi maiores
desiderant conservari, minoribus quoque suis bona voluntate conservent. Si quis autem aliter egerit, irritum quod fecerit habeatur.[3]

8.[4] Nulla ecclesiastica ministeria seu etiam beneficia vel ecclesiae alicui
tribuantur seu promittantur antequam vacent, ne desiderare quis mortem
proximi^h videatur, in cuius locum et beneficium se crediderit^i successurum. Cum enim id etiam in ipsis gentilium legibus inveniatur prohibitum^k,
turpe nimis est et divini plenum animadversione iudicii, si locum in Dei
ecclesia futurae successionis exspectatio habeat, quam etiam damnare^l ipsi
gentiles homines curaverunt. Cum vero praebendas ecclesiasticas^m seu
quaelibet officia in aliqua ecclesia vacare contigerit vel etiam si modo
vacant, non diu maneant in suspenso, sed infra sex menses personis, quae
digne administrare valeant, conferantur. Si autem episcopus, ubi^n ad
eum^n spectaverit^o, conferre distulerit, per capitulum ordinetur. Quod si
ad capitulum electio pertinuerit et infra praedictum^p terminum^q hoc non
fecerit, episcopus hoc secundum Deum cum virorum religiosorum consilio exsequatur aut, si omnes forte neglexerint, metropolitanus de ipsis
secundum Deum absque illorum contradictione disponat.[5]

9.[6] Cum et plantare sacram religionem et plantatam fovere modis
omnibus debeamus, numquam hoc melius exsequemur^r, quam si nutrire^s
quae recta sunt et corrigere^s quae profectum veritatis^t impediunt,

---

a pro *add. H*   b ecclesiasticis *add. H*   c requiratur *H*   d autem *add. H*
e moris *con. Cr² (et postea Hrd)* mortis *rell.*   f om. *H*   g libertatem quam *H*
h sui *add. H*   i credidit *Cr² Su*   k inhibitum *H*   l condemnare *H*
m ecclesias *H*   n ad quem *H*   o sine rationabili causa *add. H*   p praescriptum *H*
q similiter *add. H*   r exsequimur *H*   s ea *add. H*   t virtutis *H*

---

[1] Cf. 4 Rg 5, 20-27.   [2] c. 9 *X*. V 3 (Fr 2, 751); cf. etiam c. 100 C. I q. 1 (Fr 1, 398).
[3] c. 7 *X*. III 39 (Fr 2, 623).   [4] C. 5, I in H.
[5] c. 2 *X*. III 8 (Fr 2, 488); cf. G. J. Ebers, *Das Devolutionsrecht, vornehmlich nach katholischem Kirchenrecht*, Stuttgart 1906, 171-178.   [6] C. 8 in H.

그토록 확산되어, 주교나 아빠스 혹은 여타의 교회 인물들을 자리에 앉히기 위해서, 사제들이 성당에 부임하기 위해서, 시신의 매장과 장례를 위해서, 혼인성사나 여타의 성사의 축복을 받기 위해서 금품이 요구되며, 그것들을 청하는 자가 집전자의 손에 뭔가를 쥐어 주기 전에는 성사의 은총을 받을 수가 없다는 것은 실로 끔찍한 일이다. 오랜 관행은 관습법이 되므로 다수의 사람들이 이러한 행위를 합법적이라고 생각한다. 하지만 그런 사람들은 탐욕에 눈이 어두워, 불행한 영혼의 상태가 오래될수록 범죄는 더욱 중대해진다는 사실을 깨닫지 못한다. 따라서 앞으로는 이런 일이 생기지 않게 하기 위해서, 교회의 인물의 착좌나 사제의 소임 발령, 시신의 매장, 혼인성사나 여타의 성사에서의 축복을 위해 금품을 요구하는 것을 엄격하게 금하는 바이다. 이 규정을 어기는 자는 누구나 게하지와 같은 운명을 맞이하게 될 것임을 알아야 한다.[1] 왜냐하면 그런 자의 행동은 치졸한 예물을 요구함으로써 게하지의 죄를 모방한 것이기 때문이다.[2] 아울러 주교들과 아빠스들 그리고 여타의 고위 성직자들이 성당들에 새로운 세금을 부과하는 것, 기존의 세금을 인상하는 것 그리고 개인적으로 유용하기 위해 교회의 수입의 일부를 자신의 것으로 취하는 것을 금하는 바이다. 상급자들은 자신들을 위해 보존하기를 원하는 만큼의 자유를 자신들의 하급자들을 위해서도 흔쾌히 보존해 주도록 해야 한다. 만일 누가 달리 행동하면 그의 행위는 무효로 여겨져야 한다.[3]

제8조[교회 직무 공석 시 서임 규정]:[4] 그 어떤 교회 직무나 교회록 혹은 성당도 공석이 되기 전에는 누구에게도 선임되거나 예약되어서는 안 된다. 왜냐하면 자신이 그 직위 내지는 교회록의 후계자라고 믿고 이웃의 죽음을 바라는 일이 생겨서는 안 되겠기 때문이다. 이는 이방인들의 법에서조차 금하고 있는지라, 매우 수치스러운 일이요 앞으로도 하느님의 교회에서 지속되리라 기대한다면 하느님의 진노를 사게 될 것이다. 이방인들도 이에 대해서는 단죄하여 왔다. 교회의 성직록이나 어느 성당의 직무에 공석이 생기게 되거나 이미 공석인 경우에 오랫동안 정지 상태로 남아 있어서는 안 되고, 6개월 이내에 그 자리에서 성실하게 관리할 인물에게 맡겨져야 한다. 만일 해당 주교가 서임을 늦춘다면 참사회에서 이를 진행해야 한다. 만일 선출권이 참사회에 있는데 정해진 기간 내에 서임을 하지 않는다면, 신법에 따라 주교가 신심 깊은 인물들의 조언을 들은 후 이를 진행해야 한다. 만일 참사회와 주교 둘 다 이 일을 게을리 한다면 관구장 주교가 하느님의 뜻을 헤아려 이를 처리하고 그들은 결과에 대해 반대할 수 없다.[5]

제9조[성전기사회와 구호수도회원들의 주교 권한 침해 금지]:[6] 나는 거룩한 종교가 뿌리내리게 하고 심어진 것을 백방으로 소중히 키워야 할 의무를 지니고 있는데, 이를 성취하려면 정의를 지지하고 진리가 발전하는 데에 방해가 되는 것을 교정하기 위해 내게 주어진 권한을 사용하는 것이 최선의 방법일 것이다.

---

1) 참조: 4열왕 5, 20-27.
2) 제9장 X. V 3(Fr 2, 751); 또한 참조: 제100장 C. I q. 1(Fr 1, 398).
3) 제7장 X. III 39(Fr 2, 623).
4) H에서는 제5조, I.
5) 제2장 X. III 8(Fr 2, 488); 참조: G. J. Ebers, *Das Devolutionsrecht, vornehmich nach katholiscem Kirchenrecht*, Stuttgart 1096, 171-178.
6) H에서는 제8조.

commissa nobis[a] auctoritate curemus. Fratrum autem et coepiscoporum nostrorum vehementi conquestione comperimus, quod fratres Templi et Hospitalis[b], alii quoque religiosae professionis, indulta sibi ab apostolica sede excedentes privilegia, contra episcopalem auctoritatem multa praesumunt, quae et scandalum generant[c] in populo Dei et grave pariunt periculum animarum[1]. Proponunt[d] enim quod ecclesias recipiant de manibus laicorum, excommunicatos et interdictos ad ecclesiastica sacramenta et sepulturam admittant, in[e] ecclesiis suis praeter eorum conscientiam[f] et instituant et amoveant sacerdotes, et fratribus eorum ad eleemosynas quaerendas euntibus, cum indultum sit eis ut in adventu eorum semel in anno ecclesiae aperiantur atque in eis divina celebrentur officia, plures ex eis de una sive[g] diversis domibus ad locum interdictum saepius accedentes, indulgentia privilegiorum[h] in celebrandis officiis[i] abutuntur et tunc mortuos apud praedictas[k] ecclesias sepelire praesumunt. Occasione quoque fraternitatum, quas in pluribus locis faciunt, robur episcopalis auctoritatis enervant, dum contra eorum sententiam sub aliquorum privilegiorum obtentu munire cunctos intendunt, qui ad eorum fraternitatem volunt accedere et se conferre[l]. In his[m], quia non tam de maiorum conscientia vel consilio quam de minorum indiscretione[n] quorundam[o] exceditur, et removenda ea in quibus excedunt et quae dubietatem[p] faciunt declaranda, decrevimus[q]. Ecclesias sane et decimas de manu laicorum, sine consensu episcoporum, tam illos quam[r] quoscumque alios religiosos recipere prohibemus, dimissis etiam quas[s] contra tenorem istum moderno[t] tempore receperunt. Excommunicatos et nominatim interdictos tam ab illis quam ab omnibus aliis, iuxta episcoporum sententiam statuimus evitandos. In ecclesiis suis, quae ad eos pleno iure non pertinent, instituendos presbyteros episcopis praesentent[u], ut eis quidem de plebis cura respondeant, ipsis vero pro rebus temporalibus rationem exhibeant competentem; institutos autem, episcopis inconsultis, non audeant removere. Si vero Templarii sive Hospitalarii ad ecclesiam interdictam[v] venerint, non nisi semel in anno ad ecclesiasticum admittantur officium nec tunc ibi corpora sepeliant defunctorum[w]. De fraternitatibus[x] hoc statuimus[y] ut, si non se praedictis fratribus omnino reddiderint sed in suis proprietatibus duxerint[z] remanendum, propter hoc ab episcoporum sententia nullatenus eximantur, sed potestatem suam in eos

---

[a] a Deo *add.* H [b] et *add.* H [c] faciunt H [d] proposuerunt H
[e] cunctis *add.* H [f] conscientias H [g] de *add.* H
[h] nostrorum *add.* H [i] et sepeliendis mortuis *add.* H [k] interdictas H
[l] volunt ... conferre] voluerint se conferre H [m] autem *add.* H [n] discretione H
[o] *om.* H [p] dubitationem H [q] decernimus H [r] etiam *add.* H
[s] quascumque H [t] aliquo *v. l.* Rm [u] repraesentent H
[v] ecclesiam interdictam *v. l.* Rm ecclesiasticum interdictum *rell.*
[w] interdictorum *v. l.* Rm [x] confratribus *v. l.* Rm autem *add.* H
[y] constituimus H [z] omnino *add. v. l.* Rm

---

[1] Cf. inter alia G. Bottarelli, *Storia politica e militare del sovrano ordine ... di Malta*, I Milano 1940, 69.

나의 형제들(추기경들)과 동료 주교들의 강력한 문제 제기를 통해서 알게 되었는데, 성전기사회원들과 구호수도회원들 그리고 여타의 수도자들이 사도좌로부터 받은 특전의 한도를 넘어서 주교의 권위를 여러 가지로 침해해 왔으며 그럼으로써 하느님 백성에게 물의를 일으키고 영혼들을 심각한 위험에 빠지게 한다는 것이다.[1] 실로 주교들이 보고하는 바에 따르면 그자들은 평신도들에게서 성당을 받고, 파문된 자들과 성사와 교회 장례 예식이 금지된 자들을 받아들이고, 주교의 동의 없이 사제들을 자기네 성당에 임명하거나 해임시킨다. 게다가 그자들의 형제 탁발 수사들은 지나가다가 일 년에 한 번씩은 성당들을 열고 거기서 성무 활동을 할 수 있는 허가를 활용하면서, 한 수도원 출신이거나 여러 수도원 출신인 그들 중 많은 자들이 성무가 금지된 성당들에 자주 가고, 거기서 성무 활동을 할 수 있는 그들의 특전을 남용하면서, 앞서 언급한 성당들에 시신을 안치하는 일까지도 감행한다. 또한 여러 지역에 형제단을 설립함으로써 결국은 주교들의 권위를 약화시키는데, 그들은, 주교가 명한 바를 무시하면서 그리고 몇 가지 특전을 내세워서, 자기네 형제단에 참여하고 가입하기를 청하는 자들을 감싸주려고 한다. 그리고 이러한 행동에는 장상들의 사전 이해나 결정보다는 하급자 중 누군가의 무분별함에 의한 탈선이 있는 것이기 때문에 남용은 근절시켜야 하고 불분명한 것들에 대해서는 명확히 규정해야 한다고 명하는 바이다. 따라서 그들과 여타의 모든 수도자들이 주교의 동의 없이 평신도에게서 성당이나 십일조를 받는 것을 금하는 바이며, 본 교령에 반하여 근래에 받은 것들을 포기하라고 명하는 바이다. 또한 다른 이들과 마찬가지로 그들은 주교의 정당한 결정에 따라 명시적으로 파문되거나 정지 처분받은 자들을 멀리해야 한다고 명하는 바이다. 그들의 성당인데 온전한 권리가 그들에게 주어지지 않은 곳에서는 거기에 임명하고자 하는 사제들을 주교에게 추천하여야 한다. 그럼으로써 그들은 그 사제들이 사목활동에 있어서 주교에게 응답한 만큼 그 사제들에게 응당한 양의 세속적 재화를 지급하게 될 것이다. 그리고 주교에 의해서 사제들이 발령을 받은 후에 주교에게 알리지 않고 그 사제들을 그 자리에서 해임시켜서는 안 된다. 만일 성전기사회원들과 구호수도회원들이 성무 집행이 금지된 성당에 들어간다면, 일 년에 한 번만 성무 활동을 하는 것이 허락되어야 하며 시신을 안치하는 예식은 허락되지 말아야 한다. 형제단들에 대해서는 다음과 같이 규정하는 바이다: 만일 그 단체들이 앞서 언급한 수도자들에게 자신들을 온전히 맡기지 않고 자신들의 소유 재산을 보존한다면, 바로 그것 때문에 주교의 재치권으로부터 면속되지 못할 것이고, 그들의 과오로 인해 처벌을 받아야 할 때 주교는 여타의 교구민들에게와 마찬가지로 그들에게 자신의 권한을 행사할 것이다.

---

[1] 여타의 것들 중에 G. Gottarelli, *Storia politica e militare del sovrano ordine... di Malta*, I Milano 1940, 69; M Barber, *The Trial of Templars*, Cambridge 1978, 12.

sicut in alios parochianos suos exerceant, cum pro suis excessibus fuerint corrigendi. Quod autem de praedictis fratribus dictum est, de[a] aliis quoque religiosis, qui praesumptione sua episcoporum iura praeripiunt et contra canonicas eorum sententias et tenorem privilegiorum nostrorum venire praesumunt, praecipimus observari. Si autem contra hoc institutum venerint, et ecclesiae in quibus ista praesumpserint subiaceant interdicto, et quod egerint irritum[b] habeatur.[1]

10.[2] Monachi non pretio recipiantur in monasterio, non peculium permittantur habere, non singuli per villas et oppida seu ad[c] quascumque parochiales ponantur ecclesias, sed in maiori conventu aut cum aliquibus fratribus maneant, nec soli inter saeculares homines spiritualium hostium conflictionem[d] exspectent, Salomone dicente: *Vae soli, quia si ceciderit non habet sublevantem*[e][3]. Si quis autem exactus pro sua receptione aliquid dederit, ad sacros ordines non ascendat; is autem qui acceperit[f], officii sui privatione[g] mulctetur. Si[h] vero peculium habuerit, nisi ei ab abbate pro iniuncta fuerit administratione permissum, a[i] communione removeatur altaris, et qui in extremis cum peculio inventus fuerit[k], nec oblatio pro eo fiat nec inter fratres recipiat[l] sepulturam. Quod etiam de diversis[m] religiosis praecipimus observari. Abbas etiam[n] qui ista diligenter non curaverit, officii sui iacturam se noverit incursurum. Prioratus quoque sive[o] oboedientiae pretii datione nulli tradantur, alioqui et dantes et accipientes[p] a ministerio fiant ecclesiastico alieni. Priores vero[q], cum in conventualibus ecclesiis[r] fuerint constituti, nisi pro manifesta causa et rationabili non mutentur, videlicet si fuerint dilapidatores nec[s] continenter[s] vixerint aut aliquid tale egerint, pro quo amovendi merito videantur, aut si etiam pro necessitate maioris officii de consilio[t] fratrum fuerint transferendi.[4]

11.[5] Clerici in sacris ordinibus constituti, qui mulierculas suas[c] in domibus suis[u] incontinentiae nota tenuerint, aut obiciant eas et continenter vivant, aut ab officio et beneficio ecclesiastico fiant alieni. Quicumque[v] incontinentia illa, quae contra naturam est, propter quam *venit ira Dei in filios diffidentiae*[6] et quinque civitates igne consumpsit[7], deprehensi fuerint laborare, si clerici fuerint eiciantur a clero vel[w] ad poenitentiam agendam in monasteriis detrudantur[x], si laici excommunicationi subdantur et a coetu fidelium fiant prorsus[y] alieni.[8] Monasteria praeterea sanctimonia-

---

a ab *H*   b et vacuum *add. H*
c *om. H*   d conflictum *H*   e non est qui sublevet eum *v. l. Rm*
f receperit *H* is vero qui eum receperit *v. l. Rm*   g suspensione *v. l. Rm*   h qui *H*
i de *Cr² Su*   k et digne non penituerit *add. H*   l accipiat *H*
m universis *v. l. Rm, H*   n autem *H*   o seu *H*   p recipientes *H*   q autem *H*
r per electionem capitulorum suorum canonice *add. v. l. Rm*   s si incontinenter *H*
t consensu *v. l. Rm*   u sub *add. H*
v autem *add. H*   w et *H*   x retrudantur *H*   y penitus *H*

---

[1] c. 3 *X.* V 33 (Fr 2, 849-850); cf. G. Schreiber, *Kurie und Kloster im 12. Jahrhundert*, Stuttgart 1910, I 294; II 15, 67, 116, 354.   [2] C. 9 in H.   [3] Ec 4, 10.
[4] c. 2 *X.* III 35 (Fr 2, 596-597).   [5] C. 10 in H.   [6] Eph 5, 6.   [7] Cf. Gn 19, 24-25.
[8] c. 4 *X.* V 31 (Fr 2, 836); cf. etiam c. 13 C. XXXII q. 7 (Fr 1, 1143).

주교의 권리를 침해하고 주교들의 교회법적 결정들과 나의 특전들의 내용들을 무시하는 여타의 사람들에게도 앞에서 수도자들에 대해 언급한 바를 그대로 적용할 것이라고 선언하는 바이다. 만일 이 규정을 거슬러서 행동하면 그들이 그런 행동을 한 성당들은 금지 처분을 받을 것이고 그들이 한 행위는 무효가 될 것이다.[1]

제10조[수도 생활 규정]:[2] 수도승들이 금전을 내고 수도승원에 받아들여져서는 안 되고, 그들이 개인적으로 금전을 소유하는 것을 허락해서도 안 되며, 홀로 마을이나 도시 혹은 그 어떤 본당사목구 성당에 배치되어도 안 되며, 수도원 본원에 머물든지 아니면 몇몇 동료 회원들과 함께 살아야 한다. 솔로몬이 *외톨이가 넘어지면 그에게는 불행! 그를 일으켜 줄 다른 사람이 없다*[3]고 한 말씀에 따라 그 어떤 경우에라도 그들은 세상 사람들 틈에서 영적 원수들의 공격에 홀로 노출되어 있어서는 안 된다. 수도승원에 들어가려고 뭔가를 지불한 자는 성품에 오를 수 없다. 그리고 금전을 받은 자는 직위를 박탈당할 것이다. 아빠스가 어떤 업무의 운영상 허락한 경우가 아닌 한 금전을 소유하고 있는 자는 제대와의 통교로부터 배제되어야 한다. 임종 시 금전을 소유하고 있음이 밝혀지면 그를 위한 미사도 봉헌되지 않을 것이며 동료 회원들 사이에 묻힐 묏자리도 얻지 못할 것이다. 또한 이는 모든 수도자들이 준수해야 한다고 명하는 바이다. 이 사안에 대해 근면하게 돌보지 않은 아빠스는 자신의 직위에서 해임되는 일을 겪게 될 것임을 알아야 한다. 또한 수도 분원과 수도원의 지배권이 금전 지불을 통해 누군가에게 양도돼서는 안 된다. 그렇지 않으면 준 자이건 받은 자이건 교회의 직무를 박탈당할 것이다. 수도원 성당에 임명된 분원장은, 낭비를 한다든가 무절제한 생활을 한다든가 혹은 해임당할 만한 수치스러운 행동을 하였다든가 아니면 혹시 동료 회원들의 조언에 따라 더욱 중요한 직위에 임명되어야 하는 경우처럼 분명하고 타당한 이유가 없이는 교체되지 말아야 한다.[4]

제11조[성적 탈선 금지]:[5] 성품을 받은 성직자들이 자신들의 무절제로 말미암아 집에 내연의 여인을 데리고 있는 경우에, 정결하게 살기 위해 그런 여자를 내쫓지 않으면 그들은 자신의 직위와 교회록을 박탈당할 것이다. 누구라도 자연을 거스르는 죄(역자 주: 동성애를 말함)를 범하면 *하느님의 진노가 순종하지 않는 자들에게 내리며*[6] 다섯 성읍을 멸망시켰다는 말씀에 따라,[7] 성직자가 그런 일을 저지르는 경우에 그는 성직에서 면직되거나 보속을 이행하기 위해 수도원에 감금되어야 한다. 평신도의 경우에는 파문을 받고 신자들의 공동체로부터 완전히 격리되어야 한다.[8] 만일 어느 성직자가 분명하고 필요한 이유 없이 수녀승원에 드나들기를 감행한다면 주교는 그가 수녀승원을 멀리하게 해야 할 것이고, 그가 멈추지 않으면

---

1) 제3장 X. V 33(Fr 2, 849-850); G. Schreiber, *Kurie und Kloster im 12. Jahrhundert*, Stuttgart 1910, I 294; II 15, 67, 116, 354.
2) H에서는 제9조.
3) 코헬 4, 10.
4) 제2장 X. III 8(Fr 2, 596-597).
5) H에서는 제10조.
6) 에페 5, 6.
7) 창세 19, 24-25.
8) 제4장 X. V 31(Fr 2, 836); 또한 참조: 제13장 C. XXXII q. 7(Fr 1, 1143).

lium si quisquam clericus sine manifesta et necessaria causa frequentare praesumpserit, per episcopum arceatur, et si non destiterit a beneficio ecclesiastico reddatur immunis.[1]

12.[2] Clerici in subdiaconatu et supra et in minoribus quoque ordinibus, si stipendiis ecclesiasticis sustentantur[a], coram iudice saeculari advocati in negotiis[b] fieri non praesumant, nisi propriam vel ecclesiae suae causam fuerint prosecuti aut pro miserabilibus forte personis, quae proprias causas administrare non possunt[3]. Sed nec procurationes[c] villarum aut iurisdictiones etiam saeculares sub aliquibus principibus vel[d] saecularibus viris, ut iustitiarii eorum fiant, clericorum quisquam assumere[e] praesumat. Si quis adversus hoc[f] tentaverit, quoniam[g] contra doctrinam Apostoli est[h] dicentis: *Nemo militans Deo implicat se negotiis saecularibus*[4], et[h] saeculariter agit, ab ecclesiastico fiat ministerio alienus, pro eo quod, officio clericali neglecto, fluctibus saeculi, ut potentibus saeculi[h] placeat, se immergit. Districtius autem decrevimus[i] puniendum, si religiosorum quisquam aliquid praedictorum audeat[k] attentare.[5]

13.[6] Quia nonnulli, modum avaritiae non ponentes[l], dignitates diversas[m] ecclesiasticas et plures ecclesias parochiales contra sacrorum canonum instituta nituntur adquirere ita ut, cum unum officium vix implere sufficiant, stipendia sibi vindicent plurimorum, ne id de cetero fiat, districtius inhibemus. Cum igitur[n] ecclesia vel ecclesiasticum ministerium committi debuerit, talis ad hoc persona quaeratur, quae residere in loco et curam eius per seipsum[o] valeat exercere. Quod si aliter fuerit actum, et qui receperit, quod contra sacros[p] canones accepit[q], amittat, et qui dederit, largiendi potestate privetur.[7]

14.[8] Quia in tantum iam quorumdam processit ambitio, ut non duas vel tres sed sex aut plures ecclesias perhibeantur habere[r], nec duabus debitam possint provisionem impendere, per fratres et coepiscopos nostros carissimos[h] emendari[s] praecipimus et de multitudine[t] canonibus inimica, quae dissolutionis materiam et vagationis inducit et certum continet periculum animarum eorum, qui ecclesiis digne[h] valeant deservire, volumus[h] ecclesiasticis[h] beneficiis[h] indigentiam sublevari[9]. Praeterea[10], quia in tantum quorumdam laicorum processit audacia, ut episcoporum auctoritate neglecta clericos instituant in ecclesiis et removeant etiam cum voluerint, possessiones quoque atque alia bona ecclesiastica pro sua plerumque voluntate distribuant, et tam ecclesias ipsas[h] quam earum

---

a sustententur *Rm-Msi*   b saecularibus *add. H* saecularibus alias forensibus *add. v. l. Rm*
c procuratores *v. l. Rm, quam ER-Msi supra ad advocati minus recte ponunt*   d et *H*
e exercere *v. l. Rm, H*   f quis autem contra hoc venire *H*   g quia *H*   h *om. H*
i decernimus *H*   k ausus fuerit *H*   l et *add. H*   m *om. Cr² Su*   n vel *add. H*
o seipsam *H*   p sanctos *Bn-Msi*   q acceperit *H*   r cum *add. H*
s hoc emendari *H*   t praebendarum *add. Rm-Msi*

---

[1] c. 8 *X*. III 1 (Fr 2, 450); cf. inter alia conc. Lat. II c. 6-8 (v. supra p. 198).
[2] C. 11 in H.   [3] c. 1 *X*. I 37 (Fr 2, 210).   [4] 2 Tm 2, 4.   [5] c. 4 *X*. III 50 (Fr 2, 658).
[6] C. 14, I in H.   [7] c. 3 *X*. III 4 (Fr 2, 460); cf. etiam c. 2 D. LXX (Fr 1, 257).
[8] C. 14, II in H.   [9] c. 5 *X*. III 5 (Fr 2, 465).   [10] C. 16, II in H.

주교는 그를 교회록 수령의 무자격자로 처리해야 한다.[1]

제12조[성직자의 세속 직무 겸직 금지]:[2] 차부제 이상의 품급을 받은 성직자들과 또한 그 이하의 하급 성직자들은 교회의 수입에서 녹을 받아 생활하고 있을진대 세속 법정의 소송에서 변호인으로서 활동해서는 안 된다. 다만 자기 자신을 방어한다든가, 자기 성당을 방어한다든가, 자신의 송사에서 변론할 능력이 없는 가난한 사람을 위해서 하는 경우에는 그러하지 아니하다.[3] 그 어떤 성직자도 세속 군주나 영주의 권한 행사를 위한 행정적 직무나 사법적 직무를 수행하는 짓을 감행해서는 안 된다. 본 교령을 위반하는 자는 누구나 하느님의 군대에 복무하는 이가 개인의 일상사에 얽매여서는 안 된다.[4]라고 말한 사도(성 바오로)의 가르침을 거스르는 것이며 세속적으로 행동하는 것이다. 그런 자는 성직자로서 자신의 의무를 소홀히 하면서 세상의 권세가들을 기쁘게 하기 위해서 세속의 물결에 빠져들기 때문에 그에게서 교회 직무를 박탈해야 한다. 이러한 행동을 하는 자가 수도자이면 더욱 엄격하게 형벌 제재가 가해져야 한다고 규정하는 바이다.[5]

제13조[소임의 겸직 금지]:[6] 어떤 이들은 거룩한 교회법의 규정들을 거슬러서 자신의 탐욕에 대한 아무런 절제도 없이 교회의 여러 가지 지위들과 여러 개의 본당사목구 성당들을 독점하려 든다. 그래서 간신히 하나의 지책이 수반하는 의무를 수행할 능력밖에 없는 이들이 여러 가지의 봉급을 요구한다. 앞으로 이런 일을 반복하는 것을 강력하게 금하는 바이다. 따라서 성당이나 교회 직무를 맡기는 데 있어서 소임지에 상주할 수 있고 그 직무를 몸소 수행할 수 있는 자를 선발해야 한다. 이에 반하는 임명이 행해지는 경우, 거룩한 교회법을 어기며 이를 받아들인 자는 그 자리를 박탈당할 것이고 그런 임명을 한 자는 임명권을 박탈당할 것이다.[7]

제14조[교회록 중복 금지와 평신도의 월권행위 금지]:[8] 몇몇 사람들의 야심은 두 개나 세 개의 성당을 넘어서 여섯 개나 그 이상의 성당들을 차지하는 데까지 이르렀다. 그런데 그들은 단 두 개의 성당도 제대로 돌볼 능력이 안 되는 자들이다. 지극히 친애하는 형제들(추기경들)과 동료 주교들에게 이것을 교정시키라고 명하는 바이다. 왜냐하면 이러한 겸임은 교회법에 반하는 것이며 무질서와 방랑을 고취시키고 영혼들에게 심대한 위험을 초래하는 것이기 때문이다. 교회록은 성당들을 위해 훌륭히 봉사할 수 있는 사람들의 필요를 충당하는 데에 사용되길 바란다.[9] 아울러[10] 몇몇 평신도들의 무례함은 주교의 권위를 무시한 채 자기들의 성당에 멋대로 사제를 임명하고 해임하며 교회의 재산과 여타의 교회록을 재량껏 분배하고 결국에는 해당 성당들과 그들에 속한 사람들에게 세금과 강제 납입금으로 부담을 주는 것을 주저하지 않는 데에 이르렀기 때문에,

---

1) 제8장 X. III 1(Fr 2, 450); 또한 여타의 것들 중에 참조: 제2차 라테란 공의회, 제6-8조(위의 198쪽).
2) H에서는 제11조.
3) 제1장 X. I 37(Fr 2, 210).
4) 2티모 2, 4.
5) 제4장 X. III 50(Fr 2, 658).
6) H에서는 제14조 I.
7) 제3장 X. III 4(Fr 2, 460); 또한 참조: 제2장 D. LXX(Fr 1, 257).
8) H에서는 제14조 II.
9) 제5장 X. III 5(Fr 2, 465).
10) H에서는 제16조 II.

homines talliis et exactionibus praesumant gravare, eos qui amodo ista commiserint[a], anathemate decernimus feriendos. Presbyter autem sive clericus, qui ecclesiam per laicos[b] sine proprii episcopi auctoritate receperit tenendam[c], communione privetur, et si perstiterit, a ministerio ecclesiastico et ordine deponatur.[1] Sane quia laici quidam ecclesiasticas personas et ipsos etiam episcopos suo iudicio stare compellunt, eos qui de cetero id praesumpserint, a communione fidelium decernimus segregandos. Prohibemus etiam[d] ne laici, decimas cum animarum suarum periculo detinentes[e], in alios laicos possint aliquo modo[f] transferre. Si quis vero receperit et ecclesiae non tradiderit[g], christiana sepultura privetur.[2]

15.[3] Cum in officiis caritatis illis primo[h] teneamur obnoxii, a quibus nos beneficium cognoscimus accepisse[i], e[k] contrario[k] ecclesiastici[c] quidam clerici, cum ab ecclesiis suis multa bona[l] perceperint, bona per ecclesias[m] adquisita in alios usus[c] praesumunt transferre, hoc igitur quia et antiquis canonibus constat inhibitum, nos etiam nihilominus inhibemus[n]; indemnitati itaque[c] ecclesiarum providere volentes, sive intestati decesserint sive aliis conferre voluerint, penes ecclesias[o] eadem bona praecipimus remanere[4]. Praeterea, quoniam quidam in quibusdam partibus sub pretio statuuntur, qui decani vocantur, et pro certa pecuniae quantitate episcopalem iurisdictionem exercent, praesenti decreto statuimus ut qui de cetero id praesumpserit, officio suo privetur et episcopus conferendi hoc officium potestatem amittat.[5]

16.[6] Cum in cunctis ecclesiis quod pluribus et senioribus[p] fratribus visum fuerit, incunctanter debeat observari, grave nimis et reprehensione est dignum[q], quod quarumdam ecclesiarum[r] pauci, quandoque non tam de ratione quam de propria voluntate, ordinationem multoties[s] impediunt et ordinationem ecclesiasticam procedere non permittunt. Quocirca praesenti decreto statuimus, ut nisi a paucioribus et inferioribus aliquid rationabile fuerit ostensum[t], appellatione remota, semper praevaleat et suum consequatur effectum, quod a maiori et seniori[u] parte capituli[v] fuerit constitutum. Nec nostram constitutionem impediat, si forte aliquis ad conservandam ecclesiae suae consuetudinem iuramento se dicat adstrictum; non enim dicenda sunt iuramenta sed potius periuria, quae

---

[a] praesumpserint *H*   [b] sive patronatus obtentu sive alio quocumque modo *add. H*
[c] *om. H*   [d] insuper *H*   [e] retinentes *Cr² Su*
[f] sine sui episcopi consensu *add. H*   [g] reddiderit *v. l. Rm, H*
[h] loco *add. H*   [i] recepisse *H*   [k] *om. Cr² Su* econtra *H*
[l] beneficia *H*   [m] ecclesiam *H*
[n] et *add. H*   [o] ecclesiam *Cr² Su*   [p] sanioribus *H*
[q] dignissimum *H*   [r] per quasdam ecclesias *v. l. Rm, H*
[s] multorum *v. l. Rm* multorum et prudentiorum *H*
[t] rationabiliter (rationabile *H*) obiectum fuerit et ostensum *v. l. Rm, H*
[u] saniori *v. l. Rm*   [v] concilii *v. l. Rm* consilii *H*

---

[1] c. 4 *X*. III 38 (Fr 2, 610); cf. etiam c. 20 C. XVI q. 7 (Fr 1, 806).
[2] Prohibemus ... privetur: c. 19 *X*. III 30 (Fr 2, 562).   [3] C. 13 in *H*.
[4] c. 7 *X*. III 26 (Fr 2, 540).   [5] c. 1 *X*. V 4 (Fr 2, 767-768).   [6] C. 7 in *H*.

이제부터 이러한 횡포를 저지르는 자들은 파문 제재를 받아야 한다고 규정하는 바이다. 사제나 성직자가 자기 주교의 동의 없이 평신도로부터 성당을 받으면 그에게는 교회와의 통교가 정지된다. 그리고 만일 그런 일을 계속 고집하면 교회의 직위와 그의 품급을 박탈당할 것이다.[1] 또한 일부 평신도들이 교역자들과 심지어 주교에게도 자신들의 재판정에 출두할 것을 강요하는데, 이제부터는 그런 짓을 감행하는 자들은 신자들의 통교로부터 격리되어야 한다고 명하는 바이다. 아울러 평신도들이 자신들의 영혼을 헤치면서 십일조를 갈취하여 다른 평신도에게 이러저러한 방식으로 빼돌리는 것을 금하는 바이다. 만일 누가 그것을 받고 교회에 되돌려주지 않으면 그리스도인의 장례에서 제외된다.[2]

제15조[교회 재산의 보호]:[3] 애덕의 의무는 특히 과거에 나에게 뭔가 혜택을 주었다고 알고 있는 분들을 위해 행해야 한다. 그럼에도 불구하고 몇몇 교역자들은 이와는 반대로 자신들의 성당에서 수많은 재화를 받았으면서 그것들을 다른 용도로 유용할 수 있다고 생각한다. 옛 교회법들은 이러한 행위를 금했었고 나도 이를 완전히 금하는 바이다. 성당들에 끼치는 온갖 피해를 피하기 위하여 명하는 바, 이러한 재화는 성직자가 유언 없이 죽었더라도, 혹은 다른 사람에게 증여하려고 했을지라도, 무조건 성당의 소유로 남아야 한다.[4] 또한 몇몇 지역에서 지역장으로 불리는 몇몇 사람들이 금전을 내고 임명을 받고 상당한 금액의 대가로 주교의 재치권 행사를 하는 일이 있기 때문에 본 교령을 통해 명하는 바, 앞으로 이런 일을 감행하면 그의 직위는 박탈당해야 할 것이고 주교는 그 직위에 대한 서임권을 상실하게 될 것이다.[5]

제16조[참사회의 의결 절차]:[6] 각 교회에서는 형제들의 대다수와 원로들이 타당하다고 여겨서 규정한 바를 서슴지 말고 준수해야 하기에, 일부 교회들에서 소수가, 정당한 이유도 없이 그리고 자기들 멋대로, 자주 교회의 결정을 방해하고 교회가 결정한 바가 추진되는 것을 그냥 놔두지 않는 현상은 참으로 심각하고 비난받을 만한 일이다. 따라서 본 교령을 통해 명하는 바, 소수의 소장파가 어떤 타당한 이유를 제시하면서 반대를 하는 경우가 아닌 한, 참사회의 다수의 원로들의 결정 사항(역자 주: 다른 문헌에는 건전한 다수로 표현되어 있음)은 항상 우선권을 가지며 상소를 할 수도 없고 효력을 지닌다. 또한 혹시 누군가가 자기 교회의 관습을 유지하기 위한 맹세에 얽매여 있다고 말하여도 이 규정을 지키는 데에 방해를 받지 않는다. 교회의 유익과 거룩한 교부들의 지침을 거슬러서 선언된 것들은 맹세라고 할 수 없고 도리어 위증이라 해야 할 것이다.

---

1) 제4장 X. III 38(Fr 2, 610); 또한 참조: 제20장 C. XVI(Fr 1, 806).
2) 아울러…… 제외된다: 제19장 X. III 30(Fr 2, 562).
3) H에서는 제13조.
4) 제7장 X. III 26(Fr 2, 540).
5) 제1장 X. V 4(Fr 2, 767-768).
6) H에서는 제7조.

contra utilitatem ecclesiasticam et sanctorum patrum veniunt instituta. Si quis^a autem huiusmodi consuetudines, quae nec ratione iuvantur nec sacris congruunt institutis, iurare^b praesumpserit, donec congruam^c egerit poenitentiam, a Dominici corporis perceptione fiat^d alienus.¹

17.² Quoniam in quibusdam locis ecclesiarum fundatores aut heredes eorum, potestate in qua eos ecclesia hucusque sustinuit, abutuntur et, cum in ecclesia Dei unus debeat esse qui praesit, ipsi plures sine respectu subiectionis eligere moliuntur et, cum una ecclesia unius debeat esse rectoris, pro sua defensione plurimos repraesentant, quocirca praesenti decreto statuimus ut, si forte in plures partes fundatorum se vota diffuderint^e, ille praeficiatur ecclesiae, qui maioribus iuvatur meritis et plurium^f eligitur et probatur assensu. Si autem hoc sine scandalo fieri^g nequiverit, ordinet antistes ecclesiam sicut melius^h secundum Deum viderit ordinandam^i. Id ipsum etiam faciat, si de iure patronatus quaestio emerserit inter aliquos et cui competat infra tres^k menses non fuerit definitum.³

18.⁴ Quoniam ecclesia Dei et in eis^l quae spectant ad subsidium corporis et in eis^l quae ad profectum veniunt^m animarum, indigentibus sicut pia mater providere tenetur, ne pauperibus, qui parentum opibus iuvari non possunt, legendi et proficiendi opportunitas subtrahatur, per unamquamque ecclesiam cathedralem magistro, qui clericos eiusdem ecclesiae et scholares pauperes gratis doceat, competens aliquod beneficium assignetur^n, quo docentis necessitas sublevetur et discentibus via pateat ad doctrinam. In aliis quoque restituatur ecclesiis sive^o monasteriis, si retroactis temporibus aliquid in eis ad hoc fuerit^p deputatum. Pro licentia vero docendi nullus omnino^q pretium exigat, vel sub obtentu alicuius consuetudinis ab eis^l qui docent aliquid quaerat, nec docere quempiam expetita^r licentia, qui sit idoneus, interdicat. Qui vero contra hoc venire praesumpserit, a beneficio ecclesiastico fiat alienus. Dignum quidem esse videtur, ut in ecclesia Dei fructum laboris sui non habeat, qui cupiditate animi, dum^s vendit^s licentiam docendi, ecclesiarum^t profectum nititur impedire.⁵

a quis *restitui ab* aliquis *Cr² Su, om. rell.*
b quae nec ratione ... iurare] quae nec ratione iuvantur nec sacris ... iurare *v. l. Rm* quae ratione iuvantur et sacris ... irritare *omnes*
c condignam *H*   d exsistat *H*   e diviserint *v. l. Rm, H*   f plurimorum *Rm-Msi*
g esse *H*   h eam *add. H*   i ordinandum *Su*   k quattuor *v. l. Rm* duos *H*
l his *Cr² Su H*   m proveniunt *H*   n praebeatur *H*   o seu *H*   p fuerat *H*
q *om. Bn-Msi*   r petita *Rm-Msi*
s dum vendit *Rm* (dum *om. rell.*) divendens *Cr² Su*
t ecclesiasticum *v. l. Rm, H* (et eccl- con. *Hrd*)

---

¹ c. 1 *X*. III 11 (Fr 2, 506).   ² C. 16, I in H.
³ c. 3 *X*. III 38 (Fr 2, 610); cf. etiam c. 36 D. LXIII (Fr 1, 247); cf. G. J. Ebers, *Das Devolutionsrecht, vornehmlich nach katholischem Kirchenrecht*, Stuttgart 1906, 171-178.
⁴ C. 17 in H.
⁵ c. 1 *X*. V 5 (Fr 2, 768-769); cf. etiam c. 12 D. XXXVII (Fr 1, 139); cf. G. Post, *Alexan-*

그러므로 만일 누가 명분과 거룩한 계명에 잘 부합되지 않는 관습들을 보존하기 위해 맹세한다면 그를 영성체에서 배제시키고 응분의 보속을 하게 해야 한다.[1]

제17조[성당의 설립권과 보호권 남용 금지]:[2] 일부 지역에서 성당의 설립자들이나 그들의 상속자들이 그 성당에서 지금까지 누려 왔던 권력을 남용한다. 즉 하느님의 성당에서 오직 한 사람이 대표가 되어야 함에도 불구하고, 그들은 자신들의 종속적 관계를 무시한 채 성당에 여러 명의 대표를 선출하는 일을 도모한다. 각 성당에 오직 한 사람의 지휘자가 있어야 하지만 그들은 자신들의 이익을 추구하기 위하여 복수의 대표자들을 내세우는 것이다. 그렇기 때문에 본 교령을 통하여 명하는 바, 만일 설립자들이 여러 명의 후보자들을 지지한다면, 그들 중에 공덕이 더 많고 다수에 의해 선출되고 승인된 자가 성당을 맡게 해야 한다. 이렇게 할 경우 물의를 빚게 된다면, 주교는 자신이 보기에 하느님 앞에 가장 나은 사람으로 그 성당에 안배해 줘야 한다. 보호권의 경우에도 3개월 내에 여러 사람들 중에 맡을 자를 선정하지 못하면 마찬가지로 행해야 한다.[3]

제18조[성당을 통한 교육 사업 규정]:[4] 하느님의 교회는 물질적 지원에 관한 것이든 영혼의 성장에 관한 것이든 필요로 하는 자들에게 사려 깊은 어머니처럼 배려해 주어야 한다. 그래서 자신들의 부모의 재력으로는 도움을 받을 수 없는 가난한 아이들이 글을 배우고 공부를 통해 발전할 수 있는 기회를 잃지 않게 하기 위해서, 각 대성당에는 교사를 위한 고유한 교회록을 설치하여 그 교사로 하여금 그 성당의 성직자들과 가난한 학생들을 무상으로 가르치게 해야 한다. 이런 식으로 교사에게 필요한 것을 충족하도록 하고 피교육자들에게는 학문의 길을 열어 주게 배려해야 한다. 과거에 이런 목적으로 교회록이 배정되어 있던 여타의 성당들이나 수도원들에서는 그것을 복원시켜야 한다. 그 누구도 교사 자격을 부여하면서 금전을 요구하면 절대로 안 되고, 어떤 관습을 구실로 교사에게서 그 어떤 것도 요구해서도 안 되며, 적격의 인물로서 교사 자리를 얻고자 하는 사람에게 가르치는 기회를 막아도 안 된다. 이 법규를 어기는 자는 교회록을 박탈당할 것이다. 탐욕에 사로잡혀 교사 자격증을 팔면서 성당들의 발전을 방해하는 자가 하느님의 교회에서 노동의 대가를 받지 못하는 것은 참으로 정의로운 일이라고 생각한다.[5]

---

1) 제1장 X. III 11(Fr 2, 506).
2) H에서는 제16조 I.
3) 제3장 X. III 38(Fr 2, 610); 또한 참조: 제36장 D. LXIII(Fr 1, 247); 참조: G. J. Ebers, *Das Devolutionsrecht, vornehmlich nach katholiscem Kirchenrecht*, Stuttgart 1096, 171-178.
4) H에서는 제17조.
5) 제1장 X. V 5(Fr 2, 768-769); 또한 참조: 제12장 D. XXXVII(Fr 1, 139); 참조: G. Post, *Alexander III, the "Licentia docendi" and the Rise of the Universities*, Anniversary Essays in Mediaeval History, by Students of C. H. Haskins, Boston-New York 1929, 255-257.

19.[1] Non minus pro peccato eorum qui faciunt, quam pro illorum detrimento qui sustinent, grave nimis esse dignoscitur, quod in diversis partibus mundi rectores et consules civitatum necnon et alii qui potestatem habere videntur, tot ecclesiis frequenter onera imponunt et[a] ita gravibus eas crebrisque[b] exactionibus premunt, ut deterioris conditionis factum sub eis sacerdotium videatur quam sub Pharaone fuerit[2], qui divinae legis notitiam non habebat. Ille quidem, omnibus aliis servituti subiectis[c], sacerdotes suos et eorum possessiones in pristina libertate dimisit et de publico eis alimoniam ministravit. Isti vero universa fere onera sua imponunt ecclesiis et tot angariis eas[d] affligunt, ut illud eis, quod Ieremias deplorat, competere videatur: *Princeps provinciarum facta est sub tributo*[3]. Sive quidem fossata sive expeditiones sive quaelibet alia sibi arbitrentur[e] agenda, de bonis ecclesiarum[f], clericorum et pauperum Christi usibus deputatis cuncta volunt fere compilari[g]. Iurisdictionem etiam et auctoritatem episcoporum et aliorum praelatorum ita evacuant, ut nihil potestatis eis in suis videatur hominibus remansisse, super quo dolendum est pro ecclesiis; dolendum etiam nihilominus et pro ipsis, qui[f] timorem Dei et ecclesiastici ordinis reverentiam videntur penitus abiecisse. Quocirca sub anathematis districtione severius prohibemus, ne de cetero talia praesumant attentare, nisi episcopus et clerus tantam necessitatem vel[h] utilitatem aspexerint[i], ut absque[k] coactione[l] ad relevandas communes[m] necessitates, ubi laicorum non suppetunt facultates, subsidia per ecclesias existiment conferenda. Si autem consules aut alii de cetero id[n] praesumpserint[n] et commoniti desistere forte noluerint, tam ipsi quam eorum fautores excommunicationi se noverint subiacere, nec communioni fidelium reddantur nisi[o] satisfactionem fecerint competentem.[4]

20.[5] Felicis memoriae papae Innocentii[6] et Eugenii[7] praedecessorum nostrorum vestigiis inhaerentes, detestabiles[p] nundinas vel ferias, quas vulgo torneamenta vocant, in quibus milites ex condicto venire[q] solent et ad ostentationem virium suarum et audaciae temerarie[r] congrediuntur, unde mortes hominum et animarum pericula saepe proveniunt, fieri prohibemus. Quod si quis eorum ibidem mortuus fuerit, quamvis ei poscenti venia[s] non negetur, ecclesiastica tamen careat sepultura.[8]

[a] *om.* H   [b] et crebris H   [c] subactis H   [d] ipsas H
[e] arbitrantur H   [f] et *add.* H   [g] complere *v. l.* Rm compleri H
[h] et H   [i] inspexerint H   [k] ulla *add.* Rm-Msi   [l] exactione *v. l.* Rm
[m] utilitates vel *add. v. l.* Rm   [n] ista commiserint H
[o] donec H   [p] illas *add.* Rm-Msi   [q] convenire H
[r] temere Rm-Msi   [s] poenitentia H

---

der III, the „Licentia docendi" and the Rise of the Universities, Anniversary Essays in Mediaeval History, by Students of C. H. Haskins, Boston - New York 1929, 255-277.
[1] C. 15 in H.   [2] Cf. Ex 1, 8-12.   [3] Lm 1, 1.
[4] c. 4 *X*. III 49 (Fr 2, 654-655).   [5] C. 19, I in H.
[6] Conc. Lat. II, c. 14 (v. supra p. 200¹).
[7] Cf. conc. Remense (1148), c. 12 (Msi 21, 716-717).   [8] c. 1 *X*. V 13 (Fr 2, 804).

제19조[세속 권세의 교회에 대한 고액 과세 금지]:[1] 과오를 저지르는 자들의 죄가 그런 일을 당하는 사람들이 받는 피해에 못지않게 매우 심각한 것으로 여겨져야 할 것이다. 즉 이 세상 여러 곳에서 권세가 있어 보이는 세속의 집권자들과 집정관들 그리고 여타의 관료들이 과중한 세금으로 성당들에 자주 무거운 부담을 주고 억압을 하는데, 그들의 통치 하에서의 사제직의 상황은 하느님의 법을 무시하던 파라오 치하[2]보다 더욱 처참한 처지에 놓인 것으로 보일 정도이다. 사실 파라오는 다른 모든 사람들을 노예로 전락시켰지만 자기의 사제들과 사제들의 소유물에 대해서는 원래의 자유를 보장해 주었고 그들에게 공공의 재화로 지원해 주었다. 반면에 오늘날의 위정자들은 성당들에 거의 모든 종류의 부담을 지우고 심한 강제징수로 성당들을 괴롭힌다. 그래서 *모든 지방의 여왕이 부역하는 신세가 되어 버렸구나!*[3]라고 한 예언자 예레미야의 탄식이 이런 상황을 두고 한 것 같아 보인다. 실로 그들은 참호의 구축, 군대 파견, 혹은 여타의 어떤 사업을 하고자 할 때, 성당들과 성직자들 그리고 그리스도의 가난한 이들을 위해 사용될 교회의 거의 모든 재화를 강탈하려 든다. 또한 그들은 주교와 여타 고위 성직자들의 재치권과 권위를 없애서 그들이 소속된 신자들에게 행사하던 권한을 보유하고 있지 않은 것처럼 보이게 한다. 이는 교회들에게 슬픈 일이다. 하지만 하느님을 두려워하는 마음과 교회의 계명을 존중하는 마음을 이제는 완전히 상실한 듯이 보이는 그들 자신에게도 마찬가지로 슬픈 일인 것이다. 그러므로 앞으로는 이러한 일을 감행하는 것을 파문 제재로 엄격히 금하는 바이다. 다만 주교와 성직자가 평신도들의 재산이 충분치 않은 곳에서 공공의 궁핍을 구제하기 위해 성당들이 자발적으로 원조를 하는 것이 크게 필요하고 유용한 것이라고 판단하는 경우에는 그러하지 아니하다. 그러나 만일 앞으로 세속의 집정관들이나 여타의 권세가들이 이러한 행위를 계속 감행하여 경고를 받고도 멈추지 않으면 그들과 그들의 동조자들은 파문을 받게 되고, 응당한 보속을 이행하지 않고는 신자들의 통교에 복귀할 수 없다는 것을 알아야 한다.[4]

제20조[무술 시합 금지]:[5] 승하하신 선임 교황 인노첸시오[6]와 에우제니오[7]의 발자취를 따라, 기사들이 약속을 정하고 모여서 자기들의 힘을 과시하고 맹목적인 만용을 부리기 위해서 시합을 벌임으로써 자주 사람이 죽고 영혼에 위험을 초래하는, 대중적으로는 승자 진출전(역자 주: 토너먼트)이라 불리는 저 혐오스러운 마상 창 시합의 대회나 비정규적 시합을 금하는 바이다. 만일 거기에 참여했다가 누가 죽게 되었을 때, 그가 청한다면 그에게 사죄경이 거부되지는 않지만, 교회 장례에서는 배제된다.[8]

---

1) H에서는 제15조.
2) 참조: 탈출 1, 8-12.
3) 애가 1, 1.
4) 제4장 *X. III 49*(Fr 2, 654-655).
5) H에서는 제19조 I.
6) 제2차 라테란 공의회, 제14조(위의 200쪽).
7) 참조: 랭스 공의회(1148), 제12조(Msi 21, 716-717).
8) 제1장 *X. V 13*(Fr 2, 804).

21.[1] Treugas[a] a quarta feria post occasum solis usque ad secundam feriam in[b] ortum solis[c] et ab adventu Domini usque ad octavas epiphaniae et a septuagesima usque ad octavas paschae, ab omnibus inviolabiliter observari praecipimus. Si quis autem treugam[d] frangere tentaverit, post tertiam commonitionem si non satisfecerit, episcopus suus sententiam excommunicationis dictet[e] et scriptam vicinis episcopis[f] annuntiet; episcopus[g] autem[h] nullus excommunicatum in communionem suscipiat, immo scripto[i] susceptam sententiam quisque confirmet. Si quis autem hoc violare praesumpserit, ordinis sui periculo subiaceat, et quoniam *funiculus triplex non*[k] *facile*[k] *rumpitur*[2], praecipimus ut episcopi, solum Dei et salutis[l] populi habentes respectum, omni tepiditate[m] seposita, ad pacem firmiter tenendam mutuum sibi consilium et auxilium praestent[n], neque hoc alicuius amore vel odio praetermittant. Quod[o] si quis in[p] opere Dei tepidus fuerit inventus, damnum dignitatis suae[q] incurrat.[3]

22.[4] Innovamus[a] ut presbyteri monachi clerici conversi peregrini mercatores rustici euntes et redeuntes et in agricultura exsistentes et animalia[r] quae semina portant ad agrum[s], congrua[t] securitate laetentur[5], nec quisquam alicui[u] novas pedagiorum[v] exactiones sine auctoritate regum et principum consensu[w] statuere aut statutas de novo tenere aut veteres augmentare aliquo modo temere[o] praesumat. Si quis autem contra hoc venire[x] praesumpserit[x] et commonitus non destiterit, donec satisfaciat communione careat christiana.[6]

23.[7] Cum dicat Apostolus[8], abundantiorem honorem membris infirmioribus deferendum, ecclesiastici[y] quidam, quae sua sunt, non quae Iesu Christi, quaerentes[9], leprosis qui cum sanis habitare non possunt et[z] ad ecclesiam[aa] cum aliis convenire, ecclesias et coemeteria non permittunt habere nec proprii iuvari ministerio sacerdotis. Quod quia procul a pietate christiana esse dignoscitur, de benignitate apostolica constituimus, ut ubicumque tot simul sub communi vita fuerint congregati, qui ecclesiam sibi cum coemeterio constituere[bb] et proprio gaudere valeant presbytero, sine contradictione aliqua permittantur habere. Caveant tamen ut[cc] iniuriosi veteribus ecclesiis de iure parochiali nequaquam exsistant. Quod

---

[a] autem *add. H*   [b] post *H*   [c] in ortum solis *om. Cr² Su*   [d] treugas *H*
[e] in eum *add. Rm-Msi*   [f] suis *Cr² Su*   [g] quorum *Rm-Msi* episcoporum *H*
[h] *om. Rm-Msi*   [i] scripto *con. Rm* scriptam *omnes*   [k] difficile *H*
[l] ad solum Deum et salutem *H*   [m] cupiditate *alias* trepiditate *v. l. vel potius glossa in Rm*
[n] praebeant *H*   [o] *om. H*   [p] hoc *add. v. l. Rm, H*
[q] propriae *H*   [r] quibus arant et *add. v. l. Rm, H*
[s] quae ... agrum] seminant *v. l. Rm*   [t] continua *H*
[u] alicubi *v. l. Rm, H*   [v] pedaticorum *H*
[w] auctoritate et consensu regum et principum *v. l. Rm, H*   [x] fecerit *H*
[y] econtra *H*   [z] vel *H*   [aa] ecclesias *H*   [bb] construere *H*   [cc] ne *H*

---

[1] C. 19, II in H.   [2] Ec 4, 12.
[3] Conc. Lat. II, c. 12 (v. supra p. 199-200); c. 1 X. I 34 (Fr 2, 203).   [4] C. 19, III in H.
[5] c. 2 X. I 34 (Fr 2, 203); cf. conc. Lat. II, c. 11 (v. supra p. 199).
[6] c. 10 X. III 39 (Fr 2, 624).   [7] C. 18 in H.
[8] Cf. 1 Cor 12, 22-23.   [9] Cf. Ph 2, 21.

제21조[휴전 의무 위반에 관한 규정]:[1] 휴전은 수요일 일몰부터 월요일 일출까지, 대림 시기부터 주님의 공현 팔일 축제까지, 칠순 주일(사순절 전의 제3주일)부터 부활 팔일 축제까지 모두가 온전히 준수해야 한다. 하지만 만일 누가 휴전을 깨고서 세 차례의 경고에도 불구하고 따르지 않으면, 그의 주교는 그에게 파문의 판결을 선언하고 인근의 주교들에게 서면으로 이 사실을 알려야 한다. 아울러 그 어떤 주교도 이 파문된 자를 통교 안에 받아들여서는 안 되고 오히려 각 주교는 그러한 판결문을 받았음을 서면으로 확인해 주어야 한다. 그리고 만일 누가 감히 이 규정을 어기면 자기의 품급을 잃는 위험을 겪게 될 것이다. *세 겹으로 꼬인 밧줄은 끊어지기 어렵기 마련인지라.*[2] 주교들은 오로지 하느님과 백성의 구원만을 염두에 두면서 확고하게 평화를 유지하기 위해 그리고 누군가에 대한 애정이나 미움 때문에 이 의무를 소홀히 하지 않도록 하기 위해 온갖 미온적 태도를 청산하고 서로 조언과 도움을 교환해야 한다고 명하는 바이다. 만일 누가 이러한 하느님 사업에 미온적이라는 것이 드러나면 자신의 직위를 박탈당하게 될 것이다.[3]

제22조[안전 유지]:[4] 사제들, 수도승들, 성직자들, 평수사들, 순례자들, 상인들, 농부들은 왕래할 때와 농사일을 할 때 그리고 밭에 뿌릴 씨를 운반하는 그들의 동물들이 적절한 안전을 누리게 해야 하며,[5] 그 누구도 왕이나 영주들의 승인 없이 새로운 통행세를 부과하거나 기존의 통행세를 변경하거나 인상시켜서는 안 된다. 누구든지 이를 어기고 한 번의 경고를 받고도 그만두지 않으면 그만둘 때까지 그리스도교와의 통교를 잃게 된다.[6]

제23조[나환자들을 위한 배려]:[7] 사도(성 바오로)가[8] 우리 구성원들 가운데 더 약하다고 여겨지는 자들에게 더 큰 영예를 주어야 한다고 말하였음에도 불구하고, 일부 교역자들은 자기의 것만을 추구할 뿐 예수 그리스도의 것은 추구하지 않으면서,[9] 건강한 사람들과 함께 거주할 수도 없고 다른 이들과 성당에 갈 수도 없는 나환자들이 그들 자신을 위한 성당과 고유한 공동묘지를 갖는 것과 자신들을 담당하는 사제로부터 성무의 혜택을 받는 것을 허용하지 않는다. 이것은 그리스도교 애덕과는 거리가 먼 것이므로, 어느 곳에서든 그들이 하나의 공동체를 설립하기에 충분할 정도로 많은 수가 모이면 그들은 아무런 반대 없이 고유한 성당과 공동묘지를 보유하고 고유한 목자를 향유할 수 있도록 해줘야 한다고 사도적 자비심으로 명하는 바이다. 하지만 기존 성당들의 본당사목구로서의 권리가 결코 침해되지 않도록 관리해야 한다. 그들에게 자비의 정신으로 베풀어진 것이 다른 이들에 대한 부당함으로 전락되지 않길 바란다.

---

1) H에서는 제19조, II.
2) 코헬 4,12.
3) 제2차 라테란 공의회, 제12조(위의 199-200쪽); 제1장 X. I 34(Fr 2, 203).
4) H에서는 제19조 III.
5) 제2장 X. I 34(Fr 2, 203); 참조: 제2차 라테란 공의회, 제11조(위의 199쪽).
6) 제10장 X. III 39(Fr 2, 624).
7) H에서는 제18조.
8) 참조: 1코린 12, 22-23.
9) 참조: 필리 2, 21.

namque^a eis pro pietate conceditur, ad aliorum iniuriam nolumus redundare. Statuimus etiam ut de hortis et nutrimentis animalium suorum, decimas tribuere non cogantur.¹

24.² Ita quorumdam animos occupavit saeva cupiditas, ut cum glorientur nomine christiano, Sarracenis arma ferrum et lignamina^b galearum deferant et pares eis^c aut etiam superiores in malitia fiant, dum ad impugnandos christianos arma eis et necessaria subministrant. Sunt etiam qui pro sua cupiditate in galeis et piraticis Sarracenorum navibus regimen et curam gubernationis exercent. Tales igitur a communione ecclesiae praecisos et excommunicationi pro sua iniquitate subiectos, et rerum suarum per saeculi principes catholicos et consules civitatum privatione mulctari et capientium servos, si capti fuerint, fore censemus. Praecipimus etiam^d ut per ecclesias maritimarum urbium crebra et solemnis excommunicatio proferatur in eos.³ Excommunicationis quoque poenae subdantur, qui Romanos aut alios^e christianos pro negotiatione vel aliis causis honestis navigio vectos, aut capere aut rebus suis spoliare praesumunt. Illi etiam qui christianos naufragia^f patientes, quibus secundum regulam fidei auxilio esse tenentur, damnanda cupiditate rebus suis spoliare praesumunt, nisi ablata reddiderint, excommunicationi se noverint subiacere.⁴

25.⁵ Quia in omnibus fere locis crimen^g usurarum ita inolevit^h, ut multi aliis negotiis praetermissis quasi licite usuras exerceant, et qualiter utriusque Testamenti pagina condemnentur^i nequaquam attendant, ideo constituimus, ut usurarii manifesti nec ad communionem admittantur altaris nec christianam, si in hoc peccato decesserint, accipiant sepulturam, sed nec eorum oblationem quisquam accipiat. Qui autem acceperit aut eos christianae tradiderit sepulturae, et ea quae acceperit^k reddere compellatur et, donec ad arbitrium sui^l episcopi satisfaciat, ab officii sui maneat exsecutione suspensus.⁶

26.⁷ Iudaei sive Sarraceni nec^m sub alendorum puerorum^n obtentu nec^m pro servitio nec^o alia qualibet causa, christiana mancipia in domibus suis

---

a enim *H*   b ligamina *Cr²-ER* lignamina *LC-Msi*   c illis *H*
d autem *H*   e om. *Cr² Su*   f naufragium *H*   g crimen *v. l. Rm* tantum *omnes*
h invaluit *H*   i condemnetur *H*   k accepit *H*   l dioecesani *H*
m neque *H*   n suorum *add. v. l. Rm*   o vel *H*

---

¹ c. 2 *X*. III 48 (Fr 2, 652); cf. G. Schreiber, *Kurie und Kloster im 12. Jahrhundert*, II Stuttgart 1910, 21, 113.
² C. 22 in H.   ³ c. 6 *X*. V 6 (Fr 2, 773).
⁴ c. 3 *X*. V 17 (Fr 2, 808-809); cf. W. Holtzmann, *Zur päpstlichen Gesetzgebung über die Juden im 12. Jahrhundert*, Festschrift Guido Kirsch, Stuttgart 1955, 219-220.
⁵ C. 20 in H.
⁶ c. 3 *X*. V 19 (Fr 2, 812); cf. F. Schneider, *Das kirchliche Zinsverbot und die kuriale Praxis im 13. Jahrhundert*, Festgabe... Heinrich Finke, Münster i. W. 1904, 143-144; T. P. McLaughlin, *The Teaching of the Canonists on Usury (XII, XIII and XIV Centuries)*, Mediaeval Studies 1 (1939) 110; 2 (1940) 4, 12 sqq.; G. Le Bras, *Usure*, DThC 15 (1948) 2342, 2365, 2366.   ⁷ C. 21 in H.

또한 그들이 그들의 밭의 소출과 가축용 먹이에 대해서 십일조를 내게 해서는 안 된다고 명하는 바이다.[1]

제24조[이적 및 해적 행위 금지]:[2] 흉포한 탐욕은 몇몇 사람들의 영혼을 사로잡았는데, 그들은 그리스도인의 이름으로 영광을 누리면서도 사라센인들에게 무기, 그리고 전함용 철과 목재를 제공함으로써, 사라센인들과 같아지거나 사악함에 있어서는 오히려 한 수 위가 된다. 왜냐하면 그들은 사라센인들에게 무기와 그리스도인들을 공격하는 데 필수적인 물질들을 제공하기 때문이다. 그중에는 탐욕이 심해서 사라센의 전함과 해적선에서 함장이나 항해사 노릇을 하는 자들도 있다. 그러한 자들은 교회의 통교에서 배제될 것이며, 그들의 부정으로 말미암아 파문 제재를 받을 것이다. 또한 가톨릭 영주들과 도시 통치자들은 그들의 재산을 몰수해야 하고, 만일 그들이 체포되면 체포한 자의 노예가 되어야 한다고 명하는 바이다. 아울러 해안 도시들의 교회들에서는 그들에 대해서 자주 장엄한 파문이 선포되어야 한다고 명하는 바이다.[3] 상업상 혹은 여타의 정당한 이유로 항해하는 로마인들이나 여타의 그리스도인들을 납치하거나 약탈하는 짓을 감행하는 자들도 마찬가지로 파문 제재를 받는다. 또한 그리스도인들이 난파되었을 때 그들을 신앙의 법칙에 따라 구조해야 함에도 불구하고 추악한 탐욕에 사로잡혀 그들의 물건을 약탈한 자들도, 훔친 재산을 배상하지 않는 한, 마찬가지로 파문에 처한다.[4]

제25조[고리대금업 금지]:[5] 거의 모든 곳에서 고리대금의 범죄가 그토록 확고히 뿌리를 내려서 많은 이들이 다른 사업들은 제쳐 두고, 구약과 신약 성서에서 단죄한 바에 대해서는 조금의 관심도 두지 않은 채, 마치 합법적인 것처럼 고리대금업에 몰두하고 있다. 따라서 알려진 고리대금업자는 영성체에서도 배제되고 만일 이 죄 중에 사망하면 그리스도교 장례에서도 배제된다. 아울러 그 누구도 그들의 헌금을 접수해서는 안 된다. 그 누구라도 그들에게서 헌금을 받거나 그들에게 그리스도교 장례를 베풀면, 받은 것을 반납해야 하고 그의 주교가 충분하다고 판단할 때까지 그의 성무 집행이 정지되어야 할 것이다.[6]

제26조[그리스도인의 권리 보호]:[7] 유대인들에게도 사라센인들에게도 자기 집에 자기 아이들을 돌보게 하거나 일을 시키거나 여타의 이유로 그리스도인들을 노예로 갖는 것은 허용되지 않는다.

---

1) 제2장 *X*. III 48(Fr 2, 652); G. Schreiber, *Kurie und Kloster im 12. Jahrhundert*, Stuttgart 1910, 21, 113.
2) H에서는 제22조
3) 제6장 *X*. V 6(Fr 2, 773).
4) 제3장 *X*. V 17(Fr 2, 808-809); 참조: W. Holtzmann, *Zur päpstlichen Gesetzgebung über die Juden im 12. Jahrhundert*, Festschrift Guido Kirsch, Stuttgart 1955, 219-220.
5) H에서는 제20조
6) 제3장 *X*. V 19(Fr 2, 812); 참조: F. Schneider, *Das kirchliche Zinsverbot und die kuriale Praxis im 13. Jahrhundert*, Festgabe... Heinrich Finke, Münster in Westphalia 1904, 143-144; T. P. McLaughlin, *The Teaching of the Canonists on Usury(XII, XIII and XIV Centuries)*, Mediaeval Studies 1(1939) 110; 2(1940) 4, 12 이하; G. Le Bras, *Usure*, DThC 15(1948) 2342, 2365, 2366.
7) H에서는 제21조

permittantur habere. Excommunicentur autem qui cum eis praesumpserint habitare. Testimonium quoque christianorum adversus Iudaeos in omnibus[a] causis, cum illi adversus christianos testibus suis utantur, recipiendum esse censemus, et anathemate decernimus feriendos, quicumque Iudaeos christianis voluerint in hac parte praeferre, cum eos subiacere christianis oporteat et ab eis pro sola humanitate foveri[1]. Si qui praeterea Deo inspirante ad fidem se converterint christianam, a possessionibus suis nullatenus excludantur, cum melioris conditionis conversos ad fidem esse oporteat quam, antequam[b] fidem acceperunt[c], habebantur. Si[d] autem secus factum fuerit, principibus vel[e] potestatibus eorumdem locorum sub poena excommunicationis iniungimus, ut portionem hereditatis et bonorum suorum ex integro eis faciant exhiberi.[2]

27.[3] Sicut ait beatus Leo[4], licet ecclesiastica disciplina, sacerdotali contenta iudicio, cruentas non[f] efficiat[f] ultiones, catholicorum tamen principum constitutionibus adiuvatur, ut saepe quaerant homines salutare remedium, dum corporale super se metuunt evenire supplicium. Eapropter, quia in Gasconia Albigesio et partibus Tolosanis et aliis locis, ita haereticorum, quos alii Catharos, alii Patrinos[g], alii Publicanos, alii[h] aliis nominibus vocant, invaluit damnata perversitas, ut iam non in occulto sicut aliqui[i] nequitiam suam exerceant, sed suum errorem publice manifestent et ad suum consensum simplices attrahant et infirmos[5], eos et defensores eorum et receptores anathemati decernimus subiacere, et sub anathemate prohibemus, ne quis eos[k] in domibus[k] vel in terra sua tenere vel fovere vel[l] negotiationem cum eis exercere praesumat. Si autem in hoc peccato decesserint, non[m] sub nostrorum privilegiorum cuilibet[n] indultorum obtentu nec[m] sub aliacumque[o] occasione, aut oblatio fiat pro eis aut inter christianos recipiant[p] sepulturam.[6] De Brabantionibus[q] et Aragonensibus, Navarriis, Basculis[r], Coterellis et Triaverdinis[s], qui tantam in christianos immanitatem exercent, ut nec[t] ecclesiis nec[t] monasteriis deferant, non viduis et pupillis, non senibus et[l] pueris nec cuilibet parcant aetati aut sexui, sed more paganorum omnia perdant et vastent, similiter constituimus, ut[u] qui eos conduxerint vel tenuerint vel foverint per

---

[a] communibus *H*   [b] antea quam *H*   [c] susciperent *H*   [d] cum *H*   [e] seu *H*
[f] effugiat *v. l. Rm, H*   [g] Paterenos *v. l. Su LC-Msi*   [h] etiam *add. H*
[i] alibi *H*   [k] ipsos in domo *H*   [l] aut *H*   [m] neque *H*
[n] quibuscumque *H*   [o] alia quacumque *H*   [p] accipiant *H*
[q] Brabanconibus *v. l. Rm*   [r] Baschis *v. l. Rm*   [s] *om. H*
[t] non ... aut *H*   [u] ipsi et *add. H*

---

[1] Testimonium quoque ... foveri: c. 21 *X.* II 20 (Fr 2, 322); cf. W. Holtzmann, *Zur päpstlichen Gesetzgebung* ... 217-224; S. W. Baron, *A Social and Religious History of the Jews*, IV New York ²1957, 8, 10, 15-16, 236, 238, 240.
[2] Iudaei ... habitare. Si qui praeterea ... exhiberi: c. 5 *X.* V 6 (Fr 2, 773).
[3] C. 23, I et II in H; c. 23, II inc.: De Brabantionibus ...
[4] Cf. epistola XV ad Turribium (PL 54, 680 A).
[5] Cf. A. Borst, *Die Katharer* (Schriften der MGH XII), Stuttgart 1953, 115, 247 n. 1, 250 n. 8.   [6] c. 8 *X.* V 7 (Fr 2, 779-780).

그리고 감히 그들과 함께 사는 자들은 파문받아야 한다. 그리스도인들을 대항하여 유대인들이 증인들을 채택하는 때부터 유대인들을 대항하는 그리스도인들의 증거들도 모든 소송에서 받아들여져야 한다고 생각한다. 그리고 유대인들이 그리스도인들에게 굴복하는 것이 온당하고 오직 인도주의적인 차원에서만 보호를 받을 수 있는 사건임에도, 이 부분(증거 자료 수집 단계)에서 그리스도인들보다 유대인들에게 우선권을 주는 자들에게는 파문을 선언하는 바이다.[1] 만일 하느님의 영감을 받아 어떤 유대인이 그리스도교 신앙으로 개종한다면 어떤 식으로도 그의 재산을 몰수해서는 안 된다. 왜냐하면 개종자들의 처지가 신앙을 받아들이기 이전보다 더 낫도록 보장해 주는 것이 온당하기 때문이다. 만일 이것이 준수되지 않으면, 군주들과 해당 지역의 통치자들이 나서서 그들의 유산의 몫과 그들의 재산을 온전히 그들에게 되돌려주도록 조치해야 한다고 파문 제재를 걸고 명하는 바이다.[2]

제27조[카타르인 및 여타의 이단을 거슬러서]:[3] 복된 레오가 주장하였듯이,[4] 비록 교회의 규율은 사제적 판결에 의해 성취되어야 하고 가혹한 형벌이 부과되어서는 안되겠지만, 어떤 육체적 형벌에 대한 두려움은 종종 사람들로 하여금 유익한 치유를 모색하게 하기에 가톨릭 군주들의 법규들이 도움이 된다. 오늘날 가스코뉴, 알비 지방 그리고 툴루즈와 여타의 지역에서, 어떤 이들은 카타르라고 부르고 어떤 이들은 파타린, 다른 이들은 푸블리카나라고 부르며 또 다른 이들은 여러 가지 다른 이름으로 부르는 이단자들의 저주받은 사악함이 크게 자라서 자기들의 사악한 교리를 실천하는 것을 이제는 더 이상 남들처럼 비밀로 하지 않으며 오히려 그들의 오류를 공개적으로 선포하고 단순하고 약한 자들을 자기네 편으로 끌어들인다.[5] 그러므로 그들과 그들의 보호자들과 그들을 받아들이는 자들은 파문을 받아야 한다고 명하는 바이며, 또한 누구든지 자기 집이나 자기 땅에 그들을 받아들이거나 협조하거나 그들과 상거래를 해서는 안 된다고 파문 제재를 걸고 금하는 바이다. 만일 누가 이러한 죄 중에 사망하면 그들을 위한 신심행사를 하기 위해서나 그들을 그리스도교인들 묘지에 받아들이기 위해서 아무도 내가 수여한 특전이나 은전 혹은 여타의 그 어떤 이유로도 혜택을 받을 수 없다.[6] 브라반트, 아라고니아, 나바라, 바스크, 코테렐리 그리고 트리아베르디니 지방의 사람들은 그리스도인들에게 잔인한 일들을 자행하는데, 성당도 수도원도 존중하지 않고 과부나 고아라고 봐주지 않으며 노인이건 어린이이건 연령과 성별에 아랑곳하지 않는다. 오히려 그들은 마치 이교도(異敎徒)들처럼 모든 것을 없애 버리고 짓밟는다. 따라서 그런 자들에 대해서도 마찬가지로 다음과 같은 규정을 제정하는 바이다. 그들이 날뛰는 지역에서 그들을 채용하거나 부양하거나

---

[1] 그리스도인들을 대항하여…… 선언하는 바이다: 제21장 *X*. II 20(Fr 2, 322); 참조: W. Holtzmann, *Zur päpstlichen Gesetzgebung...* 217-224; S. W. Baron, A Social and Religious History of the Jews, IV New York ²1957, 8, 10, 15-16, 236, 238, 240.
[2] 유대인들에게도…… 거주하는 자들은 파문받아야 한다. 만일 신적 영감에 의해…… 명하는 바이다: 제5장 *X*. V 6(Fr 2, 773).
[3] H에서는 제23조 I과 II; 제23조 II는 "브라반트, ……"로 시작된다.
[4] 참조: 투리비우스에게 보낸 서한 15(PL 54, 680 A).
[5] 참조: A. Borst, Die Kastharer(Schriften der MGH XII), Stuttgart 1953, 115, 247 n. 1, 250 n. 8.
[6] 제8장 *X*. V 7(Fr 2, 779-780).

regiones, in quibus taliter debacchantur, in dominicis et aliis solemnibus
diebus per ecclesias[a] publice denuntientur[b] et eadem omnino sententia et
poena cum praedictis haereticis habeantur adstricti nec ad communionem
recipiantur ecclesiae, nisi societate illa pestifera et haeresi abiuratis. Re-
laxatos autem se noverint a debito fidelitatis et[c] hominii ac totius obsequii, 5
donec in tanta iniquitate permanserint, quicumque illis aliquo pacto[d]
tenentur annexi. Ipsis[e] autem cunctisque fidelibus in remissionem[f] pecca-
torum iniungimus, ut tantis cladibus se viriliter opponant et contra eos
armis populum christianum tueantur; confiscenturque[g] eorum bona et
liberum sit principibus huiusmodi[h] homines subicere servituti. Qui autem 10
in vera poenitentia ibi decesserint, et peccatorum indulgentiam et fructum
mercedis aeternae se non dubitent percepturos[i]. Nos etiam de miseri-
cordia Dei et beatorum apostolorum Petri et Pauli auctoritate confisi,
fidelibus christianis, qui contra eos arma susceperint et ad episcoporum
seu[k] aliorum praelatorum consilium ad eos certaverint[l] expugnandos, 15
biennium de poenitentia iniuncta relaxamus, aut si longiorem ibi moram
habuerint, episcoporum discretioni, quibus huius rei cura[m] fuerit iniuncta,
committimus, ut ad eorum arbitrium secundum modum laboris maior
eis indulgentia tribuatur. Illos autem, qui admonitioni episcoporum in
huiusmodi parte[n] parere contempserint, a perceptione corporis et sangui- 20
nis Domini iubemus fieri alienos. Interim vero eos, qui ardore fidei[o] ad
eos expugnandum laborem istum[p] assumpserint, sicut eos qui sepul-
chrum Dominicum[q] visitant, sub ecclesiae defensione recipimus et ab
universis inquietationibus tam in rebus quam in personis statuimus manere
securos[1]. Si vero quispiam vestrum[r] praesumpserit eos molestare, per 25
episcopum loci excommunicationis sententia feriatur, et tamdiu sententia
servetur[s] ab omnibus, donec et ablata reddantur et de illatis damnis
congrue iterum[n] satisfaciat[t]. Episcopi vero sive presbyteri, qui talibus
fortiter non restiterint, officii sui privatione[u] mulctentur, donec miseri-
cordiam apostolicae sedis obtineant. 30

a excommunicati *add. v. l. Rm, H*   b nuntientur *H*
c seu *H*   d pacto *v. l. Rm* peccato *rell.*   e principibus *H*   f omnium *add. v. l. Rm*
g confiscentur quoque *H*   h pestilentes *add. H*   i habituros *H*   k sive *H*
l certaverint *v. l. seu potius con. LC* decertando *omnes* decertaverint *H*
m cura *v. l. Rm* causa *rell.*   n *om. H*   o *om. Cr² Su*   p istum *v. l. Rm* iustum *rell.* 35
q Domini *H*   r quisquam interim *H*   s observetur *H*
t satisfiat *H*   u suspensione *H*

---

[1] Cf. A. Gottlob, *Kreuzablaß und Almosenablaß* ..., Stuttgart 1906, 124-128; H. Pissard, *La guerre sainte en pays chrétien* ..., Paris 1912, 27-34, 51-53; H. Grundmann, *Religiöse Bewegungen im Mittelalter,* Berlin 1935, 54, 57, 63 sqq., 77, 92 sq., 98, 453.

도움을 주는 자들은 주일과 여타의 장엄 축일에 성당에서 공개적으로 고발되어야 한다. 그리고 앞서 언급한 이단자들과 마찬가지의 판결과 형벌을 받아야 하며 그들이 그 파괴적인 집단과 이단 행위를 공공연히 버리지 않는 한, 교회의 통교에 받아들여질 수 없다. 그들은 자신들이 그러한 부정의 상태에 있는 한 자신들과 어떤 계약에 의해 속박된 이들이 성실의 의무, 경의 표시의 의무 그리고 복종의 의무를 지킬 필요가 없다는 것을 알아야 한다. 모든 신자들과 마찬가지로 그런 계약의 상태에 있는 이들에게도 명하노니, 자신들의 죄를 사하기 위하여 그러한 재앙에 용감하게 대항해야 하고 그들을 거슬러서 무력으로 그리스도인들을 보호해야 한다. 그들의 재산은 몰수되어야 하고 그런 부류의 인간들을 노예로 전락시키는 것이 군주들에게 허용된다. 진정한 참회 정신으로 이러한 투쟁을 하다가 죽는 이들은 죄의 사함과 영원한 상급의 열매를 얻는다는 것을 의심하지 말아야 한다. 나 또한 하느님의 자비와 복된 사도 베드로와 바오로의 권위에 힘입어, 주교들이나 여타의 고위 성직자들의 조언에 따라 그들을 거슬러 무장하고 그들을 내몰기 위해 전투를 할 그리스도인들에게 앞으로 2년간 보속을 관면해 준다. 만일 그것이 더 긴 세월이 걸린다면 이 일을 맡은 주교들의 재량에 맡기는 바이니, 주교들은 자신의 판단에 따라 그들이 노고한 것보다 더 큰 대사를 베풀기 바란다. 이 사안에 대한 주교들의 권고를 무시하는 자들이 그리스도의 성체와 성혈을 모시도록 허용되면 안 된다. 그 기간 동안에 나는 자신들의 신앙의 열정에 사로잡혀 이 이단자들을 몰아내기 위한 이 사업에 투신하는 이들을 주님의 무덤을 참배하는 자들에게 하는 것과 마찬가지로 교회의 보호 하에 둠으로써 인적으로나 물적으로 모든 불안으로부터 그들이 안전하게 지내게 하겠다.[1] 만일 그대들 중에 누가 감히 그들을 괴롭히면 그는 교구장 주교의 파문 판결을 받을 것이고 이 판결은 그들에게서 착복한 모든 것이 반환되고 가해진 피해가 그 규모만큼 만족스럽게 보상되기 전까지 그 효력을 발휘할 것이다. 이러한 일을 강하게 막지 않는 주교들이나 사제들은 사도좌의 사면을 받을 때까지 직위를 박탈당할 것이다.

---

[1] 참조: A. Gottlobß und Almosenablaß..., Stuttgart 1906, 124-128; H. Pissard, La Guerre sainte en pays chrétien..., Paris 1912, 27-34, 51-53; H. Grundmann, Religiöse Bewegungen im Mittelalter, Berlin 1935, 54, 57, 63 이하, 77, 92 이하, 98, 453.

제4차 라테란 공의회
1215

머리말

　인노첸시오 교황 재위 시절(1198-1216)에는 교회 개혁과 황제의 권세로부터의 교회의 자유 확보, 아울러 로마 주교의 수위권 확립과 교황청에 교회 업무들의 집중화가 최대의 성과를 이룬다. 인노첸시오 교황은 하느님의 사업에 자신의 온 마음을 쏟으면서 그리스도 공동체를 건설하고자 했다. 그는 이 사업을 추구함에 있어서 영적인 것들 내지는 교회가 제일 중요한 위치를 차지하게 함으로써, 인간적인 것들이 영적인 것에 종속되게 해야 한다고 생각했고, 그것이 판단의 기준이 되었다.[1]

　따라서 이 공의회는 이 교황의 업적의 거대한 종합이며 가장 위대한 발의였다고 할 수 있겠다. 하지만 그는 공의회 개막 후 바로 선종하여(1216), 이 일의 완성을 보지는 못하였다. 성지에서 그리스도인들이 겪어야 했던 재앙이 아마도 인노첸시오 교황이 이 공의회를 소집한 계기를 제공한 것 같다.[2] 그리하여 교황은 새로운 십자군 운동(개혁 운동)을 선포하기로 결정하였다. 하지만 그는 이 십자군 운동을 교회 개혁과 연관된 교회 운영의 도구로 사용하고자 한 것이다. 즉 교회를 재건하기 위해 이단자들과의 격렬한 전쟁을 하겠다는 의도를 가졌던 것이다.

　이 공의회는 1215년 11월에 모이기로 하면서 1213년 4월 19일에 소집되었다.[3] 교회의 모든 주교들과 아빠스들, 원장들과 당시엔 새로운 직무이었던 성당의 참사들과 시토회(Cistercensi), 프레몽트레회(Premonstratensi), 구호수도회(Hospitali)와 성전기사회(Templari) 등의 수도회 참사들 그리고 유럽 전 지역의 왕들과 도시국가들의 집권자들이 초대되었다. 주교들에게는 공의회에서 논의할 안건들을 제시하라고 명시적으로 요구하였는데,[4] 종전의 라테란 공의회들에서는 이런 일이 없었던 것으로 보인다. 이는 십자군 운동을 홍보하라고 전 유럽에 파견되어 있던 전권대사들에 의해 실행되었다. 각 관구별로 한두 명의 주교만 자리를 지키는 것이 허용되었고 나머지는 모두 참석하도록 명령을 받았다. 공의회의 목표들은 인노첸시오 교황이 몸소 분명하게 밝혔다: "악습을 뿌리 뽑고 덕행을 심기 위하여, 오류를 교정하고 풍토를 개혁하기 위하여, 이단을 척결하고 신앙을 강화하기 위하여, 불화를 가라앉히고 평화를 구축하기 위하여, 억압을 제거하고 자유를 증진하기 위하여, 군주들과 그리스도 백성들이 성지에 가서 도움을 주도록 설득하기 위하여……."[5] 공의회를 소집하면서 인노첸시오 교황은 고대 세계 공의회들[6]의 옛 전통을 계속 견지하고자 했던 것으로 보인다. 그리고 실제로 제4차 라테란 공의회는 당대 모든 지식인들과 신앙인들에게서 세계 공의회로 인식되었다.[7]

　1215년 11월에 라테란 대성전에서 공의회가 열렸을 때, 거기에는 서방교회 전 지역과 동방

---

1) 참조: 여타의 것들 중에 H. Tillman, *Papst Innocenz III*, Bonn 1954, 152 이하; M. Maccarrone, *Il IV concilio lateranense*, Divinitas 5(1961) 277-278.
2) 참조: Maccarone 275.
3) 참조: Potthast 4706; Böhmer, *Reg. Imp.*, 6140; PL 216, 823-827.
4) 참조: PL 216, 825.
5) 참조: PL 216, 824.
6) 참조: PL 216, 824.
7) 참조: G. Fransen, *Le concile*, 125-41.

라틴교회에서 404명의 주교들 그리고 수많은 아빠스들과 참사들과 세속 정권에서 파견된 사절들이 참석하였다. 그러나 그리스에서는 초청되었음에도 불구하고 마로니트 교회 총대주교의 특사와 알렉산드리아 교회 총대주교의 특사를 제외하고 아무도 참석하지 않았다.8) 그리스교회와의 유대는 등한시되었던 것이 사실이다. 동방에 거주하던 서방교회 주교들이 추진하던 일들 때문에도 그렇고 이 공의회의 교령들의 내용 때문에도 그렇고 그리스교회와의 관계는 이 공의회 이후 더욱 악화되었다.9)

이 공의회는 11월 11일에 교황의 연설로 시작되었다. 그는 공의회의 종교적 목표에 특별한 관심을 보였다.10) 하지만 얼마 되지 않아 정치적 사안들과 세속적 권한에 관한 것들이 우선적 위치를 차지하게 되었다. 제2회기(11월 20일) 때에 황제 통치권을 놓고 프리드리히 2세와 오토 4세 사이에 있었던 싸움이 공의회에까지 들어와서 거친 대화가 오가는 격렬한 논쟁을 야기했다. 이 사건은 예상했던 공의회의 목표를 변질시켰고 교회 통치에 관한 인노첸시오의 계획에 부합하지 않는 것임이 분명했다. 결국 제3회기(11월 30일)는 교황 자신이 작성한 법령들을 읽고 승인하는 데에 할애했다. 그것들 중에 마지막 법령은 "예수 그리스도의 사업"이었는데, 이는 십자군 운동의 준비에 관한 것으로서 1217년 6월 1일에 다루기로 했었는데, 인노첸시오 교황의 선종으로 말미암아 중단되기도 했다.

70개의 법령들은 이 공의회의 탁월한 성과로 남아 있다. 설령 교황이 친히 편집 작업을 하지 않았을지라도 인노첸시오의 작업은 분명히 눈에 띈다. 그는 그것들을 보편법으로 그리고 자신의 교황 통치권에 대한 종합으로 여겼던 것이다. 우리가 아는 한, 종전의 공의회들과의 연관성을 가진 부분들은 적고, 제3차 라테란 공의회와의 연관성만 있을 뿐이다.11) 이전의 라테란 공의회들을 염두에 두고 보자면, 교의적 가르침들을 담고 있는 이단을 반대하는 법령들은 새로운 것들이다. 제1법령은 거의 새로운 신경을 싣고 있다. 제2법령과 제3법령은 이단 문제와 교의를 다루는데, 역시 새로운 것이다. 교회의 개혁을 언급하고 있는 여타의 교령들은 형식상으로나 내용상으로 거의 새로운 것들로서, 교회 규율(제6-13법령). 성직자 생활 풍토 개혁(14-22), 주교 선출과 재산 관리(23-32), 세금 징수(33-34), 교회법적 소송(35-49), 혼인(50-52), 십일조(53-61), 성직매매(63-66) 그리고 유대인들(67-70) 등의 사안들을 다루고 있다.12)

이 법령들은 제일 먼저 Cr^1 2(1538) CLX^v-CLXXII^{v}에 의해 출판되었고, 본문은 Cr^2 2(1551) 946-967, Su 3(1567) 735-756, Bn^1 3/2(1606) 1450-1465에서 사용하였다.

로마본의 발행인들은 더욱 잘 정리된 간행물들을 만들어 냈는데(Rm 4[1612] 43-63), 바티칸의 필사본들과 대중을 위한 보급판을 대조하면서 정리한 것이다. Bn^2 3/2(1618) 682-696과 ER 28(1644) 154-225는 Rm을 따랐다. LC 11/1(1671) 142-233은 "마자린(Mazarin) 법전에서 발췌하여 라틴어와 그리스어로 된" 본문을 편집했고, 다르케리아(Darcheria) 법전에서 발췌한

---

8) 참조: A. Luchaire, *Un document retrouvé*, Journal de savants, N.S. 3(1905) 557-567; St. Ketrzynski, *Wiadomosc o udziale Polski w IV soborze Lateranskim*, Przeglad historyczny 3(1906) 139-142; J. Werner, *Nachlese aus Zürcher Handschriften*, Neues Archiv 31(1906) 583-592; H. Krabbo, *Die deutschen Bischöfe auf dem vierten Laterankonzil 1215*, Quellen und Forschungen aus den it. Archiven u. Bibliotheken 10(1907) 275-300; Maccarone 279.
9) 참조: Marracone 274-275.
10) 참조: PL 217, 673-680.
11) 참조: 제11, 29, 33, 46, 61 법령.
12) 참조: Fliche, La cristianitá..., 257-274.

다양한 본문들을 같이 수록하였다. LC에서 동시대의 것으로 판단하여 수록한 그리스어 번역본은 본문 전체를 싣지는 못했고 사실은 후대의 문헌이었다. Hrd 7(1714) 15-78과 Cl 13(1730) 927-1018 그리고 Msi 22(1778) 981-1068은 LC를 따랐다. 본문에 관한 문헌 비판 저술 작업을 하고 있는 가르시아(Garcia)가 제시하였듯이, 이 법령들의 필사본들은 여러 개가 남아 있다. 그것들은 법령들의 본문을 싣고 있는 20개의 필사본들이며, 그것들 중에 12개가 넘는 필사본들이 주석이 달린 법령들을 싣고 있다.13) 하지만 아직 알려지지 않은 필사본들이 존재할 것으로 본다.14) 뿐더러 법령들은 제42법령과 [71]법령을 제외하고는 *Compilatio IV*에도 수록되어 있고, 제42법령과 제49법령 그리고 제[71]법령을 제외하고는 그레고리오 9세의 교령집(Decretalia)에도 수록되어 있다.15) 본 출판본은 로마본을 따랐다. 다만 우리는 본문 비판 자료에 다양한 본문들을 제공하려 했고, 학자들의 견해를 최대한 반영해서 주석에 수록하려고 애썼다.

도서목록:

H-L 5/2 1316-1398;DThC8(1925)2652-2667;DDrC 6(1957) 349 - 353; LThK 6(21961) 816-7; RE 20(1990) 481-489; A. Luchaire, *Innocent III et le IV e concile du Latran*, Rev. Hist. 97(1908) 225-63, 98(1908) 1-21; id., *Innocent III. Le conc. du Latran et la réforme de l'Eglise*, Paris 1908; E. Kantorowicz, *Kaiser Friedrich der Zweite*, Berlin ³1931; I 68 e 134, II 32 e 54; M. Gibbs-J. Lang, *Bishops and Reform, 1215-1272, with special reference to the Lateran Council of 1215*, Oxford 1934, 95-173; A. Fliche, *Innocent III et la réforme de l'Eglise*, RHE 44(1949) 144-52; id, *La cristiantà romana(1198-1274)*, Torino 1968, 253-277; H. Tillmann, *Innocenz III.*, Bonn 1954, 152-170; G. Fransen, *L'ecclésiologie des conciles médiévaux*, Le concile 125-141; M. Maccarrone, *Il IV conc. lateranense*, Divinitas 5(1961) 270-298; R. Foreville, *Latran I, II, III et Latran IV*, Paris 1965; M. Mollat e P. Tombeur, *Les conciles Latran I à Latran IV: concordance, index, listens de fréquence, tables comparatives*, Louvain 1974; A. Garcia y Garcia, *Constitutiones concilii quarti Lateranensis una cum Commentariis Glossatorum*(Monumenta iuris canonici, ser. A), 2 voll., Città del Vaticano 1981; K. Pennington, *Pope and Bishops. The Papal Monarchy in the XIIth and XIIIth Centuries*, Philadelphia 1984; H. J. Sieben, *Die Konzilsidee des lateinischen Mittelalters* (847-1378), Paderborn 1984; A. Melloni, *Innocenzo IV. La concezione e l'esperienza della Cristianità come regimen unius personae*, Genova 1990; Sto. Con. Ec., 200-204 e 216-218[A. Melloni].

---

13) 참조: A. Garcia y Garcia, Traditio 14(1958) 484, 488-489. 법령의 번호와 제목을 보려면 참조: 같은 책 487, 489-490[그 다음에 A. Garcia y Garcia는 *Constitutiones concilii quarti Lateransensis una cum Commentariis glossatorum*, Monumenta iuris canonici, ser. A, 2 voll., Città del Vaticano 1981]. 현재 이것은 이 공의회 법령들에 대한 결정판이다. 여기에는 매우 풍부한 본문 비판 자료와 5명의 교회법 주석가들이 작업한 해설이 수록되어 있다.
14) 예를 들면 리스본 법전, Alcob. 173(참조: C. Erdmann, *Papstrukunden in Portugal*, Berlin 1927, 120) 그리고 Roma, Archivio del Laterano, A 33(참조: C. Vogel, La «*Descriptio ecclesiae Lateranensis*» *du diacre Jean...*, Mélanges... Michel Andrieu, Strasbourg 1956 463); 참조: Gibbs-Lang 182.
15) 참조: 여타의 것들 중에 Fr. Gilmann, *Der Kommentar des Vincentius Hispanus zu den Kanones des vierten Laterankonzils(1215)*, Arch. f. kath. Kirchenrecht 109(1929) 223-274; S. Kuttner, *Damasus als Glossator*, Zeitsch. d. Savigny-Stiftung f. Rechtsgeschichte, Kan. Abt. 23(1934) 388-389; id., *Repertorium der Kanonistik*, I Città del Vaticano 1937, 369-371; F. Gillmann, *Hat Johannes Teutonicus zu den Konstitutionen des 4. Laterankonzils(1215) als solchen einen Apparat verfasst?*, Arch. f. kath. Kirchenrecht 117(1937) 453-466; St. Kuttner, *Joannes Teutinicus, das vierte Laterankonzil und die Compilatio quarta*, Miscellanea G. Mercati, V Città del Vaticano 1946, 608-634; A. Garcia y Garcia, Traditio 14(1958) 484-486, 490-502.

CONSTITUTIONES

1. De fide catholica

Firmiter credimus et simpliciter confitemur, quod unus solus est verus Deus, aeternus et immensus, omnipotens, incommutabilis, incomprehensibilis et ineffabilis, Pater et Filius et Spiritus sanctus, tres quidem personae sed una essentia, substantia seu natura simplex omnino[a]. Pater a nullo, Filius autem a solo Patre ac Spiritus sanctus ab utroque pariter, absque initio semper et fine. Pater generans, Filius nascens et Spiritus sanctus procedens, consubstantiales et coaequales, coomnipotentes et coaeterni, unum universorum principium, creator omnium invisibilium et visibilium, spiritualium et corporalium, qui sua omnipotenti virtute simul ab initio temporis, utramque de nihilo condidit creaturam, spiritualem et corporalem, angelicam videlicet et mundanam, ac deinde humanam quasi communem ex spiritu et corpore constitutam. Diabolus enim et daemones alii a Deo quidem natura creati sunt boni, sed ipsi per se facti sunt mali. Homo vero diaboli suggestione peccavit. Haec sancta Trinitas secundum communem essentiam individua et secundum personales proprietates discreta, per Moysen et sanctos prophetas aliosque famulos suos, iuxta ordinatissimam dispositionem temporum, doctrinam humano generi tribuit salutarem. Et tandem unigenitus Dei Filius, Iesus Christus, a tota Trinitate communiter incarnatus, ex Maria semper[b] virgine Spiritus sancti cooperatione conceptus, verus homo factus, ex anima rationali et humana carne compositus, una in duabus naturis persona, viam vitae manifestius demonstravit. Qui cum secundum divinitatem sit immortalis et impassibilis, idem ipse secundum humanitatem factus est passibilis et mortalis, quin etiam pro salute humani generis in ligno crucis passus et mortuus, descendit ad inferos, resurrexit a mortuis et ascendit in coelum; sed descendit in anima, resurrexit in carne ascenditque pariter in utroque, venturus in fine saeculi iudicare vivos et mortuos, et redditurus singulis secundum opera sua, tam reprobis quam electis. Qui omnes cum suis propriis corporibus resurgent, quae nunc gestant, ut recipiant secundum merita sua, sive bona fuerint sive mala, illi cum diabolo poenam perpetuam et isti cum Christo gloriam sempiternam. Una vero est fidelium universalis ecclesia, extra quam nullus omnino salvatur, in qua idem ipse sacerdos et sacrificium Iesus Christus, cuius corpus et sanguis in sacramento altaris sub speciebus panis et vini veraciter continentur, transsubstantiatis pane in corpus et vino in sanguinem potestate divina, ut ad perficiendum mysterium unitatis accipiamus ipsi de suo, quod accepit ipse de nostro. Et hoc utique sacramentum nemo potest conficere, nisi sacerdos, qui[b] fuerit rite ordinatus secundum claves ecclesiae, quas ipse concessit apostolis et eorum successoribus Iesus Christus. Sacramentum vero baptismi[c], quod ad invocationem individuae Trinitatis, videlicet Patris et Filii et Spiritus sancti, consecratur in aqua, tam parvulis quam adultis in forma ecclesiae a quocunque rite collatum,

---

[a] tres quidem ... omnino *om. Cr* [b] *om. Cr* [c] baptismi vero *Cr*

법령

1. 가톨릭 신앙

우리는 참 하느님은 오직 한 분만이 계시고 그분께서는 영원하시며 무량하시고 전능하시며 변함이 없으시고 파악될 수 없으시며 형언할 수 없는 분으로서 성부 성자 성령의 세 위격이시지만 유일한 본질과 실체, 내지는 완전히 단일한 본성을 이루고 계시다는 것을 굳건히 믿으며 단적으로 고백하는 바이다. 성부께서는 그 기원이 없으시고 성자께서는 오로지 성부께로부터 나셨으며 성령께서는 성부와 성자 두 위로부터 동등하게 발하셨으며 영원히 시작과 끝이 없으시다. 낳으시는 분 성부와 나시는 분 성자와 발하시는 분 성령께서는 하나의 실체를 이루시고 동등하시며, 다 같이 전능하시고 영원하시며, 우주의 유일한 원리로서 보이는 것들과 보이지 않는 것들, 영적인 것들과 물적인 것들, 모든 만물의 창조주이시다. 시간의 시작부터 당신의 전능하신 권능으로 무에서 영적이고 육적인 피조물들, 즉 천상의 것들과 지상의 것들을 지으셨다. 그러고 나서 영혼과 육신을 같이 지니고 있는 인간을 창조하셨다. 마귀와 악령들은 하느님에 의해서 본시 선하게 창조되었지만 스스로 자신의 행위로 악해졌다. 그러나 인간은 마귀의 꾐에 빠져 죄를 범하였다. 공통되는 본질에 따라 서로 갈릴 수 없고 그 위격들의 특성에 따라 서로 다르신 이 거룩하신 삼위일체는 모세와 거룩한 예언자들과 그 외의 당신 종들을 통해서 시간의 흐름 안에서 완전하게 질서 잡힌 계획에 따라 인류에게 구원의 가르침을 주셨다. 그리고 마침내 하느님의 독생 성자 예수 그리스도께서 삼위일체 전체의 공동 행위로 육화하셨는데, 성령의 도움을 받아 평생 동정이신 마리아에게서 잉태되시고 참인간이 되셨으며 이성적인 영혼과 인간의 육신을 지니시고 두 가지 본성을 지닌 하나의 위격으로서 생명의 길을 더욱 분명하게 보여주셨다. 당신 신성에 의해 돌아가실 수 없고 고통을 당하실 수 없는 분이시지만, 스스로 당신의 인성에 의해 수난과 죽음을 당하실 수 있는 존재가 되셨다. 인류를 위해 십자가 나무 위에서 수난하시고 돌아가신 후, 저승에 내려가시어 죽은 이들 가운데서 부활하셨고 하늘에 오르셨다. 그분께서는 영혼으로서 내려가셨고 육신으로서 부활하셨고 두 가지를 동등하게 지니시고 승천하셨다. 그분께서는 세상 마지막 날에 산 이들과 죽은 이들을 각자 자신의 행실에 따라 버림받은 자와 뽑힌 자로 대가를 지불하기 위하여 심판하러 오실 것이다. 그들 모두는 현재 지니고 있는 자신의 육신과 함께 부활할 것이고 그들이 한 행실이 선한 것이었는지 악한 것이었는지에 따라 어떤 이들은 마귀와 함께 영벌을 받게 될 것이고 어떤 이들은 그리스도와 함께 영원한 영광을 누리게 될 것이다.

실로 신자들의 보편 교회는 오직 하나뿐이며, 그 밖에서는 결코 아무도 구원받을 수 없고, 그 안에는 예수 그리스도 자신이 사제요 제물이시다. 신적 권능으로 빵은 몸으로 포도주는 피로 실체 변화를 함으로써 그분의 몸과 피는 빵과 포도주의 형상으로 제단의 성사 안에 참으로 현존하신다. 그리하여 이 일치의 신비를 이루기 위하여 우리는 그분께서 우리에게서 받으신 것을 그분으로부터 받는다. 이 성사는 예수 그리스도께서 몸소 사도들과 그들의 후계자들에게 주신 교회의 권한에 의해 정식으로 서품 받은 사제가 아니면 결코 그 누구도 수행할 수 없다. 하지만 갈릴 수 없는 삼위일체, 성부와 성자와 성령을 부르면서 물에서 축성받는 세례 성사는 누구라도 교회가 정한 형식에 따라 수행하면 어린이와 어른을 구원에 이르게 한다.

proficit ad salutem. Et si post susceptionem baptismi quisquam prolapsus fuerit in peccatum, per veram poenitentiam semper potest reparari. Non solum autem virgines et continentes, verum etiam coniugati, per fidem rectam et operationem bonam[a] placentes Deo, ad aeternam merentur beatitudinem pervenire.[1]

2. De errore abbatis Ioachim

Damnamus ergo et reprobamus libellum sive tractatum, quem abbas Ioachim edidit contra magistrum Petrum Lombardum de unitate seu essentia Trinitatis[2], appellans ipsum[b] haereticum et insanum, pro eo quod in suis dixit *Sententiis:* „Quoniam[c] quaedam summa res est Pater et Filius et Spiritus sanctus, et illa non est generans neque genita nec procedens"[3], unde asserit, quod ille non tam Trinitatem quam quaternitatem adstruebat in Deo, videlicet tres personas et illam communem essentiam quasi quartam, manifeste protestans, quod nulla res est quae sit Pater et Filius et Spiritus sanctus, nec est essentia nec substantia nec natura, quamvis concedat quod Pater et Filius et Spiritus sanctus sunt una essentia, una substantia, unaque natura; verum unitatem huiusmodi non veram et propriam, sed quasi collectivam et similitudinariam esse fatetur[4], quemadmodum dicuntur multi homines unus populus, et multi fideles una ecclesia, iuxta illud: *Multitudinis credentium erat cor unum et anima una*[5], et *Qui adhaeret Deo unus spiritus est*[6] cum[b] illo[b]; item *Qui plantat et qui rigat unus sunt*[7], et omnes *unum corpus sumus in Christo*[8]; rursus in libro Regum: *Populus meus et populus tuus unum sunt*[9]. Ad hanc autem[d] sententiam adstruendam, illud potissimum verbum inducit, quod[e] Christus de fidelibus inquit in evangelio: Volo, Pater, *ut sint unum* in nobis, *sicut et nos unus sumus*[10], *ut sint consummati in unum*[11]. Non enim, ut ait, fideles Christi sunt[f] unum, id est una quaedam res quae communis sit omnibus, hic modo sunt[g] unum, id est una ecclesia propter catholicae fidei unitatem et tandem unum regnum propter unionem indissolubilis caritatis. Quemadmodum

---

[a] et sic *add. Cr*   [b] *om. Cr*   [c] quomodo *Cr*
[d] suam *add. Cr*   [e] Iesus *add. Cr*   [f] enim ait ut ... sint *Cr*
[g] hoc modo *v. l. Rm* hic *om. M* sed tantum sint *Cr*

---

[1] c. 1 *X*. I 1 (Fr 2, 5-6); cf. F. Vernet, DThC 1 (1909) 683-685; Fliche 200; A. Borst, *Die Katharer* (Schriften der MGH, XII), Stuttgart 1953, 119 et n. 35; Tillmann 7, 159; Maccarrone 286-287, 293; cf. etiam DThC 2 (1909) 281-282; 5 (1913) 1302-1320.
[2] Opus deperditum Ioachimi abbatis Florensis; cf. J. C. Huck, *Joachim von Floris und die joachitische Literatur,* Freiburg i. Br. 1938, 6, 16-21; H. Grundmann, *Neue Forschungen über Joachim von Fiore,* Marburg 1950, 30; F. Russo, *Bibliografia gioachimita,* Firenze 1954, 23; *Adversus Iudaeos* di Gioacchino da Fiore (Fonti per la storia d'Italia, 95), ed. A. Frugoni, Roma 1957, XII-XVIII; F. Russo, *Gioacchino da Fiore e le fondazioni florensi in Calabria,* Napoli 1958, 24.
[3] Cf. Petri Lombardi *Libri IV sententiarum,* I dist. 5 (Ad Claras Aquas 1916, I, 42-51).
[4] Cf. ibid. I, dist. 24 (I, 153-156).
[5] Ac 4, 32.   [6] 1 Cor 6, 17.   [7] 1 Cor 3, 8.   [8] Rm 12, 5.
[9] 4 Rg 22, 5; cf. Rt 1, 16.   [10] Io 17, 22.   [11] Io 17, 23.

만일 누가 세례를 받은 후에 죄에 떨어지면 진정한 참회를 통해 언제나 다시 회복될 수 있다. 동정녀들과 금욕의 삶을 사는 이들뿐만 아니라 올바른 신앙과 선행으로 하느님께 기쁨이 되는 일을 추구하는 이들도 영복을 누릴 자격이 있다.[1]

2. 요아킴 아빠스의 오류

따라서 요아킴 아빠스가 대학자인 베드로 롬바르도(Petrus Lombardus)를 거슬러서 삼위일체의 일체성, 또는 그 본질에 대해 출간한 소책자 내지는 논문을 단죄하고 비난하는 바이다.[2] 거기서 그는 베드로 롬바르도를 이단자요 미친 사람이라 칭했는데, 그 이유는 베드로 롬바르도가 「신학명제집」(Sententiae)에서 *성부와 성자와 성령이라는 최고의 실재(實在)가 있는데, 그 실재는 낳지도 태어나지도 발하지도 않는 존재이다.*[3]라고 언급했기 때문이다. 이것을 가지고 그는 롬바르도가 하느님을 삼위일체가 아니라 사위일체라고 인정하였다고 주장한다. 다시 말해서 삼위에다가 그 공통의 본질이 마치 네 번째 위격인 것처럼 보인다는 것이다. 설령 그가 성부와 성자와 성령이 하나의 본질이요 하나의 실체이며 하나의 본성이라고 인정할지라도 그는 성부와 성자와 성령이라는 실재는 존재하지 않으며 그 본질도, 실체도 본성도 존재하지 않는다고 노골적으로 저항하고 있다. 게다가 그는 이런 식의 일체성은 참된 본연의 것이 아니고 오히려 집단적이고 공통적인 성격을 지닌 것으로서,[4] *신자들의 공동체는 한마음 한 뜻이 된다.*[5] 그리고 *주님과 결합하는 이는 그분과 한 영이 된다.*[6] 또한 *심는 이나 물 주는 이는 같은 일을 한다.*[7] 그리고 *우리 모두는 그리스도 안에 한 몸을 이룬다.*[8]는 말씀과 *나의 백성과 너의 백성이 하나이다.*[9]라는 열왕기의 거듭되는 말씀에 따라, 여러 사람들이 한 백성을 이루고 여러 신자들이 하나의 교회를 이룬다고 말할 때와 같은 것이라고 주장한다. 이 의견을 뒷받침하기 위하여 그는 특별히 그리스도께서 신자들에 대해서, *아버지 우리가 하나인 것처럼 그들도 하나가 되게 하소서.*[10] *이는 그들이 완전히 하나가 되게 하려는 것입니다.*[11]라고 하신 복음서의 말씀을 끌어들인다. 실제로 그(요아킴)는 그리스도의 신자들이 그들 모두가 공통으로 하나의 실재라는 의미에서 하나가 아니라, 일치된 가톨릭 신앙을 통해서 하나의 교회를 이루고, 종국에 가서는 갈릴 수 없는 사랑의 일치를 통해서 하나의 왕국을 이룬다는 의미에서 하나인 것이라고 말한다.

---

1) 제1장 X. I 1(Fr 2,5-6); 참조: F. Vernet, DThC 1(1909) 683-685; Fliche 200; A. Borst, *Die Katharer*(Schriften der MGH, XII), Stuttgart 1953, 119, n. 35; Tillmann 7, 159(trans. sax 4, 195); Maccarone 286-287, 293; 또한 DThC 2(1909) 281-282; 5(1913) 1302-1320.
2) 피오레(Fiore)의 요아킴 아빠스의 저작물은 분실되었다. 참조: J. C. Huck, *Joachim von Floris und die joachitische Literatur,* Freiburg in Breisgau 1938, 6, 16-21; H. Grundmann, *Neue Forschungen über Joachim von Fiore,* Marburg 1950, 30; F. Russo, *Bibliografia giochimita,* Firenze 1954, 23; *Adversus Iudaeos di Gioacchino da Fiore* (Fonti per la storia d'Italia, 95), ed. A. Frugoni, Roma 1957, XII_XVIII; F. Russo, *Gioacchino da Fiore e le fondazioni florensi in Calabria,* Napoli 1958, 24.
3) 참조: Petrus Lombrdus, Libri VI sententiarum, I dist. 5(Quaracchi 1916, I, 42-51).
4) 참조: 같은 책 I, dist. 24(I, 153-156).
5) 사도 4, 32.
6) 1코린 6, 17.
7) 1코린 3, 8.
8) 로마 12, 5.
9) 4열왕 22,5; 참조: 룻 1, 16.
10) 요한 17, 22.
11) 요한 17, 23.

in canonica Ioannis epistola legitur: *Quia tres sunt, qui testimonium dant in coelo, Pater et Verbum et Spiritus sanctus, et hi tres unum sunt*[1]; statimque subiungit: *Et tres sunt, qui testimonium dant in terra, spiritus, aqua et sanguis, et tres unum sunt*[2], sicut in codicibus quibusdam invenitur[3]. Nos autem, sacro et universali concilio approbante, credimus et confitemur cum Petro, quod una quaedam summa[a] res est, incomprehensibilis quidem et ineffabilis[b], quae veraciter est Pater et Filius et Spiritus sanctus, tres simul personae ac sigillatim quaelibet earundem, et ideo in Deo Trinitas est solummodo non quaternitas, quia quaelibet trium personarum est illa res, videlicet substantia, essentia sive natura divina, quae sola est universorum principium, praeter quod[c] aliud inveniri non potest, et illa res non est generans neque genita nec procedens, sed est Pater qui generat, Filius qui gignitur et Spiritus sanctus qui procedit, ut distinctiones sint in personis et unitas in natura. Licet igitur alius sit Pater, alius Filius, alius Spiritus sanctus, non tamen aliud, sed id quod est Pater, est[d] Filius et Spiritus sanctus, idem omnino, ut secundum orthodoxam et catholicam fidem consubstantiales esse credantur. Pater enim ab aeterno Filium generando, suam substantiam ei dedit, iuxta quod ipse testatur: *Pater quod dedit mihi, maius est omnibus*[4], ac dici non potest, quod partem suae substantiae illi dederit et partem retinuerit ipse sibi, cum substantia Patris indivisibilis sit, utpote simplex omnino; sed nec dici potest, quod Pater in Filium transtulerit[e] suam substantiam generando, quasi sic dederit eam Filio, quod non retinuerit ipsam sibi, alio quin desiisset esse substantia. Patet ergo, quod sine ulla diminutione Filius nascendo substantiam Patris accepit, et ita Pater et Filius habent eandem substantiam, et sic eadem res est Pater et Filius necnon[a] et Spiritus sanctus, ab[f] utroque[f] procedens[f]. Cum ergo Veritas pro fidelibus suis ad Patrem orat: volo, inquiens, ut ipsi *sint unum in nobis, sicut et nos unum sumus*[5], hoc nomen, *unum,* pro fidelibus quidem accipitur, ut intelligatur unio caritatis in gratia, pro personis vero divinis, ut attendatur identitatis in natura unitas, quemadmodum Veritas alibi ait: *Estote perfecti sicut et Pater vester coelestis perfectus est*[6], ac si diceret manifestius: *Estote perfecti* perfectione gratiae, sicut *Pater vester coelestis perfectus est*[g] perfectione naturae, utraque videlicet suo modo, quia inter creatorem et creaturam non potest tanta similitudo notari, quin inter eos maior sit dissimilitudo notanda. Si quis igitur sententiam sive doctrinam praefati Ioachim in hac parte defendere vel approbare praesumpserit, tamquam haereticus ab omnibus confutetur[h]. In nullo tamen per hoc Florensi monasterio, cuius ipse Ioachim exstitit institutor, volumus derogari, quoniam ibi[a] et[a] regularis institutio est et

[a] *om. Cr* [b] inaestimabilis *Cr* [c] quam *Cr*
[d] et *add. Cr* [e] transtulit *Cr* [f] *om.* M [g] ac si ... est *om. Cr*
[h] confitetur *M* evitetur *v. l. Rm*

[1] 1 Io 5, 7. [2] Io 5, 8.
[3] Cf. apparat. et bibliogr. apud *Novum testamentum* ..., edd. J. Wordsworth, H. J. White, H. F. Davis Sparks, A. White Adams, III Oxonii 1954, 373-374.
[4] Io 10, 29. [5] Io 17, 22. [6] Mt 5, 48.

우리가 요한의 정경 서한에서 *그래서 하늘에서 증언하는 이가 성부와 말씀과 성령 셋입니다. 그리고 이 셋은 하나입니다.*[1]라는 말씀에서 읽는 바대로 그러하다는 것이다. 그리고 그는 즉시 *지상에서 증언하는 이는 성령과 물과 피인데, 이 셋은 하나입니다.*[2]라는 말씀을 몇몇 사본들에 준거해서[3] 덧붙인다. 하지만 나는 본 거룩하고 보편적인 공의회의 승인 사항으로 베드로 롬바르도와 함께 믿고 고백하는 바, 진정으로 성부와 성자와 성령, 세 위격 모두 함께 그리고 각 위격이 개별적으로 파악할 수 없고 형언할 수 없는 하나의 최고의 실재로서 존재한다. 따라서 하느님께서는 사위일체로서가 아니라 유일한 삼위일체로서 존재하신다. 왜냐하면 세 위격은 각기 만물의 유일한 원리이며 그 외에는 어떤 원리도 찾아볼 수 없는 실재, 즉 실체, 본질 내지는 신적 본성이기 때문이다. 이 실재 자체는 낳지도 태어나지도 발하지도 않는다. 다만 성부께서는 낳으시고 성자께서는 태어나시고 성령께서는 발하신다. 이처럼 위격들은 구별되지만 본성은 하나이다. 그러므로 비록 성부께서 하나의 위격이시고 성자께서는 다른 위격이시며 성령께서는 또 다른 위격이시지만 서로 다른 실재들이 아니시고 성부께서 곧 성자이시고 성령이시며 모두 함께 같으시다. 그러므로 나는 정통한 가톨릭 신앙에 의하여 이 위격들은 동일한 실체를 이룬다고 믿는다. 실로 성부께서는 성자를 영원으로부터 낳으시면서 당신의 실체를 성자 안에 주셨고 성자께서는 다음과 같이 증언하셨다. *나에게 주신 내 아버지께서는 그 누구보다도 위대하시다.*[4] 성부께서 당신 실체의 일부만을 성자에게 주시고 다른 일부는 자신에게 남겨 두셨다고 말할 수 없다. 성부의 실체가 완전히 단일한 것으로서 불가분의 것이기 때문이다. 성부께서 성자를 낳으시면서 당신의 실체를 그에게 옮겨 주심에 있어서 마치 당신에게는 보존하지 않고 성자에게 주신 것처럼 말할 수 없다. 그렇지 않으면 성부께서 실체로서 존재하지 않게 되기 때문이다. 그러므로 성자께서 태어나시면서 성부의 실체를 받으셨는데 그 실체에 아무런 축소도 없었다는 것이 분명하다. 따라서 성부와 성자께서는 동일한 실체를 지니셨다. 이처럼 성부와 성자와 그리고 그 둘에서 발하신 성령께서는 동일한 존재이시다. 그리하여 진리이신 분(성자)께서 당신의 신자들을 위하여 성부께 다음과 같이 기도하신다. "아버지 *우리가 하나인 것처럼 그들도 하나가 되기를*[5] 바랍니다." 여기서 이 *하나*라는 명사가 신자들에게 적용될 경우에는 은총 안에서의 사랑의 일치로 이해되어야 하고 신적 위격들에 적용되는 경우에는 본성상에 정체성의 동일성으로 이해되어야 한다. 이를 두고 진리이신 분께서 다음과 같이 말씀하신 적도 있다. *하늘에 계신 너희 아버지께서 완전하신 것처럼 너희도 완전한 사람이 되어야 한다.*[6] 이는 *너희 아버지께서* 당신의 본성의 완전함으로 인해 *완전하신 것처럼*, 너희도 그분의 은총의 완전함으로 인해 *완전한 사람이 되어야 한다*는 말씀으로서 (하느님과 인간이) 완전함에 대한 각자의 형태가 따로 있다는 것이다. 왜냐하면 창조주와 피조물 사이에서 그 유사성을 언급할 수 있으려면 그들 사이의 더 큰 상이성을 언급해야 하기 때문이다. 따라서 만일 누가 이 사안에 대해 앞서 언급한 요아킴의 의견 내지 교설을 감히 방어하거나 인정한다면 모든 이는 그를 이단자로 취급해야 한다. 하지만 이것이 요아킴 자신이 설립한 피오레의 수도원을 폐지하겠다는 것은 전혀 아니다. 왜냐하면 그곳의 교육도 정규적이고 규율도 건전하며,

---

1) 1요한 5, 7.   2) 1요한 5, 8.
3) 참조: apparat. et bibliogr. apud *Novum testimonium...*, edd. J. Wordsworth, H. J. White, H. F. Davis Sparks, A. White Adams, III Oxford 1954, 373-374.
4) 요한 10, 29.   5) 요한 17, 22.   6) 마태 5, 48.

observantia salutaris, maxime cum idem Ioachim omnia scripta sua nobis assignari mandaverit, apostolicae sedis iudicio approbanda seu etiam corrigenda, dictans epistolam[1], cui propria manu subscripsit, in qua firmiter confitetur, se illam fidem tenere, quam Romana tenet ecclesia, quae cunctorum fidelium, disponente Domino, mater est et magistra[2]. Reprobamus etiam et damnamus perversissimum dogma impii Amalrici[a][3], cuius mentem sic pater mendacii excaecavit, ut eius doctrina non tam haeretica censenda sit, quam insana.[4]

3. De haereticis

Excommunicamus et anathemizamus omnem haeresim extollentem se adversus hanc sanctam, orthodoxam, catholicam fidem, quam superius exposuimus, condemnantes universos haereticos quibuscumque nominibus censeantur, facies quidem habentes diversas, sed caudas adinvicem colligatas, quia de vanitate[b] conveniunt in idipsum. Damnati vero saecularibus potestatibus praesentibus aut eorum balivis relinquantur, animadversione debita puniendi, clericis prius a suis ordinibus degradatis, ita quod bona huiusmodi damnatorum, si laici fuerint, confiscentur, si vero clerici, applicentur ecclesiis, a quibus stipendia perceperunt. Qui autem inventi fuerint sola suspicione notabiles, nisi iuxta considerationes[c] suspicionis qualitatemque personae propriam innocentiam congrua purgatione monstraverint, anathematis gladio feriantur, et usque ad satisfactionem condignam ab omnibus evitentur, ita quod, si per annum in excommunicatione perstiterint, extunc velut haeretici condemnentur. Moneantur autem et inducantur et si necesse fuerit per censuram ecclesiasticam compellantur saeculares potestates, quibuscumque fungantur officiis, ut[d] sicut reputari cupiunt et haberi fideles, ita pro defensione fidei praestent publice iuramentum, quod de terris suae iurisdictioni subiectis universos haereticos ab ecclesia denotatos bona fide pro viribus exterminare studebunt[e], ita quod amodo quandocumque quis fuerit in potesta-

---

[a] Almarici *v. l. Cr*   [b] varietate *v. l. Rm*   [c] considerationem *v. l. LC*
[d] cuiuscumque officii, etiam *Cr*   [e] studeant *Cr*

---

[1] Cf. *Expositio magni prophetae abbatis Joachim in Apocalipsim*, Venetiis 1527, c. 1 rv; cf. Russo, *Bibliografia . . .*, 22.

[2] Cf. inter alios P. Fournier, *Études sur Joachim de Flore et ses doctrines*, Paris 1909, 32-37; E. Buonaiuti, *Gioacchino da Fiore. I tempi, la vita, il messaggio*, Roma 1931, 174-175; F. Foberti, *Gioacchino da Fiore . . .*, Firenze 1934, 81-131; Ioachimi abbatis *Liber contra Lombardum (Scuola di Gioacchino da Fiore)*, ed. C. Ottaviano, Roma 1934; *Scritti minori* di Gioacchino da Fiore, ed. E. Buonaiuti (Fonti per la storia d'Italia, 78), Roma 1936, XX-LIII; Huck 131-132, 176-177, 272-274; F. Foberti, *Gioacchino da Fiore e il gioachinismo antico e moderno*, Padova 1942, 39-60; A. Michel, DThC 15/2 (1950) 1727-1730; F. Russo, *Un documento sulla condanna di Gioacchino da Fiore nel 1215*, Archivio storico per la Calabria e la Lucania 20 (1951) 69-73; E. Bertola, *La dottrina trinitaria in Pietro Lombardo*, Miscellanea lombardiana, Novara 1957, 129-135.

[3] Amalricus a Bena († 1204); cf. G. C. Capelle, *Autour du décret de 1210 : III. Amaury de Bène,* Paris 1932; H. Grundmann, *Religiöse Bewegungen im Mittelalter . . .*, Berlin 1935, 374-375.

[4] c. 2 *X.* I 1 (Fr 2, 6-7); cf. etiam Fliche 200; Tillmann 159, 203; Maccarrone 287-288, 295.

특히 요아킴이 하느님의 계획에 따라 모든 믿는 이들의 어머니요 교사인 로마교회가 간직한 그 신앙을 자신도 간직하겠다고 확고히 고백하면서 이를 받아쓰게 하고 손수 서명한 서한[1])과 함께 자신의 모든 저작물을 사도좌의 판단에 따라 인정받거나 교정받기 위해 우리에게 보내기로 하였기 때문이다.[2] 또한 불경스런 아말리쿠스(Amalricus)[3])의 지극히 사악한 교설도 비난하고 단죄하는 바이다. 기만의 아버지가 그의 생각을 눈멀게 하여 그의 주장은 이단적이라기보다는 정신병적이라고 여겨져야 한다.[4])

3. 이단자들

위에서 제시한 거룩하고 정통적인 가톨릭 신앙을 거슬러서 일어나는 온갖 이단을 파문하는 바이다. 어떤 이름으로 불리든지 모든 이단자들을 단죄하는 바이다. 그들은 서로 다른 얼굴을 가지고 있지만 허위에 있어서는 모두 마찬가지라서 그들의 꼬리는 서로 뒤엉켜 있다. 단죄받은 자들은 적당한 처벌을 받도록 세속 통치자들이나 그들의 집행관들에게 내맡겨져야 한다. 그리고 성직자들의 경우는 우선 자신의 품계를 박탈 해야 한다. 단죄받은 자들의 재산에 관해서는 그들이 평신도인 경우에는 그것을 몰수하고 그들이 성직자인 경우에는 녹을 받는 성당에 바친다. 그러나 단지 이단의 혐의를 받은 자들은 혐의의 이유와 당사자의 품성에 대하여 그들이 적절한 증거들로써 자신의 결백을 보여주지 않는 한 파문의 검(劍)에 맞아야 하고 그들이 마땅한 속죄를 할 때까지 모든 이는 그들을 피해야 한다. 일 년을 파문받은 상태로 머물러 있으면 그들은 이단자로 단죄되어야 한다. 세속 통치자들은 지위를 막론하고 자신들이 신자로 여겨지고 신자이기를 원한다면, 교회가 선의로 지목한 모든 이단자들을 자신의 권한을 다하여 관할 지역에서 축출함으로써 신앙을 수호하겠다는 공개적 선서를 하도록 교회로부터 권고받고 인도되고 필요한 경우에는 교회의 교정벌로 강제되어야 한다. 이제부터 누가 영적 권한이나 세속적 권한을 받게 되면 언제나 본 조항의 내용을 선서를 통해 확인해야 한다.

---

1) 참조: *Expositio magni prophetae abbatis Joachim in Apocalipsim*, Venezia 1527, c. 1 rv; 또한 Russo, *Bibliogaphia...*, 22.
2) 참조: 여타의 것들 중에 E. Buonaiuti, *Gioacchino da Fiore. I tempi, la vita, il messaggio,* Roma 1931, 174-175; Foberti, *Gioacchino da Fiore...*, Firenze 1934, 81-131; Iochimi abbatis, *Liber contra Lombardum*(Scuola di Gioacchino da Fiore), ed. C. Ottaviano, Roma 1934; *Scritti minori di Gioacchino da Fiore,* ed. E. Buonaiuti(Fonti per la storia d'Italia, 78), Roma 1936, XX-LIII; Huck 131-132, 176-177, 272-274; F. Foberti, *Gioacchino da Fiore e il gioacchinismo antico e documento sulla condanna di Gioacchino da Fiore nel 1215*, Archivio storico per la Calabria e la Lucania 20(1951) 69-73; E. Bertola, *La dottrina trinitaria in Pietro Lombardo,* Miscellanea lombardiana, Novara 1957, 129-135; M. Reeves, *The influence of prophecy in the later Middle Ages, a study in Joachimism,* Oxford 1969, 30-32; idem, *Joachim of Fiore and the Prophetic Future,* London 1976, 24-26.
3) Béne의 Amalricus(+1204); 참조: G. C. Capelle, *Autour du decret de 1210: III. Amaury de Béne,* Paris 1932; H. Grundmann, *Religiöse Bewegungen im Mittelalter...*, Berlin 1935, 374-375.
4) 제2장 X. I 1(Fr 2, 6-7); 또한 Fliche 200; Tillmann 159, 203; Maccarrone 287-288, 295.

tem sive spiritualem[a] sive temporalem assumptus, hoc teneatur capitulum iuramento[b] firmare. Si vero dominus temporalis, requisitus et monitus ab ecclesia, terram suam purgare neglexerit ab hac haeretica foeditate, per metropolitanum et ceteros[b] comprovinciales episcopos excommunicationis vinculo innodetur; et si satisfacere contempserit infra annum, significetur hoc summo pontifici, ut extunc ipse vassallos ab eius fidelitate denunciet absolutos et terram exponat catholicis occupandam, qui eam exterminatis haereticis sine ulla contradictione possideant et in fidei puritate conservent, salvo iure domini principalis, dummodo super hoc ipse nullum praestet obstaculum nec aliquod impedimentum opponat; eadem nihilominus lege servata circa eos, qui non habent dominos principales. Catholici vero qui, crucis assumpto charactere, ad haereticorum exterminium se accinxerint, illa gaudeant indulgentia, illoque sancto[b] privilegio sint muniti, quod accedentibus in Terrae sanctae subsidium conceditur. Credentes vero, praeterea receptores[c], defensores et fautores haereticorum excommunicationi decernimus subiacere, firmiter statuentes ut, postquam quis talium fuerit excommunicatione notatus, si satisfacere[d] contempserit infra annum, extunc ipso iure sit factus infamis, nec ad publica officia seu consilia, nec ad eligendos aliquos ad huiusmodi, nec ad testimonium admittatur; sit etiam intestabilis, ut nec testandi[e] liberam habeat facultatem[f] nec ad hereditatis successionem accedat; nullus praeterea ipsi super quocumque negocio[g], sed ipse alii respondere cogatur. Quod si forte iudex exstiterit, eius sententia nullam obtineat firmitatem nec causae aliquae ad eius audientiam perferantur; si fuerit advocatus, eius patrocinium nullatenus admittatur; si tabellio, eius instrumenta confecta per ipsum, nullius penitus sint momenti, sed cum auctore damnato damnentur; et in similibus[h] idem praecipimus observari; si vero clericus fuerit, ab omni officio et beneficio deponatur, ut in quo maior est culpa, gravior exerceatur vindicta. Si qui autem tales, postquam ab ecclesia denotati fuerint, evitare contempserint, excommunicationis sententia usque ad satisfactionem idoneam percellantur. Sane clerici non exhibeant huiusmodi pestilentibus ecclesiastica sacramenta nec eos christianae praesumant sepulturae tradere, nec eleemosynas aut[i] oblationes eorum accipiant; alioquin suo priventur officio, ad quod numquam restituantur absque indulto sedis apostolicae speciali. Similiter quilibet regulares, quibus hoc etiam infligatur, ut eorum privilegia[k] illa dioecesi non serventur, in qua tales excessus praesumpserint perpetrare. „Quia vero nonnulli *sub specie pietatis virtutem eius* (iuxta quod ait Apostolus) *abnegantes*[1], auctoritatem sibi vendicant praedicandi, cum idem[l] Apostolus dicat: *Quomodo praedicabunt nisi mittantur?*[2],

---

[a] perpetuam *v. l. Rm*   [b] *om. Cr*   [c] receptatores *A*
[d] ut si postquam quilibet talium... notatus satisfacere *Cr*
[e] testamenti *Cr*   [f] factionem *Cr A*   [g] respondeat *add. M*
[h] subiectis *Cr*   [i] nec *Cr*   [k] *in add. Cr*   [l] ipse *Cr*

---

[1] 2 Tm 3, 5.   [2] Rm 10, 15.

따라서 만일 어느 세속 군주가 교회로부터 요구와 권고를 받고도 자기 관할 지역에서 이단적 추태를 제거하는 일을 소홀히 하면, 그는 관구장 주교나 관구의 여타 주교들에 의해서 파문을 받아야 한다. 그러고도 일 년 동안 속죄하지 않으면 이에 관해 교황에게 알림으로써 교황으로 하여금 그때부터 그 군주의 봉신들이 그에 대한 충성의 의무에서 면제되었고 그 영토를 가톨릭 신자들이 다스리게 한다고 선포하게 해야 한다. 그럼으로써 그들이 이단자들을 척결하여 아무런 방해 없이 집권하고 신앙의 순수성 안에서 그것을 유지할 수 있게 해야 한다. 다만 이 모든 것에 대하여 방해하거나 장애를 유발하지 않는 한, 종주권을 가진 군주의 권한은 그대로 존중된다. 자기 위에 종주권을 가진 군주가 없는 영주들에 대해서도 같은 법이 준수되어야 한다. 십자표를 부착하고 이단 척결을 위해 허리를 동여매는 가톨릭 신자들은 성지를 보호하러 가는 이들에게 주어지는 대사들과 거룩한 특전들을 향유하게 될 것이다. 또한 이단자들을 신뢰하고 받아들이고 보호하고 후원하는 자들은 파문의 대상이 된다는 것을 선언하는 바이다. 아울러 매우 확고히 명하는 바, 이런 일로 파문 제재를 받은 자가 일 년 이내에 속죄하는 것을 소홀히 하면 법 자체로 파렴치한으로 선언되고 공직이나 의원직을 맡을 수 없고 그런 자리를 놓고 타인을 선거할 권리도 없으며 증언할 권리도 없게 된다. 게다가 증명 무자격자가 되어 유언을 남기는 권리와 상속을 받을 권리를 박탈당한다. 뿐더러 어떤 사안에 관해서든 그에 대해서 아무도 답변할 의무가 없으며 그는 다른 이들에게 답변할 의무가 있다. 만일 그가 재판관이라면 그의 판결문들은 아무런 효력이 없고 어떤 소송도 그에게 맡겨져서는 안 된다. 만일 그가 변호사라면 그의 변론은 접수되지 않을 것이며 그가 공증관이라면 그가 작성한 문서들은 효력이 없을뿐더러 단죄받은 그 작성자와 함께 폐기될 것이다. 이와 유사한 경우들에도 마찬가지로 준수되어야 한다고 명하는 바이다. 하지만 성직자의 경우에는 모든 직위와 교회록에서 해임되어야 한다. 이는 잘못이 큰 자에게는 그만큼 큰 벌을 받게 하기 위한 것이다. 만일 누가 교회에 의해 알려진 다음에 그런 자들을 멀리하기를 거부하면 응분의 보속을 하기 전까지 파문 제재를 받아야 한다. 당연히 성직자들은 그런 해악한 자들에게 교회의 성사를 베풀지 말아야 하고 그리스도교 장례도 해주지 말아야 하며 그들로부터 구호금이나 기부금도 받지 말아야 한다. 그렇게 하지 않으면 직위에서 해임될 것이고 사도좌의 특별 관면 없이는 결코 더 이상 복직하지 못할 것이다. 마찬가지로 모든 수도자들에게도 이러한 형벌이 가해져야 하고 그들이 소속 교구에서 누리던 특전들이 그런 월권행위를 감행해도 된다고 추정하게 한다면 그 특전들은 상실되어야 한다. "*겉으로는 신심이 있는 체하여도* (사도가 말하였듯이) *신심의 힘은 부정하는*[1] 자들이, *파견되지 않았으면 어떻게 선포할 수 있겠습니까?*[2]라는 그 사도의 말씀에도 불구하고, 자신들의 설교할 권한을 주장하는 경우가 더러 있다.

---

1) 2 티모 3, 5.
2) 로마 10, 15.

omnes qui prohibiti vel non missi, praeter auctoritatem ab apostolica sede vel catholico episcopo loci susceptam, publice vel privatim praedicationis officium usurpare praesumpserint"[1], excommunicationis vinculo innodentur, et nisi quantocius resipuerint, alia competenti poena plectantur[2]. Adicimus insuper, ut quilibet archiepiscopus vel episcopus per se aut per archidiaconum suum vel idoneas personas honestas[a] bis aut saltem semel in anno propriam parochiam, in qua fama fuerit haereticos habitare, circumeat, et ibi tres vel plures boni testimonii viros vel etiam, si expedire videbitur, totam viciniam iurare compellat; quod si quis ibidem haereticos sciverit vel aliquos occulta conventicula celebrantes seu a communi conversatione fidelium vita et moribus dissidentes, eos episcopo studeat indicare. Ipse autem episcopus ad praesentiam suam convocet accusatos, qui nisi se ab obiecto reatu purgaverint vel si post purgationem exhibitam in pristinam fuerint relapsi perfidiam, canonice puniantur. Si qui vero ex eis, iuramenti religionem obstinatione damnabili[b] respuentes, iurare forte noluerint, ex hoc ipso tamquam haeretici reputentur. Volumus igitur et mandamus et in virtute obedientiae districte praecipimus, ut ad haec efficaciter exequenda, episcopi per dioeceses suas diligenter invigilent, si canonicam effugere voluerint ultionem; si quis enim episcopus super expurgando de sua dioecesi haereticae pravitatis fermento, negligens fuerit vel remissus, cum id certis indiciis apparuerit, et[c] ab episcopali officio deponatur et in loco ipsius alter substituatur idoneus, qui velit et possit haereticam confundere pravitatem.[3]

4. De superbia Graecorum contra Latinos

Licet Graecos in diebus nostris ad obedientiam sedis apostolicae revertentes, fovere et honorare velimus, mores ac ritus eorum[d], quantum cum Domino[e] possumus, sustinendo, in his tamen illis deferre nec volumus nec debemus, quae periculum generant animarum et ecclesiasticae derogant honestati. Postquam enim Graecorum ecclesia cum quibusdam complicibus ac fautoribus suis ab obedientia sedis apostolicae se subtraxit, in tantum Graeci coeperunt abominari latinos, quod inter alia quae in derogationem eorum impie committebant, si quando sacerdotes latini super eorum celebrassent altaria, non prius ipsi sacrificare volebant in illis, quam ea tamquam per hoc inquinata lavissent; baptizatos etiam a latinis et ipsi Graeci rebaptizare ausu temerario praesumebant et adhuc,

[a] vel alias honestas idoneasque personas *A*
[b] iurationem damnabili superstitione *Cr*   [c] om. *Cr*   [d] in add. *Rm*   [e] Deo *Cr*

---

[1] Ex decreto Lucii papae III contra haereticos, conc. Veronense a. 1184 (Msi 22, 477); cf. Jaffé nr. 15109.
[2] Cf. inter alios G. Gonnet, *Il Valdismo medievale*, Torre Pellice 1942, 100-101.
[3] c. 13 *X*. V 7 (Fr 2, 787-789); cf. inter alios F. W. Maitland, *Roman Canon Law in the Church of England*, London 1898, 161-162; J. Guiraud, *Histoire de l'inquisition au Moyen-Age*, I Paris 1935, 413; W. Ullmann, *Medieval Papalism. The Political Theories of the Medieval Canonists*, London 1949, 177; Fliche 201; R. Morghen, *Medioevo cristiano*, Bari ²1958, 287-289; Tillmann 204-207; Maccarrone 286-287.

따라서 설교가 금지된 자들이나 혹은 사도좌나 지역의 가톨릭 주교의 권위로 파견되지 않은 자들은 누구라도"[1] 감히 사적으로나 공적으로 설교의 권한을 불법 행사하면 파문받아야 한다. 그리고 그들이 조속히 뉘우치지 않으면 또 다른 응분의 형벌을 받아야 한다.[2] 게다가 추가하건대, 각기 대주교와 주교는 자기 수하 본당에 이단들이 거주한다는 소식을 접하면, 몸소 혹은 자신의 대부제를 통해서, 아니면 여타의 정직하고 적합한 인물들을 통해서 자기의 교구를 일 년에 두 번이나 적어도 한 번 순시해야 한다. 그리고 그는 평판이 좋은 인물로 세 명이나 그 이상의 사람들로 하여금, 혹은 타당하다고 여겨지면 아예 그 주위의 전 주민으로 하여금, 이단자들이나 비밀 집회를 하는 자들이나 생활과 풍습에 있어서 신자로 처신하는 일반적인 형태로부터 벗어난 자들에 대해서 주교에게 알리는 일에 힘쓰겠다는 선서를 하도록 강제해야 한다. 주교는 고발된 자들을 자기 면전에 소환해야 하고, 만일 그들이 자신의 혐의점에 대해 결백을 증명하지 못하거나 속죄를 한 다음에 자신들의 원래의 잘못에 다시 떨어지면 그들은 교회법에 따라 처벌되어야 한다. 하지만 만일 누가 저주받을 고집을 피우면서 선서에 수반되는 결속을 회피하고 싶어서 선서하기를 거부한다면 바로 그 사실 자체로 이단자로 취급될 것이다. 그러므로 주교들은 교회법적 형벌 제재를 당하고 싶지 않으면, 자기 교구에서 이러한 법규들이 제대로 집행되도록 신중하게 감독하기를 바라고 요구하는 바이며, 이를 순명의 덕으로 준수할 것을 엄중하게 명하는 바이다. 만일 어느 주교가 사악한 이단의 누룩을 자기 교구에서 제거하는 일에 게으르거나 소홀히 한다면, 그리고 그렇게 하는 것이 확실한 단서들과 함께 드러난다면 그는 주교직을 내놓아야 하고 그의 자리에는 이단의 해악을 붕괴시킬 원의가 있고 그럴 능력이 있는 적당한 인물이 배치되어야 한다.[3]

4. 라틴인들에 대한 그리스인들의 교만

최근에 사도좌에 순명하겠다고 되돌아온 그리스인들을, 주님 안에서 할 수 있는 한도 내에서 그들의 풍습과 전례를 존중하면서, 기꺼이 품어 주고 경의를 표하는 바이다. 하지만 그렇다고 해서 영혼들에게 위험을 초래하고 교회의 영예를 실추시키는 사안들을 내버려 두기를 원하는 것은 아니고 그렇게 해도 안 되는 것이다. 그리스인들의 교회가 그 지도자들과 신봉자들이 함께 사도좌에 대한 순명으로부터 빠져나간 이후에 그리스인들이 라틴인들을 멸시하기 시작했는데, 그들이 라틴인들에게 치욕이 되도록 행한 경건치 못한 일들 중에 이런 일도 있었다. 즉 라틴 사제들이 자신의 제대 위에서 미사를 집전하였을 경우에, 그리스인들은 그 제대 위에서 자신들의 미사를 봉헌하는 일이 자기들을 오염시킨다고 생각하여 제대를 정화하기 전에는 거기에서 미사 드리는 것을 거부하였다. 게다가 그리스인들은 라틴인들에 의해서 이미 세례 받은 이들에게 다시 세례를 주는 만용을 저지르곤 했다. 그리고 들리는 바에 의하면 몇몇은

---

[1] 1184년 베로나 공의회에서 반포된 교황 루치오 3세의 반(反)이단 교령에서 발췌(Msi 22, 477); 참조: Jaffé n. 15109.
[2] 참조: 여타의 것들 중에 G. Gonnet, *Il Valdismo medievale*, Torre Pellice 1942, 100-101.
[3] 제13장, X. V 7(Fr 2, 787-789); 여타의 것들 중에 F. W. Maitland, *Roman Canon Law in the Chruch of England*, London 1898, 161-162; J. Guiraud, *Histoire de l'inquisition au Moyen-Age*, I Paris 1935, 413; W. Ullmann, *Medieval Papalism. The Political Theories of the Medieval Canonists*, London 1949, 177; Fliche 201; R. Morghen, *Medioevo cristiano*, Bari ²1958, 287-289; Tillmann 204-207; Maccarrone 286-287.

sicut accepimus, quidam agere hoc non verentur. Volentes ergo tantum ab ecclesia Dei scandalum amovere, sacro suadente concilio districte praecipimus, ut talia de caetero non praesumant, conformantes se tamquam obedientiae filii sacrosanctae Romanae ecclesiae matri suae, ut sit *unum ovile et unus pastor*[1]. Si quis autem quid[a] tale praesumpserit, excommunicationis mucrone percussus, ab omni officio et beneficio ecclesiastico deponatur.[2]

5. De dignitate patriarcharum

Antiqua patriarchalium sedium privilegia renovantes, sacra universali synodo approbante sancimus, ut post Romanam ecclesiam, quae disponente Domino super omnes alias ordinariae potestatis obtinet principatum, utpote mater universorum Christi fidelium et magistra, Constantinopolitana primum, Alexandrina secundum, Antiochena tertium, Hierosolymitana quartum locum obtineant[3], servata[b] cuilibet propria dignitate, ita quod postquam eorum antistites a Romano pontifice receperint pallium, quod est plenitudinis officii[c] pontificalis insigne, praestito sibi fidelitatis et obedientiae iuramento, licenter et ipsi suis suffraganeis pallium largiantur, recipientes pro se professionem canonicam et pro Romana ecclesia sponsionem obedientiae ab eisdem. Dominicae vero crucis vexillum ante se faciant ubique deferri, nisi in urbe Romana et ubicumque summus pontifex praesens exstiterit vel eius legatus, utens insigniis apostolicae dignitatis. In omnibus autem provinciis eorum iurisdictioni subiectis ad eos, cum necesse fuerit, provocetur, salvis appellationibus ad sedem apostolicam interpositis, quibus est ab omnibus humiliter deferendum.[4]

6. De conciliis provincialibus

Sicut olim a sanctis patribus noscitur institutum[5], metropolitani singulis annis cum suis suffraganeis provincialia non omittant concilia celebrare, in quibus de corrigendis excessibus et moribus reformandis, praesertim in clero, diligentem habeant cum Dei timore tractatum, canonicas regulas[d] et maxime quae statuta sunt in hoc generali concilio relegentes, ut eas faciant observari, debitam poenam transgressoribus infligendo. Ut autem id valeat efficacius adimpleri, per singulas dioeceses statuant idoneas personas, providas videlicet et honestas, quae per totum annum simpliciter et de plano, absque ulla iurisdictione sollicite investigent, quae correctione vel reformatione sint digna, et ea fideliter perferant ad metropolitanum et suffraganeos et alios[c] in concilio subsequenti, ut super his et aliis, prout utilitati et honestati congruerit, provida deliberatione procedant; et quae[e] statuerint, faciant observari, publicantes ea in episco-

---

[a] aliquid *Cr*   [b] reservata *Cr*   [c] om. *Cr*   [d] causas *Cr*   [e] quod *Cr*

---

[1] Io 10, 16.   [2] c. 6 *X*. III 42 (Fr 2, 647-648); cf. Fliche 199; Maccarrone 289.
[3] Cf. conc. Constant. I, c. 3; conc. Chalc., c. 28; conc. Constant. IV, c. 21 (v. supra pp. 32, 99-100, 182).
[4] c. 23 *X*. V 33 (Fr 2, 866); cf. Tillmann 32; Maccarrone 279, 289-290.
[5] Cf. conc. Nic. I, c. 5; conc. Chalc., c. 19; conc. Nic. II, c. 6 (v. supra pp. 8, 96, 143-144).

아직도 이런 짓을 행하는 것을 두려워하지 않고 있다. 그러므로 하느님의 교회로부터 그러한 심각한 추문을 척결하기를 원하면서 거룩한 공의회의 의견에 따라 그들에게 엄중하게 명하는 바, 그러한 일들을 감행하기를 그만두고 그들의 어머니인 거룩한 로마교회에 순종하는 자녀가 됨으로써 *한 목자 아래 한 양 떼가 되어야 한다*.[1] 하지만 만일 누가 그러한 일을 감행하면 그는 파문의 검에 맞아야 하고 온갖 교회 직위와 교회록을 내놓아야 한다.[2]

5. 총대주교들의 품위

총대주교좌들에 대한 옛 특전들을 갱신하면서, 거룩하고 보편적인 공의회의 승인 사항으로 명하는 바, 주님의 뜻에 따라 모든 그리스도인들의 어머니요 교사로서 모든 교회들 위에 정규 권한의 수위권을 향유하는 로마교회 다음으로 콘스탄티노플 교회가 첫째 자리를 차지하고 알렉산드리아 교회가 둘째 자리 안티오키아 교회가 셋째 자리 그리고 예루살렘 교회가 넷째 자리를 차지하고[3] 이들 교회는 각각 그들의 고유한 품위를 그대로 유지해야 한다. 이처럼 그 교회들의 주교들이 교황이 부여한 품위의 충만한 표징인 팔리움을 로마교황으로부터 받고 교황에게 충성과 순명 서약을 발한 다음에, 비로소 그들 자신이 수하 주교들에게 합법적으로 팔리움을 수여할 수 있고 자신들 앞에서 행하는 교회법적 신앙 선서를 받을 수 있으며 거룩한 로마교회에 대한 순명 서약을 받을 수 있다. 그리고 그들은 로마 시와 교황이나 교황의 품위를 상징하는 문장(紋章)을 소지한 전권대사가 출석해 있는 곳을 제외하고는 어디서든지 자기 앞에 운반되는 주님의 십자가 문장의 기(旗)를 가질 수 있다. 그들의 통치권 아래 있는 모든 관구들에서는 필요한 경우에 그들에게 항소심을 청구해야 한다. 단 모두가 겸손하게 따라야 하는 사도좌에 청구한 상고심의 경우는 그러하지 아니하다.[4]

6. 관구 공의회

거룩한 교부들에 의해 제정된 옛 규정에 따라,[5] 관구장 주교들은 자기 수하의 교구장 주교들과 함께 관구 공의회를 해마다 거행하는 것을 소홀히 하지 말아야 한다. 거기서 하느님께 대한 경외심과 과오의 교정과 생활의 개혁을 다루어야 하는데, 특히 성직자들의 경우를 다루어야 한다. 또한 교회법 조항들도 다시 읽게 해야 하는데, 특히 본 전체 공의회에서 제정된 조항들을 읽게 해야 한다. 그럼으로써 위반자들에게 응당한 형벌 제재를 가하면서 그 규정들이 준수되게 할 것이다. 이것이 보다 효과적으로 수행되게 하기 위해서 관구장 주교들은 적당한 인물, 즉 교정과 개혁에 필요한 것들을 아무런 편견 없이 단순하고 즉각적으로 일 년 내내 신중하게 조사하고 이러한 사안들을 차기 관구 공의회에서 관구장 주교와 관구 내 교구장 주교들에게 그리고 여타의 인물들에게 충실하게 보고할 현명하고 정직한 인물을 각 교구에 선발하여 임명해 두어야 한다. 그럼으로써 이러저러한 사안들에 대해서 유용성과 적합성에 따라 사려 깊은 심의를 하게 될 것이다. 또한 결정된 사항들은 준수되어야 할 것이고 그 내용은 각 교구에서 해마다 거행되는

---

1) 요한 10, 16.
2) 제6장, X. III 42(Fr 2, 647-648); 참조 Fliche 199; Maccarrone 289.
3) 참조: 제1차 콘스탄티노플 공의회, 제3조; 칼케돈 공의회, 제28조; 제4차 콘스탄티노플 공의회, 제21조(위의 제32, 99-100, 182쪽).
4) 제23장 X. V 33(Fr 2, 866); 참조: Tillmann 32; Maccarrone 279, 289-290.
5) 참조: 제1차 니케아 공의회, 제5조; 칼케돈 공의회 제19조; 제2차 니케아 공의회, 제6조(위의 8, 96, 143-144쪽).

palibus synodis, annuatim per singulas dioeceses celebrandis. Quisquis autem hoc salutare statutum neglexerit adimplere, a suis beneficiis et executione officii suspendatur, donec per superioris arbitrium eius[a] relaxetur.[1]

7. De correctione excessuum

Irrefragabili constitutione sancimus, ut ecclesiarum praelati ad corrigendum subditorum excessus, maxime clericorum, et reformandum mores, prudenter et diligenter intendant, ne sanguis eorum de suis manibus requiratur[2]. Ut autem correctionis et reformationis officium libere valeant exercere, decernimus ut executionem ipsarum[b] nulla consuetudo vel appellatio valeat impedire, nisi formam[c] excesserint in talibus observandam[d]. Excessus tamen canonicorum ecclesiae cathedralis, qui consueverunt corrigi per capitulum, per ipsum in illis[e] ecclesiis, quae talem hactenus consuetudinem habuerunt, ad commonitionem et iussionem episcopi corrigantur infra terminum competentem, ab episcopo praefigendum. Alioquin extunc episcopus, Deum habens prae oculis, omni[f] contradictione[f] cessante[f], ipsos prout animarum cura exegerit, per censuram ecclesiasticam corrigere non postponat, sed et alios eorum excessus corrigere non omittat, prout animarum causa requirit, debito tamen ordine in omnibus observato[g]. Caeterum si canonici absque manifesta et rationabili causa, maxime in contemptum episcopi, cessaverint a divinis, episcopus nihilominus, si voluerit, celebret in ecclesia cathedrali[h] et metropolitanus ad querelam ipsius tamquam super hoc delegatus a nobis, taliter eos per censuram ecclesiasticam cognita veritate castiget, quod poenae metu talia de cetero non praesumant. Provideant itaque diligenter ecclesiarum praelati, ut hoc salutare statutum ad quaestum pecuniae vel gravamen aliud[i] non convertant, sed illud studiose ac fideliter exequantur, si canonicam voluerint effugere ultionem, quoniam super his apostolica sedes, auctore Domino, attentissime vigilabit.[3]

8. De inquisitionibus

„Qualiter et quomodo[k] debeat praelatus procedere ad inquirendum et puniendum subditorum excessus, ex auctoritatibus novi et veteris Testamenti colligitur evidenter, ex quibus postea processerunt canonicae sanctiones"[4], sicut olim aperte distinximus, et nunc sacri approbatione concilii confirmamus. „Legitur enim in evangelio quod villicus ille qui diffamatus erat apud dominum suum, quasi dissipasset bona ipsius[l], audivit ab illo: *Quid hoc audio de te? redde rationem villicationis tuae: iam enim non poteris villicare*[5]. Et in Genesi Dominus ait: *Descendam, et videbo utrum clamo-*

[a] eius suspensio *con. Su* [b] ipsius *Cr* [c] *om. Cr*
[d] observanda *Cr* [e] ipsis *Cr* [f] *om. M* [g] sed ... observato *om. A M*
[h] eadem *Cr* [i] aliquod *Cr* [k] quando *Cr et v. l. Rm* [l] sua *Cr*

---

[1] c. 25 *X*. V 1 (Fr 2, 747); cf. Fliche 208; Tillmann 157; Maccarrone 290-291.
[2] Cf. Ez 3, 18; 33, 8.
[3] c. 13 *X*. I 31 (Fr 2, 191); cf. Fliche 204-205; Tillmann 159; Maccarrone 293-294.
[4] c. 17 *X*. V 1 (Fr 2, 738-739).   [5] Lc 16, 2.

교구 시노드에서 공표되어야 할 것이다. 누구든지 이 구원의 법규들을 실천하는 일을 소홀히 하면 그의 상급 장상이 해제해 주기 전까지 자신의 교회록과 직무수행에 대한 정지 처분을 당할 것이다.[1]

7. 과오의 교정

거스를 수 없는 본 법령을 통해 명하는 바, 교회들의 고위 성직자들은 현명하고 근면하게 자기 수하의 구성원들의 과오, 특히 성직자들의 과오를 교정하는 일과 생활을 개혁하는 일에 매진해야 한다. 그렇지 않으면 그자들의 피 값을 자신들의 손으로 치러야 할 것이다.[2] 그들이 자신들의 이러한 교정과 개혁의 의무를 자유롭게 수행하게 하기 위하여 규정하노니, 그 어떤 관습이나 항변도 그들의 결정을 집행하는 것을 방해할 수 없다. 다만 이러한 사안들에 있어서 그들이 준수해야 할 형식을 위반하면 그러하지 아니하다. 하지만 일상적으로 참사회에 의해서 교정되어야 하는 주교좌성당의 의전 사제 단원들의 과오는 그러한 관습이 아직 남아 있는 성당들에서는 주교가 정한 적당한 기간 내에 주교의 권고와 명령에 의해 교정되는 것을 대신해서 참사회에 의해서 교정된다. 그것이 이루어지지 않으면 그때부터 주교는 눈앞에 하느님만을 염두에 두고 모든 반대를 종식시키면서 영혼의 사목에 요청되는 바에 따라 교회의 형벌 제재를 동원하여 그들을 교정하는 일을 주저하지 말아야 한다. 또한 정해진 모든 절차상의 규정들을 준수하면서 그들의 다른 과오들도 영혼의 선익에 입각해서 교정하는 일도 주저하지 말아야 한다. 그 외에 만일 의전 사제 단원들이 분명하고 타당한 이유 없이 전례 거행의 직무를 중지한다면, 특히 그것이 주교를 무시해서 그런 것이라면, 주교가 자신의 원의에 따라 주교좌성당에서 몸소 거행할 수 있다. 그리고 주교의 호소가 있을 경우 관구장 주교는 이러한 사안에 대한 사도좌의 대리인으로서 사실을 파악한 후 그자들에게 응분의 형벌 제재를 가함으로써 적어도 형벌이 무서워서라도 더 이상 그러한 과오를 저지르지 못하도록 해야 한다. 교회들의 고위 성직자들은 그자들이 이 구원적 법규를 금전이나 여타의 부담을 주는 부당 징수의 도구로 전락시키지 않도록 근면하게 감독해야 하고, 이 사안에 대해서 사도좌가 주님의 도움에 힘입어 지극히 각별한 감시를 할 것이니만큼, 오히려 그자들로 하여금, 교회법적 형벌 제재를 피하기를 원한다면, 열심히 그리고 신실하게 직무를 수행하게 해야 한다.[3]

8. 조사

"어떻게 그리고 어떤 방식으로 고위 성직자가 자기의 수하들의 과오에 대해 조사하고 처벌할 것인가는 구약과 신약성서의 권위에서 분명하게 연역된다. 거기에서 교회법의 규정들이 유래된 것이다."[4] 이는 종전에 분명히 언급한 적이 있는데, 지금 거룩한 공의회의 승인 사항으로 확인하는 바이다. 실로 복음에서 어느 집사가 자기 주인의 재산을 낭비했다고 그 주인에게 고발되어 다음과 같은 말을 듣는 것을 본다. *자네 소문이 들리는데 무슨 소린가? 집사 일을 청산하게. 자네는 더 이상 집사 노릇을 할 수 없네.*[5] 그리고 창세기에서는 주님께서 다음과 같이 말씀하신다. *이제 내가 내려가서, 저들 모두가 저지른 짓이 나에게 들려온 그 원성과*

---

1) 제25장, X. V 1(Fr 2, 747); 참조: Fliche 208; Tillmann 157; Maccarrone 290-291.   2) 참조: 에제 3, 18; 33, 8.
3) 제13장, X. I 1(Fr 2, 191); 참조: Fliche 204-205; Tillmann 159; Maccarrone 293-294.
4) 제17장, X. V 1(Fr 2, 738-739).   5) 루카 16, 2.

*rem, qui venit ad me, opere compleverunt*¹. Ex quibus auctoritatibus manifeste comprobatur, quod non solum cum subditus verum etiam cum praelatus excedit, si per clamorem et famam ad aures superioris pervenerit, non quidem a malevolis et maledicis sed a providis et honestis, nec semel tantum, sed saepe (quod clamor innuit et diffamatio manifestat), debet coram ecclesiae senioribus veritatem diligentius perscrutari; et\[a\] si rei poposcerit qualitas, canonica districtio culpam feriat delinquentis: non tamquam sit actor\[b\] et iudex, sed quasi deferente fama vel denunciante clamore, officii sui debitum exequatur. Licet autem hoc sit observandum in subditis, diligentius tamen observandum est in praelatis, qui *quasi signum* sunt positi *ad sagittam*². Et quia non possunt omnibus complacere, cum ex officio teneantur non solum arguere sed etiam increpare, quin etiam interdum suspendere, nonnunquam vero ligare, frequenter odium multorum incurrunt et insidias patiuntur. Ideo sancti patres provide statuerunt³, ut accusatio praelatorum non facile admittatur, ne concussis columnis corruat aedificium⁴, nisi diligens adhibeatur cautela, per quam non solum falsae sed etiam malignae criminationi ianua praecludatur. Verum ita voluerunt providere praelatis ne criminarentur iniuste, ut tamen caverent ne delinquerent insolenter, contra morbum utrumque invenientes congruam medicinam, videlicet ut criminalis accusatio, quae ad diminutionem capitis, id est degradationem, intenditur\[c\], nisi legitima praecedat inscriptio, nullatenus admittatur. Sed cum super excessibus suis quisquam fuerit infamatus ita, ut iam clamor ascendat, qui diutius sine scandalo dissimulari non possit vel sine periculo tolerari, absque dubitationis scrupulo ad inquirendum et puniendum eius excessus, non ex odii fomite, sed caritatis procedatur affectu; quatenus si fuerit gravis excessus, etsi non degradetur ab ordine, ab administratione tamen amoveatur omnino, quod est secundum evangelicam sententiam⁵ a villicatione villicum amoveri, qui non potest villicationis suae dignam reddere rationem."⁶ Debet igitur esse praesens is, contra quem facienda est inquisitio, nisi se per contumaciam absentaverit, et exponenda sunt ei\[d\] illa\[d\] capitula, de quibus fuerit inquirendum, ut facultatem habeat defendendi seipsum, et non solum dicta sed etiam nomina ipsa\[e\] testium sunt ei, ut quid et\[f\] a quo sit dictum appareat, publicanda, necnon exceptiones et replicationes legitimae admittendae, ne per suppressionem nominum infamandi, per exceptionum vero exclusionem deponendi falsum audacia praebeatur. Ad corrigendos itaque subditorum excessus tanto diligentius debet praelatus assurgere, quanto damnabilius eorum offensas desereret incorrectas, contra quos, ut de notoriis excessibus taceatur, etsi tribus modis possit procedi, per accusationem videlicet, denunciationem et inquisitionem eorum, ut tamen in omnibus diligens adhibeatur cautela, ne forte per leve compendium ad

a ut *LC*   b auctor *Cr*   c intendit *Cr*   d illi *Cr*   e om. *Cr*   f vel *Cr*

¹ Gn 18, 21.   ² Lm 3, 12.
³ Cf. conc. Constant. I c. 6; conc. Chalc., c. 21 (v. supra pp. 33-34, 97).
⁴ Cf. Id 16, 30.   ⁵ Cf. Lc 16, 2.   ⁶ c. 17 *X.* V 1 (Fr 2, 738-739).

같은 것인지 아닌지를 알아보아야겠다.[1] 이 권위 있는 기록들에서 볼 수 있듯이 하급자뿐만 아니라 고위 성직자가 과오를 범한 경우에 악의를 가진 자들과 모략하는 자들에게서 나온 것이 아닌 현명하고 정직한 사람들로부터 나온 원성과 소문이 장상의 귀에까지 들어가고 그것이 한 차례가 아니라 여러 차례 이루어지면(원성은 제안하고 소문은 드러낸다), 장상은 교회의 원로들 앞에서 성실하게 진실을 밝혀야 한다. 그리고 만일 사안의 중대성이 필요로 하는 경우에는 범법자의 과오는 교회법적 형벌 제재의 대상이 되어야 한다. 하지만 장상은 원고와 재판관 노릇을 동시에 할 수 없고 소문을 보고하거나 원성을 고발함으로써 자신의 직위에 따른 의무를 수행해야 한다. 이러한 법규들을 하급자들도 준수해야 할진대, *화살의 과녁으로*[2] 세워진 고위 성직자들은 훨씬 세심하게 준수해야 한다. 고위 성직자들은 모든 이를 만족시킬 수 없다. 그들은 그들의 직무상, 남의 죄상을 드러내는 일뿐만 아니라 견책하기도 해야 하고 때때로 정지 처분을 내리기도 하고 심지어는 단죄를 내리기도 하기 때문이다. 그래서 그들은 자주 많은 사람들의 반감을 사고 흉계에 빠지기도 한다. 그러므로 거룩한 교부들이 현명하게 규정한 바에 의하면,[3] 기둥이 흔들림으로써 건물이 무너지면 안 되기 때문에,[4] 고위 성직자를 거는 고발은 허위 고발과 악의적인 고발을 미연에 방지하는 신중한 예비 없이 쉽게 행해지지 말아야 하는 것이다. 이와 같이 교부들은 고위 성직자들이 부당하게 고발당하는 것을 방지하고자 했고, 동시에 온갖 병폐에 적합한 치료법을 모색하면서 고위 성직자들이 오만한 태도로 죄를 범하는 것도 막고자 했다. 파면 내지는 신분의 박탈을 초래하는 형사 고발의 경우 합법적 서식 작성이 선재되지 않고서는 어떤 식으로도 수리되지 말아야 한다. 하지만 어떤 자의 과오가 공개적으로 드러나 있어서 원성이 드높아지고 추문이 없이는 더 이상 방치할 수 없거나 손상이 없이는 관용을 베풀 수 없는 경우라면, 조금의 주저함도 없이 그 과오에 대한 조사에 착수하여 형벌 제재를 가해야 하는데, 미움에 의해서가 아니라 사랑의 발로(發露)로 그렇게 해야 한다. 만일 과오가 중대한 것이라면, 설령 파면에 해당되는 것이 아니라 할지라도, 그것을 범한 당사자는 모든 직무에서 물러나야 한다. 이는 복음의 가르침을[5] 따르는 것으로서 복음에서는 자신의 책무를 제대로 수행할 수 없는 관리자는 그 자리를 박탈당한다.[6] 조사를 받는 자는, 항명할 생각이 아닌 한, 출석해야 한다. 그리고 조사의 조목들이 조사 받는 당사자에게 제시되어 그가 자신을 변호할 수 있게 해야 한다. 그에게 고발의 내용뿐만 아니라 증인들의 이름도 알려줘서 무슨 일로 고발되었는지 누구에 의해서 고발되었는지를 알게 해야 한다. 그리고 법이 인정한 항변과 재항변에 대해 알려주고 그것을 하도록 허락해야 한다. 그럼으로써 이름을 숨긴 채 뻔뻔하게 명예훼손을 하는 일과 항변이 배제되어 그릇되게 직무를 박탈하는 일이 없게 될 것이다. 고위 성직자는 수하들의 과오를 교정하는 것을 더욱 근면하게 수행해야 하는 만큼 그들의 과오를 처벌 없이 방치하는 것은 더욱 단죄받을 만하다. 드러난 사건들이 아닌 경우, 과오들에 대하여 고소, 고발, 조사의 세 가지 형태로 진행할 수 있다. 그럼에도 불구하고 모든 경우에 항상 세심한 예방책을 강구함으로써, 작은 것을 얻으려다

---

1) 창세 18, 21. 2) 애가 3, 12.
3) 참조: 제1차 콘스탄티노플 공의회, 제6조; 칼케돈 공의회, 제21조(위의 33-34, 97쪽).
4) 참조: 판관 16, 30. 5) 참조: 루카 16, 2. 6) 제17장 X. V 1(Fr 2, 738-739).

grave dispendium veniatur¹, sicut accusationem legitima praecedere debet inscriptio, sic et denunciationem caritativa admonitio et inquisitionem clamosa insinuatio praevenire, illo semper adhibito moderamine, ut iuxta formam iudicii sententiae quoque forma dictetur. Hunc tamen ordinem circa regulares personas non credimus usquequaque servandum, quae, cum causa requirit, facilius et liberius a suis possunt administrationibus amoveri.²

9. De diversis ritibus in eadem fide

Quoniam in plerisque partibus intra eandem civitatem atque dioecesim permixti sunt populi diversarum linguarum, habentes sub una fide varios ritus et mores, districte praecipimus ut pontifices huiusmodi civitatum sive dioecesum, provideant viros idoneos, qui secundum diversitates rituum et linguarum divina officia illis celebrent et ecclesiastica sacramenta ministrent, instruendo eos verbo pariter et exemplo. Prohibemus autem omnino, ne una eademque civitas sive dioecesis diversos pontifices habeat, tanquam unum corpus diversa capita, quasi monstrum; sed si propter praedictas causas urgens necessitas postulaverit, pontifex loci catholicum praesulem, nationibus illis conformem, provida deliberatione constituat sibi vicarium in praedictis, qui ei per omnia sit obediens et subiectus, unde si quis aliter se ingesserit[a], excommunicationis se noverit mucrone percussum, et si nec sic resipuerit, ab omni ecclesiastico ministerio deponatur, adhibito, si necesse fuerit, brachio saeculari ad tantam insolentiam compescendam.³

10. De praedicatoribus instituendis

Inter caetera quae ad salutem spectant populi christiani, pabulum verbi Dei permaxime sibi noscitur[b] esse necessarium, quia sicut corpus materiali sic anima spirituali cibo nutritur, eo quod *non in solo pane vivit homo, sed in omni verbo quod procedit de ore Dei*⁴. Unde cum saepe contingat, quod episcopi propter occupationes multiplices vel invaletudines corporales aut hostiles incursus seu occasiones alias — ne dicamus defectum scientiae, quod in eis est reprobandum omnino nec de caetero tolerandum — per se ipsos non sufficiunt ministrare populo verbum Dei, maxime per amplas dioeceses et diffusas, generali constitutione sancimus, ut episcopi viros idoneos ad sanctae praedicationis officium salubriter exequendum assumant, potentes in opere et sermone⁵, qui plebes sibi commissas vice ipsorum, cum per se idem nequiverint[c], sollicite visitantes, eas verbo aedificent et exemplo; quibus ipsi, cum indiguerint, congrue necessaria ministrent, ne pro necessariorum defectu compellantur desistere ab incoepto. Unde praecipimus tam in cathedralibus quam in aliis conventuali-

---

[a] gesserit *Cr*   [b] noscitur sibi *LC*   [c] nequeunt *Cr*

---

¹ Cf. c. 17 *X*. V 1 (Fr 2, 739).
² c. 24 *X*. V 1 (Fr 2, 745-747); cf. Fliche 209; Tillmann 159; Maccarrone 284.
³ c. 14 *X*. I 31 (Fr 2, 191-192); cf. Fliche 199.
⁴ Mt 4, 4; cf. Dt 8, 3; Lc 4, 4.   ⁵ Cf. Lc 24, 19.

큰 것을 잃지 않게 해야 한다.[1] 따라서 항상 원칙을 준수하면서 고소에는 합법적 고소장이, 고발에는 사랑 어린 경고가 그리고 조사에는 공적인 내용 통지가 선행되어야 하며, 판결도 법적 소송 절차 규정에 입각해서 내려야 한다. 하지만 소속 장상에 의해 보다 쉽게 그리고 보다 자유롭게 직무에서 해임당할 수 있는 수도자들의 경우에 이런 규정이 항상 준수되어야 하는 것은 아니라고 본다.[2]

9. 같은 신앙 안에서 다양한 예법

서로 다른 언어를 사용하는 백성들이 같은 도시 내지는 같은 교구 내에 섞여서 거주함으로써 하나의 신앙 안에서 다양한 예법과 풍속을 가진 곳이 여럿이기 때문에 그러한 도시 내지는 교구의 주교들에게 엄중히 명하는 바, 말씀과 표양으로 백성들을 인도하면서 그들을 위해 여러 가지 예법과 언어로 거룩한 예식을 거행하고 성사를 집전할 수 있는 이들을 임명하여야 한다. 한편 하나의 몸에 여러 개의 머리를 가지면 괴물이 되기 때문에 하나의 도시 내지는 교구가 여러 교구장들을 가지는 것을 전적으로 금하는 바이다. 만일 앞서 언급한 이유들 때문에 어떤 시급한 필요성이 요구된다면 그 지역 교회의 교구장 주교는 신중하게 숙고한 후 앞서 언급한 사안들을 맡고 만사에 있어서 자신에게 순종하고 예속될 인물로서 그 나라에 적합한 가톨릭 주교를 자신의 보좌주교로 선임할 수 있다. 만일 그런 인물이 달리 처신한다면 파문의 검에 맞게 된다는 것을 알려주어야 하고, 그래도 그가 개심하지 않으면 그런 심한 오만을 종식시키기 위해서, 경우에 따라서는 세속의 힘을 빌려서라도, 그를 교회의 모든 직무로부터 파면시켜야 한다.[3]

10. 설교자의 선발

그리스도 백성의 구원을 도모하는 수많은 사안들 중에, 하느님의 말씀으로 양육하는 것이 가장 요긴하다는 것은 잘 알려져 있는 바이다. 그것은 *사람은 빵만으로 살지 않고 하느님 입에서 나오는 모든 말씀으로 산다.*[4]는 말씀에 따라 육신이 물질적인 음식을 섭취하듯이 영혼도 영적인 음식을 섭취해야 하기 때문이다. 특히 교구가 거대하거나 넓게 퍼져 있는 경우에 주교들의 과중한 업무나 그들의 육체적 질병이나 적들의 공격 혹은 여타의 이유로—그들에게 있어서 전적으로 저주받아야 하고 앞으로 용납되어서는 안 될 지식의 부족을 언급하진 않겠음—주교들 자신들만으로는 백성들에게 하느님의 말씀을 전하기에 역부족인 경우가 자주 발생한다. 따라서 이 일반 법령을 통해 명하는 바, 주교들은 거룩한 설교의 구원적 직무를 수행하기에 적합한 인물을 선발해야 한다. 그 인물들은 말씀과 행동에 있어서 힘이 있는 자들로서[5] 주교들이 할 수 없을 때 자기들에게 맡겨진 백성들을 주교를 대신해서 자상하게 방문하고 말씀과 표양으로써 그 백성들을 양육해야 한다. 필요에 따라 주교들은 그들에게 필요한 것을 제공해 주어서 그들이 필요한 것들이 부족하여 시작한 과업을 포기하게 만드는 일이 없도록 해야 한다. 따라서 대성당들과 여타의 수도원 성당들에서 주교는 설교뿐만 아니라 고해성사 듣는 일과

---

[1] 참조: 제17장 X. V 1(Fr 2, 739).
[2] 제24장 X. V 1(Fr 2, 745-747); 참조 Fliche 209; Tillmann 159; Maccarrone 284.
[3] 제14장 X. I 31(Fr 2, 191-192); 참조 Fliche 199.
[4] 마태 4, 4; 참조 신명 8, 3; 루카 4, 4.
[5] 참조: 루카 24, 19.

bus ecclesiis viros idoneos ordinari, quos episcopi possint coadiutores et cooperatores habere, non solum in praedicationis officio verum etiam in audiendis confessionibus et poenitentiis iniungendis ac caeteris, quae ad salutem pertinent animarum. Si quis autem hoc neglexerit adimplere, districtae subiaceat ultioni.[1]

11. De magistris scholasticis

Quia nonnullis propter inopiam et legendi studium et opportunitas proficiendi subtrahitur, in Lateranensi concilio[2] pia fuit institutione provisum, ut „per unamquamque cathedralem ecclesiam magistro, qui clericos eiusdem ecclesiae aliosque scholares pauperes gratis instrueret, aliquod competens beneficium praeberetur, quo et docentis relevaretur necessitas et via pateret discentibus ad doctrinam". Verum quoniam in multis ecclesiis id minime observatur, nos praedictum roborantes statutum, adicimus ut non solum in qualibet cathedrali ecclesia sed etiam in aliis, quarum sufficere poterunt facultates, constituatur magister idoneus a praelato, cum capitulo seu maiori ac saniori parte capituli eligendus, qui clericos ecclesiarum ipsarum et aliarum gratis in grammaticae facultate ac aliis instruat iuxta posse. Sane metropolitana ecclesia theologum nihilominus habeat, qui sacerdotes et alios in sacra pagina doceat et in his praesertim informet, quae ad curam animarum spectare noscuntur. Assignetur autem cuilibet magistrorum a capitulo unius praebendae proventus, et pro[a] theologo[a] a metropolitano tantundem, non quod[b] per[b] hoc efficiatur canonicus, sed tamdiu redditus ipsius[c] percipiat, quamdiu perstiterit in docendo. Quod si forte de duobus magistris[a] metropolitana ecclesia gravetur, theologo iuxta modum praedictum ipsa provideat, grammatico vero in alia ecclesia suae civitatis sive dioecesis, quod sufficere valeat, faciat provideri.[3]

12. De communibus capitulis monachorum

In singulis regnis sive provinciis fiat de triennio in triennium, salvo iure dioecesanorum pontificum, commune capitulum abbatum atque priorum abbates proprios non habentium, qui non consueverunt tale capitulum celebrare; ad quod universi conveniant, praepeditionem canonicam non habentes, apud unum de monasteriis ad hoc aptum, hoc adhibito moderamine, ut nullus eorum plus quam sex evectiones et octo personas adducat. Advocent autem caritative in huius novitatis primordiis duos Cisterciensis ordinis abbates vicinos, ad praestandum sibi consili-

[a] om. Cr [b] propter Rm [c] ipsos Cr

---

[1] c. 15 X. I 13 (Fr 2, 192); de c. 10-13 cf. inter alios P. Mandonnet, Saint Dominique. L'idée, l'homme et l'œuvre, II Paris 1938, 237-239; de c. 10 cf. etiam id., I 46-48; D. W. Robertson, Frequency of Preaching in Thirteenth-Century England, Speculum 24 (1949) 377sqq.; Fliche 203-204; Tillmann 153; Maccarrone 294-295, 296.
[2] Cf. conc. Lat. III, c. 18 (v. supra p.220).
[3] c. 4 X. V 5 (Fr 2, 770); cf. Mandonnet, Saint Dominique..., I 48-49, 195; Fliche 204; Tillmann 153, 155.

보속을 주는 일 그리고 영혼들을 구원에로 이끄는 여타의 일들에 있어서 보좌주교나 보좌신부로 거느릴 수 있는 적합한 남성들을 품계에 올려야 한다고 명하는 바이다. 만일 누가 이 일을 소홀히 한다면 그는 엄중한 형벌 제재를 받아야 한다.[1]

11. 학교의 교사들

어떤 이들은 재력 부족으로 말미암아 글 읽는 것을 배울 수 없거나 그들 자신을 격상시킬 기회를 갖지 못한다. 그리하여 라테란 공의회는[2] "각 대성당에는 교사를 위한 고유한 교회록을 설치하여 그 교사로 하여금 그 성당의 성직자들과 가난한 학생들을 무상으로 가르치게 해야 한다. 이런 식으로 교사의 필요성을 충족하도록 하고 피교육자들에게는 학문의 길을 열어 주게 배려해야 한다."고 사려 깊은 규정으로 배려한 바 있다. 하지만 많은 성당들에서 이것이 조금도 준수되지 않았기 때문에 그 규범에 다시 효력을 부가하기 위하여 덧붙이는 바, 대성당뿐만 아니라 재력이 충분한 여타의 성당들에서도 고위 성직자는 의전 사제단 혹은 의전 사제단의 분별력 있는 과반수의 동의를 얻어서 선발되는 적합한 교사를 선임하여 해당 성당이나 여타의 성당들의 성직자들에게 문법과 가능한 만큼 여타의 과목들을 무상으로 가르치게 해야 한다. 모름지기 대주교좌성당은 신학자를 두어서 사제들과 그 외의 사람들을 위해서 성서를 가르치고 특히 영혼의 구원에 관련된 것으로 인정되는 것들에 관해 그들을 양성하게 해야 한다. 각 교사에게는 의전 사제단에 의해서 오직 하나의 성직록이 배정되어야 하고 신학자에게는 대주교가 마찬가지로 배려해야 한다. 그러나 그렇다고 해서 그가 의전 사제 단원이 되는 것은 아니지만 그가 가르치는 일을 계속하는 동안까지는 한몫의 성직록을 수령한다. 만일 대주교좌성당에 두 명의 교사를 두는 것이 부담이 되면 신학자에게는 앞서 언급한 방식대로 배려하고 문법 교사에게는 그 도시 혹은 교구의 다른 성당에서 적합한 조치를 취하게 해야 한다.[3]

12. 수도승들의 총회

각 왕국 혹은 주(州)에서 아직까지 총회를 해 본 적이 없는 아빠스들과 고유의 아빠스가 없는 원장들의 총회가 3년마다 개최되어야 한다. 다만 교구장 주교의 권한은 보존된다. 교회 법적 장애가 없는 한, 그들 모두가 소집되어야 하고 이것을 감당할 수 있는 수도승원들 중 한 곳에서 행해져야 하는데 다음과 같은 제한을 둔다. 그들 중 누구도 말을 여섯 필 이상 가져오면 안 되고 사람은 여덟 명 이상 동반해서는 안 된다. 그들은 이 새로운 제도를 시작할 때, 호의를 가지고 근처의 시토회 아빠스 두 명을 초대하여 적절한 충고와 도움을 제공받아야 한다.

---

1) 제15장 X. I 13(Fr 2, 192); 제10-13법령에 대해서는 여타의 것들 중에 참조: P. Mandonnet, *Saint Dominique. L'idée, l'homme et l'oeuvre*, II Paris 1938, 237-239; 제10법령에 대해서는 참조: 같은 책 I 46-48; D. W. Robertson, *Frequency of Preaching in Thirteenth Century England*, Speculum 24(1949) 377이하.; Fliche 203-204; Tillmann 153; Maccarrone 294-295, 295.
2) 참조: 제3차 라테란 공의회, 제18조(위의 220쪽).
3) 제4장 X. V 5(Fr 2, 770); 참조: Mandonnet, *Saint Dominique...*, I 48-49, 195; Fliche 204; Tillmann 153, 155.

um et auxilium opportunum, cum sint in huiusmodi capitulis celebrandis ex longa consuetudine plenius informati. Qui absque contradictione duos sibi de ipsis associent, quos viderint expedire; ac ipsi quatuor praesint capitulo universo, ita quod ex hoc nullus eorum auctoritatem praelationis assumat, unde, cum expedierit, provida possint deliberatione mutari. Huiusmodi vero capitulum aliquot certis diebus continue iuxta morem Cisterciensium[a] celebretur, in quo diligens habeatur tractatus de reformatione ordinis et observantia regulari, et quod statutum fuerit, illis quatuor approbantibus, ab omnibus inviolabiliter observetur, omni excusatione et contradictione ac appellatione remotis; proviso nihilominus ubi sequenti termino debeat capitulum celebrari. Et qui convenerint[b], vitam ducant communem et faciant proportionabiliter[c] simul omnes communes expensas, ita quod si non omnes potuerint in eisdem, saltem plures simul in diversis domibus commorentur. Ordinentur etiam in eodem capitulo religiosae ac circumspectae personae, quae singulas abbatias eiusdem regni sive provinciae non solum monachorum sed etiam monialium, secundum formam sibi praefixam, vice nostra studeant visitare, corrigentes et reformantes quae correctionis et reformationis officio viderint[d] indigere, ita quod si rectorem loci cognoverint ab administratione penitus amovendum, denuncient episcopo proprio, ut illum amovere procuret; quod si non fecerit, ipsi visitatores hoc referant ad apostolicae sedis examen[e]. Hoc ipsum regulares canonicos[f] secundum ordinem suum volumus et praecipimus observare. Si vero in hac novitate quicquam difficultatis emerserit, quod per praedictas personas nequeat expediri, ad apostolicae sedis iudicium absque scandalo referatur, caeteris irrefragabiliter observatis, quae concordi fuerint deliberatione provisa. Porro dioecesani episcopi monasteria sibi subiecta ita studeant reformare, ut cum ad ea praedicti visitatores accesserint, plus in illis inveniant quod commendatione[g] quam quod[h] correctione sit dignum, attentissime praecaventes, ne per eos dicta monasteria indebitis oneribus aggraventur, quia sic volumus superiorum iura servari, ut inferiorum[i] nolimus iniurias sustinere. Ad hoc districte praecipimus tam dioecesanis episcopis quam personis que praeerunt capitulis celebrandis, ut per censuram ecclesiasticam, appellatione remota, compescant advocatos, patronos, vicedominos, rectores et consules, magnates et milites seu quoslibet alios, ne monasteria praesumant offendere in personis ac rebus; et[k] si forsitan offenderint, eos ad satisfactionem compellere non omittant, ut liberius et quietius omnipotenti Deo valeant famulari.[1]

[a] Cisterciensis ordinis *Rm* [b] conveniunt *Cr* [c] proportionaliter *M*
[d] cognoverint *Cr* [e] apostolicam sedem examinandum *Cr* [f] personas *M*
[g] commendandum *Cr* [h] *om. Cr* [i] inferiores *Cr* [k] ac *LC*

---

[1] c. 7 X. III 35 (Fr 2, 600-601); cf. inter alios U. Berlière, *Les chapitres généraux de l'ordre de S. Benoît,* Revue bénédictine 18 (1901) 364-371; J. Vendeuvre, *L'exemption de visite monastique...,* Paris 1907, 148sqq.; U. Berlière, *Innocent III et la réorganisation des monast res bénédictins,* Revue bénédictine 32 (1920) 22-42, 145-159; J.-B. Mahn, *L'ordre cistercien et son gouvernement des origines au milieu du XIIIe si`cle (1098-1265),* Paris 1945, 248-250; Ph.

왜냐하면 시토회원들은 오랜 관습을 통해서 이런 총회 거행에 관한 충만한 지식을 갖추고 있기 때문이다. 그 두 명의 시토회 아빠스들은 참석자들 중에 적절하다고 보이고 아무런 반대가 없는 인물 두 명을 선택하여 자신들과 합세해야 한다. 이 네 사람이 총회 전체를 주재한다. 다만 그들 중 아무에게도 지휘자의 권위가 부여되지는 않는다. 그리고 필요한 경우에 심사숙고한 후에 교체될 수도 있다. 이런 식의 총회는 시토회의 관행에 따라 수일간 지속해서 진행되어야 하고 거기서 수도회의 개혁과 회헌의 준수에 대해서 성실하게 다루어야 한다. 네 명의 주재자들의 승인 사항으로 결정된 사항은 그 어떤 구실이나 반대나 항변 없이 모두가 온전히 준수해야 한다. 그들은 또한 다음 주기가 만료될 때 총회를 거행할 장소도 결정해야 한다. 참석자들은 공동생활을 해야 하고 일체의 공동 경비는 비례적으로 부담해야 한다. 만일 그들 모두가 한 집에서 지낼 수 없다면 적어도 여러 집에서 조별로 함께 지내게 해야 한다. 총회에서 수도자나 현명한 인물을 미리 정해진 형식에 따라 선발하여 나를 대신해서 왕국 혹은 주(州)의 수도승들뿐만 아니라 수녀승들의 모든 자치 수도원구들을 감찰하게 하고 교정과 개혁이 필요한 사안들에 대해 교정하게 하고 개혁하게 해야 한다. 따라서 그들이 판단하기에 어느 곳의 장상이 확실히 직무에서 해임되어야 한다면 관할 주교에게 고발하여 그 직무에서 떠나게 해야 한다. 만일 주교가 이를 수행하지 않으면 사안을 심사하도록 감찰관 자신들이 사도좌에 넘겨야 한다. 이 규정을 수도회의 참사들도 자신들의 회헌에 따라 준수하기를 바라고 명하는 바이다. 만일 이 새 규정에서 앞서 언급한 사람들(감찰관들)이 이를 해결할 수 없는 어려움이 발생하면 추문을 피하면서 사도좌의 판단에 맡겨야 한다. 한편 그들이 세심한 검토를 한 후 합의적으로 결정한 여타의 사안들은 논박의 여지 없이 준수해야 한다. 아울러 교구장 주교들은 자신의 관할 하에 있는 수도승원들의 개혁을 도모함으로써 앞서 언급한 감찰관들이 올 때 자신들에게서 교정할 것보다는 칭찬할 것을 더 많이 발견하게 해야 할 것이다. 그들은 자신들에 의해서 수도승원들이 부당한 부담에 짓눌리는 일이 없도록 매우 신중해야 한다. 왜냐하면 나는 장상들의 권리가 옹호되기를 원하는 만큼 하급자들에 대한 불의가 용납되는 것을 원하지 않기 때문이다. 더 나아가서 엄중하게 명하는 바, 교구장 주교들과 총회를 주재하는 자들은 법조인들, 보호권자들, 군주의 대리들, 행정 책임자들과 집정관들, 고관들, 기사들 혹은 여타의 사람들이 수도승원들에 인적으로나 물적으로 피해를 주는 행위를 교회의 항소 불가 형벌 제재를 동원하여 막아야 한다. 그리고 만일 그들이 실수로 피해를 주었다면, 배상을 하도록 압박을 가하는 일을 간과하지 않음으로써 수도승원들이 전능하신 하느님을 보다 자유롭고 보다 평화롭게 섬길 수 있게 해야 한다.[1]

---

1) 제7장 X. III 35(Fr 2, 600-601); 여타의 것들 중에 참조, U. Berliere, *Les chapitres généraux de l'ordre de S. Benoît*, Revue bénédictine 18(1901) 364-371; J. Vendeuvre, *L'exemption de visite monastique...*, Paris 1907, 148 이하; U. Berliére, Innocent III et la réorganisation des monastéres *bénédictine*, Revue bénédictine 32(1920) 22-42, 145-159; J.-B. Mahn, *L'ordre cistercien et son gouvernement des origines au milieu du XIIIe siécle(1098-1265)*, Paris 1945, 248-250; Ph. Schmitz, *Histoire de l'Ordre de Saint-Bernoît*, III Maredsous 1948, 48-51, 67, 98, 117-118, 137, 141-142; Fliche 210; Tillmann 157; Maccarone 293-294.

13. De novis religionibus prohibitis

Ne nimia religionum[a] diversitas gravem in ecclesia Dei confusionem[b] inducat, firmiter prohibemus, ne quis de caetero novam religionem inveniat, sed quicumque voluerit ad religionem converti, unam de approbatis assumat. Similiter qui voluerit religiosam[c] domum fundare de novo, regulam et institutionem accipiat de religionibus approbatis. Illud etiam prohibemus, ne quis in diversis monasteriis locum monachi habere praesumat, nec unus abbas pluribus monasteriis praesidere.[1]

14. De incontinentia clericorum punienda

Ut clericorum mores et actus in melius reformentur, continenter et caste vivere studeant universi, praesertim in sacris ordinibus constituti, ab omni libidinis vitio praecaventes, maxime illo propter quod *ira Dei venit* de coelo *in filios diffidentiae*[2], quatenus in conspectu Dei omnipotentis puro corde ac mundo corpore valeant ministrare. Ne vero facilitas veniae incentivum tribuat delinquendi, statuimus ut qui deprehensi fuerint incontinentiae vitio laborare, prout magis aut minus peccaverint, puniantur secundum canonicas sanctiones, quas efficacius et districtius praecipimus observari, ut quos divinus timor a malo non revocat, temporalis saltem poena a peccato cohibeat. Si quis igitur, hac de causa suspensus, divina celebrare praesumpserit, non solum ecclesiasticis beneficiis spolietur, verum etiam pro hac duplici culpa perpetuo deponatur. Praelati vero qui tales praesumpserint in suis iniquitatibus sustinere, maxime obtentu pecuniae vel alterius commodi temporalis, pari subiaceant ultioni. Qui autem secundum regionis[c] suae morem non abdicarunt copulam coniugalem, si lapsi fuerint, gravius puniantur, cum legitimo matrimonio possint uti.[3]

15. De arcenda ebrietate clericorum

A crapula et ebrietate omnes clerici diligenter abstineant, unde vinum sibi temperent et se vino, nec ad bibendum quispiam incitetur, cum ebrietas et[d] mentis inducat exilium et libidinis provocet incentivum. Unde illum abusum decernimus penitus abolendum, quo in quibusdam partibus ad potus aequales suo modo se obligant potatores, et ille iudicio talium plus laudatur, qui plures inebriat et calices faecundiores exhaurit. Si quis autem super his culpabilem se exhibuerit, nisi a superiore commonitus satisfecerit competenter, a beneficio vel officio suspendatur.

---

[a] religiosorum *Cr*   [b] offensionem *Cr*   [c] religionis *Cr*   [d] *om. Cr*

Schmitz, *Histoire de l'Ordre de Saint-Benoît*, III Maredsous 1948, 48-51, 67, 98, 117-118, 137, 141-142; Fliche 210; Tillmann 157; Maccarrone 293-294.

[1] c. 9 *X*. III 36 (Fr 2, 607); cf. inter alios M.-H. Vicaire, in Mandonnet, *Saint Dominique...*, I 157-163; cf. etiam ibid. 49-50; Fliche 202-203; Tillmann 184-185.
[2] Eph 5, 6.
[3] c. 13 *X*. III 1 (Fr 2, 452); cf. conc. Lat. III, c. 11 (v. supra p. 217); cf. etiam Fliche 199, 205; de c. 14-22 cf. Maccarrone 291-292.

13. 새로운 수도회 금지

수도회들이 너무 다양함으로 인해 하느님의 교회에 혼동이 발생되지 않게 하기 위해서 엄격하게 금하노니, 앞으로는 누구도 새로운 수도회를 세울 수 없다. 누구든지 수도자가 되기를 원하면 이미 승인된 수도회들 중 하나에 입회해야 된다. 마찬가지로 새로운 수도원을 설립하려는 사람은 이미 승인된 수도회의 규칙과 제도를 채택해야 한다. 아울러 한 수도승이 복수의 수도승원에 거처를 둔다거나 한 아빠스가 복수의 수도승원을 통치하는 것도 금하는 바이다.[1]

14. 성직자들의 음행에 대한 처벌

성직자의 몸가짐과 행실은 더 나아지도록 개혁되어야 하기 때문에, 거룩한 품을 받은 자들을 비롯하여 모든 성직자들이 금욕적으로 그리고 정결하게 살려고 노력해야 한다. 그들은 특히 *하느님의 진노가 하늘로부터 순종하지 않는 자들에게 내립니다.*[2]라는 말씀이 이뤄지게 하는 온갖 음행의 악덕을 경계하여 순결한 마음과 정결한 몸으로 전능하신 하느님께 봉사하기에 걸맞은 자가 되어야 한다. 또한 쉽게 베풀어진 용서는 범죄행위에 자극이 되지 못하므로, 음란죄에 빠진 자는 그 죄의 비중에 걸맞게 교회법의 형벌 규정에 따라 처벌되어야 한다. 또한 하느님께 대한 두려움만으로는 악을 청산하지 못한다면 적어도 현세적 형벌로라도 죄짓는 것을 억제시키도록 그에 관한 형벌 규정은 실질적으로 그리고 엄격하게 준수되어야 한다고 명하는 바이다. 따라서 만일 누가 그런 이유로 정지 처분을 받았음에도 불구하고 거룩한 예식을 감히 거행한다면 그가 범한 이중 과오로 말미암아 그의 교회록의 박탈은 물론이고 영원히 면직될 것이다. 특히 금전이나 여타의 세속적 혜택을 노리고 그런 범죄자를 감히 부당하게 돌봐 주는 고위 성직자는, 동일한 형벌을 받게 될 것이다. 자기 지방의 풍습에 의해 혼인의 유대를 유지하고 있는 성직자들이 죄에 빠지면 더욱 무거운 형벌을 내려야 한다. 왜냐하면 그들은 혼인을 합법적으로 이용할 수 있기 때문이다.[3]

15. 성직자들의 주취(酒臭) 금지

모든 성직자들은 폭음과 주취를 성실하게 자제해야 한다. 술이 술을 마시게 만들기 마련이다. 술에 취하면 지성이 흐려지고 육욕이 생기므로 아무도 음주에 충동받지 않아야 한다. 따라서 일부 지역들에서는 술꾼들이 자기와 같은 양을 마시게 자기들끼리 멋대로 강요하고, 자기들의 사고방식에 따라, 더 많은 사람들에게 술을 먹일수록 그리고 자신도 더 여러 잔을 마실수록 칭송을 받는데, 과음은 완전히 사라지게 해야 한다고 명하는 바이다. 그러므로 만일 누가 이 사안에 대해 과오가 있다고 드러나고 장상의 경고가 있었음에도 불구하고 마땅한 보속 이행을 하지 않으면 그의 성직록이나 직무를 정지시켜야 한다.

---

[1] 제9장 X. III 36(Fr 2, 607); 참조: 여타의 것들 중에 M.-H. Vicaire, in Mandonnet, *Saint Dominique...*, I 157-163; 또한 참조: 같은 책 49-50; Fliche 203-203; Tillmann 184-185.
[2] 에페 5, 6.
[3] 제13장 X. III 1(Fr 2, 452); 참조: 제3차 라테란 공의회, 제11조(위의 217쪽); 또한 참조: Fliche 199, 205; 제14-22법령에 대해서는 참조: Maccarrone 291-292.

Venationem et aucupationem universis clericis interdicimus, unde nec canes nec aves ad aucupandum habere praesumant[a].[1]

16. *De indumentis clericorum*

Clerici officia vel commercia saecularia non exerceant, maxime inhonesta, mimis, ioculatoribus et histrionibus non intendant et tabernas prorsus evitent, nisi forte causa necessitatis in itinere constituti; ad aleas vel taxillos non ludant, nec huiusmodi ludis intersint[2]. Coronam et tonsuram habeant congruentem et se in officiis divinis et aliis bonis exerceant studiis diligenter. Clausa deferant desuper indumenta, nimia brevitate vel longitudine non notanda; pannis rubeis aut viridibus necnon manicis aut sotularibus[b] consuticiis seu rostratis, frenis, sellis, pectoralibus et calcaribus deauratis, aut aliam superfluitatem gerentibus, non utantur. Cappas manicatas ad divinum officium intra ecclesiam non[c] gerant, sed nec alibi, qui sunt in sacerdotio vel personatibus constituti, nisi iusti causa timoris exegerit habitum transformari. Fibulas omnino non ferant neque corrigias auri vel argenti ornatum habentes, sed nec anulos, nisi quibus competit ex officio dignitatis. Pontifices autem in publico et in ecclesia superindumentis lineis omnes utantur, nisi monachi fuerint, quos oportet deferre habitum monachalem; palliis diffibulatis non utantur in publico, sed vel post collum vel ante pectus hinc inde connexis.[3]

17. *De comessationibus praelatorum et negligentia eorum super divinis officiis*

Dolentes referimus quod non solum quidam minores clerici, verum etiam[d] aliqui ecclesiarum praelati, circa comessationes superfluas et confabulationes illicitas, ut de aliis taceamus, fere medietatem noctis expendunt et somno residuum relinquentes, vix ad diurnum concentum avium excitantur, transcurrendo undique[e] continuata syncopa matutinum. Sunt et alii, qui missarum celebrant solemnia vix quater in anno, et[f] quod deterius est, interesse contemnunt, et si quando dum haec celebrantur, intersunt, chori silentium fugientes, intendunt externis collocutionibus laicorum, dumque auditum ad indebitos sermones effundunt, aures intentas non porrigunt ad divina. Haec igitur et similia sub poena suspensionis penitus inhibemus, districte praecipientes in virtute obedientiae, ut divinum officium diurnum pariter et nocturnum, quantum eis Deus dederit, studiose celebrent pariter[g] et devote.[4]

[a] venationem ... praesumant *om. Cr M*   [b] subtalaribus *Cr*   [c] nulli *Cr*
[d] et *add. Cr*   [e] utique *v. l. Msi*   [f] vel *Cr*   [g] *om. Cr*

---

[1] c. 14 *X*. III 1 (Fr 2, 452-453); cf. Fliche 205.
[2] Cf. P. Browe, *Die Pflichtkommunion im Mittelalter*, Münster 1940, 99.
[3] c. 15 *X*. III 1 (Fr 2, 453); cf. Fliche 205.
[4] c. 9 *X*. III 41 (Fr 2, 641-642); cf. G. J. Ebers, *Das Devolutionsrecht vornehmlich nach katholischem Kirchenrecht*, Stuttgart 1906, 173 sqq.; Fliche 205-206.

모든 성직자들에게 짐승과 새의 사냥을 금지시키는 바이다. 따라서 사냥용 개나 새를 감히 소유하지 말아야 한다.[1]

16. 성직자들의 복장

성직자들은 세속인들, 특히 덜 정직한 자들의 직업을 갖거나 상행위를 해서는 안 된다. 그들은 익살꾼, 어릿광대 그리고 연극배우의 공연을 관람하면 안 되고, 여행 중에 발생한 어쩔 수 없는 필요에 의해서가 아니면 여인숙은 전적으로 피해야 하며, 운수 놀이나 주사위 노름을 해도 안 되고 그런 놀이판에 참석해서도 안 된다.[2] 그들은 적합한 성직자 체발(剃髮)(머리 위의 동그랗게 삭발한 자리)과 성직자 삭발을 하고 다녀야 하고 성무와 여타의 고결한 연구에 근면하게 전념해야 한다. 그들의 겉옷은 위에서부터 채워져 있어야 하고 너무 짧지도 길지도 않아야 한다. 또한 그들은 홍색이나 녹색의 옷감을 사용하는 것, 화려하게 수놓은 장갑이나 발끝이 뾰족한 구두를 착용하는 것, 혹은 금박을 입히거나 여타의 과도한 치장을 한 말고삐, 말안장, 말의 가슴 장식, 박차를 사용하지 말아야 한다. 사제직이나 고위 품계에 오른 이들은 성당에서 성무를 거행할 때 그리고 어디서든지 소매가 달린 카파를 착용하면 안 된다. 다만 복장의 변화를 요구받는 정당한 위험이 있는 경우에는 그러하지 아니하다. 성직자들은 금이나 은으로 장식한 버클이나 허리띠로 치장하지 말아야 하며 직위의 품위상 사용하는 것을 제외하고 반지도 끼지 말아야 한다. 주교들은, 수도복을 입어야 하는 수도승 출신의 경우는 제외하고, 아마포로 만든 겉옷을 대중 앞에서 그리고 성당에서 착용해야 하며, 대중들 앞에서 망토를 열린 채로 착용하면 안 되고 목 뒷부분뿐만 아니라 가슴 부분도 채워야 한다.[3]

17. 고위 성직자들의 연회와 성무 태만

일부 하급 성직자들뿐만 아니라 몇몇 고위 성직자들마저도 밤 시간의 절반을 무분별한 연회와 해서는 안 될 잡담으로 보낸다. 그 이상의 추태들에 대해선 언급을 하지 않겠다. 그리고 그들은 나머지 밤 시간을 잠을 자는 데 보내고 아침에 새소리에 깨어나서 오전 시간 내내 비몽사몽간에 지낸다는 사실을 통탄하며 전하는 바이다. 또한 일 년에 미사를 간신히 네 대만 드리는 자들도 있고, 더욱 한심하게도 미사에 참례하는 것마저도 귀찮아하며 설령 어떤 예식에 참례했을지라도 성직자석의 침묵을 지키지 않고 외부 세속인들의 대화에 관심을 쏟는 자들도 있다. 그들은 그런 부적절한 담화에 청각을 곤두세우는 동안 거룩한 예식에는 귀를 기울이지 않는다. 따라서 이러한 과오들과 이와 유사한 여타의 과오들을 정지의 형벌 아래 완전히 금하는 바이다. 또한 순명의 덕으로, 낮이건 밤이건 하느님께서 자기들에게 허락하신 최대의 열정과 신심으로 성무를 거행하기를 엄중히 명하는 바이다.[4]

---

1) 제14장 X. III 1(Fr 2, 452-453); 참조: Fliche 205.
2) 참조: P. Brow, *Die Pflichtkommunion im Mittelalter*, Münster 1940, 99.
3) 제15장 X. III 1(Fr 2, 453); 참조: Fliche 205.
4) 제9장 X. III 41(Fr 2, 641-642); 참조: G. J. Ebers, *Das Devolutionsrecht vornehmlich nach katholischen Kirchenrecht*, Stuttgart 1906, 173 이하; Fliche 205-206.

18. De iudicio sanguinis et duelli clericis interdicto

Sententiam sanguinis nullus clericus dictet aut proferat, sed[a] nec sanguinis vindictam exerceat aut ubi exercetur intersit. Si quis autem huiusmodi occasione statuti ecclesiis vel personis ecclesiasticis aliquod praesumpserit inferre dispendium, per censuram ecclesiasticam[b] compescatur, nec quisquam clericus literas scribat aut dictet pro vindicta sanguinis destinandas, unde in curiis principum haec solicitudo non clericis sed laicis committatur. Nullus quoque clericus rottariis[c] aut balistariis aut huiusmodi viris sanguinum praeponatur, nec illam chirurgiae artem[d] subdiaconus, diaconus vel sacerdos exerceant, quae ad ustionem vel incisionem inducit, nec[e] quisquam purgationi aquae ferventis vel frigidae seu ferri candentis ritum cuiuslibet benedictionis aut consecrationis impendat, salvis nihilominus prohibitionibus[1] de monomachiis sive duellis antea promulgatis.[2]

19. Ne ecclesiae mundanis suppellectilibus exponantur

Relinqui nolumus incorrectum, quod quidam clerici sic exponunt ecclesias supellectilibus propriis et etiam alienis, ut potius domus laicae quam Dei basilicae videantur, non considerantes quod Dominus *non sinebat, ut vas transferretur per templum*[3]. Sunt et alii qui non solum ecclesias dimittunt incultas, verum etiam vasa ministerii et vestimenta ministrorum ac pallas altaris necnon et ipsa corporalia tam immunda relinquunt, quod interdum aliquibus sunt horrori. Quia vero zelus nos comedit domus Dei[4], firmiter prohibemus ne huiusmodi supellectilia in ecclesiis admittantur, nisi propter hostiles incursus aut incendia repentina seu alias necessitates urgentes ad eas oporteat haberi refugium; sic tamen ut necessitate cessante res in loca pristina reportentur. Praecipimus quoque ut oratoria, vasa, corporalia et vestimenta praedicta, munda et nitida conserventur. Nimis enim videtur absurdum in sacris sordes negligere, quae dedecerent etiam in prophanis.[5]

20. De chrismate et eucharistia sub sera conservanda

Statuimus ut[f] in cunctis ecclesiis chrisma et eucharistia sub fideli custodia clavibus adhibitis conserventur, ne[g] possit ad illa temeraria manus extendi, ad aliqua horribilia vel nefaria exercenda. Si vero is ad quem spectat custodia, ea incaute reliquerit, tribus mensibus ab officio suspendatur, et si per eius incuriam aliquid nefandum inde contigerit, graviori subiaceat ultioni.[6]

[a] *om. Cr* [b] canonicam *Cr* [c] ruptariis *Su M* [d] partem *Cr M*
[e] praecipue *add. Cr* [f] *post* ecclesiis *in Cr* [g] ut non *Cr*

---

[1] Cf. inter alia conc. Lat. III, c. 20 (v. supra p. 221).
[2] c. 9 *X*. III 50 (Fr 2, 659-660); cf. etiam F. W. Maitland, *Roman Canon Law in the Church of England*, London 1898, 162-163; St. Kuttner, *Kanonistische Schuldlehre von Gratian bis auf die Dekretalen Gregors IX.* (Studi e testi, 64), Città del Vaticano 1935, 244; Fliche 205.
[3] Mr 11, 16.   [4] Cf. Ps 68, 10; Io 2, 17.
[5] c. 2 *X*. III 44 (Fr 2, 649-650); cf. Fliche 206; Maccarrone 296.
[6] c. 1 *X*. III 44 (Fr 2, 649); cf. Fliche 206.

18. 성직자의 사형 판결과 결투 금지

그 어떤 성직자도 사형을 판결하거나 선고해서는 안 되며, 사형을 집행해서도 거기에 참석해서도 안 된다. 하지만 만일 누가 이 규정을 빌미로 성당들이나 교회의 인물들에게 해를 끼치기를 시도하면 그는 교회의 교정벌을 받게 될 것이다. 그 어떤 성직자도 사형을 지향하는 서신을 쓰거나 받아쓰게 해서는 안 된다. 군주들의 법정에서 이러한 책무는 성직자가 아니라 세속인들에게 맡겨져야 한다. 아울러 성직자는 그 누구도 용병들, 석궁 사수들 그리고 이런 식으로 피를 흘리게 하는 일을 하는 자들의 지휘를 맡으면 안 된다. 그리고 차부제들과 부제들 그리고 사제들은 그 누구도 살을 태우거나 절개하는 외과 시술을 하면 안 된다. 그 누구도 끓는 물이나 얼음물, 혹은 벌겋게 달군 쇠로 무죄 시험을 하는 축복이나 축성 예절을 하면 안 된다. 일대일의 격투나 결투에 대해 과거에 선포된[1] 금지령[2]은 당연히 유효하다.

19. 세속적인 비품들의 성당 비치 금지

일부 성직자들이 자신들과 타인들의 집기 비품들을 성당에 비치함으로써 성당이 주님의 성전이라기보다는 세속인들의 가정집처럼 보이게 하는 현실을 교정하지 않은 채로 방치하지 않겠다. 그들은 주님께서 *아무도 성전을 가로질러 물건을 나르지 못하게 하셨다*[3]는 사실을 염두에 두지 않는다. 또한 자기 성당을 돌보지 않는 것은 물론이고 성작들과 전례복들 그리고 제대포와 심지어 성체포까지도 사람들이 몸서리칠 정도로 더러운 상태로 내버려 두는 자들이 있다. 하느님의 집에 대한 열정이 나를 집어삼킬 정도[4]이기 때문에, 나는 이러한 집기류들을 성당에 비치하는 것을 확고하게 금하는 바이다. 다만 적의 침입이나 갑작스런 화재 혹은 여타의 긴급한 필요성이 있는 경우, 대피 장소로 사용하고 그러한 상황이 종료되면 그 물건들을 제자리에 되돌려놓는 경우 그러하지 아니하다. 아울러 앞서 언급한 경당들, 성작들, 성체포들 그리고 전례복들은 깨끗하고 단아하게 보존해야 한다고 명하는 바이다. 세속적인 물건들도 지저분하면 부끄러운 법인데, 거룩한 물건들을 더러운 채로 내버려 두는 것은 실로 한심한 일이다.[5]

20. 축성 성유(크리스마)와 성체는 잠가서 보관함

모든 성당들에서 축성 성유와 성체는 안전한 곳에 열쇠로 잠긴 채로 보존되어야 한다. 그럼으로써 생각 없는 손을 타서 어떤 흉악한 일이나 불경한 일에 사용할 수 없게 해야 한다고 명하는 바이다. 만일 그것들을 보호할 책임이 있는 자가 조심성 없이 내버려 둔다면, 그는 3개월간 직무 정지 처분을 받아야 하고, 만일 그의 소홀함으로 어떤 끔찍한 일이 벌어지면 그는 더욱 무거운 형벌을 받아야 한다.[6]

---

1) 제9장 X. III 50(Fr 2, 659-660); 또한 참조: F. W. Maitland, *Roman Canon Law in the Church of England*, London 1898, 162-163; St. Kuttner, *Kanonistische Schuldlehre von Gratian bis auf die Dekretalen Gregors IX*(Studi e testi, 64), Città del Vaticano 1935, 244; Fliche 205.
2) 참조: 여타의 것들 중에 제3차 라테란 공의회, 제20조(위의 221쪽).
3) 마르 16, 16.
4) 참조: 시편 69, 10(불가타 본에서는 68, 10: 역자 주); 요한 2, 17.
5) 제2장 X. III 44(Fr 2, 649-650); 참조: Fliche 206; Maccarrone 296.
6) 제1장 X. III 44(Fr 2, 649); 참조: Fliche 206.

21. De confessione facienda et non revelanda a sacerdote et saltem in pascha communicando

Omnis utriusque sexus fidelis, postquam ad annos discretionis pervenerit, omnia sua solus peccata confiteatur fideliter, saltem semel in anno proprio sacerdoti[1], et iniunctam sibi poenitentiam studeat pro viribus adimplere, suscipiens reverenter ad minus in pascha eucharistiae sacramentum, nisi forte de consilio proprii sacerdotis ob aliquam rationabilem causam ad tempus ab eius perceptione duxerit abstinendum; alioquin et vivens ab ingressu ecclesiae arceatur et moriens christiana careat sepultura. Unde hoc salutare statutum frequenter in ecclesiis publicetur, ne quisquam ignorantiae caecitate velamen excusationis assumat. Si quis autem alieno sacerdoti voluerit iusta de causa sua confiteri peccata, licentiam prius postulet et obtineat a proprio sacerdote, cum aliter[a] ille[a] ipsum non possit solvere vel ligare[2]. Sacerdos autem sit discretus et cautus, ut more periti medici superinfundat vinum et oleum[3] vulneribus sauciati, diligenter inquirens et peccatoris circumstantias et peccati, per quas prudenter intelligat, quale illi consilium debeat exhibere et cuiusmodi remedium adhibere, diversis experimentis utendo ad sanandum aegrotum. Caveat autem omnino, ne verbo vel signo vel alio quovis modo prodat aliquatenus peccatorem, sed si prudentiori[b] consilio indiguerit, illud absque ulla expressione personae caute requirat, quoniam qui peccatum in poenitentiali iudicio sibi detectum praesumpserit revelare, non solum a sacerdotali officio deponendum decernimus, verum etiam ad agendam perpetuam poenitentiam in arctum monasterium detrudendum.[4]

22. Quod infirmi prius provideant animae quam corpori

Cum infirmitas corporalis nonnumquam ex peccato proveniat, dicente Domino, languido quem sanaverat: *Vade et amplius noli peccare*[5], *ne deterius aliquid tibi contingat*[6], decreto praesenti statuimus et districte praecipimus medicis corporum, ut cum eos ad infirmos vocari contigerit, ipsos ante omnia moneant et inducant, quod medicos advocent animarum, ut postquam infirmis fuerit de spirituali salute provisum, ad corporalis medicinae remedium salubrius procedatur, cum causa cessante cesset effectus. Hoc quidem inter alia huic causam dedit edicto, quod quidam in aegritudinis lecto iacentes, cum eis a medicis[c] suadetur, ut de animarum

---

a alter *M*   b prudentiorum *Cr*   c medico *Cr*

---

[1] Cf. P. A. Kirsch, *Der sacerdos proprius in der abendländischen Kirche vor dem Jahre 1215*, Archiv für katholisches Kirchenrecht 84 (1904) 527-537.
[2] Cf. Mt 16, 19; 18, 18.   [3] Cf. Lc 10, 34.
[4] c. 12 *X*. V 38 (Fr 2, 887-888); cf. inter alios H. C. Lea, *A History of Auricular Confession...*, I Philadelphia 1896, 228-230, 278-279, 370, 401, 420; A. Gottlob, *Kreuzablaß und Almosenablaß. Eine Studie über die Frühzeit des Ablaßwesens*, Stuttgart 1906, 262-263; A. Teetaert, *La confession aux laïques dans l'église latine depuis le VIIIe jusqu'au XIVe siècle...*, Paris 1926, 257-259 et passim; J. T. McNeill - H. M. Gamer, *Medieval Handbooks of Penance*, New York 1938, 29, 413-414; P. Browe, *Die Pflichtkommunion im Mittelalter*, Münster 1940, 24, 43-44, 56, 111-112, 146-147, 151 sqq.; Fliche 200-201, 206; Tillmann 36, 153, 164; Maccarrone 296.
[5] Io 8, 11.   [6] Io 5, 14.

21. 고해성사의 실천과 사제의 성사적 비밀 수호 그리고 적어도 부활절에 영성체하기

모든 남녀 신자들은 분별력을 가질 나이가 되면 일 년에 적어도 한 번 고유한 사제에게 자신의 모든 죄를 성실하게 고백하고[1] 주어진 보속을 능력껏 이행하도록 애써야 한다. 그리고 자신들이 타당한 이유가 있어서 고유한 사제의 조언에 따라 한동안 영성체를 하지 않아야 한다고 생각하는 경우는 제외하고, 적어도 부활절에 성체를 정중히 배령해야 한다. 그렇지 않으면 그는 살아서는 성당에 입장이 금지되고 죽어서는 그리스도교 장례에서 배제될 것이다. 이 구원적 법규는 성당들에서 자주 공지되어 아무도 무지로 인한 무분별을 용서의 구실로 삼지 못하게 해야 한다. 만일 누가 정당한 이유로 다른 사제에게 고해성사를 보고자 한다면 먼저 고유한 사제에게 청하여 허락을 얻어야 한다. 그렇지 않으면 그 다른 사제는 그를 풀지도 묶지도 못할 것이다.[2] 사제는 병든 사람을 치유하기 위해서 어떤 조언을 해줄 것인지 그리고 여러 가지 방책들 중에 어떤 구제책을 적용할 것인지를 지혜롭게 판단하기 위해서 고백자의 상황과 고백한 죄의 상황에 대해 성실하게 물으면서 마치 부상당한 사람의 상처에 포도주와 기름을 부어 주는[3] 유능한 의사처럼 사려 깊고 신중하게 임해야 한다. 하지만 사제는 말이나 몸짓 혹은 여타의 그 어떤 형식으로도 고백자에 대해서 누설이 되지 않도록 최대한 주의를 기울여야 한다. 만일 사제가 더 지혜로운 사람의 조언을 필요로 한다면 당사자에 대한 언급 없이 조심스럽게 요청해야 한다. 고해성사(참회 법정) 중에 자기에게 털어놓은 죄를 감히 누설한 자는 사제직에서 면직될 뿐만 아니라 어느 엄격한 수도승원에 감금되어 평생 보속을 해야 한다고 규정하는 바이다.[4]

22. 병자들은 육신보다 영혼을 먼저 보살펴야 함

육신의 질병은 주님께서 병자를 고쳐 주시고 나서 그에게 *가거라. 그리고 이제부터 다시는 죄짓지 마라.*[5] *더 나쁜 일이 너에게 일어나지 않도록 말이다.*[6]라고 하신 말씀처럼 때때로 죄에서 기인한다. 따라서 육신의 의사들에게 본 교령을 통해서 규정하고 엄중히 명하노니, 그들이 병자에게 호출되면 무엇보다 먼저 영혼의 의사를 부르라고 경고하고 인도해야 한다. 그리하여 영적 건강을 보살핀 후에 더욱 이로운 육신의 치유가 진행되게 해야 한다. 원인이 제거되면 결과도 사라지게 마련이다. 무엇보다도 본 법령을 공포하게 된 동기는 바로 이것이다. 즉 어떤 이들이 병상에서 와병 중에 있을 때 의사들이 나서서 영혼의 건강을 보살피라고 권고하면

---

1) 참조: P. A. Kirsch, *Der sacerdos proprius in der abendländischen Kirche vor dem Jahre 1215*, Archiv für katholisches Kirchenrecht 84(1904) 527-537.
2) 참조: 마태 16, 19; 18, 18.
3) 참조: 루카 10, 34.
4) 제12장 X. V 38(Fr 2, 887-888); 여타의 것들 중에 참조: H, C. Lea, *A History of Auricular Confession...*, I Philadelphia 1896, 228-230, 278-279, 370, 401, 420; A. Gottlob, *Kreuzablaß und Almosenablaß. Eine Studie über die Frühzeit des Ablaßwesens*, Stuttgart 1906, 262-263; A. Teetaert, *La confession aux laïques dans l'église latine de VIIIe jusqu'au XIVe siécle...*, Paris 1926, 257-259 et passim; J. T. McNeil - H. M. Gamer, Medieval Handbooks of Penance, New York 1938, 29, 413-414; P. Prowe, Die Pflichtkommunion im Mittelalter, Münster 1940, 24, 43-44, 56, 111-112, 146-147, 151이하; Fliche 200-201, 206; Tillmann 36, 153, 164; Maccarrone 296.
5) 요한 8, 11.
6) 요한 5, 14.

salute disponant, in desperationis articulum incidunt, unde facilius mortis periculum incurrunt. Si quis autem medicorum huius nostrae constitutionis, postquam per praelatos locorum fuerit publicata, transgressor extiterit, tamdiu ab ingressu ecclesiae arceatur, donec pro transgressione huiusmodi satisfecerit competenter. Ceterum cum anima sit multo pretiosior corpore, sub interminatione anathematis prohibemus, ne quis medicorum pro corporali salute aliquid aegroto suadeat, quod in periculum animae convertatur.[1]

23. Quod ecclesia cathedralis vel regularis ultra tres menses non vacet

Ne pro defectu pastoris gregem dominicum lupus rapax invadat[2] aut in facultatibus suis ecclesia viduata grave dispendium patiatur, volentes in hoc[a] occurrere periculis animarum et ecclesiarum indemnitatibus providere, statuimus ut ultra tres menses cathedralis vel regularis ecclesia praelato non vacet, infra quos iusto impedimento cessante, si electio celebrata non fuerit, qui eligere debuerant, eligendi potestate careant ea vice ac ipsa eligendi potestas ad eum, qui proximo praeesse dignoscitur, devolvatur. Is vero ad quem devoluta fuerit potestas, Dominum habens prae oculis, non differat ultra tres menses cum capituli sui consilio et aliorum virorum prudentium, viduatam ecclesiam de persona idonea ipsius quidem ecclesiae vel alterius, si digna non reperiatur in illa, canonice ordinare, si canonicam voluerit effugere ultionem.[3]

24. De electione facienda per scrutinium vel compromissum

Quia propter electionum formas diversas, quas quidam invenire conantur, et multa impedimenta proveniunt et magna pericula imminent ecclesiis viduatis, statuimus ut cum electio fuerit celebranda, praesentibus omnibus qui debent et volunt et possunt commode interesse, assumantur tres de collegio fide digni, qui secreto et singulatim voces[b] cunctorum diligenter exquirant, et in scriptis redacta, mox publicent in communi, nullo prorsus appellationis obstaculo interiecto, ut is collatione adhibita eligatur, in quem omnes vel maior vel sanior pars capituli[c] consentit; vel saltem eligendi potestas aliquibus viris idoneis committatur, qui vice omnium ecclesiae viduatae provideant de pastore; aliter electio facta non valeat, nisi forte communiter esset ab omnibus quasi per inspirationem divinam absque vitio celebrata. Qui vero contra praedictas formas eligere attentaverint, eligendi ea vice potestate priventur. Illud penitus interdicimus, ne quis in electionis negotio procuratorem constituat, nisi sit

---

a etiam *add.* LC   b vota *v. l.* Rm M   c *om.* Cr

---

[1] c. 13 *X.* V 38 (Fr 2, 888); cf. inter alios H. C. Lea, *A History of Auricular Confession...*, I 262; Fliche 207; Tillmann 153, 160; Maccarrone 296.
[2] Cf. Io 10, 12.
[3] c. 41 *X.* I 6 (Fr 2, 88); de c. 23-26 cf. G. J. Ebers, *Das Devolutionsrecht vornehmlich nach katholischem Kirchenrecht,* Stuttgart 1906, 184 sqq., 298-299, 336, 348 sqq, 364; Fliche 207-208; Tillmann 156.

자포자기에 빠지고 더 쉽게 죽음의 위험을 초래한다는 것이다. 나의 이 법령이 지역 교회들의 고위 성직자들에 의해서 공포되고 난 후에 이를 위반하는 의사들은 그 위반에 대한 형벌을 적절히 이행하기 전까지는 성당 입당에서 배제되어야 한다. 그 외에 영혼이 육신보다 훨씬 값진 것이기 때문에 의사들에게 파문의 위협을 가하면서 금하는 바, 그들은 병자들에게 육신 건강을 위하면서 영혼을 위험에 빠지게 하는 그 어떤 것도 권유해서는 안 된다.[1]

23. 대성당들과 수도회 성당들은 3개월 이상 공석이면 안 됨

목자의 부재로 인해 약탈하는 늑대가 주님의 양 떼를 공격하지 않게 하기 위하여,[2] 신랑 잃은 성당이 재산상에 큰 손실을 당하지 않게 하기 위하여, 그리고 이런 일로 영혼들에 위험이 초래되는 것을 막고 성당들의 안전을 돌보기를 바라는 마음으로 명하노니, 대성당이나 수도회 성당은 고위 성직자가 없는 상태로 3개월을 넘기면 안 된다. 그 기간 안에 정당한 장애 없이 선출이 이뤄지지 않으면, 선출을 해야 할 책임이 있는 자들은 그 자체로 선출권을 상실하고 그 권한은 직속 상급자에게 넘어간다. 그 권한을 이양받은 사람은, 교회법적 형벌을 면하고 싶으면, 눈앞에 주님을 모시고 있음을 염두에 두고, 자기의 참사와 여타의 지혜로운 사람들의 조언을 들어 가면서 해당 성당 출신이거나 혹시 그곳에 적당한 후보자가 없으면 다른 성당 출신의 합당한 인물로 그 신랑 잃은 성당에 교회법적으로 조치를 취하는 것을 3개월을 넘기면 안 된다.[3]

24. 투표 혹은 합의로 선거를 시행함

어떤 이들은 새로 고안해 내려고 애쓰기도 하는 선거 방식이 너무도 다양해서 신랑 잃은 성당에 수많은 어려움들과 커다란 위험을 초래한다. 그렇기 때문에 명하노니, 선거를 할 때는 참여해야 하는 이들과 참여하기를 원하는 이들과 합당하게 참여할 수 있는 이들이 모두 출석한 상태에서 그들 중 세 명의 신망받는 사람들을 선택하여 비밀 유지 하에 각자의 의견을 개인별로 성실히 수집하게 해야 한다. 그들은 이것을 서면으로 기록한 다음 즉시 그 결과를 전체 앞에서 발표해야 한다. 개표를 한 후 총회의 구성원들의 만장일치 득표나 과반수 득표 혹은 더 유효한 집단의 득표를 한 인물이 당선자가 되며, 결과에 대해서는 전혀 항변을 할 수 없다. 또한 적합한 인물들에게 선거권을 부여할 수도 있는데, 그들은 모든 이들을 대신해서 공석이 된 성당에 목자를 선정해 주어야 한다. 그 외의 온갖 선거 절차들은 무효이다. 다만 만약에 마치 하느님의 영감을 받은 것처럼 모두가 동의한 상태에서 하자 없이 진행된 경우에는 그러하지 아니하다. 정해진 형식을 거슬러서 선거를 진행하려고 시도한 자는 해당 선거에서 선거권을 박탈당한다. 선거에 있어서 대리 투표를 할 사람을 선정하는 것을 전적으로 금하는 바이다. 다만 자신이 소집되는 장소에 있지 않고 합법적 장애로 오는 것이 저지되는 경우에는

---

1) 제13장 X. V 38(Fr 2, 888); 여타의 것들 중에 참조: H, C. Lea, *A History of Auricular Confession...*, I 262; Fliche 207; Tillmann 153, 160; Maccarrone 296.
2) 참조: 요한 10, 12.
3) 제41장 X. I 6(Fr 2, 88); 제23-26법령에 대해서는 참조: G. J. Ebers, *Das devolutionsrecht vornehmlich nach katholischen Kirchenrecht*, Stuttgart 1906, 184 이하; 298-299, 336, 348 이하; 364; Fliche 207-208; Tillmann 156.

absens in eo loco de quo debeat advocari iustoque impedimento detentus venire non possit; super quo, si fuerit opus, fidem faciat iuramento et tunc si voluerit uni committat de ipso collegio vicem suam. Electiones quoque clandestinas reprobamus, statuentes ut, quam cito electio fuerit celebrata, solemniter publicetur.[1]

25. Quod electio facta per saecularem potestatem non valeat

Quisquis electioni de se factae per saecularis potestatis abusum consentire praesumpserit contra canonicam libertatem, et electionis commodo careat et inelegibilis fiat, nec[a] absque dispensatione[b] possit ad aliquam eligi dignitatem. Qui vero electionem huiusmodi, quam ipso iure irritam esse censemus, praesumpserint celebrare, ab officiis et beneficiis penitus per triennium suspendantur, eligendi tunc potestate privati.[2]

26. De poena indigne confirmantis electionem

Nihil est quod ecclesiae Dei magis officiat, quam quod indigni assumantur praelati ad regimen animarum. Volentes igitur huic morbo necessariam adhibere medelam, irrefragabili constitutione sancimus, quatenus cum quisquam fuerit ad regimen animarum assumptus, is ad quem pertinet ipsius confirmatio, diligenter examinet et electionis processum et personam electi, ut cum omnia rite concurrerint, munus ei confirmationis impendat; quia si secus fuerit incaute praesumptum, non solum deiciendus est indigne promotus, verum etiam indigne promovens puniendus. Ipsum quoque decernimus hac animadversione puniri ut, cum de ipsius constiterit negligentia, maxime si hominem insufficientis scientiae vel inhonestae vitae aut aetatis illegitimae approbaverit, non solum confirmandi primum successorem illius careat potestate, verum etiam, ne aliquo casu poenam effugiat, a perceptione proprii beneficii suspendatur, quousque, si aequum fuerit, indulgentiam valeat promereri; si convictus fuerit in[c] hoc per malitiam excessisse, graviori subiaceat ultioni. Episcopi quoque tales ad sacros ordines et ecclesiasticas dignitates promovere procurent, qui commissum sibi officium digne valeant adimplere, si et ipsi canonicam cupiunt effugere ultionem. Caeterum qui ad Romanum pertinent immediate pontificem, ad percipiendam sui confirmationem officii, eius se conspectui, si commode potest fieri, personaliter repraesentent vel personas transmittant idoneas, per quas diligens inquisitio super electionis processu et electis possit haberi, ut sic demum per ipsius circumspectionem consilii, sui plenitudinem assequantur officii, cum eis nihil obstiterit de canonicis institutis, ita quod interim valde remoti videlicet ultra Italiam constituti, si electi fuerint in concordia, dispensative propter necessitates et utilitates ecclesiarum, in spiritualibus et temporalibus administrent, sic tamen ut de rebus ecclesiasticis nil penitus alienent. Munus vero

---

a et *Cr*   b non *add. Cr*   c om. *Cr*

---

[1] c. 42 *X.* I 6 (Fr 2, 88-89); cf. Tillmann 156; de c. 24-26 cf. etiam Fliche 208.
[2] c. 43 *X.* I 6 (Fr 2, 89).

그러하지 아니하다. 이런 상황에 대해서 그는 맹세를 해야 한다. 그리고 그가 원한다면 선거 인단 중의 한 사람에게 일임하여 자신을 대신하게 해야 한다. 또한 불법 선거를 배척하는 바이고 실행된 선거는 조속히 성대하게 공포되어야 한다고 명하는 바이다.[1]

25. 세속 권세에 의해 행해진 선거는 무효임

누구든지 교회법적 자유를 거슬러서 세속의 권세에 의해 멋대로 행해진 자신에 관한 선거에 감히 동의하면 이 선거로 인해 얻은 이득과 피선거권을 박탈당하게 될 것이고, 관면 없이는 어떤 지위에도 선출될 수 없다. 그리고 그런 식의 선거는 법 자체로 무효로 선언하는 바이며, 감히 그런 선거를 거행하는 자는 3년간 직무와 교회록을 정지당하고 그 기간 동안 선거권을 박탈당한다.[2]

26. 부당한 선거를 인준한 자에 대한 형벌

영혼들을 다스리는 직무를 부당한 고위 성직자들이 맡게 하는 것보다 하느님의 교회에 더 해를 끼치는 일은 없다. 따라서 그러한 악폐에 필요한 개선책을 마련하기 위해서 거스를 수 없는 본 법령을 통해서 명하는 바, 어떤 인물이 영혼을 다스리는 일을 맡게 되었을 때 그를 인준할 권한을 가진 자는 선거 절차와 당선자의 인품에 대해서 성실하게 조사해야 하여 모든 것이 제대로 되어 있을 때 인준해야 한다. 만일 이와는 달리 지혜롭지 못한 인준을 하였다면 부당하게 승격된 당사자가 배제되는 것은 물론이고 부당하게 승격시킨 자들도 처벌을 받아야 한다. 그들은 다음과 같은 방법으로 처벌을 받아야 한다고 규정하는 바이다. 만일 인준권자의 나태함이 드러나면, 특히 그로 인해 지식이 부족하거나 생활이 정직하지 못하거나, 또는 연령이 불법적인 자가 선출되었다는 것이 입증되면, 그는 그 다음 인물의 선거에 대한 인준권을 박탈당한다. 뿐만 아니라 그가 혹시라도 형벌을 피하는 일이 발생하지 않게 하기 위해서, 그에게 사면을 해주는 것이 좋겠다는 판결이 있을 때까지, 그의 교회록에서 소득을 취하는 것을 정지시킨다. 혹여 그가 의도적으로 이 일에 대해서 과오를 저질렀다고 드러나면 더욱 무거운 형벌을 받아야 한다. 주교들도 교회법적 형벌을 피하고 싶으면 맡겨진 직무를 수행하기에 적합한 인물을 거룩한 품계나 교회의 지위에 오르도록 조치해야 한다. 교황의 직속 직무를 맡게 된 이들은 자신들에 대한 인준을 얻기 위하여 교황에게 몸소 출두하여야 하는데 이는 그것의 실행이 용이한 경우이고, 그렇지 못할 경우에는 선거 절차와 뽑힌 인물들에 대한 세심한 질문에 답할 수 있는 적합한 사람들을 보내야 한다. 이런 식으로 교황의 사려 깊은 판단이 있은 다음에 교회법적 장애가 없다면 마침내 그들은 자신들의 직무에 완전히 투입될 것이다. 하지만 멀리 떨어진 곳, 즉 이탈리아 외부에 사는 이들의 경우에 만일 아무런 반대 없이 선출되었다면 성당들의 필요와 유익을 감안하여 이 규정이 관면되고 성당의 어떤 재산이라도 양도하지 않는다는 조건으로 해당 성당의 영적 물적 관리를 수행할 수 있다. 하지만 그들은 이제까지

---

[1] 제42장 X. I 6(Fr 2, 88-89); 참조: Tillmann 156; 제24-26법령에 대해서는 또한 참조: Fliche 208.
[2] 제43장 X. I 6(Fr 2, 89).

consecrationis seu benedictionis recipiant, sicut hactenus recipere consueverunt.¹

27. De instructione ordinandorum

Cum sit ars artium regimen animarum, districte praecipimus, ut episcopi promovendis in sacerdotes diligenter instruant et informent vel per se ipsos vel per alios viros idoneos super divinis officiis et ecclesiasticis sacramentis, qualiter ea rite valeant celebrare; quoniam si ignaros et rudes de caetero ordinare praesumpserint, quod quidem facile poterit deprehendi[a], et ordinatores et ordinatos gravi decrevimus subiacere ultioni. Satius[b] est enim, maxime in ordinatione sacerdotum[c], paucos bonos quam multos malos habere ministros, quia si *caecus caecum* duxerit, *ambo in foveam*² dilabuntur.³

28. Quod compellantur cedere qui postulaverunt licentiam cedendi

Quidam licentiam cedendi cum instantia postulantes, ea obtenta, cedere praetermittunt. Sed cum in postulatione cessionis huiusmodi aut ecclesiarum commoda quibus praesunt aut salutem videantur propriam attendisse, quorum neutrum suasionibus aliquorum quaerentium quae sunt sua⁴, seu[d] etiam levitate qualibet volumus impediri, ad cedendum eos decernimus compellendos.⁵

29. Quod nullus habeat duo beneficia cum cura annexa

De multa providentia fuit in Lateranensi concilio⁶ prohibitum, ut nullus diversas dignitates ecclesiasticas et plures ecclesias parochiales reciperet contra sacrorum canonum instituta, alioquin et recipiens sic receptum amitteret et largiendi potestate conferens privaretur. Quia vero propter praesumptiones[e] et cupiditates quorundam, nullus hactenus fructus aut rarus de praedicto statuto provenit, nos evidentius et expressius occurrere cupientes, praesenti decreto statuimus, ut quicumque receperit aliquod beneficium habens curam animarum annexam, si prius tale beneficium obtinebat, eo sit iure ipso privatus, et si forte illud retinere contenderit, alio etiam spolietur. Is quoque ad quem prioris spectat donatio, illud post receptionem alterius libere conferat, cui merito viderit conferendum, et si ultra tres menses conferre distulerit, non solum ad alium secundum statutum Lateranensis concilii⁷ eius collatio devolvatur, verumetiam tantum de suis cogatur proventibus in utilitatem[f] ecclesiae, cuius

---

[a] comprehendi *Cr*   [b] satius *Rm* sanius *Cr* sanctius *v. l. Cr*   [c] ordine sacerdotii *Cr*
[d] om. *Cr*   [e] suppressiones *Cr*   [f] illius *add. Cr*

---

¹ c. 44 *X*. I 6 (Fr 2, 89-90); cf. etiam conc. Lat. III, c. 3 (v. supra p. 212); cf. Tillmann 153, 155; Maccarrone 294.
² Lc 6, 39; cf. Mt 15, 14.   ³ c. 14 *X*. I 14 (Fr 2, 130-131); cf. Tillmann 155.
⁴ Cf. Ph 2, 21.
⁵ c. 12 *X*. I 9 (Fr 2, 113); de c. 28-29 cf. etiam F. W. Maitland, *Roman Canon Law in the Church of England*, London 1898, 20-21, 149.
⁶ Cf. conc. Lat. III, c. 13 (v. supra p. 218).
⁷ Cf. conc. Lat. III, c. 8 (v. supra p. 215).

실행해 온 관습에 따라 축성이나 축복을 받아야 한다.[1]

27. 수품자들의 교육

영혼들을 인도하는 일은 최고의 기량을 요하는 것이기 때문에 엄중하게 명하는 바, 주교들은 사제품에 오를 사람들을 성실하게 교육하고, 성무와 교회의 성사들의 집전에 대해 몸소 혹은 적합한 다른 인물들을 시켜서 양성함으로써 수품자들이 그 일들을 올바로 거행할 수 있게 해야 한다. 앞으로는 주교들이 무지한 자들과 못 배운 자들에게 서품을 주는 것은 쉽게 탄로나고 말게 되어 있는데, 만일 이를 감행한다면 서품을 준 자들과 서품을 받은 자들이 다 같이 무거운 형벌 제재를 받게 될 것이다. 특히 사제 서품에 있어서 다수의 나쁜 교역자를 보유하는 것 보다 소수의 훌륭한 교역자를 보유하는 것이 실제로 더 낫다. 왜냐하면 *눈먼 이가 눈먼 이를 인도하면, 둘 다 구덩이에*[2] 빠질 것이기 때문이다.[3]

28. 사임의 승인을 요청한 사람은 사임해야 함

어떤 자들은 고집스레 사임 승인을 요청하고 정작 그 승인이 자기에게 주어지면 사임을 하지 않는다. 하지만 그런 사임 요청에서 그들은 자신이 이끄는 성당의 유익이나 자신들의 건강을 염두에 둔 것처럼 보이기 때문에, 자신들의 이권만을 챙기고자 하는 자들의 궤변 때문이나[4] 그들의 어떤 경솔한 처신 때문에 방해받지 않겠다는 의도로 명하는 바, 그런 자들에게는 사임을 강제해야 한다.[5]

29. 영혼들의 사목을 하면서 아무도 두 개의 교회록을 받을 수 없음

대단한 통찰력을 가지고 라테란 공의회에서는[6] 누구도 교회의 직무와 본당사목구 성당을 여러 개 맡는 것을 금지시켰고 이 거룩한 교회법 조항들의 규정을 거스르는 경우에 이런 자리를 받은 자는 받은 것을 박탈당하게 하고 수여한 자는 임명권을 박탈당하게 하였다. 하지만 사람들의 오만과 탐욕으로 그 교령은 그 실효가 전혀 없었거나 아주 미미할 뿐이었기 때문에 더욱 분명하고 더욱 명확한 형태로 이를 복구하고자 본 교령을 통해 명하노니, 영혼들의 사목에 수반되는 교회록을 받는 이는 누구나 이미 이전부터 그런 교회록을 받고 있었다면 법 자체로 종전의 것은 상실한다. 그리고 만일 그것을 둘 다 소유하려고 시도하면 그는 현재의 것까지도 상실하게 될 것이다. 또한 종전의 교회록에 대한 서임권자는 수령자가 다른 교회록을 취득하게 되면 종전의 것을 적당하다고 판단되는 여타의 인물에게 자유롭게 수여해야 한다. 만일 그 서임권자가 3개월이 지나도록 이것을 다른 사람에게 넘겨 수여하는 일을 게을리 하면, 라테란 공의회의 규정에[7] 따라 그 교회록이 다른 사람에게 수여되는 것은 물론이고, 그는 자신의 수입 중에서 공석 기간 중에 받은 급여에 해당하는 몫만큼을 그 교회록을 예속하고 있는

---

1) 제44장 X. I 6(Fr 2, 89-90); 또한 참조: 제3차 라테란 공의회, 제3조(위의 212쪽); Tillmann 153, 155; Maccarrone 294.
2) 루카 6, 39; 참조: 마태 15, 14.
3) 제14장 X. I 14(Fr 2, 130-131); 참조: Tillmann 155.
4) 참조: 필립 2, 21.
5) 제12장 X. I 9(Fr 2, 113); 제28-29법령에 대해서는 또한 참조: F. W. Maitland, *Roman Canon Law in the Church of England*, London 1898, 20-21, 149.
6) 참조: 제3차 라테란 공의회, 제13조(위의 218쪽).
7) 참조: 제3차 라테란 공의회, 제8조(위의 215쪽).

illud est beneficium, assignare, quantum a tempore vacationis ipsius constiterit ex eo esse perceptum. Hoc idem in personatibus decernimus observandum, addentes ut in eadem ecclesia nullus plures dignitates aut[a] personatus[a] habere praesumat, etiam si curam non habeant animarum. Circa sublimes tamen et litteratas personas, quae maioribus sunt beneficiis honorandae, cum ratio postulaverit, per sedem apostolicam poterit dispensari.[1]

30. De idoneitate instituendorum in ecclesiis

Grave nimis est et absurdum, quod quidem praelati ecclesiarum, cum possint viros idoneos ad ecclesiastica beneficia promovere, assumere non verentur indignos, quibus nec morum honestas nec literarum scientia suffragatur, carnalitatis sequentes affectum, non iudicium rationis. Unde quanta ecclesiis damna proveniant, nemo sanae mentis ignorat. Volentes igitur huic morbo mederi, praecipimus ut, praetermissis indignis, assumant idoneos, qui Deo et ecclesiis velint et valeant gratum impendere famulatum fiatque de hoc in provinciali concilio diligens inquisitio annuatim, ita quod qui post primam et secundam correctionem[b] fuerit repertus culpabilis, a conferendis beneficiis per ipsum concilium suspendatur, instituta in eodem concilio persona provida et honesta, quae suppleat suspensi defectum in beneficiis conferendis; et hoc ipsum circa capitula quae in his deliquerint, observetur. Metropolitani vero delictum superioris iudicio relinquatur ex parte concilii nunciandum. Ut autem haec salubris provisio pleniorem consequatur effectum, huiusmodi suspensionis sententia praeter Romani pontificis auctoritatem aut proprii patriarchae minime relaxetur, ut in hoc quoque quatuor patriarchales sedes specialiter honorentur.[2]

31. De filiis canonicorum non instituendis cum patribus

Ad abolendam pessimam quae in plerisque inolevit ecclesiis corruptelam, firmiter prohibemus, ne canonicorum filii, maxime spurii, canonici fiant in saecularibus ecclesiis, in quibus instituti sunt patres; et si fuerit contra praesumptum, decernimus non valere. Qui vero tales[c], ut dictum est, canonicare[d] praesumpserint, a suis beneficiis suspendantur.[3]

32. Ut patroni competentem portionem dimittant clericis

Exstirpandae consuetudinis vitium in quibusdam partibus inolevit, quod scilicet patroni ecclesiarum parochialium et aliae quaedam personae, proventus ipsarum sibi penitus vendicantes, presbyteris earundem servitiis[e] deputatis relinquunt adeo exiguam portionem, ut ex ea congrue nequeant sustentari. Nam ut pro certo didicimus, in quibusdam regioni-

---

[a] *post* praesumat *in Cr*   [b] receptionem *Cr*
[c] *om. Cr*   [d] communicare *M*   [e] servitio *C*

[1] c. 28 *X*. III 5 (Fr 2, 477-478); cf. Fliche 205; Tillmann 155.
[2] c. 29 *X*. III 5 (Fr 2, 478); cf. Fliche 208; Tillmann 157; Maccarrone 290.
[3] c. 16 *X*. I 17 (Fr 2, 140); cf. etiam conc. Lat. II, c. 21 (v. supra p. 202); cf. Fliche 208.

성당에 귀속시켜야 한다. 성직록의 경우에도 마찬가지의 규정이 준수되어야 하고 게다가 덧붙여서 설령 영혼들의 사목을 하지 않는다 할지라도 동일한 성당에서 여러 개의 지위나 교회록을 겸해서 차지하는 일을 감행해서는 안 된다고 명하는 바이다. 하지만 더 큰 교회록이 지불되어야 할 탁월하고 학식이 높은 인물들의 경우 이유가 타당하면 사도좌에 의해서 관면될 수 있다.[1]

30. 성당들에 임명되는 자들의 자격

몇몇 교회들의 고위 성직자들이 적합한 인물들을 교회록을 수반하는 자리에 올릴 수 있는데도 생활의 정직성으로 보나 지식으로 보나 추천받을 만하지 못하고 이성의 판단보다는 육신의 욕망을 따르는 부적합한 인물들을 겁 없이 임명하는 것은 매우 심각하고 한심한 일이다. 거기서 기인하여 교회에 끼치는 대단히 큰 피해를 제정신을 가진 사람은 아무도 부인하지 않는다. 따라서 이 질병을 고치기를 원하면서 명하는 바, 부적합한 자들은 거부하고 하느님과 교회에 만족스런 봉사를 하기를 원하고 그렇게 할 능력이 있는 적합한 인물들이 임명되어야 하고, 이 사안에 대해 해마다 관구 공의회에서 성실한 조사가 진행되어야 한다. 따라서 첫 번째 그리고 두 번째 지적을 받은 다음에도 계속 과오를 저지르고 있음이 인정되는 자에게는 관구 공의회가 직접 교회록에 대한 서임권을 정지시키고, 교회록에 대한 서임에 있어서 그 정지된 자의 결함을 채우도록 현명하고 정직한 인물을 지정해야 한다. 그런 잘못을 저지르는 참사회들에도 같은 법규가 적용되어야 한다. 하지만 대주교가 그런 잘못을 저지른 경우에는 관구공의회는 상급 권위의 판단에 맡겨지도록 알려야 한다. 이 구원적 규정이 더욱 충만하게 효력을 발휘하게 하기 위하여 이 정지 판결은 로마교황에 의해서만 혹은 죄책이 있는 자가 속한 총대주교에 의해서만 풀릴 수 있다. 그렇게함으로써 네 개의 총대주교좌들도 특별하게 존경을 받게 될 것이다.[2]

31. 의전 사제들의 아들들은 자기 아버지와 같은 곳에 서임될 수 없음

수많은 성당들에서 뿌리박고 자라 온 최악의 부패를 척결하기 위하여 엄격하게 금하노니, 의전 사제들의 아들들은, 특히 그들이 불법의 자녀들인 경우에는, 그들의 아버지가 직무를 수행하고 있는 재속 성당의 의전 사제가 될 수 없다. 그리고 만일 이를 거스르는 일이 감행된다면 그것은 무효라고 선언하는 바이다. 그런 자들을 의전 사제로 만들려고 시도하는 자들은 자신들의 교회록이 정지될 것이다.

32. 보호권자들은 성직자에게 적당량의 몫을 남겨 놓아야 함

본당사목구 성당들의 보호권자들과 여타의 인물들이 해당 성당들의 수입을 온전히 자기들 몫으로 독차지하고 거기서 봉직하는 사제들에게는 마땅한 생계유지에도 부족할 만큼의 작은 몫을 남겨 놓는 부도덕한 관행이 일부 지역에서 뿌리박고 자라 왔는데 이는 척결되어야 한다. 근거를 가지고 알 수 있었던바, 실제로 일부 지역에서는 본당사목구 사제들이 자신들의 생계를 위해

---

1) 제28장 X. III 5(Fr 2, 477-478); 참조: Fliche 205; Tillmann 155.
2) 제29장 X. III 5(Fr 2, 478); 참조: Fliche 208; Tillmann 157, 160; Maccarrone 290.

bus parochiales presbyteri pro sua sustentatione non obtinent nisi quartam quartae, id est sextamdecimam decimarum. Unde fit ut in his regionibus pene nullus inveniatur sacerdos parochialis, qui vel modicam habeat peritiam[a] literarum. Cum igitur os bovis alligari non debeat triturantis[1], sed qui altari servit vivere debeat de altari[2], statuimus ut, consuetudine qualibet episcopi vel patroni seu cuiuscumque alterius non obstante, portio presbyteris ipsis sufficiens assignetur. Qui vero parochialem habet ecclesiam, non per vicarium sed per seipsum illi deserviat in ordine, quem ipsius ecclesiae cura requirit, nisi forte praebendae vel dignitati parochialis ecclesia sit annexa; in quo casu concedimus, ut is qui talem habeat praebendam vel dignitatem, cum oporteat eum in maiori ecclesia deservire, in ipsa parochiali ecclesia idoneum et perpetuum studeat habere vicarium canonice institutum, qui ut praedictum est congruentem habeat de ipsis ecclesiae proventibus portionem; alioquin illa se sciat huius decreti auctoritate privatum, libere alii conferenda, qui velit et possit, quod praedictum est, adimplere. Illud autem penitus interdicimus, ne quis in fraudem de proventibus ecclesiae, quae curam proprii sacerdotis debet habere, pensionem alii quasi pro beneficio conferre praesumat.[3]

33. De procurationibus non accipiendis sine visitatione

Procurationes quae visitationis ratione debentur episcopis, archidiaconis vel quibuslibet aliis, etiam apostolicae sedis legatis aut nunciis, absque manifesta et necessaria causa nullatenus exigantur, nisi quando praesentialiter officium visitationis impendunt, et tunc evectionum et personarum mediocritatem observent in Lateranensi concilio[4] definitam. Hoc adhibito moderamine circa legatos et nuncios apostolicae[b] sedis[b], ut cum oportuerit eos apud aliquem locum moram facere necessariam, ne locus ille propter illos nimium aggravetur, procurationes recipiant moderatas ab aliis ecclesiis vel personis, quae nondum fuerunt de suis procurationibus aggravatae, ita quod numerus procurationum numerum dierum, quibus huiusmodi moram fecerint, non excedat; et cum aliqua non suffecerit per ipsam, duae vel plures coniungantur in unam. Porro visitationis officium exercentes, non quaerant quae sua sunt[b] sed quae Iesu Christi[5], praedicationi et exhortationi[c], correctioni et reformationi vacando, ut fructum referant qui non perit. Qui autem contra hoc[d] venire praesumpserit, et quod acceperat reddat et ecclesiae[e] quam taliter aggravavit[f], tantundem rependat[g].[6]

a notitiam *Cr*   b *om. Cr*   c et *add. Cr*   d *om. Rm*   e ecclesiis *Cr*
f quae ... aggravantur *Cr*   g impendat *Cr*

---

[1] Cf. Dt 25, 4; 1 Cor 9, 9; 1 Tm 5, 18.   [2] Cf. 1 Cor 9, 13.
[3] c. 30 *X*. III 5 (Fr 2, 478-479); cf. Fliche 209; Tillmann 155, 158.
[4] Cf. conc. Lat. III. c. 4 (v. supra p. 213).   [5] Cf. Ph 2, 21.
[6] c. 23 *X*. III 39 (Fr 2, 632); cf. Fliche 210; Tillmann 153.

고작 십일조의 4분의 1의 4분의 1, 즉 16분의 1을 받는다. 그 결과로 그런 지역에서 최소한의 교육이라도 받은 본당사목구 사제를 발견하는 것은 거의 불가능하다. 그리고 타작 일을 하는 소의 입에 부리망을 물려서는 안 되듯이,[1] 제단에 봉직하는 사람은 제단에서 먹고살아야 하기 때문에[2] 명하노니, 사제들에게 충분한 몫이 배분되어야 하고 이와 반대되는 관습은 주교의 관습이든 보호권자나 그 누구의 관습이든 이를 방해하지 못한다. 본당사목구 성당을 맡은 자는 그 성당이 필요로 하는 사목에 몸소 봉사해야 하고 대리를 통해서 일해서는 안 된다. 다만 그 본당사목구 성당이 의전 사제단 성직록이나 어떤 고위 성직에 부속 기관으로 설정된 경우에는 그러하지 아니하다. 이러한 경우 그러한 의전 사제단 성직록이나 고위 성직을 보유하고 있는 당사자는 더 큰 성당에서 본연의 직무를 수행해야 하기에 적합한 전속 대리(사제)를, 앞서 언급한 대로 성당의 수입에서 적당량의 몫을 수령하게 하면서, 교회법적으로 서임하는 것을 허용하는 바이다. 그렇게 하지 않으면 본 교령의 권위로 그는 본당사목구 성당에서 해임시켜야 하고 그 자리는 앞서 언급한 바를 제대로 실천하기를 원하고 그렇게 할 수 있는 다른 인물에게 자유롭게 배정해야 한다. 또한 누구라도 소속 사제에게 배분되어야 할 성당의 수입을 다른 사람에게 마치 교회록인 것처럼 속여서 연금으로 감히 지급하는 것을 전적으로 금하는 바이다.[3]

33. 실제로 순시를 하지 않고서는 거마비를 받지 못함

순시를 이유로 주교들, 대부제들 혹은 여타의 인물들 그리고 사도좌의 전권대사들이나 사절들에게 의무적으로 지급하는 거마비는 분명하고 불가피한 이유가 아닌 한, 그들이 몸소 순시를 실행하지 않았을 경우에는 집행되면 안 된다. 그리고 순시할 때 동반하는 운송 수단의 수와 수행단의 인원수에 대해서는 라테란 공의회에서 정한 바를 준수해야 한다.[4] 사도좌의 전권대사들과 사절들의 경우 다음과 같은 제한을 덧붙이는 바, 만일 그들이 불가피하게 어떤 지역에서 지체해야 한다면 그곳에 지나친 부담을 주는 일을 피하기 위하여 아직 거마비 부담을 한 적이 없는 다른 성당들이나 사람들로부터 소박한 거마비를 받을 수 있는데, 거마비의 수가 체류한 날수보다 많아서는 안 된다. 그리고 한 개의 거마비도 충분히 준비할 형편이 안 되면 둘이나 그 이상을 합쳐서 하나를 만들어도 된다. 또한 순시의 직무를 수행하는 자들은 자신의 이익을 추구할 것이 아니라, 설교하고 격려하고 교정시키고 개혁시키면서 예수 그리스도의 이익을 추구해야 한다.[5] 본 법령을 어기는 자는 누구든지 받은 것을 반납하고 부담을 주었던 성당에 그만큼의 보상을 해주어야 한다.[6]

---

1) 참조: 신명 25, 4; 1코린 9, 9; 1티모 5, 18.
2) 참조: 1코린 9, 13.
3) 제30장 X. III 5(Fr 2, 478-479); 참조: Fliche 209; Tillmann 155, 158.
4) 참조: 제3차 라테란 공의회, 제4조(위의 213쪽).
5) 참조: 필립 2, 21.
6) 제23장 X. III 39(Fr 2, 632); 참조: Fliche 210; Tillmann 153.

34. De subditis non gravandis sub praetextu servitii alicuius

Quia praelati plerique, ut procurationem aut servitium aliquod impendant legato vel alii[a], plus extorquent a subditis quam solvant[b], et in eorum damnis lucra sectantes, quaerunt praedam potius quam subsidium in subiectis, id de caetero fieri prohibemus. Quod si quis forte praesumpserit, et sic extorta restituat et tantundem cogatur pauperibus elargiri. Superior autem, cui[c] super hoc fuerit querela deposita, si negligens fuerit in huiusmodi executione statuti, canonicae subiaceat ultioni.[1]

35. De causa appellationis exprimenda

Ut debitus honor deferatur iudicibus et litigatoribus consulatur super laboribus et expensis, statuimus ut ubi quis coram idoneo iudice convenerit adversarium, ille ante sententiam ad superiorem iudicem absque rationabili causa non provocet, sed coram illo suam iustitiam prosequatur, non obstante si dicat quod ad superiorem iudicem nuncium destinaverit, aut etiam literas impetraverit ab eodem, priusquam delegato fuerint assignatae. Cum autem ex rationabili causa putaverit appellandum, coram eodem iudice causa probabili appellationis exposita, tali videlicet quae si foret probata, deberet legitima reputari, superior de appellatione cognoscat, et si minus eum rationabiliter appellasse cognoverit, illum ad inferiorem remittat et in expensis alteri parti condemnet. Alioquin ipse procedat, salvis constitutionibus de maioribus causis ad sedem apostolicam perferendis.[2]

36. Quod iudex possit interlocutoriam et comminatoriam sententiam revocare

Cum cessante causa cesset effectus, statuimus ut sive iudex ordinarius sive delegatus aliquid comminando vel interloquendo protulerit, quo executioni mandato alter litigantium gravaretur[d] et sano usus consilio ab huiusmodi comminationis vel interlocutionis effectu destiterit, libere in causae cognitione procedat, non obstante si a tali comminatione vel interlocutione fuerit appellatum, dummodo non sit ex alia legitima causa suspectus, ne processus negotii frivolis occasionibus retardetur.[3]

37. De litteris non impetrandis ultra duas diaetas et sine speciali mandato

Nonnulli gratia sedis apostolicae abutentes, literas eius ad remotos iudices impetrare nituntur, ut reus fatigatus laboribus et expensis liti cedere vel importunitatem actoris redimere compellatur. Cum autem per iudicium iniuriis aditus patere non debeat, quas iuris observantia interdicit, statuimus ne quis ultra duas diaetas extra suam dioecesim per literas apostolicas ad iudicium trahi possit, nisi de assensu partium fuerit impetratae vel expressam de hac constitutione fecerint mentionem. Sunt

---

[a] aliis *M*   [b] exsolvant *Cr*   [c] cum *M*   [d] gravetur *Cr*

[1] c. 8 *X*. III 49 (Fr 2, 656-657); cf. Fliche 210.
[2] c. 59 *X*. II 28 (Fr 2, 437); de c. 35-38 cf. Fliche 209.
[3] c. 60 *X*. II 28 (Fr 2, 437).

34. 다른 이의 성무 활동을 구실로 수하들에게 부담을 주지 못함

수많은 고위 성직자들이 교황 전권대사들이나 그 외의 인물들에게 거마비나 여타의 접대를 제공하기 위하여 수하들로부터 자신들이 지불하는 것보다 더 많이 갈취하고, 자신들이 손해 본 것에서 이득을 얻으려고 애쓰면서 수하들에게 도움을 주기보다는 약탈을 일삼기 때문에, 앞으로는 그러한 행동을 금하는 바이다. 만일 누가 그런 짓을 감행한다면, 갈취한 것을 배상하고 그만큼을 가난한 사람들에게 강제로 기부하게 될 것이다. 이 사안에 대한 고발을 접수한 장상이 본 법령의 적용을 소홀히 했다는 것이 드러나면 그는 교회법적 형벌 제재를 받게 될 것이다.[1]

35. 상소의 형식

재판관들에게 마땅한 존경을 표하게 하기 위하여 그리고 소송 당사자들에게 소송에 드는 노고와 비용에 대해 배려하기 위하여 명하는 바, 어떤 자가 관할권을 가진 재판관에게 상대방을 걸어서 소송을 제기했을 때, 판결이 내려지기 전에는 타당한 이유 없이 상급 재판관에게 상소할 수 없고, 설령 그가 상급 재판관에게 소식을 전했다고 하거나 그 재판관으로부터 서한을 받았다고 해도 그 서한이 위임된 재판관에게 발송된 것이 아니면 그 1심의 재판관 앞에서 소송은 진행되어야 한다. 소송을 제기한 자가 타당한 이유로 상소를 해야겠다고 여기면 현재의 재판관에게 상소의 이유를 제시하고 현재의 재판관이 그 이유들을 조사한 결과 합법적이라고 인정된 후에, 그 상소하려는 사건을 상급 재판관이 심리하게 해야 한다. 만일 상급 재판관이 상소의 이유가 없다고 판단하면 그는 그 상소 사건을 1심의 재판관에게 되돌려보내고 상소 신청인이 상대방의 소송비용을 지불하도록 판결해야 한다. 그렇지 않으면(상소 이유가 있다고 판단되면) 상급 재판관은 소송을 계속 진행해야 한다. 다만 중대한 사안들을 다루는 법규들에 해당하는 것들은 사도좌로 넘겨야 한다.[2]

36. 재판관은 중간 판결이나 형벌을 내리는 판결을 취소할 수 있음

이유가 소멸되면 효력도 소멸되는 것이므로 규정하는 바, 정규 재판관이든 위임된 재판관이든, 재판관이 형벌을 내리는 판결이나 중간 판결을 내렸는데, 자신이 내린 판결의 집행이 소송당사자 중 한편에게 부당한 손해를 끼치게 될 것으로 보고 현명하게 판단하여 그것의 집행을 저지시킨 경우에는, 그 형사 판결이나 중간 판결에 대한 상소가 있을지라도 다른 합법적인 이유로 혐의를 쓰지 않는 한, 그 재판관은 자유롭게 소송의 예심 단계를 진행할 수 있다. 왜냐하면 소송이 사소한 구실로 지연되어서는 안 되기 때문이다.[3]

37. 이틀이 넘게 걸리고 특별위임이 없는 서한은 접수가 안 됨

어떤 자들은, 사도좌의 호의를 남용하면서, 원거리에 있는 재판관에게 소송을 접수시키는 사도좌의 서한을 얻으려는 시도를 한다. 그리하여 피청구인이 노고와 비용이 힘에 부쳐서 쟁송을 양보하거나 성가시게 구는 청구인과 합의를 보게 만든다. 그러나 재판은 법으로 금하고 있는 부당함에 기회를 터 주면 안 되는 것이기 때문에, 누구도 사도적 서한에 의해서 자기 교구에서 이틀이 넘게 떨어진 곳의 재판에 소환될 수 없다고 규정하는 바이다. 다만 양 당사자의 합의에 의해 얻어진 서한이거나 본 법령에 대해 명시적으로 언급한 서한의 경우에는 그러하지 아니하다.

---

1) 제8장 X. III 49(Fr 2, 656-657); 참조: Fliche 210.
2) 제59장 X. II 28(Fr 2, 437); 제35-38법령에 대해서는 참조: Fliche 209.   3) 제60장 X. II 28(Fr 2, 437).

et alii, qui se ad novum genus mercimonii convertentes, ut vel sopitas possint suscitare querelas aut novas immittere quaestiones, fingunt causas, super quibus a sede apostolica literas impetrant absque dominorum mandato, quas vel reo, ne propter[a] eas laborum vel expensarum dispendio molestetur, aut actori, ut per ipsas adversarium indebita vexatione fatiget, venales exponunt. Cum autem lites restringendae sint potius quam laxandae, hac generali constitutione sancimus, ut si quis super aliqua quaestione de caetero sine mandato speciali domini literas apostolicas impetrare praesumpserit, et literae illae non valeant et ipse tanquam falsarius puniatur, nisi forte de illis personis exstiterit, de quibus non debet exigi de iure mandatum.[1]

38. De scribendis actis, ut probari possint

Quoniam contra falsam assertionem iniqui iudicis innocens litigator quandoque non potest veram negationem probare, cum negantis factum per rerum naturam nulla sit directa probatio, ne falsitas veritati praeiudicet aut iniquitas praevaleat aequitati, statuimus ut tam in ordinario iudicio quam extraordinario, iudex semper adhibeat aut publicam, si potest habere, personam, aut duos viros idoneos, qui fideliter universa iudicii acta conscribant, videlicet citationes, dilationes, recusationes et exceptiones, petitiones et responsiones, interrogationes, confessiones, testium depositiones, instrumentorum productiones, interlocutiones[b], appellationes[c], renunciationes, conclusiones et caetera quae occurrunt competenti ordine conscribenda, designando loca, tempora et personas, et omnia[d] sic conscripta partibus tribuantur, ita quod originalia penes scriptores remaneant, ut si super processu iudicis fuerit suborta contentio, per haec possit veritas declarari. Hoc adhibito moderamine, quatenus sic honestis et discretis[e] deferatur iudicibus, quod per improvidos et iniquos innocentum iustitia non laedatur. Iudex autem qui constitutionem istam neglexerit observare, si propter eius negligentiam aliquid difficultatis emerserit, per superiorem iudicem animadversione debita castigetur, nec pro ipsius praesumatur processu, nisi quatenus in causa legitimis constiterit documentis.[2]

39. De restitutione danda contra possessorem, quae non rapuit ipse

Saepe contingit quod, spoliatus iniuste, per spoliatorem in alium translata, dum adversus possessorem non subvenitur per restitutionis beneficium spoliato, commodo possessionis amisso, propter difficultatem probationis ius proprietatis amittit effectum. Unde non obstante civilis

---

[a] per *Cr*   [b] confessiones ... interlocutiones *om. Cr*
[c] et appellationes *Cr*   [d] *om. M*   [e] declaretur et *add. M*

---

[1] c. 28 *X*. I 3 (Fr 2, 31); cf. inter alios R. von Heckel, *Das Aufkommen der ständigen Prokuratoren an der päpstlichen Kurie im 13. Jahrhundert*, Miscellanea Francesco Ehrle (Studi e testi, 38) II Roma 1924, 311-313; Tillmann 160.
[2] c. 11 *X*. II 19 (Fr 2, 313-314); cf. Tillmann 160.

또한 새로운 종류의 돈벌이에 빠져든 자들이 있는데, 그들은 이미 진정된 사건에 대해 상소를 제기한다거나 새로운 문제점들을 도입하면서 쟁송을 만들어 냄으로써 장상들의 위임도 받지 않은 채 사도좌에 그런 사안들에 관련된 서한을 요청한다. 그런 다음 그들은 그 서한을 노고와 비용의 소비에 대한 부담을 덜어 준다는 구실로 피청구인(피고)에게 팔거나, 상대방에게 부수적 압박을 가하여 부담을 주는 도구가 된다는 구실로 청구인(원고)에게 판다. 본시 소송은 확산시키기보다는 억제시켜야 하는 것이기 때문에, 이 일반 법령을 통하여 명하노니, 이제부터는 그 어떤 사건에 대해서도 만일 누가 장상의 특별위임 없이 사도적 서한을 받아 내는 일을 감행하면 그 서한은 효력을 보유하지 못하고 그자는 위조범으로서 처벌을 받게 될 것이다. 다만 교회법에 의해서 어떤 위임도 필요로 하지 않는 자의 경우는 그러하지 아니하다.[1]

38. 입증을 가능케 할 소송 행위들의 기록

정의롭지 못한 재판관의 허위 주장을 거슬러서 무고한 소송당사자가 그것을 부인하는 진실을 증명하지 못하는 경우가 종종 있는데, 부인하는 행위는 실로 사안의 본성상 직접적 증거를 성립시키지 못하기 때문이다. 허위가 진실을 손상시키거나 불의가 정의를 이기는 일이 없게 하기 위해서 정규 재판뿐만 아니라 비정규 재판에서도 항상 재판관은 공적 사무관을 두는 것이 가능하면 그렇게 하고, 아니면 법정의 모든 소송 행위들, 즉 소환, 연기, 기피(거부), 항변, 청원, 답변, 심문, 자백, 증인들의 증언, 증거 제출, 중간 판결, 상소, 포기, 종국 판결 등, 정해진 질서에 입각해서 기록되어야 하는 모든 것들을 장소와 시간과 사람을 명시하면서 성실하게 기록하기에 적합한 두 명의 인물을 두어야 한다. 그리고 기록된 모든 것은 당사자들에게 보내 주어야 한다. 하지만 원본은 기록 작성자들에게 남겨 둠으로써 혹시 재판관이 사건을 어떻게 처리했는가에 대한 분쟁이 발생되면 원본을 가지고 진실을 밝힐 수 있게 해야 한다. 이런 조치를 따르면 사건을 정직하고 현명한 재판관에게 맡길 수 있을 것이고 그럼으로써 무고한 자들을 위한 정의가 어리석고 의롭지 못한 재판관에 의해서 손상되지 않을 것이다. 본 법령의 준수를 소홀히 하는 재판관이 자신의 나태로 인해 어떤 어려움을 야기하면 그는 상급 재판관으로부터 맞갖은 징계를 받게 될 것이고 소송이 그의 방식대로 진행되지도 않을 것이다. 다만 합법적 문서에 의해서 그렇게 처리되는 사건에 한해서는 그러하지 아니하다.[2]

39. 장물(臟物)의 반환

누군가가 부당하게 남의 물건을 강탈하고 그 물건이 강탈한 자로부터 다른 사람에게 넘어감으로 인해서 점유의 이점을 상실한 원 소유주는 현 점유자를 거슬러서 반환 소송을 할 수도 없고 증거를 대기도 어려워서 소유권마저 실질적으로 상실하게 되는 위험에 처하는 일이 종종 발생한다. 따라서 세속법의 엄격함이 있음에도 불구하고 명하노니, 앞으로는 만일 누가

---

1) 제28장 X. I 3(Fr 2, 31); 참조: 여타의 것들 중에 R. von Heckel, *Das Aufkommen der ständigen Prokuratoren an der päpstlichen Kurie im 13. Jahrhundert*, Miscellanea Francesco(Studi e testi, 38) II Roma 1924, 311-313; Tillmann 160.
2) 제11장 X. II 19(Fr 2, 313-314); 참조: Tillmann 160.

iuris rigore sancimus ut, si quis de caetero scienter rem talem acceperit, cum spoliatori quasi succedat in vitium, eo quod non multum intersit, praesertim quoad periculum animae, detinere iniuste ac invadere alienum, contra possessorem huiusmodi spoliato per restitutionis beneficium succurratur.[1]

40. De vera possessione

Contingit interdum quod, cum actori ob contumaciam partis adversae adiudicatur causa rei servandae possessio, propter rei potentiam sive dolum actor infra annum rem custodiendam nancisci non potest vel nactam amittit, et sic cum secundum assertionem multorum verus non efficeretur post lapsum anni possessor, reportat commodum de malitia sua reus. Ne igitur contumax melioris quam obediens conditionis exsistat, de canonica aequitate sancimus, ut in casu praemisso actor verus constituatur elapso anno possessor.[2] Ad haec generaliter prohibemus, ne super rebus spiritualibus compromittatur in laicum, quia non decet ut laicus in talibus arbitretur.[3]

41. De continuatione bonae fidei in omni praescriptione

Quoniam *omne quod non est ex fide, peccatum est*[4], synodali iudicio definimus, ut nulla valeat absque bona fide praescriptio tam canonica quam civilis, cum sit generaliter omni constitutioni atque[a] consuetudini[a] derogandum, quae absque mortali non potest observari peccato. Unde oportet ut, qui praescribit, in nulla temporis parte rei habeat conscientiam alienae.[5]

42. De saeculari iustitia

Sicut volumus ut iura clericorum non usurpent laici, ita velle debemus, ne clerici iura sibi vindicent laicorum. Quocirca universis clericis interdicimus, ne quis praetextu ecclesiasticae libertatis suam de caetero iurisdictionem extendat in praeiudicium iustitiae saecularis, sed contentus exsistat constitutionibus scriptis et consuetudinibus hactenus approbatis, ut *quae sunt Caesaris* reddantur *Caesari, et quae sunt Dei Deo*[6] recta distributione reddantur.

43. Ne sine causa clericus fidelitatem laico faciat

Nimis de iure divino quidam laici usurpare conantur, cum viros ecclesiasticos, nihil temporale detinentes ab eis, ad praestandum sibi fidelitatis iuramenta compellunt. Quia vero secundum Apostolum, *servus suo Domino stat aut cadit*[7], sacri auctoritate concilii prohibemus, ne tales clerici personis saecularibus praestare cogantur huiusmodi iuramentum.[8]

[a] *om. Cr*

---

[1] c. 18 *X*. II 13 (Fr 2, 290).   [2] c. 9 *X*. II 14 (Fr 2, 297).
[3] c. 8 *X*. I 43 (Fr 2, 235); cf. Fliche 209.   [4] Rm 14, 23.
[5] c. 20 *X*. II 26 (Fr 2, 393); cf. Fliche 209; de c. 41-42 cf. Maccarrone 296.
[6] Mt 22, 21; Mr 12, 17; Lc 20, 25.   [7] Rm 14, 4.
[8] c. 30 *X*. II 24 (Fr 2, 372); de c. 43-46 cf. Fliche 210.

장물(臟物)인 줄 알면서 어떤 물건을 취득한다면 강탈자의 악행을 거의 그대로 승계하는 것으로 간주된다. 왜냐하면 특히 영혼에 끼치는 위험은 부당하게 취득하는 것과 남의 물건을 강탈하는 것 간에 실로 큰 차이가 없기 때문이다. 그런 식으로 피해를 입은 사람은 현 점유자를 거슬러서 반환의 권리 행사로 도움을 받게 될 것이다.[1]

40. 진정한 소유

피청구인(피고)의 항명(결석)으로 말미암아 쟁점이 되는 물건의 유지 소유가 청구인(원고)에게 주어졌지만, 그 물건에 대한 피청구인의 불법 강제와 기만 때문에 청구인이 일 년 안에 그 물건에 대한 소유를 득하지 못하거나 혹여 득한 후에도 도로 상실하게 되며, 이런 식으로 일 년이 지나면 청구인은 진정한 소유자가 되지 못한다는 것이 다수의 의견이기 때문에 범죄자는 악질적 행동을 통해서 오히려 이득을 보는 경우가 종종 있다. 따라서 항명하는 당사자가 순명하는 당사자보다 더 나은 조건을 누리지 않게 하기 위해서 교회법적 형평을 가지고 명하노니, 앞서 언급한 경우에 청구인은 일 년이 지났을지라도 소유자가 될 수 있다.[2] 아울러 영적인 사안에 대한 결정을 세속인에게 맡기는 것을 일반적으로 금하는 바이다. 왜냐하면 그런 것을 세속인이 판결하게 하는 것은 적합하지 않기 때문이다.[3]

41. 모든 시효에는 선의가 유지되어야 함

믿음에서 우러나오지 않는 행위는 다 죄이기 때문에[4] 그리고 대죄를 짓지 않고서는 준수할 수 없는 법규나 관습은 일반적으로 폐지되어야 할 것이기 때문에, 본 공의회의 결정으로 규정하는 바, 모든 시효는 그것이 교회법적인 것이든 세속법적인 것이든 선의에 근거하지 않은 한 무효이다. 그러므로 시효를 주장하는 자가 타인의 물건을 점유하고 있다는 사실을 한순간도 알지 못했어야 한다.[5]

42. 세속 정의

내가 세속인들이 성직자들의 권리를 침범하지 않기를 바란다면, 마찬가지로 성직자들이 세속인들의 권리를 침범하지 않는 것도 바라야 한다. 따라서 성직자들이 교회의 자유를 구실로 자신들의 사법권을 세속적 정의의 문제에까지 확산하는 것을 금하는 바이다. 그들은 오히려 지금까지 인정된 성문 법규들과 관습들에 만족함으로써 *황제의 것은 황제에게 돌아가게 되고 하느님의 것은 하느님께*[6] 올바른 분배를 통해 돌아가게 되도록 해야 한다.

43. 성직자는 정당한 이유 없이 세속인에게 충성 서약을 하지 말아야 함

일부 세속인들이 자신들에게 세속적 사안에 대해서 아무런 의무가 없는 교회의 사람들에게 충성 서약을 강요함으로써 신적 권리를 과도하게 찬탈한다. 하지만 사도(바오로)에 의하면 종은 *그가 서 있든 넘어지든 그것은 그 주인의 소관*[7]이기 때문에 본 거룩한 공의회의 권위로 금하노니, 세속인들은 그러한 성직자들에게 그런 식의 서약을 발하도록 압박하지 말아야 한다.[8]

---

1) 제18장 X. II 13(Fr 2, 290).   2) 제9장 X. II 14(Fr 2, 297).   3) 제8장 X. I 43(Fr 2, 235); 참조: Fliche 209.
4) 로마 14, 23.   5) 제20장 X. II 26(Fr 2, 393); 참조: Fliche 209; 제41-42법령에 대해서는 참조: Maccarrone 296.
6) 마태 22, 21; 마르 12, 17; 루카 20, 25.   7) 로마 14, 4.
8) 제30장 X. II 24(Fr 2, 372); 제43-46법령에 대해서는 참조: Fliche 210.

44. *Quod constitutiones principum non praeiudicent ecclesiis*

Cum laicis quamvis religiosis disponendi de rebus ecclesiasticis nulla sit attributa potestas, quos subsequendi manet necessitas non auctoritas imperandi, dolemus sic in quibusdam ex illis refrigescere caritatem, quod immunitatem ecclesiasticae libertatis, quam nedum sancti patres[a] sed etiam principes saeculares multis privilegiis munierunt, non formidant suis constitutionibus vel potius confictionibus impugnare, non solum de feudorum alienatione ac aliarum possessionum ecclesiasticarum et usurpatione iurisdictionum, sed etiam de mortuariis necnon et aliis quae spirituali iuri videntur annexa, illicite praesumendo. Volentes igitur super his ecclesiarum indemnitati consulere ac[b] tantis gravaminibus providere, constitutiones huiusmodi et vindicationes[c] feudorum seu aliorum bonorum ecclesiasticorum[d], sine legitimo ecclesiasticarum personarum assensu praesumptas, occasione constitutionis laicae potestatis, cum non constitutio sed destitutio vel destructio dici possit necnon usurpatio iurisdictionum, sacri approbatione concilii decernimus non tenere, praesumptoribus per censuram ecclesiasticam compescendis.[1]

45. *Patronus qui clericum ecclesiae occiderit vel mutilaverit, ius patronatus amittit*

In quibusdam provinciis ecclesiarum patroni seu vicedomini et advocati se in tantam insolentiam erexerunt, quod non solum, cum vacantibus debet ecclesiis de pastoribus idoneis provideri, difficultates ingerunt et[e] malitias, verum etiam de possessionibus et aliis bonis ecclesiasticis pro sua voluntate ordinare praesumunt et, quod horrendum est dicere, in necem praelatorum prorumpere non formidant. Cum igitur quod ad defensionis subsidium est inventum, ad depressionis dispendium non debeat retorqueri, prohibemus expresse, ne patroni vel advocati seu vicedomini super praemissis de caetero plus usurpent, quam reperiatur[f] in iure permissum; et si contra praesumpserint, districtissime per severitatem canonicam[g] compescantur. Sacri nihilominus concilii approbatione[h] statuimus, quatenus si patroni vel advocati aut feudatarii seu vicedomini seu alii beneficiati, alicuius ecclesiae rectorem[i] vel clericum alium ipsius ecclesiae per se vel per alios occidere vel mutilare ausu nefando praesumpserint, patroni ius patronatus, advocati advocatiam, feudatarii feudum, vicedomini vicedominatum, beneficiati beneficium prorsus amittant. Et ne minus vindictae quam excessus memoria prorogetur, non solum de praemissis nil perveniat ad heredes, sed etiam usque ad quartam generationem posteritates talium in clericorum collegium nullatenus admittantur[k] nec in regularibus domibus alicuius praelationis assequantur honorem, nisi cum eis fuerit misericorditer[l] dispensatum.[2]

---

[a] *om. Cr*   [b] a *add. Cr*   [c] venditiones *v. l. Rm M*   [d] ecclesiarum *Cr*   [e] in *M*
[f] reperitur *Cr*   [g] districtissime ... canonicam] canonica districtione *Cr*
[h] provisione *Cr M*   [i] lectorem *M*
[k] admittantur *Su v. l. Cr* assumantur *Cr*   [l] *om. M*

---

[1] c. 12 *X.* III 13 (Fr 2, 516).   [2] c. 12 *X.* V 37 (Fr 2, 883-884).

44. 군주들의 법령들은 성당들에 불이익을 끼치지 않아야 함

세속인들은, 설령 신심이 깊은 자라 할지라도, 교회의 재산을 처분할 권한을 받지 못했고 그들이 할 일은 순명하는 것이지 명령하는 것이 아니다. 따라서 그들 중 일부에게 애덕이 냉각되어 거룩한 교부들뿐만 아니라 세속의 군주들에 의해서 수많은 특전을 통해 보호되었던 교회의 자유에 입각한 면책을 자신들의 법령들, 아니 날조된 법령들을 동원해서 공격하는 짓을 두려움 없이 자행함은 개탄할 일이다. 그런 일은 성당의 영지(領地)들뿐만 아니라 여타의 교회 재산들까지도 양도하면서, 그리고 교회의 관할권을 침해하면서, 또한 망자 유증 기금뿐만 아니라 교회의 권리에 수반되는 것으로 보이는 여타의 기금들을 불법적으로 가로채면서 행해진다. 그러므로 성당들의 이익을 보살피고 그토록 커다란 피해를 막는 조치를 내리고자 본 거룩한 공의회의 승인 사항으로 공포하는 바, 세속 권력에 의해서 만들어진 그런 종류의 법령들과 교회 사람들의 합법적인 동의가 없이 행하는 성당의 영지나 여타의 교회 재산에 대한 권리 주장은 무효이다. 왜냐하면 그런 것들은 법령이라 말할 수 있는 것이 아니라 기만이나 파괴요 관할권의 침해이기 때문이다. 그러한 짓을 감행하는 자들은 교회의 교정벌로 제재를 받아야 한다.[1]

45. 어느 성당의 성직자를 살해하거나 절단 상해한 보호권자는 그 보호권을 박탈당함

일부 지방에서 성당들의 보호권자들 및 그들의 대리인들, 그리고 변호사들이 공석이 된 성당에 적합한 목자를 배정해야 할 때 어려움을 불러일으키고 간계를 꾸밀 뿐만 아니라 감히 교회의 점유물들과 여타의 재산들을 자신들의 재량권 하에 두며, 심지어 언급하기조차 두렵게도 성당의 책임 성직자들을 죽음으로 몰아넣는 일을 주저하지 않을 정도로 오만해지기에 이르렀다. 따라서 보호를 하라고 만들어진 것이 억압과 피해를 끼치는 것으로 변질되면 안 되기 때문에, 이제부터는 보호권자들이나 그들의 변호사들 혹은 대리인들이 위에 제시한 사안에 대해서 법에서 그들에게 허용한 범위를 넘어서서 찬탈하는 것을 명시적으로 금하는 바이다. 그리고 만일 그들이 이를 거스르는 행위를 감행한다면 지극히 엄중한 교회법 형벌 제재를 받아야 한다. 아울러 본 거룩한 공의회의 승인 사항으로 규정하는 바, 만일 보호권자들이나 변호사들, 또는 군주들이나 군주의 대리인들 혹은 여타의 봉신(封臣)들이 형언할 수 없는 대담성으로 몸소 혹은 남을 시켜서 어느 성당의 책임 성직자나 그 성당의 다른 성직자를 살해하거나 절단 상해를 감행한다면 보호권자는 보호권을, 변호사는 변호사직을, 영주는 영지를, 대리인은 대리인직을, 봉신은 녹봉을 완전히 상실한다. 그리고 형벌이 범죄보다 더 짧은 기간 동안에만 기억되어서는 안 되기 때문에, 위에 열거한 직위 중에 그 어느 것도 세습되지 못한다. 게다가 그런 자들의 자손들은 4대까지 성직자단에 등용되지 못하고 어느 수도원의 원장의 지위도 주어지지 못한다. 다만 그들에게 자비롭게 관면이 베풀어진 경우에는 그러하지 아니하다.[2]

---

1) 제12장 X. III 13(Fr 2, 516).
2) 제12장 X. V 37(Fr 2, 883-884).

46. De talliis a clericis non exigendis

Adversus consules ac rectores civitatum et alios, qui ecclesias et viros ecclesiasticos talliis seu collectis et exactionibus aliis aggravare nituntur, volens immunitati ecclesiasticae Lateranense concilium[1] providere, praesumptionem[a] huiusmodi sub anathematis districtione prohibuit, transgressores et fautores eorum excommunicationi praecipiens subiacere, donec satisfactionem impendant competentem. Verum si quando forsan episcopus simul cum clericis tantam necessitatem vel utilitatem prospexerint[b], ut absque ulla coactione ad relevandas utilitates vel necessitates communes, ubi laicorum non suppetunt facultates, subsidia per ecclesias duxerint conferenda, praedicti laici humiliter et devote recipiant cum actionibus gratiarum. Propter imprudentiam tamen quorundam, Romanum prius consulant pontificem, cuius interest communibus utilitatibus providere. Quoniam vero nec sic quorundam malitia contra Dei ecclesiam conquievit, adicimus ut constitutiones et sententiae quae ab excommunicatis huiusmodi vel de ipsorum mandato fuerint promulgatae, inanes et irritae habeantur, nullo unquam tempore valiturae. Caeterum quia fraus et dolus alicui patrocinari non debent, nullus vano decipiatur errore, ut infra tempus regiminis sustineat anathema, quasi post illud non sit ad satisfactionem debitam compellendus; nam et ipsum qui satisfacere recusaverit et successorem ipsius, si non satisfecerit infra mensem, manere decernimus ecclesiastica censura conclusum, donec satisfecerit competenter, cum succedat in onere qui substituitur in honore.[2]

47. De forma excommunicandi

Sacro approbante concilio prohibemus, ne quis in aliquem excommunicationis sententiam, nisi competenti commonitione praemissa et praesentibus idoneis personis, per quas si necesse fuerit possit probari monitio, promulgare praesumat. Quod si[c] contra praesumpserit, etiamsi iusta fuerit excommunicationis sententia, ingressum ecclesiae per mensem unum sibi noverit interdictum, alia nihilominus poena mulctandus, si visum fuerit expedire. Caveat etiam diligenter, ne ad excommunicationem cuiusquam absque manifesta et rationabili causa procedat; ad quam si forte taliter processerit et, requisitus humiliter, processum huiusmodi non curaverit absque gravamine revocare, gravatus apud superiorem deponat de iniusta excommunicatione querelam. Quod[d] si absque periculo morae[e] potest, ad excommunicatorem illum cum suo mandato remittat, infra competentem terminum absolvendum, alioquin ipse per se vel per alium, prout viderit expedire, sufficienti cautione recepta, munus ei[f] absolutionis impendat. Cumque adversus excommunicatorem de iniusta excommuni-

---

[a] praesumptores *Cr*   [b] inspexerint *Cr*   [c] quis *add. LC*
[d] qui *con. Rm M*   [e] monere vel mittere *M*   [f] eius *Cr*

---

[1] Cf. conc. Lat. III, c. 19 (v. supra p. 221).
[2] c. 7 *X.* III 49 (Fr 2, 656); cf. etiam A. Gottlob, *Die päpstlichen Kreuzzugssteuern des 13. Jahrhunderts...*, Heiligenstadt 1892, 41; Tillmann 79.

46. 성직자에게서 세금을 징수하지 못함

세속의 집정관들과 집권자들, 그리고 여타의 관료들이 성당들과 교회의 사람들에게 토지 사용료 부과나 세금 징수 그리고 여타의 강제징수를 통해서 부담을 주는 일을 자행하는 것에 대항하여 라테란 공의회는[1] 교회의 면책권을 보호하고자 그러한 행위를 파문 형벌을 동원하여 금지시킨 바 있다. 그리고 위반자들과 그들의 동조자들은 응당한 보속을 이행할 때까지 파문 상태에 있어야 한다고 규정지었다. 하지만 간혹 주교가 성직자들과 더불어 필요성과 유익성을 감지하여, 세속인들의 재력이 충분치 않은 곳에서 공공의 유익과 필요에 부응하기 위해 성당들이 보조하는 것이 도움이 된다고 아무런 강박 없이 판단하는 경우에, 앞서 언급한 세속인들은 겸허하고 경건하게 그리고 감사하는 자세로 그것을 받아야 한다. 그러나 일부 현명하지 못한 자들의 경우를 감안하여, 공공의 유익을 돌보는 것이 자신의 일인 로마교황에게 먼저 조언을 구해야 한다. 또한 하느님의 교회에 대항하는 몇몇 사람들의 악의가 중단되지 않았기 때문에 덧붙이자면, 파문된 자에 의해서 혹은 그들의 명령에 의해서 공포된 법령과 판결문은 공허한 것이고 쓸모없는 것으로서 결코 효력을 발휘하지 못하는 무효이다. 그 외에도 기만과 사기가 누군가를 보호하면 안 되기 때문에, 재임 기간 중에 받은 파문에 대해서 그 임기 이후에는 더 이상 응당한 보속을 이행할 의무가 없는 것처럼 꾸미는 날조에 그 누구도 실없이 속지 말아야 한다. 따라서 보속의 이행을 거부한 자는 물론이고 그의 후임자도 한 달 내에 보속을 이행하지 않으면 응당한 보속을 이행할 때까지 교회의 교정벌에 갇힌 상태에 머물게 될 것이라고 규정하는 바이다. 왜냐하면 영예를 계승하는 자는 그 책임도 계승하기 때문이다.[2]

47. 파문의 형식

본 거룩한 공의회의 승인 사항으로 금하는 바, 필요한 경우에 경고가 있었다는 사실을 증언할 수 있는 적당한 인물이 참석한 상태에서 미리 경고를 하지 않고서는 아무도 누군가에게 파문을 내리지 말아야 한다. 누구라도 감히 이를 거슬러서 행동하면, 파문의 판결이 정당한 것이라 할지라도, 한 달간 성당에 입장이 금지되거나 적절해 보이는 유사한 다른 형벌을 받게 된다는 것을 알아야 한다. 분명하고 타당한 이유 없이 누군가에게 파문 절차를 밟는 일이 없도록 각별히 조심해야 한다. 혹시라도 누가 그런 식으로 절차를 진행함으로써 정중하게 그에 대한 철회 요구가 있었는데도 자신의 판결을, 다른 형벌 부과 없이, 철회하는 조치를 취하지 않으면 파문받은 당사자는 그 부당한 파문에 대해서 상급 재판관에게 상소할 수 있다. 그러면 상급 재판관은 시간상 지연의 위험이 없을 경우에는 파문 판결을 내린 재판관에게 명령서와 함께 그 당사자를 보내서 적당한 기간 내에 사면을 받도록 해야 하고, 시간상 지연의 위험을 피할 수 없는 경우에는 충분한 논거를 제출받은 후 타당하다고 생각되면 사면을 내리는 일을 상급 재판관이 몸소 혹은 다른 이를 시켜서 수행할 수 있다. 부당한 파문을 내린 자를 대항하는 사건이 이유 있다고 드러나면, 파문을 내린 자는 파문받은 당사자에 대한 손해배상의 처벌을

---

1) 참조: 제3차 라테란 공의회, 제19조(위의 221쪽).
2) 제7장 X. III 49(Fr 2, 656); 또한 참조: A Gottlob, *Die päpstlichen Kreuzzugssteuern des 13. Jahrhunderts...*, Heiligenstadt 1892, 41; Tillmann 79.

catione constiterit, excommunicator condemnetur excommunicato ad interesse; alias nihilominus, si culpae qualitas postulaverit, superioris arbitrio puniendus, cum non levis sit culpa, tantam infligere poenam insonti, nisi forsan erraverit ex causa probabili, maxime si laudabilis opinionis existat. Verum si contra excommunicationis sententiam nihil rationabile fuerit a conquerente probatum, et idem super iniusta conquestionis molestia per poenam ad interesse vel alias[a] secundum superioris arbitrium condemnetur, nisi forsan et ipsum probabilis error excuset et super eo, pro quo iusta fuerit excommunicatione ligatus, per cautionem receptam satisfacere compellatur vel in pristinam reducatur sententiam, usque ad satisfactionem condignam inviolabiliter observandam. Si vero iudex, suum recognoscens errorem, paratus sit talem revocare sententiam, et is pro quo lata fuerit, ne absque satisfactione revocet illam, appellet, appellationi non deferat in hac parte, nisi talis sit error, de quo merito possit[b] dubitari; et tunc sufficienti cautione recepta, quod coram eo, ad quem exstitit appellatum vel delegato ab ipso, iuri parebit[c], excommunicatum absolvat, sicque poenae praescriptae[d] minime subiacebit, cavens omnino, ne voluntate perversa in alterius praeiudicium mentiatur errorem, si districtionis canonicae vult effugere ultionem[e].[1]

48. De modo recusandi iudicem

Cum speciali[f] sit prohibitione provisum, ne quis in aliquem excommunicationis sententiam, nisi competenti commonitione praemissa, promulgare praesumat, volentes etiam providere, ne forte commonitus, frustratoriae[g] recusationis vel appellationis obtentu[h], monentis declinare possit examen, statuimus quod si allegaverit se iudicem habere suspectum, coram eodem causam iustae suspicionis assignet; et ipse cum adversario vel, si forte adversarium non habeat, cum iudice arbitros communiter eligat aut, si forte communiter convenire non possunt, eligant absque malitia ipse unum et ille alium, qui de suspicionis causa cognoscant; et si nequiverint in unam concordare sententiam, advocent tertium, ut quod duo ex ipsis decreverint[i], robur obtineat[k] firmitatis. Sciant quoque se ad id fideliter exequendum ex iniuncto, a nobis in virtute obedientiae sub attestatione divini iudicii districto, praecepto teneri. Causa vero suspicionis legitima coram ipsis infra competentem terminum non probata, sua iurisdictione iudex utatur; at ipsa probata legitime, de recusatoris assensu personae idoneae committat negocium recusatus vel ad superiorem transmittat, ut in eo ipse procedat, secundum quod fuerit procedendum. Porro commonito ad appellationem[l] convolante, si eius excessus evidentia rei vel ipsius confessione aut alio modo legitime[m] fuerit manifestatus, cum appellationis remedium non sit ad defensionem iniquitatis sed in praesi-

[a] ad aliam *A*   [b] debeat *v. l. Cr*   [c] parebit *v. l. Cr Rm* pareat *Cr*
[d] unius mensis *add. M*   [e] ultionem *v. l. Cr Rm* disciplinam *Cr M*
[f] spirituali *M*   [g] frustratione *M*   [h] obiectu *Cr M*   [i] decreverunt *Rm*
[k] habeat *Cr*   [l] appellationis obstaculum *MA*   [m] legitimo *A*

---

[1] c. 48 *X.* V 39 (Fr 2, 909-910); de c. 47-49 cf. Fliche 209.

받아야 하고, 과오의 본성상 필요하다고 여기면 상급 재판관의 재량으로 다른 형벌을 가할 수도 있다. 왜냐하면 범죄에 대한 개연적인 근거가 없는 한, 무고한 사람에게, 특히 평판이 좋은 사람에게 그토록 무거운 형벌을 내리는 것은 결코 하찮은 잘못이 아니기 때문이다. 하지만 만일 파문 판결에 대항하여 상소한 당사자가 아무런 논거도 입증하지 못하면, 개연적인 근거가 있는 그의 범죄에 대해 용서를 해주는 경우가 아닌 한, 그 당사자는 자신의 부당한 상소로 쓸데없이 문제를 유발시킨 것에 대한 대가로 손해배상이나 혹은 상급 재판관의 재량에 따라 여타의 형벌을 받게 될 것이다. 또한 그는 적절한 보석금을 통해서 정당한 파문을 받게 된 이유에 대한 보속을 하도록 강제되든지 아니면 보속의 이행이 완수될 때까지 다시 원심 판결의 내용을 어김없이 준수해야 할 것이다. 하지만 만일 재판관이 자신의 오류를 인정하고 자신의 판결을 철회할 준비가 되었을 때, 아무런 손해배상 없이 판결을 철회할까 봐 배상받을 당사자가 상소를 한다면 그 상소는 접수되지 말아야 한다. 다만 그 재판관의 오류가 심각한 의문을 유발시키는 성질의 것이면 그러하지 아니하다. 그럴 경우 재판관은 배상받을 당사자나 그 대리인이 상소하면 법정에 출두할 것을 충분히 보증한 후에 법 규범에 따라 파문받은 자를 사면해 주어야 한다. 그럼으로써 재판관은 정해진 형벌을 면할 수 있게 될 것이다. 또한 재판관은 엄중한 교회법적 형벌 제재의 보복을 피하기를 원한다면, 사악한 지향으로 다른 사람에게 피해를 주는 오류를 범하지 않도록 각별히 조심해야 한다.

48. 재판관을 기피하는 형식

사전에 적절한 경고를 하지 않고서는 감히 누군가에게 파문 판결을 내리지 않도록 조치하는 특별 금지령이 이미 있었으므로, 또한 경고받은 자가 기만적 기피나 상소를 이용해서 경고하는 자의 조사를 모면할 수 없도록 하는 것도 조치하고자 다음과 같이 규정하는 바이다. 만일 누가 재판관에 대한 어떤 혐의를 주장한다면, 그 재판관 앞에 정당한 혐의의 근거를 제시해야 한다. 그리고 그는 피청구인의 동의를 얻어 몸소, 혹은 피청구인이 없는 경우에는 재판관과 함께 중재인을 선정해야 하거나, 혹시 동의를 이루어 낼 수 없는 경우에는 악의를 배제하고 각자 중재인을 선정하여 혐의의 근거를 알아보게 해야 한다. 만일 이 중재인들이 결정의 합의를 도출하지 못한다면 그들은 제삼자를 불러서 그들 중 둘이 결정한 바가 구속력을 갖게 해야 한다. 그들은 거룩한 순명의 덕과 하느님의 심판에 대한 두려움 아래 나의 명에 따라 이 법규들을 성실히 실천해야 한다는 것을 알아야 한다. 진정한 혐의의 근거가 정해진 기간 내에 중재인들 앞에서 입증되지 못하면 재판관은 본연의 재치권을 행사해야 할 것이다. 하지만 그것이 법적으로 입증되었으면 기피된 재판관은 기피한 당사자의 동의를 얻어 적당한 인물에게 사건을 맡기든지 상급 재판관에게 이관시켜서 그로 하여금 규정에 따라 소송을 진행하게 해야 한다. 또한 상소라는 구제책은 불의를 위한 것이 아니라 무고한 자를 보호하기 위해서 설정된 것이기 때문에, 경고받은 자가 상소를 청구하는데, 그의 과오가 사실상 드러났거나 아니면 그의 자백 등을 통해서 어떤 모양으로든지 드러났을 경우에는 그런 도발적 상소는 접수되어서는 안 된다.

dium innocentiae institutum, non est provocationi huiusmodi deferendum; excessu quoque dubio exsistente, ne frivolae appellationis diffugio appellans iudicis processum impediat, coram eodem probabilem causam appellationis exponat, talem videlicet quae si foret probata deberet legitima reputari. Et tunc si habuerit adversarium infra terminum, secundum locorum distantiam et temporis qualitatem et naturam negotii ab eodem iudice moderandum, appellationis[a] causam[a] prosequatur; quam si prosequi non curaverit, extunc ipse iudex non obstante appellatione procedat. Nullo autem adversario comparente, cum ex suo iudex procedat officio, appellationis causa coram superiore probata, superior suaè iurisdictionis officium exequatur. Sed si appellans in eius probatione defecerit, ad eum a quo ipsum malitiose appellasse constiterit, remittatur. Caeterum has duas constitutiones[b] praemissas nolumus ad regulares extendi, qui suas habent observantias speciales[c].[1]

49. De poena excommunicantis iniuste

Sub interminatione divini iudicii penitus interdicimus, ut causa cupiditatis nullus audeat excommunicationis vinculo aliquem innodare vel absolvere innodatum, in illis maxime regionibus in quibus ex consuetudine, cum excommunicatus absolvitur, pecuniaria poena mulctatur; statuentes ut cum excommunicationis sententiam iniustam fuisse constiterit, excommunicator ad restituendam pecuniam sic extortam per censuram ecclesiasticam compellatur et, nisi probabili fuerit errore deceptus, tantumdem iniuriam passo persolvat et, si forte solvendo non fuerit, animadversione alia castigetur.

50. De restricta prohibitione matrimonii

Non debet reprehensibile iudicari, si secundum varietatem temporum statuta quandoque varientur humana, praesertim cum urgens necessitas vel evidens utilitas id exposcit, quoniam ipse Deus ex his quae in veteri testamento statuerat, nonnulla mutavit in novo. Cum igitur prohibitiones de coniugio in secundo et tertio affinitatis genere minime contrahendo, et de sobole suscepta ex secundis nuptiis cognationi viri non copulanda prioris, et difficultatem frequenter inducant et aliquando periculum pariant animarum, ut cessante prohibitione cesset effectus, constitutiones super hoc editas[2] sacri approbatione concilii revocantes, praesenti constitutione decernimus, ut sic contrahentes de caetero libere copulentur. Prohibitio quoque copulae coniugalis quartum consanguinitatis et affinitatis gradum de caetero non excedat, quoniam in ulterioribus gradibus iam non potest absque gravi dispendio huiusmodi prohibitio generaliter observari. Quaternarius enim numerus bene congruit prohibitioni coniugii corporalis, de quo dicit Apostolus, quod *vir non habet potestatem*

---

[a] appellationem interpositam *Cr MA*   [b] institutiones *Cr*
[c] qui ... speciales] contra suas observantias spirituales (speciales *A*) *MA*

---

[1] c. 61 *X*. II 28 (Fr 2, 437-438); cf. Tillmann 159, 160.
[2] Cf. conc. Lat. I, c. 9 et conc. Lat. II, c. 17 (v. supra pp. 191, 201).

만일 상소 청구인의 과오가 불분명한 경우라면, 그가 해당 재판관 앞에 상소의 타당한 근거를 제시하게 함으로써 사소한 상소 제기를 통해 재판관의 소송 진행을 방해하는 일이 없게 해야 한다. 그리고 그것이 입증되어야 그 상소는 합법적인 것으로 인정된다. 만일 피청구인이 있는 경우라면, 해당 재판관이 위치상의 거리, 계절, 사안의 성격 등을 감안하여 정한 기간 내에 그 상소 건이 진행될 것이다. 하지만 상소 청구인이 그 진행에 임하지 않으면 재판관은 상소에도 불구하고 본 재판을 진행해야 한다. 재판관이 직무상 권한으로 소송을 진행하고 있는데 피청구인이 출석하지 않는 경우에, 상소의 근거가 상급 재판관 앞에서 입증되고 나면 그 상급 재판관은 본연의 재치권을 행사한다. 하지만 상소 청구인이 관련 증거를 밝혀내지 못하면, 그 사건은 상소 청구인이 악의를 가지고 청구한 상소의 대상이었던 원심 재판관에게 돌려보내져야 한다. 자신들의 특별한 규정을 보유하고 있는 수도자들에게까지 앞의 두 법령이 적용되는 것은 원치 않는 바이다.[1]

49. 의롭지 못하게 파문하는 것에 대한 형벌

특히 관습에 따라 파문받은 자가 보석금을 내고 사면되는 일부 지역에서 탐욕 때문에 누군가를 파문의 올가미로 묶든지 그것을 풀어 주는 것을 하느님의 심판의 위협 아래 전적으로 금하는 바이다. 따라서 만일 어떤 파문 판결이 의롭지 못한 것이라고 인정되면 그 판결을 내린 자는 교회의 교정벌에 의해서 강탈한 금전을 반환하도록 강제되어야 한다. 그리고 그는, 납득할 만한 착오에 의해 오판한 것이 아닌 한, 피해자에게 손해를 끼친 액수만큼 되갚아 주어야 하고, 혹시라도 그가 지불할 능력이 되지 않으면 여타의 방법으로 처벌되어야 한다.

50. 혼인 금지에 대한 소멸

시대의 변화에 따라 인간의 법규들이 변하는 것을 비난할 만한 것이라고 판단해서는 안 된다. 특히 그것이 위급한 필요성이나 혹은 분명한 유익에 때문이라면 더욱 그러하다. 왜냐하면 하느님께서도 신약에서 구약의 명하셨던 것들 몇 가지를 바꾸셨기 때문이다. 2계원의 인척과 3계원의 인척간에 혼인을 맺는 것에 대한 금지와 두 번째 혼인에서 태어난 자녀와 첫째 남편의 혈족 간의 혼인 금지는 자주 어려움을 유발시키고 이따금 영혼들을 위험에 처하게 한다. 따라서 금지를 종지시킴으로써 그 여파도 종지되기 때문에, 이에 관해 공포된 법령들을[2] 본 거룩한 공의회의 승인 사항으로 폐지하는 바이며, 본 법령을 통해 규정하노니, 앞으로는 그러한 혼인 당사자들은 자유롭게 혼인을 맺을 수 있다. 아울러 앞으로는 혼인의 금지가 4등친이 넘는 혈족과 인척에게는 해당되지 않는다. 왜냐하면 큰 불편이 없이는 4등친이 넘는 관계에 대한 금지규정을 준수할 수가 없기 때문이다. 육체적 결합에 대해 사도(바오로)가 *아내의 몸은*

---

1) 제61장 X. II 28(Fr 2, 437-438); Tillmann 159, 160.
2) 참조: 제1차 라테란 공의회 제9조와 제2차 라테란 공의회 제17조(위의 191, 201쪽).

sui corporis, sed mulier; neque mulier habet potestatem sui corporis, sed vir[1]*;* quia quatuor sunt humores in corpore, quod constat ex quatuor elementis. Cum ergo iam[a] usque ad quartum gradum prohibitio coniugalis copulae sit restricta, eam ita esse volumus perpetuam, non obstantibus constitutionibus super hoc dudum editis, vel ab aliis vel a nobis, ut si qui contra prohibitionem huiusmodi praesumpserint copulari, nulla longinquitate defendantur annorum, cum diuturnitas temporum non minuat peccatum sed augeat, tantoque graviora sint crimina, quanto diutius infelicem detinent animam alligatam.[2]

51. De poena contrahentium clandestina matrimonia

Cum inhibitio copulae coniugalis sit in tribus ultimis gradibus revocata, eam in aliis volumus districte observari. Unde praedecessorum nostrorum inhaerendo vestigiis, clandestina coniugia penitus inhibemus, prohibentes etiam ne quis sacerdos talibus interesse praesumat. Quare specialem quorundam locorum consuetudinem ad alia generaliter prorogando, statuimus ut cum matrimonia fuerint contrahenda, in ecclesiis per presbyteros publice proponantur, competenti termino praefinito, ut infra illum qui voluerit et valuerit legitimum impedimentum opponat. Et ipsi presbyteri nihilominus investigent, utrum aliquod impedimentum obsistat. Cum autem probabilis apparuerit coniectura contra copulam contrahendam, contractus interdicatur expresse, donec quid fieri debeat super eo manifestis constiterit documentis. Si qui vero huiusmodi[a] clandestina vel interdicta coniugia inire praesumpserint in gradu prohibito etiam ignoranter, soboles de tali coniunctione suscepta prorsus illegitima censeatur, de parentum ignorantia nullum habitura subsidium, cum illi taliter contrahendo, non expertes scientiae vel saltem affectatores ignorantiae videantur. Pari modo illegitima proles censeatur, si ambo parentes, impedimentum scientes legitimum, praeter omne interdictum[b] in conspectu ecclesiae contrahere praesumpserint. Sane[c] parochialis sacerdos, qui[d] tales coniunctiones prohibere contempserit aut quilibet etiam[e] regularis qui eis praesumpserit interesse, per triennium ab officio suspendatur, gravius[f] puniendus, si[g] culpae qualitas postulaverit. Sed et iis qui taliter copulari praesumpserint, etiam in gradu concesso[h], condigna poenitentia iniungatur. Si quis autem ad impediendum legitimam copulam malitiose[i] impedimentum obiecerit, ecclesiasticam non effugiet[k] ultionem.[3]

[a] *om. Cr*   [b] commune edictum *Cr*   [c] si *add. Rm*
[d] *om. Rm*   [e] alius *Cr*   [f] graviter *Cr*   [g] sicut *Cr*
[h] pristino excepto *M*   [i] malitiosum *Cr*   [k] effugiat *Cr*

---

[1] 1 Cor 7, 4.
[2] c. 8 *X*. IV 4 (Fr 2, 703-704); cf. etiam K. G. Hugelmann, *Der Sachsenspiegel und das vierte Lateranische Konzil*, Zeitschrift der Savigny-Stiftung für Rechtsgeschichte, Kan. Abt. 13 (1924) 427-487; cf. Tillmann 36, 155, 159; de c. 50-52 cf. Fliche 207.
[3] c. 3 *X*. IV 3 (Fr 2, 679-680); cf. Tillmann 156.

*아내가 아니라 남편의 것이고, 마찬가지로 남편의 몸은 남편의 것이 아니라 아내의 것입니다.*1) 라고 말하였는데, 네 개의 원소로 형성된 육체에는 네 가지 성분이 있기 때문에 4라는 숫자는 이 육체적 결합의 금지에 잘 부합된다. 나 자신과 다른 교황들에 의해 오래전부터 공포된 혼인 금지에 관한 법령들에도 불구하고 이제 혼인의 금지는 4등친 이내로 제한되었고 이것이 영구적인 효력을 발휘한다. 그리고 만일 누가 이 금지 법령을 거슬러서 혼인을 감행한 경우에, 시간의 길이가 그들을 보호해 주지 못할 것이다. 왜냐하면 시간의 지연이 죄를 감소시키지 않고 오히려 그것을 증대시키고, 불행한 영혼의 상태를 그만큼 더 길게 유지시킬 뿐이기 때문이다.2)

51. 비밀 혼인을 맺는 자들에 대한 형벌

이제 3계원 간의 혼인 금지가 폐지되었으므로 나머지 등친 간에는 혼인 금지법이 엄격하게 준수되기를 바라는 바이다. 나의 선임자들의 발자취를 따라 비밀 혼인을 전적으로 금하는 바이며 아울러 그런 혼인식에 성직자가 참석하는 것도 금하는 바이다. 일부 지방의 특별한 관습을 다른 모든 지방들에도 확장시키면서 명하는 바, 사제들은 거행할 혼인에 대해서 누구든지 원하면 법적 장애를 제시할 수 있도록 일정 기간을 정해 놓고 성당에 공시해야 한다. 또한 사제들도 어떤 장애가 있는지를 몸소 조사해야 한다. 혼인을 맺어서는 안 될 신빙성 있는 근거가 드러난 경우에는, 그것이 명확한 증빙 자료에 의해 밝혀진 한, 혼인 서약은 명시적으로 금지된다. 만일 누가 이런 식의 비밀 혼인이나 금지된 등친 간의 금지된 혼인을 감행한다면 그것이 무지에 의해 행한 것일지라도 그 자녀들은 사생아로 간주되고 그 부모들의 무지가 아무런 도움이 되지 않는다. 왜냐하면 그들은 그런 혼인을 맺으면서 인식이 부족했다기보다는 무지를 가장했다고 보이기 때문이다. 마찬가지로 법적 장애가 있음을 알면서도 온갖 금지를 거슬러서 교회의 면전에서 혼인을 맺은 부모의 그 자녀들도 사생아로 간주된다. 그리고 그런 결합을 막지 않은 본당 사제나 그런 혼례를 주례한 수도사제도 3년간 직무 정지를 당할 것이고 만일 그 과오의 본성상 필요하다면 더욱 무거운 형벌을 받을 것이다. 그런 방식으로 혼인을 시도한 자들은 허용된 등친 간의 혼인이라 할지라도 그에 부합하는 형벌을 받을 것이다. 그리고 만일 누가 합법적인 혼인에 훼방을 놓으려고 악의를 가지고 어떤 장애를 제시한다면, 교회의 형벌을 피할 수 없을 것이다.3)

---

1) 1코린 7, 4.
2) 제8장 X. IV 4(Fr 2, 703-704); 또한 참조: K. G. Hugelmann, Der Sachsenspiegel und das vierte Lateranische Konzil, Zeitschrift der Savigny-Stiftung für Rechtsgeschichte, Kan. Abt. 13(1924) 427-487; 참조: Tillmann 36, 155, 159; 제50-52법령에 대해서는 참조: Fliche 207.
3) 제3장 X. IV 3(Fr 2, 679-680); 참조: Tillmann 156.

52. *De testimonio de auditu reprobando in causa matrimonii*

Licet ex quadam necessitate praeter communem formam alias[a] fuerit institutum, ut in consanguinitatis et affinitatis gradibus computandis valeret testimonium de auditu, cum propter brevem hominum vitam testes de visu deponere non valerent usque ad gradum septimum computando, quia tamen pluribus exemplis et certis experimentis didicimus, ex hoc multa pericula contra legitima coniugia provenisse, statuimus ne super hoc recipiantur testes de caetero de auditu, cum iam quartum gradum prohibitio non excedat, nisi personae graves exstiterint, quibus fides merito sit adhibenda et ante motam litem testificata didicerint ab antiquioribus quidem suis, non utique uno, cum non sufficeret ille si viveret, sed duobus ad minus, nec ab infamibus et suspectis sed a fide dignis et omni exceptione maioribus; cum satis videretur absurdum illos admitti, quorum repellerentur actiones[b]. Nec tamen si unus a pluribus vel infames[c] ab hominibus bonae famae acceperint quod testentur, tamquam plures et idonei testes debent admitti, cum etiam secundum solitum ordinem iudiciorum non sufficiat unius testis assertio, etiamsi praesidali dignitate praefulgeat, et actus legitimi sint infamibus interdicti. Testes autem huiusmodi proprio iuramento firmantes, quod ad ferendum in causa ipsa testimonium odio vel timore vel amore vel commodo non procedant, personas expressis nominibus, vel demonstratione sive circumlocutione sufficienti designent[d] et ab utroque latere clara computatione gradus singulos distinguant et in sua nihilominus iuramento concludant, se accepisse a suis maioribus quod deponunt et credere ita esse. Sed nec tales sufficiant, nisi iurati[e] deponant, se vidisse personas saltem in uno praedictorum graduum constitutas, pro consanguineis se habere. Tolerabilius est enim aliquos contra statuta hominum copulatos dimittere, quam coniunctos[f] legitime contra statuta Domini separare.[1]

53. *De his qui praedia sua in fraudem decimarum dant aliis excolenda*

In aliquibus regionibus quaedam permixtae sunt gentes, quae secundum suos ritus decimas de more non solvunt, quamvis censeantur nomine christiano. His nonnulli domini praediorum ea tribuunt excolenda, ut decimis defraudantes ecclesias, maiores inde reditus assequantur. Volentes igitur super his ecclesiarum indemnitatibus providere, statuimus ut ipsi domini talibus personis et taliter sua praedia excolenda committant, quod absque contradictione decimas ecclesiis cum integritate persolvant, et ad id, si necesse fuerit, per censuram ecclesiasticam compellantur. Illae quippe decimae necessario sunt solvendae, quae debentur ex lege divina vel loci consuetudine approbata.[2]

---

[a] olim *Cr*   [b] actiones *M* auctoritates *A* auctores *Cr Rm*   [c] infamis *Rm*
[d] sufficientibus designent verbis *Cr*   [e] pariter parati *M*   [f] coniugatos *Cr*

---

[1] c. 47 *X*. II 20 (Fr 2, 337); cf. Tillmann 27, 156.
[2] c. 32 *X*. III 30 (Fr 2, 568); cf. etiam H. F. Schmid, *Die rechtlichen Grundlagen der Pfarrorganisation auf westslavischem Boden und ihre Entwicklung während des Mittelalters*, Zeitschrift

52. 혼인 소송에서 전문증언(傳聞證言, 역자 주: 전해 들은 바를 가지고 증언함)을 배척함

혈족과 인척의 촌수를 계산함에 있어서 어떤 필요성에 의하여 정상적인 관행과는 다른 절차를 허용하는데, 그런 경우 전문 증언이 효력을 발휘할 수 있다. 왜냐하면 인간의 생애가 짧아서 증인들이 7등친까지의 촌수를 직접적인 지식을 가지고 증언할 수 없기 때문이다. 하지만 수많은 사례들과 경험을 통해서 알게 된 바에 의하면, 거기서부터 합법적인 혼인에 여러 가지 위험 요소들이 초래되기 때문에, 더군다나 혼인의 금지가 이제는 4등친을 넘지 않기 때문에, 앞으로는 전문 증언은 이런 사안에 있어서 더 이상 받아들여지지 않는다고 규정하는 바이다. 다만, 신망을 받는 비중 있는 인물들로서 자신들이 증언하는 내용을 소송이 시작되기 전에 이미 자기들의 조상들로부터 알게 된 자들이 있는 경우에는 예외로 하는데, 그런 인물이 생존해 있는 자라 하여도 한 명의 증언은 충분치 않으므로 두 명 이상이어야 하고, 불명예자나 범죄 혐의자가 아니어야 하며, 오히려 신망받고 온갖 반대에 초월한 자이어야 한다. 사실 배척받는 처신을 하는 자들을 증인으로 채택하는 것은 어리석은 짓으로 보이게 되어 있기 때문이다. 또한 여러 사람들로부터 자기가 증언하는 내용을 알게 되었을지라도 증언하는 자가 한 명인 경우나, 좋은 평판을 받는 사람으로부터 증언 내용을 알게 되었을지라도 증언하는 사람이 나쁜 평판을 받는 자인 경우에는 증인으로 채택되어서는 안 된다. 실제로 정상적인 소송 절차에 의하면, 설령 증인이 고위직에 빛나는 인물이라 할지라도 한 명만으로는 증인 채택이 충분치가 않으며, 불명예자에게는 온갖 법적 행위가 금지되어 있기 때문이다. 그리고 증인들은 해당 사건에서 증오, 공포, 애정 혹은 이익에 의해서 증언하지 않겠다고 각자 선서를 한 후, 명시적으로 당사자들을 거명하든지 아니면 충분히 알아듣게 불러내는 어조로 당사자들을 지칭하면서 공동 조상으로부터 각 당사자에 이르는 명확한 촌수 계산으로 일일이 구분해야 한다. 그리고 그들은 자신들이 진술한 내용을 자신들의 조상들로부터 알게 되었고 그것이 사실이라고 믿는다는 내용도 자신들의 선서에 포함시켜야 한다. 또한 만일 그들이 앞서 언급한 촌수 관계에 적어도 한 단계에라도 속한 혈족 관계에 있는 사람들을 알고 있다는 선서를 하지 않아도 그들의 증언은 충분하지 못하다. 왜냐하면 인간의 법을 어기고 혼인을 맺은 사람을 내버려 두는 것이 하느님의 법을 어기고 합법적으로 혼인을 맺은 사람들을 갈라서게 하는 것보다 더 낫기 때문이다.[1]

53. 십일조를 회피하려고 자신의 토지를 남에게 소작을 주는 자

일부 지역에서는 그리스도인으로 불리면서도 자신들의 예법에 따라 십일조를 바치지 않는 백성들이 섞여서 살고 있다. 그들에게 몇몇 지주들은 자신들의 땅에 소작을 줌으로써 성당에 내야 할 십일조를 편취하고 자신들의 수입을 더욱 증대시킨다. 그러므로 성당들의 안정성을 도모하기를 바라면서 명하는 바, 지주들이 자신의 토지를 그런 사람들에게 소작을 주는 경우에 아무런 거부 없이 온전히 십일조를 성당에 바쳐야 하고, 필요하다면 교회의 교정벌에 의해서 그렇게 하도록 강제되어야 한다. 실로 십일조는 하느님의 법과 공인된 지역 관습에 의한 의무인지라 반드시 바쳐져야 하는 것이다.[2]

---

1) 제47장 X. II 20(Fr 2, 337); 참조: Tillmann 27, 156.
2) 제32장 X. III 30(Fr 2, 568); 또한 참조: H. F. Schmid, *Die rechtlichen Grundlagen der Pfarrorganisation auf westslavischem Boden und ihre Entwicklung während des Mittlalters*, Zeitschrift der Savigny-Stiftung für Rechtsgeschichte, Kan. Abt. 18(1919) 445-446; 참조: Tillmann 155; 제53-56법령에 대해서는 참조: Fliche 210.

54. Ut decimae ante tributa solvantur

Cum non sit in homine quod semen serenti respondeat, quoniam iuxta verbum Apostoli: *Neque qui plantat est aliquid, neque qui rigat, sed qui incrementum dat, Deus*[1], ipso quidem de mortificato semine plurimum fructum afferente, nimis avare in decimis quidam defraudare nituntur, census et tributa, quae interdum indecimata praetereuntur, de frugibus et primitiis educentes. Cum autem in signum universalis dominii, quasi quodam titulo speciali, sibi Dominus decimas reservaverit, nos et[a] ecclesiarum dispendiis et animarum periculis obviare volentes, statuimus ut in praerogativa dominii generalis exactionem tributorum et censuum praecedat solutio decimarum, vel saltem hi ad quos census et tributa indecimata pervenerint, quoniam res cum onere suo transit, ea per censuram ecclesiasticam decimare cogantur ecclesiis, quibus iure debentur.[2]

55. Ut de terris acquirendis, non obstantibus privilegiis, decimae dentur

Nuper abbates Cisterciensis ordinis in generali capitulo congregati ad commonitionem nostram provide statuerunt, ne[b] de caetero fratres ipsius ordinis[c] emant possessiones, de quibus decimae debentur[d] ecclesiis, nisi forte pro monasteriis noviter fundandis. Et si[e] tales possessiones eis fuerint pia fidelium devotione collatae aut emptae pro monasteriis de novo fundandis, committant excolendas aliis[a] a quibus ecclesiis decimae persolvantur, ne occasione privilegiorum suorum ecclesiae ulterius praegraventur. Decernimus ergo, ut de alienis terris et amodo acquirendis, etiam[a] si eas propriis manibus aut sumptibus deinceps excoluerint, decimas persolvant ecclesiis, quibus ratione praediorum antea solvebantur, nisi cum ipsis ecclesiis aliter duxerint componendum. Nos ergo statutum huiusmodi gratum et ratum habentes, hoc ipsum ad alios regulares, qui gaudent similibus privilegiis, extendi volumus, et mandamus ut ecclesiarum praelati proniores et efficaciores exsistant, ad exhibendum eis de suis malefactoribus iustitiae complementum, eorumque privilegia diligentius et perfectius studeant observare.[3]

56. Ne propter pactum aliquorum amittat decimas presbyter parochialis

Plerique, sicut accepimus, regulares et clerici seculares interdum, cum vel domos locant vel feuda concedunt, in praeiudicium parochialium ecclesiarum pactum adiciunt, ut conductores et feudatarii decimas eis

[a] *om. Cr*   [b] ut *Cr*   [c] non *add. Cr*
[d] dabantur *A*   [e] monasterio de novo fundando. Si *Cr*

---

der Savigny-Stiftung für Rechtsgeschichte, Kan. Abt. 18 (1919) 445-446; cf. Tillmann 155; de c. 53-56 cf. Fliche 210.
[1] 1 Cor 3, 7.   [2] c. 33 *X*. III 30 (Fr 2, 568); cf. Tillmann 155.
[3] c. 34 *X*. III 30 (Fr 2, 568-569); cf. inter alios P. Viard, *Histoire de la dîme écclésiastique dans le royaume de France aux XII*e *et XIII*e *siècles (1150-1313)*, Paris 1912, 45-47; J.-B. Mahn, *L'ordre cistercien et son gouvernement des origines au milieu du XIII*e *siècle*, Paris 1945, 107, 112-115; de c. 55-58 cf. Tillmann 159.

54. 십일조는 세금 내기 전에 바쳐야 함

사도(바오로)가 심는 이나 물주는 이는 아무것도 아닙니다. 오로지 자라게 하시는 하느님만이 중요합니다.[1]라고 말씀하였듯이 씨앗이 파종하는 사람에게 응답하는 것은 인간의 능력에 속한 것이 아니다. 죽은 씨앗에서 풍성한 열매를 맺게 하시는 분이 하느님이신데, 어떤 자들은 탐욕이 지나쳐서 십일조 바치는 것을 피하려고 이익과 첫 소출에서 토지 임대료와 세금을 떼어냄으로써 십일조로 바쳐질 몫을 편취하려고 애쓴다. 하지만 주님께서는 온 누리에 대한 당신 주권의 상징을 드러내시려고 어떤 특별 권한처럼 십일조를 당신의 몫으로 유보하셨기에, 성당들에는 피해가 그리고 영혼들에게는 위험이 초래되는 것을 방지하기를 원하면서 나의 보편 수위권에 힘입어 명하는 바, 십일조의 봉헌은 세금과 토지 임대료의 징수 이전에 행해져야 하고, 아니면 적어도 세금과 토지 임대료를 십일조 봉헌 이전에 받은 자들은, 재물이 본연의 과세를 통해 전달되어야 하므로, 법에 의해 지정된 성당에 십일조를 봉헌하도록 교회의 교정벌에 의해 강제되어야 한다.[2]

55. 특전들과 상관없이 십일조는 취득한 토지에 대해 봉헌해야 함

최근에 시토회 아빠스들이 총회에 모여서 나의 지시를 받들어 다음과 같이 현명하게 결정하였다. 즉 앞으로는 자기들 수도회 소속 형제들은, 새로운 수도원 건립을 위한 경우가 아닌 한, 성당들에 바쳐야 할 십일조를 수반하는 재산 취득을 하지 않기로 하였다. 그리고 취득한 재산이 어느 신자의 신심에 의한 봉헌으로 그들에게 주어졌거나 새로운 수도원을 건립하기 위한 것이라면 그것을 다른 사람들에게 임대하여서 그 임차인들로 하여금 성당에 십일조를 바치게 하도록 하였다. 이는 자기들의 특전으로 말미암아 성당들이 피해를 보지 않도록 하겠다는 것이다. 따라서 명하노니, 그들은 타인에게 임대한 토지와 미래에 취득하게 되는 토지에 대해서, 설령 그 토지를 그들이 손수 혹은 그들의 비용을 들여 경작할지라도, 이미 그 토지로부터 십일조를 받아 왔던 성당에 십일조를 바쳐야 한다. 다만, 해당 성당과 다른 방법으로 처리하기로 합의하였으면 그러하지 아니하다. 이 규정이 수용할 만하고 공인된 것이기 때문에 유사한 특전을 향유하는 여타의 수도자들에게도 확장하기를 원하는 바이다. 아울러 명하노니, 성당들의 고위 성직자들은 자신들에게 악행을 저지르는 자들에게서 충만한 정의를 구현해 내는 데에 열정을 쏟아야 하고 더욱 성실하고 더욱 완벽하게 자신들의 특전을 지켜 내도록 힘써야 한다.[3]

56. 약점을 빌미로 본당사제가 십일조를 잃게 할 수 없음

파악한 바에 의하면, 수많은 수도자들과 재속 성직자들이 이따금 성당 소유의 주택을 임대하거나 영지를 양도할 때 본당사목구 성당에 손해를 끼치면서 약정을 추가하는데, 그 내용은 임차인과 영지 소작인들이 자기들에게 십일조를 바치고 대신에 그곳에서 묏자리를 고를 수 있게 해 주는 것이다.

---

1) 1코린 3, 7.   2) 제33장 X. III 30(Fr 2, 568); 참조: Tillmann 155.
3) 제34장 X. III 30(Fr 2, 568-569); 여타의 것들 중에 참조: P. Viard, *Histoire de la dîme écclésiastique dans le royaume de France aux XIIe et XIIIe siécles(1150-1313)*, Paris 1912, 45-47; J.-B. Mahn, *L'ordre cistercien et son gouvernement des origines au milieu du XIIIe siécle*, Paris 1945, 107, 112-115; 제55-58법령에 대해서는 참조: Tillmann 159.

solvant et apud eosdem eligant sepulturam. Cum autem id de avaritiae radice procedat, pactum huiusmodi penitus reprobamus, statuentes ut quicquid fuerit occasione huiusmodi pacti perceptum, ecclesiae parochiali reddatur.[1]

57. De interpretandis privilegiorum verbis

Ut privilegia, quae quibusdam religiosis personis Romana concessit ecclesia, permaneant inconvulsa, quaedam in eis declaranda duximus[a] ne minus sane intellecta pertrahant ad abusum, propter quem merito possint revocari, quia privilegium[b] meretur amittere, qui permissa sibi abutitur potestate. Sane quibusdam regularibus sedes apostolica indulsit, ut iis qui eorum fraternitatem assumpserint, si forsan[c] ecclesiae ad quas pertinent a divinis fuerint officiis interdictae, ipsosque mori contingat, sepultura ecclesiastica non negetur, nisi excommunicati vel nominatim fuerint interdicti, suosque confratres, quos ecclesiarum praelati apud ecclesias suas non permiserint sepeliri, nisi excommunicati vel interdicti fuerint nominatim, ipsi ad ecclesias suas deferant tumulandos. Hoc autem de illis confratribus intelligimus, qui vel adhuc manentes in saeculo eorum ordini sunt oblati, mutato habitu saeculari, vel qui eis inter vivos sua bona dederunt, retento sibi quandiu in saeculo vixerint usufructu, qui tantum[d] sepeliantur apud ipsorum regularium vel aliorum non interdictas ecclesias, in quibus elegerint sepulturam, ne si de quibuslibet ipsorum fraternitatem assumentibus fuerit intellectum, pro duobus aut tribus denariis annuatim sibi collatis, dissolvatur pariter et vilescat ecclesiastica disciplina; certam tamen et ipsi remissionem obtineant ab apostolica sibi sede concessam. Illud etiam pro huiusmodi regularibus est indultum, ut si qui fratrum suorum, qui ab eis missi fuerint ad recipiendas fraternitates sive collectas, in quamlibet civitatem, castellum vel vicum advenerint, si forte locus ille a divinis sit officiis interdictus, in eorum iucundo adventu semel in anno aperiantur ecclesiae, ut exclusis excommunicatis, divina ibi officia celebrentur; sic intelligi volumus, quod in eadem civitate aut castro vel villa, una tantum ecclesia eiusdem ordinis fratribus, ut dictum est, semel aperiatur in anno. Quia licet pluraliter dictum sit, quod in eorum iucundo adventu aperiantur ecclesiae, non tamen ad ecclesias eiusdem loci divisim sed praedictorum locorum coniunctim, sano referendum est intellectu, ne si hoc modo singulas eiusdem loci ecclesias visitarent, nimium vilipendi contingeret sententiam interdicti. Qui vero contra declarationes praescriptas quicquam sibi praesumpserint usurpare, gravi subiaceant ultioni[e].[2]

[a] duximus declaranda *Cr*   [b] privilegia *LC*   [c] forsitan *Cr*
[d] tantum *M* tamen *rell.*   [e] ultioni *v. l. Cr Su* disciplinae *Cr*

---

[1] c. 7 *X*. I 35 (Fr 2, 205).
[2] c. 24 *X*. V 33 (Fr 2, 866-867); cf. etiam conc. Lat. III, c. 9 (v. supra pp. 215-217).

이는 탐욕에 뿌리를 둔 처신이므로 그런 식의 약정을 철저히 배척하는 바이다. 또한 그런 약정을 통해서 받은 것은 모조리 본당사목구 성당에 반납해야 한다.[1)]

57. 특전들의 용어 해석

제대로 이해하지 못함으로써 특전을 남용하게 되어 취소를 야기할 수 있는 몇 가지 요지들을 분명하게 하는 것이 로마교회가 몇몇 수도자들에게 수여한 특전들이 그대로 보존되게 하기 위해서 좋겠다고 본다. 실제로 자기에게 수여된 권한을 남용하는 자는 그것을 박탈당한다. 사도좌는 몇몇 수도자들에게 윤허를 내려서 그들의 공동체의 동료 회원이 사망하였는데 해당 성당이 성무 집행 금지를 받은 경우라 할지라도 당사자가 파문을 받았거나 개인적으로 금지령을 받은 자가 아닌 한, 교회 장례를 치룰 수 있도록 하였고, 아울러 죽은 동료 회원을 어느 성당의 고위 성직자가 자기 성당에 매장하는 것을 허락하지 않은 경우에, 물론 마찬가지로 그 당사자가 파문을 받았거나 개인적으로 금지령을 받은 자가 아닌 한, 그들의 수도원 성당에 매장할 수 있게 한 바 있다. 하지만 여기서 말하는 동료 회원이란 이승에 있을 때 세속의 복장을 갈아입고 해당 수도회에 봉헌된 자이거나, 살아 있는 동안 용익권만을 자신에게 유보하고 생전에 자신의 재산을 수도회에 봉헌한 자를 의미한다. 오직 그런 사람들만이 소속 수도회의 금지되지 않은 성당 혹은 매장되기로 선정한 여타의 성당에 묻힐 수 있다. 반면에 수도회에 일 년에 두세 푼의 돈을 낸 것을 가지고 공동체에 입회한 자로 인정한다면 교회의 규율이 흐트러지고 훼손될 것이다. 하지만 그들은 사도좌에서 수여하는 일정한 구제책의 혜택을 누릴 수 있을 것이다. 또 다른 특전이 몇몇 수도자들에게 수여되었는데, 그것은 그들의 동료 회원이 수도 공동체를 설립하거나 모금을 하라고 파견되어 어느 도시나 성 혹은 마을에 도착했는데, 그곳이 성무 집행이 금지된 곳인 경우라면 그 기쁜 방문을 기해서 성당들을 일 년에 한 차례 개방하여 그곳에서 파문된 자들만 배제하고 성무가 거행되게 할 수 있다. 이는 앞서 언급했듯이 그러한 도시나 성 혹은 마을에서 특정 수도회 회원들에게 오직 하나의 성당만을 일 년에 한차례 개방함을 의미한다고 이해하길 바라는 바이다. 또한 그들의 기쁜 방문에 맞춰서 개방되는 성당들이라고 복수로 언급했지만, 이는 진정한 해석에 따르면 그러한 곳의 각 성당이 개별적으로 개방되는 것이 아니라 모두 함께 그 개방에 동참하는 것을 의미한다. 실제로 만일 그들이 그러한 곳의 성당들을 모두 그런 식으로 방문한다면 금지령이 지나치게 과소평가받게 될 것이다. 위에 밝혀 둔 바를 거슬러서 어떤 것이라도 위반 행위를 감행하는 자들은 무거운 형벌을 받게 될 것이다.[2)]

---

1) 제7장 *X*. I 35(Fr 2, 205).
2) 제24장 *X*. V 33(Fr 2, 866-867); 또한 참조: 제3차 라테란 공의회, 제9조(215-217).

58. De eodem in favorem episcoporum

Quod nonnullis est religiosis indultum, in favorem pontificalis officii ad episcopos extendentes, concedimus ut cum commune terrae fuerit interdictum, excommunicatis et interdictis exclusis possint[a] quandoque ianuis clausis[b] suppressa voce, non pulsatis campanis, celebrare[c] officia[a] divina, nisi hoc ipsum eis expresse fuerit interdictum. Verum hoc illis concedimus, qui causam aliquam non praestiterint interdicto, ne quicquam doli vel fraudis ingesserint, tale compendium ad iniquum dispendium pertrahentes[d].[1]

59. Quod nullus religiosus fideiubeat sine licentia abbatis et conventus

Quod quibusdam religiosis a sede apostolica est prohibitum, volumus et mandamus ad universos extendi, ne quis videlicet religiosus[a] absque abbatis et maioris partis sui capituli licentia pro aliquo fideiubeat vel ab alio pecuniam mutuo accipiat, ultra summam communi providentia constitutam. Alioquin non teneatur conventus pro his aliquatenus respondere, nisi forte in utilitatem domus ipsius[a] manifeste constiterit redundasse[e], et qui contra statutum istud venire praesumpserit, graviori disciplinae subdatur.[2]

60. Ut abbates non extendant se ad officium episcopale

Accendentibus[f] ad nos de diversis mundi partibus episcoporum querelis, intelleximus graves et grandes quorundam abbatum excessus, qui suis finibus non contenti, manus ad ea quae sunt episcopalis dignitatis extendunt, de causis matrimonialibus cognoscendo, iniungendo publicas poenitentias, concedendo etiam[a] indulgentiarum literas et similia praesumendo, unde contingit interdum quod vilescat episcopalis[a] auctoritas apud multos. Volentes igitur in iis et episcoporum dignitati et abbatum providere saluti, praesenti decreto firmiter prohibemus, ne quis abbatum ad talia se praesumat extendere, si proprium voluerit periculum evitare, nisi forte quisquam eorum speciali concessione vel alia legitima causa super[a] huiusmodi valeat se tueri.[3]

61. Ne religiosi accipiant decimas de manu laicali

In Lateranensi concilio[4] noscitur fuisse prohibitum, ne quilibet regulares ecclesias seu decimas sine consensu episcoporum de manu praesumant recipere laicali nec excommunicatos vel nominatim interdictos admittant aliquatenus ad divina. Nos autem id fortius inhibentes, transgressores condigna curabimus animadversione puniri[g] statuentes nihilominus quatenus in ecclesiis, quae ad ipsos pleno iure non pertinent,

---

[a] *om. Cr*   [b] *et add. Cr*   [c] celebrent *Cr*   [d] pertrahentes *v. l. Cr Su* distrahentes *Cr*
[e] expendisse *Cr*   [f] ascendentibus *Cr*   [g] punire *Cr*

---

[1] c. 25 *X*. V 33 (Fr 2, 867).   [2] c. 4 *X*. III 22 (Fr 2, 531).
[3] c. 12 *X*. V 31 (Fr 2, 840-841); cf. Tillmann 159; Maccarrone 294.
[4] Cf. conc. Lat. III, c. 10 (v. supra p. 217).

58. 주교들을 위한 동일한 사안

주교의 직무 수행에 유익을 주기 위해 몇몇 수도자들에게 이미 수여된 윤허를 주교들에게도 확장하고자 하는 바이다. 한 지역이 전반적으로 성무 집행 금지가 내려진 곳에서 주교들은 파문된 자들과 금지된 자들을 배제하고 가끔씩 문이 닫힌 상태에서 낮은 목소리로 종을 치지 않으면서 성무를 거행할 수 있다. 다만, 그것이 그들에게 명시적으로 금지되었다면 그러하지 아니하다. 하지만 이는 금지령이 내려지는 데 원인을 제공하지 않은 주교들에게 한하여 수여된다. 왜냐하면 그들이 어떤 종류의 사기와 기만으로도 좋은 것을 부정한 손실로 전락시키지 못하게 해야 하기 때문이다.[1]

59. 아빠스와 수도회의 허가 없이는 그 어느 수도자도 보증을 설 수 없음

사도좌가 일부 수도자들에게 금했던 것을 모든 수도자들에게 확장하기를 바라고 그렇게 명하는 바이다. 즉 그 어느 수도자도 자신의 아빠스와 자신의 수도회 총회의 과반수의 사전 허가 없이는 타인을 위해 보증을 설 수도 없고, 공동의 의견으로 정한 액수를 상회하는 채무를 져서도 안 된다. 이를 어기는 경우, 그 위반 행위로 해당 수도원이 이득을 취했음이 명백히 드러나는 경우를 제외하고, 수도 공동체는 그의 행위에 대해서 아무런 책임도 지지 않을 것이고 이를 위반한 수도자는 중한 형벌을 받게 될 것이다.[2]

60. 아빠스는 주교들의 직무를 침해하지 말아야 함

세계 각지에서 주교들로부터 나에게 제기된 항의들을 통해서 일부 아빠스들에 의해 자행된 심각하고 중대한 권한 남용에 대해서 알게 되었다. 그들은 고유한 권한에 만족하지 못하고, 즉 혼인 소송을 맡고, 공동 보속을 부과하고, 심지어 대사장(大赦狀)을 수여하고 여타의 유사한 행위들을 감행하는 등, 주교의 지위에 속하는 일에까지 손길을 뻗친다. 따라서 이러한 문제를 놓고 주교들의 품위와 아빠스들의 유익을 도모하기를 원하면서, 본 교령을 통해 엄격하게 금하노니, 아빠스들은 구원받고 싶으면 그러한 일을 넘보지 말아야 한다. 다만, 그들 중 누군가에게 특별 권한이 수여되었거나 그런 식의 행위를 방어할 수 있는 여타의 합법적인 이유가 있으면 그러하지 아니하다.[3]

61. 수도자들은 평신도의 손에서 십일조를 받지 말아야 함

라테란 공의회에서[4] 주교의 동의 없이는 그 어느 수도자도 평신도에게서 성당을 받거나 십일조를 받는 것, 그리고 어떤 식으로든 파문된 자들이나 개별적으로 금지령을 받은 자들을 거룩한 예식에 받아들이는 것을 금하였다는 것은 알려진 사실이다. 나는 이러한 금지규정을 더욱 강화시키는 바이며, 이를 위반하는 자들에게는 응당한 형벌 제재를 가할 것이다. 아울러 규정하는 바, 충만한 권한으로 수도자들에게 예속되지 않은 성당들에서는 바로 그 공의회의 법규에 따라 수도자들이 배치될 사제들을 주교에게 천거해야 한다. 그럼으로써 그 사제들이 주교들에게는

---

1) 제25장 X. V 33(Fr 2, 867).   2) 제4장 X. III 22(Fr 2, 531).
3) 제12장 X. V 31(Fr 2, 840-841); 참조: Tillmann 159; Maccarrone 294.
4) 참조: 제3차 라테란 공의회 제10조(위의 217쪽).

iuxta eiusdem statuta concilii episcopis instituendos presbyteros repraesentent, ut illis de plebis cura respondeant; ipsis vero pro rebus temporalibus rationem exhibeant competentem. Institutos vero removere non audeant episcopis inconsultis; sane adicimus, ut illos repraesentare procurent, quos vel conversatio reddit notos vel commendat probabile testimonium praelatorum.[1]

62. Ne reliquiae sanctorum ostendantur extra capsam, ne novae habeantur in veneratione sine Romana ecclesia

Cum ex eo quod quidam sanctorum reliquias exponunt venales et[a] eas passim ostendunt[b], christianae religioni sit detractum saepius, nec[c] detrahatur[c] in posterum, praesenti decreto statuimus, ut antiquae reliquiae amodo extra capsam non ostendantur nec exponantur venales. Inventas autem de novo nemo publice venerari praesumat, nisi prius auctoritate Romani pontificis fuerint approbatae. Praelati vero de caetero non permittant illos, qui ad eorum ecclesias causa venerationis accedunt, vanis figmentis aut falsis decipi documentis, sicut et in plerisque locis occasione quaestus fieri consuevit.[2] Eleemosynarum quoque quaestores, quorum quidam se alios mentiendo abusiones nonnullas in sua praedicatione proponunt, admitti, nisi apostolicas[d] vel dioecesani episcopi literas veras exhibeant, prohibemus. Et tunc praeter id quod in ipsis continebitur literis, nihil populo proponere permittantur; formam vero, quam communiter talibus apostolica sedes indulget, duximus exprimendam, ut secundum eam dioecesani episcopi suas literas moderentur. Ea siquidem talis est: „Quoniam, ut ait Apostolus, *omnes stabimus ante tribunal Christi*[3], recepturi *prout* in corpore *gessimus, sive bonum, sive malum*[4] fuerit, oportet nos diem messionis extremae misericordiae operibus praevenire ac aeternorum intuitu seminare in terris, quod reddente Domino cum multiplicato fructu colligere debeamus in coelis, firmam spem fiduciamque tenentes, quoniam *qui parce seminat, parce et metet, et qui seminat in benedictionibus, de benedictionibus et metet*[5] in[c] vitam aeternam. Cum igitur ad sustentationem fratrum et egenorum ad tale confluentium hospitale, propriae non suppetant facultates, universitatem vestram monemus et exhortamur in Domino atque in remissionem vobis iniungimus peccatorum, quatenus de bonis a Deo vobis collatis, pias eleemosynas et grata eis caritatis subsidia erogetis, ut per subventionem vestram ipsorum inopiae consulatur, et vos per haec et per alia bona, quae[e] Domino inspirante feceritis, ad aeterna possitis[f] gaudia pervenire." Qui autem ad quaerendas eleemosynas destinantur, modesti sint et discreti, nec in tabernis aut locis aliis[c] incongruis hospitentur nec inutiles faciant aut sumptuosas expensas, caventes omnino ne falsae[g] religionis habitum gestent. Ad haec quia per indiscretas et superfluas indulgentias, quas quidam ecclesiarum praelati

[a] ut *Cr*   [b] ostendant *Cr*   [c] om. *Cr*   [d] apostolici *Cr*
[e] et add. *Rm*   [f] felicitatis add. *Cr*   [g] falsum *Cr*

---

[1] c. 31 *X*. III 5'(Fr 2, 479); cf. Fliche 208-209.   [2] c. 2 *X*. III 45 (Fr 2, 650).
[3] Rm 14, 10.   [4] 2 Cor 5, 10.   [5] 2 Cor 9, 6.

백성을 사목하는 것으로 응답하고, 수도자들에게는 세속적인 사안들에 대해 자기에게 주어진 부분에 대한 역량을 제공하게 될 것이다. 그리고 배치된 사제를 주교의 의견을 듣지 않고는 감히 해임시키지 말아야 한다. 또한 그들은 생활 태도가 올바르다고 알려진 인물들이나 고위 성직자들이 신빙성 있는 증언을 통해 추천하는 인물들을 천거하도록 힘써야 한다.[1]

62. 성인들의 유해는 성골함 밖에 내놓고 전시하지 말아야 하고, 새로운 유해들은 로마교회의 허가 없이는 공경하지 못함

어떤 이들이 성인들의 유해를 팔아먹으려고 성인들의 유해를 진열하고 그것들을 아무렇게나 드러내 놓는 일은 자주 그리스도교에 모욕이 된다. 더 이상 이런 모욕을 당하는 일이 없도록 본 교령을 통해서 명하는 바, 앞으로 오래된 거룩한 유해들은 성골함 밖에 전시해서도 안 되고 팔려고 진열해도 안 된다. 한편 새로 발견된 것들은 로마교황의 승인을 사전에 얻지 않고서는 감히 공개적으로 공경하지 못한다. 또한 성당들의 고위 성직자들은 앞으로 사람들이, 수많은 지역에서 이익을 탐하여 발생되어 왔듯이, 날조된 이야기나 거짓 문서에 속아서 유해를 공경하러 자신들의 성당에 오는 일이 없도록 해야 한다.[2] 또한 희사금의 모금 담당자들 중 일부가 설교 중에 여러 가지 오류를 퍼뜨리면서 다른 사람들을 속이는데, 그들이 사도좌나 교구장 주교의 진본 서한을 제시하지 않는 한, 그들을 받아들이는 것을 금하는 바이다. 그리고 그들이 그런 서한을 제시한 경우, 대중 앞에서 그 서한의 내용을 벗어나서 발설하는 것은 결코 그들에게 허용되지 않는다. 사도좌가 모금 담당자를 보증하기 위하여 일반적으로 사용하는 서한 형식을 제시하여 교구장 주교들이 자신들의 서한에서 이를 따르게 하는 것이 좋겠다고 생각하여 여기에 본보기로 공개하는 바이다. 그 내용은 다음과 같다:

"*사도(바오로)의 말씀대로 우리는 모두 하느님의 심판대에 서게 될 것이고*[3] *그래서 저마다 좋은 것이든 나쁜 것이든, 이 몸으로 한 일에 따라 갚음을 받게 될 것*[4]이기 때문에, 자선 행위를 통해서 마지막 날의 심판을 예비하는 것이 필요합니다. 즉 영원한 삶을 통해서 *적게 뿌리는 이는 적게 거두어들이고 많이 뿌리는 이는 많이 거두어들일 것*[5]이라는 확고한 희망과 신념을 마음속에 간직한 채, 천상 복락을 염두에 두면서 주님께서 풍요로운 열매로 되갚아 주시고 우리가 천상에서 거두어들여야 하는 씨를 이 땅에 뿌리는 것이 필요하다는 것입니다. 따라서 여러분 모두에게 주님 안에서 권고하고 촉구하며 여러분의 죄를 사하기 위하여 명하는 바입니다. 즉 구제소에서 일하는 수사들과 그곳에 입원한 가난한 사람들을 지원하기 위한 재원이 부족하오니, 하느님께서 여러분에게 주신 재화로 그들을 위해 정성 어린 희사금과 그들이 고마워할 사랑 어린 원조를 기탁해 주시기 바랍니다. 그리하여 여러분의 도움에 힘입어 그들의 빈곤이 보살핌을 받을 수 있게 해야겠습니다. 그리고 그것을 통해서 또한 여러분이 하느님의 영감을 받아 행한 여타의 선행들을 통해서 여러분이 영원한 복락에 이르시기를 바랍니다." 한편 희사금을 모금하도록 소임을 받은 이들은 소박하고 조신해야 한다. 그들은 여인숙이나 여타의 적절치 못한 장소에 머물지 말아야 하고, 쓸데없이 과도하게 소비하지도 말아야 하며, 무엇보다도 결코 거짓된 수도복을 입고 다니는 것으로 보여서는 안 된다. 또한 일부 교회들의 고위 성직자들이 분별없고 과도한 대사를 두려움 없이 베풂으로써, 교회에 맡겨진 열쇠의 권한과

---

1) 제31장 X. III 43(Fr 2, 479); 참조: Fliche 208-209.
2) 제2장 X. III 45(Fr 2, 650).
3) 로마 14, 10.
4) 2코린 5, 10.
5) 2코린 9, 6.

facere non verentur, et claves ecclesiae contemnuntur et poenitentialis[a] satisfactio enervatur, decernimus ut cum dedicatur basilica, non extendatur indulgentia ultra annum, sive ab uno solo sive a pluribus episcopis dedicetur, ac deinde in anniversario dedicationis tempore quadraginta dies de iniunctis poenitentiis indulta remissio non excedat;[b] hunc quoque dierum numerum, indulgentiarum literas praecipimus moderari, quae pro quibuslibet causis aliquoties conceduntur, cum Romanus pontifex, qui plenitudinem obtinet potestatis, hoc in talibus moderamen consueverit observare.[1]

63. De simonia

Sicut pro certo didicimus, in plerisque locis et a plurimis personis quasi columbas in templo vendentibus[2], fiunt exactiones et[c] extorsiones[c] turpes et pravae, pro consecrationibus episcoporum, benedictionibus abbatum et ordinibus clericorum, estque taxatum, quantum sit isti vel illi quantumve alteri vel alii persolvendum, et ad cumulum damnationis maioris quidam turpitudinem et pravitatem huiusmodi nituntur defendere, per consuetudinem longo tempore observatam. Tantum igitur abolere volentes abusum, consuetudinem huiusmodi, quae magis dicenda est corruptela, penitus reprobamus, firmiter statuentes, ut pro iis sive conferendis sive collatis, nemo aliquid quocumque praetextu exigere ac extorquere praesumat; alioquin et qui receperit et qui dederit huiusmodi pretium omnino damnatum, cum Giezi[3] et Simone[4] condemnetur.[5]

64. De eadem circa monachos et sanctimoniales

Quoniam simoniaca labes adeo plerasque moniales infecit, ut vix aliquas sine pretio recipiant in sorores, paupertatis praetextu volentes huiusmodi vitium palliare, ne id de caetero fiat, penitus prohibemus, statuentes ut quaecumque de caetero talem pravitatem commiserit, tam recipiens quam recepta, sive sit subdita sive praelata, sine spe restitutionis de suo monasterio expellatur, in locum arctioris regulae, ad agendum perpetuam[d] poenitentiam, retrudenda. De his autem quae ante hoc synodale statutum taliter sunt receptae, ita duximus providendum ut remotae de monasteriis, quae perperam sunt ingressae, in aliis locis[e] eiusdem ordinis collocentur. Quod si propter nimiam multitudinem alibi forte nequiverint commode collocari, ne forte damnabiliter in saeculo evagentur, recipiantur in eodem monasterio dispensative de novo mutatis prioribus locis et inferioribus assignatis. Hoc etiam circa monachos et alios

---

[a] poenitentionalis *Cr*   [b] et infra *add. Cr*   [c] *om. Rm*
[d] perpetuo *Cr*   [e] *om. Cr*

---

[1] c. 14 *X.* V 38 (Fr 2, 888-889); cf. inter alios H. C. Lea, *A History of Auricular Confession...*, III Philadelphia 1896, 14, 163-165, 286, 552; A. Gottlob, *Kreuzablaß und Almosenablaß. Eine Studie über die Frühzeit des Ablaßwesens*, Stuttgart 1906, 250-252; Tillmann 150; Maccarrone 296.
[2] Cf. Mt 21, 12; Mr 11, 15; Io 2, 14.   [3] Cf. 4 Rg 5, 20-27.   [4] Cf. Ac 8, 9-24.
[5] c. 39 *X.* V 3 (Fr 2, 765); de c. 63-66 cf. Fliche 205.

보속 수행이 그 효력을 상실하게 만들기 때문에 명하노니, 대성당의 축성을 계기로 대사를 베푸는 경우 축성하는 주교가 한 명이든 여러 명이든 대사를 베푸는 기간이 일 년을 넘지 않아야 하고, 축성 기념일을 계기로 정해진 보속의 감면을 베풀 경우에는 그 기간이 40일을 넘지 않아야 한다. 충만한 권한을 보유하고 있는 로마교황도 이러한 날수의 제한을 준수하고 있으니, 여타의 여러 가지 계기들로 대사를 베풀 때도 대사를 베푸는 서한에서 이러한 날수의 제한을 제대로 규정하라고 명하는 바이다.[1]

63. 성직매매

수많은 지역에서 수많은 사람들이 마치 성전의 비둘기 장사처럼[2] 주교 서품, 아빠스 축성, 성직자 서품을 구실로 비열하고 사악하게도 금전의 강요와 갈취를 자행한다는 것을 나는 분명히 알고 있다. 이것을 위해서는 얼마를 지불해야 하고 저것을 위해서는 얼마를 지불해야 하는지 그리고 또 다른 것을 위해서는 얼마를 지불해야 하는지 가격이 정해져 있다. 이 창피스럽고 사악한 행태를 오랜 세월 동안 설정된 관습이라며 지키려는 자들이 있다는 것은 타락의 극치다. 따라서 그토록 큰 남용을 근절시키기 원하면서, 차라리 부패라고 불러야 할 이 관습을 예외 없이 배척하는 바이다. 또한 확고히 명하는 바, 거룩한 서품을 수여하거나 받는 것을 계기로 아무도 그 어떤 구실로도 감히 금품을 강요하거나 갈취하지 못한다. 이를 따르지 않으면 이 저주받은 금품을 지불한 자이든 징수한 자이든 게하지[3]와 시몬[4]처럼 단죄를 받게 될 것이다.[5]

64. 같은 주제: 수도승과 수녀승 관련

성직매매의 죄는 극소수만이 돈을 내지 않고 수녀승으로 받아들여졌을 정도로 수많은 수녀승들을 오염시켰는데, 그들은 이 악습을 청빈을 표방하면서 은폐하고 있다. 앞으로 이것이 다시 재발되지 않도록 이러한 행위를 절대적으로 금하는 바이다. 그리고 명하노니, 이제부터는 그 누구도 이런 악행을 저지르면 징수한 자이건 지불한 자이건, 수하 수녀승이건 장상이건, 자기 수도승원에서 복귀의 가능성 없이 퇴원당하고 평생 보속을 하도록 더욱 엄격한 규칙을 지키는 수도승원으로 보내져야 한다. 본 공의회의 규정이 제정되기 이전에 이미 이런 식으로 입회한 수녀승들에 대해서는 잘못된 방식으로 들어온 수도승원을 떠나 같은 수도회의 다른 수도승원으로 옮겨가도록 조치해야 한다고 명하는 바이다. 하지만 혹시라도 그런 수녀승들의 수가 너무 많아서 다른 곳으로 배치하는 것이 용이하지 않으면, 그들이 온 세상을 떠돌아다니며 파멸하는 위험에 처하지 않도록, 종전의 지위를 강등시킨 후 새로이 관면을 주어 원래 수도승원에 받아 줘야 한다. 이 규범은 수도승들과 여타의 수도자들도 준수해야 한다.

---

1) 제14장 X. V 38(Fr 2, 888-889); 여타의 것들 중에 참조: H, C. Lea, *A History of Auricular Confession...*, I Philadelphia 1896, 14, 285, 552; A. Gottlob, *Kreuzablaß und Almosenablaß. Eine Studie über die Frühzeit des Ablaßwesens*, Stuttgart 1906, 250-252; Tillmann 150; Maccarrone 296.
2) 참조: 마태 21, 12; 마르 11, 15; 요한 2, 14.
3) 참조: 4 열왕 5, 20-27.
4) 참조: 사도 8, 9-24.
5) 제39장 X. V 3(Fr 2, 765); 제63-66법령에 대해서는 참조: Fliche 205.

regulares decernimus observandum. Verum ne per simplicitatem vel ignorantiam se valeant excusare, praecipimus ut dioecesani episcopi singulis annis hoc faciant per suas dioeceses publicari.¹

65. De eadem circa illicitam pecuniae extorsionem

Audivimus de quibusdam episcopis, quod decedentibus ecclesiarum rectoribus, ipsas interdicto subiciunt nec patiuntur aliquos in eisdem institui, donec ipsis certa summa pecuniae persolvatur; praeterea cum miles aut clericus domum religionis ingreditur vel apud religiosos eligit sepulturam, etiam si nihil loco religioso reliquerit, difficultates ingerunt et malitias, donec aliquid muneris manus contingat eorum. Cum igitur non solum a malo, sed etiam ab omni specie mali sit, secundum Apostolum², abstinendum, exactiones huiusmodi penitus inhibemus; quod si quis transgressor extiterit, exacta duplicata restituat, in utilitates locorum in quorum fuerint soluta dispendium, fideliter convertenda.³

66. De eadem circa cupiditatem clericorum

Ad apostolicam audientiam frequenti relatione pervenit, quod quidam clerici pro exequiis mortuorum et benedictionibus[a] nubentium et similibus pecuniam exigunt et extorquent; et si forte cupiditati eorum non fuerit satisfactum, impedimenta fictitia fraudulenter opponunt. E contra vero quidam laici laudabilem consuetudinem erga sanctam ecclesiam, pia devotione fidelium introductam, ex fermento haereticae pravitatis nituntur infringere, sub praetextu canonicae pietatis. Quapropter et pravas exactiones super his fieri prohibemus et pias consuetudines praecipimus observari, statuentes ut libere conferantur ecclesiastica sacramenta, sed per episcopum loci, veritate cognita, compescantur, qui malitiose nituntur laudabilem consuetudinem immutare.⁴

67. De usuris Iudaeorum

Quanto amplius christiana religio ab exactione compescitur usurarum, tanto gravius super his Iudaeorum perfidia inolescit[b] ita, quod brevi tempore christianorum exhauriunt facultates. Volentes igitur in hac parte prospicere christianis, ne a Iudaeis immaniter aggraventur, synodali decreto statuimus ut si de caetero quocumque praetextu Iudaei a christianis graves et immoderatas usuras extorserint, christianorum eis participium subtrahatur, donec de immoderato gravamine satisfecerint competenter. Christiani quoque, si opus fuerit, per censuram ecclesiasticam appellatione postposita compellantur ab eorum commerciis abstinere. Principibus autem iniungimus, ut propter hoc non sint christianis infesti, sed potius a tanto gravamine Iudaeos studeant cohibere. Ac eadem poena Iudaeos decernimus compellendos ad satisfaciendum ecclesiis pro deci-

---

[a] benedictione *Cr*   [b] insolescit *Cr M*

---

¹ c. 40 *X*. V 3 (Fr 2, 765).   ² Cf. 1 Th 5, 22.
³ c. 41 *X*. V 3 (Fr 2, 766).   ⁴ c. 42 *X*. V 3 (Fr 2, 766).

하지만 순박함이나 무지함을 구실로 용서를 받아 내는 일이 없도록 주교들은 자신들의 교구에서 이 법령을 해마다 공고해야 한다.[1]

65. 같은 주제: 금전의 불법 갈취

일부 주교들이 성당들의 주임사제가 사망하면 그 성당들을 금지된 상태로 둔 채, 일정 금액을 지불하지 전에는 누구도 그곳의 주임으로 발령을 내지 않는다는 사실에 대해 들은 바 있다. 뿐만 아니라 군인이나 성직자가 어느 수도원에 들어가거나 수도자들 사이에 묻히기를 원하는 경우, 그들이 정작 해당 수도원에는 아무것도 기부하지 않더라도 자기들 손에 무엇인가를 선물로 쥐어 주기 전까지 온갖 어려움을 주고 훼방을 놓는다. 사도(성 바오로)가[2] 말하였듯이 악을 멀리할 뿐 아니라 악의 온갖 행태를 멀리해야 하기 때문에, 이런 식의 금전 갈취는 전적으로 금하는 바이다. 만일 누가 이를 어긴다면, 징수한 것의 두 배를 반환하게 해서, 그런 일로 인해 피해를 본 곳에서 필요한 데에 사용할 수 있도록 정확히 배분해야 한다.[3]

66. 같은 주제: 성직자의 탐욕

일부 성직자들이 망자를 위한 장례식, 혼인 당사자들의 축복 그리고 여타의 유사한 일들을 계기로 금전을 요구하고 갈취하며, 그들의 탐욕이 충족되지 않으면 허위의 장애를 걸어서 거짓되게 훼방을 놓는다는 사실에 대한 보고가 본 사도좌의 귀에 자주 들려왔다. 다른 한편으로 일부 평신도들은 교회법적 충성을 표방하지만 사실은 이단의 누룩으로 부풀려져서 거룩한 교회를 위해 신자들이 봉헌하는 신심 어린 헌금으로 시작된 칭찬할 만한 관습을 위반하려 든다. 따라서 앞서 언급한 경우들을 계기로 자행되는 사악한 금전 강요를 금하는 바이고 동시에 거룩한 관습을 유지하라고 명하는 바이다. 즉 교회의 성사들은 무상으로 제공되어야 하고 한편으로 교구장 주교는 사실이 확인되면 칭찬받을 만한 관습을 사악하게 바꾸려고 시도하는 자들을 통제해야 한다고 명하는 바이다.[4]

67. 유대인들의 고리대금

그리스도교가 고리대금의 행태를 제지하면 할수록 이에 대한 유대인들의 역행은 더욱 심각하게 증대되어, 머지않아 그들은 그리스도인들의 재산을 바닥나게 할 것이다. 따라서 이 부분에 있어서 그리스도인들이 유대인들에 의해서 잔인하게 억압받는 것을 예방하고자 본 공의회 교령을 통해 명하는 바, 앞으로 만일 유대인들이 그 어떤 구실로라도 그리스도인들에게서 가혹하고 지나친 이자를 갈취한다면, 그 지나친 부담에 대해 적절하게 배상을 이행하기 전까지는 그들과 맺은 그리스도인들의 거래 관계는 없던 것으로 한다. 또한 그리스도인들도 필요하다면, 교회의 교정벌의 위협 아래, 그들과의 상거래를 중단하도록 확정 판결로 강제될 수 있다. 한편 군주들에게 명하노니, 그들은 이 사안에 관해서 그리스도인들에게 불리한 입장을 취하지 말고 오히려 유대인들이 그토록 심한 착취를 못하도록 제재를 가하는 데에 전념해야 한다.

---

1) 제40장 X. V 3(Fr 2, 765). 2) 참조: 1 테살 5, 22.
3) 제41장 X. V 3(Fr 2, 766). 4) 제42장 X. V 3(Fr 2, 766).

mis et oblationibus debitis, quas a christianis de domibus et possessionibus aliis percipere consueverant, antequam ad Iudaeos quocumque titulo devenissent, ut sic ecclesiae conserventur indemnes.[1]

68. Ut Iudaei discernantur a christianis in habitu

In nonnullis provinciis a christianis Iudaeos seu Saracenos habitus distinguit diversitas, sed in quibusdam sic quaedam inolevit confusio, ut nulla differentia discernantur. Unde contingit interdum, quod per errorem christiani Iudaeorum seu Saracenorum et Iudaei seu Saraceni christianorum mulieribus commisceantur. Ne igitur tam damnatae commixtionis excessus per velamentum erroris huiusmodi excusationis ulterius possint habere diffugium, statuimus ut tales utriusque sexus in omni christianorum provincia et omni tempore, qualitate habitus publice ab aliis populis distinguantur, cum etiam per Moysen hoc ipsum legatur eis iniunctum[2]. In diebus autem lamentationis[a] et dominicae passionis, in publicum minime prodeant, eo quod nonnulli ex ipsis talibus diebus, sicut accepimus, ornatius non erubescunt incedere ac christianis, qui sacratissimae passionis memoriam exhibentes lamentationis[a] signa praetendunt, illudere non formidant. Illud autem districtissime inhibemus, ne in contumeliam Redemptoris prosilire aliquatenus praesumant. Et quoniam illius dissimulare non debemus opprobrium, qui probra nostra delevit, praecipimus praesumptores huiusmodi per principes saeculares condignae animadversionis adiectione compesci, ne crucifixum pro nobis praesumant aliquatenus blasphemare.[3]

69. Ne Iudaei publicis officiis praeficiantur

Cum sit nimis absurdum, ut Christi blasphemus in christianos vim potestatis exerceat, quod super hoc Toletanum concilium[4] provide statuit, nos propter transgressorum audaciam in hoc capitulo[b] innovamus, prohibentes ne Iudaei officiis publicis praeferantur, quoniam sub tali praetextu christianis plurimum sunt infesti. Si quis autem officium eis tale commiserit, per provinciale concilium, quod singulis praecipimus annis celebrari, monitione praemissa, districtione qua convenit compescatur. Officiali vero huiusmodi tamdiu christianorum communio in commerciis et aliis denegetur, donec in usus pauperum christianorum, secundum

---

[a] lamentationum Cr   [b] generali concilio v. l. Rm

---

[1] c. 18 X. V 19 (Fr 2, 816); cf. inter alios de c. 67 atque etiam de c. 68-69, F. Schneider, *Das kirchliche Zinsverbot und die kuriale Praxis im 13. Jahrhundert*, Festgabe... H. Finke, Münster i. W. 1904, 147; S. Grayzel, *The Church and the Jews in the XIIIth Century*, Philadelphia 1933, 15, 28, 34, 36, 48, 61-63, 65 n. 112, 67 n. 116, 306-313 (cf. etiam 86-143); T. P. McLaughlin, *The Teaching of the Canonists on Usury (XII, XIII and XIV centuries)*, Mediaeval Studies 1 (1939) 110; S. W. Baron, *A Social and Religious History of the Jews*, IV New York ²1957, 13, 154, 239, 313; cf. Tillmann 163; de c. 67-69 cf. Fliche 207.
[2] Cf. Lv 19, 19; Dt 22, 5; 22, 11.
[3] c. 15 X. V 6 (Fr 2, 776-777); cf. Tillmann 164.
[4] Cf. conc. Toletanum (589), c. 14 (Msi 9, 996).

같은 형벌의 위협 아래 명하는 바, 유대인들은 자신들이 어떤 명목으로든 주택이나 여타의 재산을 취득하게 되면, 성당들이 그리스도인들로부터 주택이나 여타의 재산에 대하여 받아 온 십일조와 헌금을 명분을 불문하고 자기들이 차지하기 전에 성당들에 납부하도록 강제되어야 한다. 그럼으로써 성당들은 피해로부터 보호받을 것이다.[1]

68. 유대인들은 그리스도인들과 복장으로 구별되어야 함

어떤 지방들에서는 그리스도인들이 유대인들이나 사라센인들과 복장의 차이로 구별되는데, 어떤 지방들에서는 혼합이 정착되어 그들 사이에 전혀 차이가 없다. 따라서 그리스도인들이 실수로 유대 여인이나 사라센 여인들과 교제하고 사라센인들과 유대인들이 그리스도교 여인들과 교제하는 일이 종종 발생한다. 앞으로는 복장으로 인한 그런 식의 실수를 구실로 이러한 비난받을 결합의 용인이 확산되는 것을 막기 위하여 명하는 바, 유대인들과 사라센인들은 모세에 의해 자기들에게 내려졌던 바로 그 명령에 따라,[2] 남녀를 불문하고 모든 그리스도교 지방들에서 언제나 그들의 복장의 특징을 통해 공공장소에서 다른 백성들과 구별되어야 한다. 게다가 수난 주일과 비탄의 시기(역자 주: 성주간 수요일부터 토요일까지) 동안에 그들은 절대로 공공장소에 나타나서는 안 된다. 왜냐하면 내가 파악한 바에 의하면 그런 시기에 그들 중 일부가 평소보다 더 화려하게 차려입고 돌아다니는 것을 부끄러워하지 않고, 주님의 지극히 거룩한 수난을 기념하면서 자신들의 애도하는 마음을 상징하는 복장을 하는 그리스도인들을 조롱하는 것을 두려워하지 않기 때문이다. 하지만 가장 엄격하게 금하는 바는, 그들이 감히 구세주께 모욕을 주면서 온갖 형태로 설쳐 대는 것이다. 또한 우리의 죄를 없애 주신 분께 대해 조롱하는 것을 두고 침묵할 수 없어서 명하는 바, 세속의 군주들은 이런 짓을 감행하는 자들을 맞갖은 형벌로 제재를 가함으로써 우리를 위하여 십자가에 못 박히신 분을 어떤 식으로든 모독하지 못하게 해야 한다.[3]

69. 유대인들은 공직을 맡지 못함

그리스도를 모욕한 자가 그리스도인들을 다스리는 권세를 누린다는 것은 매우 불합리한 일이기 때문에, 이 사안에 관한 톨레도 공의회의 현명한 결정을 본 법령에서 갱신하여 위반자들의 거만함을 꺾어 놓고자 한다. 따라서 금하는 바, 유대인들은 공직을 맡을 수 없다. 왜냐하면 그것을 이용해서 그리스도인들에게 상당한 해를 끼치기 때문이다. 만일 누가 그들에게 그런 직무를 맡긴다면 그는 경고를 받은 후 해마다 거행하라고 명한 관구 공의회의 결정에 따라 맞갖은 형벌 제재를 받아야 한다. 그리고 그런 식으로 임명된 유대인 관료는 그렇게 얻는 직무를 이용해서 그리스도인들로부터 얻어낸 모든 것을 교구장 주교의 판단에 따라 가난한 그리스도인들을 위해

---

1) 제18장 X. V 19(Fr 2, 816); 여타의 것들 중에 제67법령과 제68-69법령에 관해서는 참조: F. Schneider, *Das kirchliche Zinsverbot und die kuriale Praxis im 13. Jahrhundert*, Festgabe... Heinrich Finke, Münster in Westphalia 1904, 147; S. Grayzel, *The Church and the Jews in the XIIIth Century*, Philadelphia 1933, 15, 28, 34, 36, 48, 61-63, 65 n. 112, 67 n. 116, 306-313(또한 참조: 86-143); T. P. McLaughlin, *The Teaching of the Canonists on Usury(XII, XIII and XIV Centuries)*, Mediaeval Studies 1(1939) 110; S. W. Baron, *A Social and Religious History of Jews*, IV New York ^{2}1957, 13, 154, 239, 313; 참조: Tillmann 163; 제67-69법령에 관해서는 참조: Fliche 207과 HC 4(1980) 172와 607.
2) 참조: 레위 19, 19; 신명 22, 5. 11.
3) 제15장 X. V 6(Fr 2, 776-777); 참조: Tillmann 164.

providentiam dioecesani episcopi, convertatur quicquid fuerit adeptus a christianis, occasione officii sic suscepti, et officium cum pudore dimittat, quod irreverenter assumpsit. Hoc idem extendimus ad paganos.[1]

70. *Ne conversi ad fidem de Iudaeis veterem ritum Iudaeorum retineant*

Quidam, sicut accepimus, qui[a] ad sacri undam baptismatis voluntarii accesserunt, veterem hominem omnino non exuunt, ut novum perfectius induant[2], cum prioris ritus reliquias retinentes, christianae religionis decorem tali commixtione confundant. Cum autem scriptum sit: maledictus homo qui terram duabus viis ingreditur[3], et indui vestis non debeat lino lanaque contexta[4], statuimus, ut tales per praelatos ecclesiarum ab observantia veteris ritus omnimodo compescantur, ut quos christianae religioni liberae voluntatis arbitrium obtulit, salutiferae coactionis necessitas in eius observatione conservet; cum minus malum existat, viam Domini non agnoscere, quam post agnitam retroire[5].[6]

[71.] *Expeditio pro recuperanda Terra sancta*

Ad liberandam Terram sanctam de manibus impiorum, ardenti desiderio adspirantes, de prudentum virorum consilio, qui plene noverant circunstantias temporum et locorum, sacro approbante concilio diffinimus, ut ita crucesignati se praeparent, quod in calendas iunii sequentis post proximum omnes qui disposuerunt transire per mare conveniant in regnum Siciliae; alii sicut oportuerit et decuerit, apud Brundusium et alii apud Messanam et partes utrobique vicinas, ubi et nos personaliter Domino annuente disposuimus tunc adesse, quatenus nostro consilio et auxilio exercitus christianus salubriter ordinetur, cum benedictione divina et apostolica profecturus. Ad eundem quoque terminum se studeant praeparare, qui proposuerunt per terram proficisci. Significaturi hoc interim nobis, ut eis ad consilium et auxilium legatum idoneum de nostro latere concedamus. Sacerdotes autem et alii clerici, qui fuerint in exercitu christiano, tam subditi quam praelati, orationi et exhortationi diligenter insistant, docentes eos verbo pariter et exemplo, ut timorem et amorem semper habeant divinum ante oculos, ne quid dicant aut faciant, quod divinam maiestatem offendat. Et si aliquando lapsi fuerint in peccatum, per veram poenitentiam mox resurgant, gerentes humilitatem cordis et corporis, et tam in victu quam in vestitu mediocritatem servantes, dissensiones et aemulationes omnino vitando, rancore ac livore a se penitus relegatis, ut sic spiritualibus et materialibus armis muniti, adversus hostes fidei securius praelientur, non de sua praesumentes potentia, sed de divina virtute sperantes. Ipsis autem clericis indulgemus, ut beneficia sua integre percipiant per triennium ac si essent in ecclesiis residentes, et si necesse fuerit, ea per idem tempus pignori valeant obligare. Ne igitur

---

[a] quod *M*

---

[1] c. 16 *X.* V 6 (Fr 2, 777).   [2] Cf. Col 3, 9.   [3] Cf. Ecli 2, 14; 3, 28.
[4] Cf. Dt 22, 11.   [5] Cf. 2 Pt 2, 21.   [6] c. 4 *X.* V 9 (Fr 2, 791).

전환할 때까지 그리스도인들과 상거래 및 여타의 관계를 맺는 것에서 배제되어야 한다. 그리고 그는 그렇게 무례하게 받은 직무에서 부끄러워하면서 물러나야 한다. 같은 것을 이교도들에게도 확대 적용하는 바이다.[1]

70. 유대인들 중에 신앙에로 개종한 이들은 유대인들의 옛 예법을 고수하지 말아야 함

파악한 바에 의하면, 어떤 자들은 자발적으로 거룩한 세례를 받았음에도 불구하고 더욱 완벽하게 새 인간을 입기 위하여 옛 인간을 온전히 벗어버리지 못하고,[2] 종전의 예법의 잔재를 고수하여 그런 혼합으로 그리스도교의 아름다움을 흐리게 한다. 두 길을 걷는 죄인은 불행하다[3] 그리고 양털과 아마를 섞어서 짠 옷을 입어서는 안 된다.[4]라고 성서에 적혀 있기에 명하는 바, 자신들을 자유의지로 그리스도교에 바친 사람들이 구원에 도움이 되는 규제를 통해 그리스도교 예법을 준수하면서 보존되도록, 성당들의 고위 성직자들은 옛 예법을 지키는 그런 사람들을 어떤 식으로든 억제해야 한다.[5][6]

[71.] 성지 회복(聖地 回復)을 위한 파견

불경스런 자들의 손에서 성지를 해방시키는 것을 열렬히 원하면서, 현지의 시간적 장소적 정황을 충분히 알고 있는 현명한 사람들의 조언을 듣고, 본 거룩한 공의회의 승인 사항으로 명하노니, 바다를 건너기로 마음먹은 십자군들은 내년 6월 1일까지 시칠리아 왕국에 집결하라. 즉 필요성과 여건에 따라 일부는 브룬디시움(현 브린디시), 또 다른 이들은 메사나(현 메시나)와 이 두 곳에 가까운 지역에 집결함으로써 준비 태세를 갖출지어다. 하느님께서 원하시면 본 교황의 조언과 도움으로 그리스도의 군대가 건실한 조직을 갖추고 하느님과 교황의 강복을 받고 출정할 수 있도록 그때 거기에 몸소 출두하게 되리라. 육로로 가기로 결정한 사람들도 그 날짜에 맞춰 준비할지어다. 그리고 그사이에 나에게 (자신들의 준비 상태를) 알리도록 하라. 그러면 나는 그들에게 조언하고 도움을 주기에 적합한 특사를 파견하겠노라. 그리스도의 군대에 참여할 사제들과 여타의 성직자들은, 하급자이건 고위 성직자이건, 십자군들을 말과 모범으로 가르치면서 성실하게 기도와 격려에 몰두함으로써 그들로 하여금 목전에 항상 하느님께 대한 두려움과 사랑을 간직하여 하느님의 주권을 해치는 말과 행동은 어떤 것도 하지 않게 하라. 자신들이 죄에 떨어지는 경우에는 진정한 보속을 통해 즉시 재기해야 한다. 그들은 마음과 몸을 겸손하게 지니고, 음식과 복장을 절제하고, 알력과 경쟁을 절대적으로 피하고, 앙심과 시기를 모조리 물리침으로써 영육 간의 무기로 무장한 채 자신의 능력에 의존하지 않고 하느님의 권능에 희망을 두면서 신앙의 적들에 대항하여 더욱 확신을 가지고 싸워야 한다. (참전하는) 성직자들에게는 마치 자기들의 성당에 상주하는 것과 같은 대우로 3년 동안 그들의 교회록의 수익을 전액 수령하는 것과 필요하다면 그 기간 동안 그것을 근저당으로 묶어 두는 것을 보장하는 바이다. 따라서

---

1) 제16장 X. V 6(Fr 2, 777).   2) 참조: 콜로 3, 9.
3) 참조: 집회 2, 14; 3, 28(역자 주: 성서의 장절이 불가타본에 의한 것임. 우리말 번역 성경에는 2, 12 한 군데에만 나옴).
4) 참조: 신명 22, 11.   5) 참조: 2베드 2, 21.   6) 제4장 X. V 9(Fr 2, 791).

hoc sanctum propositum impediri vel retardari contingat, universis ecclesiarum praelatis districte praecipimus, ut singuli per loca sua illos, qui signum crucis deposuerunt resumere ac tam ipsos quam alios crucesignatos et quos adhuc signari contigerit, ad reddendum vota sua Domino diligenter moneant et inducant, et si necesse fuerit per excommunicationis in personas et interdicti sententias in terras eorum, omni tergiversatione cessante, compellant, illis dumtaxat exceptis, quibus tale impedimentum occurrerit, propter quod secundum sedis apostolicae providentiam votum eorum commutari debeat merito vel differri. Ad haec ne quid in negotio Iesu Christi de contingentibus omittatur, volumus et mandamus, ut patriarchae, archiepiscopi, episcopi, abbates et alii, qui curam obtinent animarum, studiose proponant sibi commissis verbum crucis, obsecrantes per Patrem et Filium et Spiritum sanctum, unum solum verum aeternum Deum, reges, duces, principes, marchiones, comites et barones aliosque magnates necnon communiones civitatum, villarum, oppidorum, ut qui personaliter non accesserint in subsidium Terrae sanctae, competentem conferant numerum bellatorum cum expensis ad triennium necessariis secundum proprias facultates, in remissionem peccatorum suorum, prout in generalibus literis est expressum et ad maiorem cautelam etiam inferius exprimetur. Huius remissionis volumus esse participes non solum eos qui naves proprias exhibent[a], sed etiam illos qui propter hoc opus naves studuerint fabricare. Renuentibus autem, si qui forte tam ingrati fuerint domino Deo nostro, ex parte apostolica firmiter protestemur, ut sciant se super hoc nobis in novissimo districti examinis die coram tremendo iudice responsuros, prius tamen considerantes, qua conscientia quave securitate confiteri[b] poterunt coram unigenito Dei Filio Iesu Christo, cui *omnia Pater dedit in manus*[1], si ei pro peccatoribus crucifixo servire renuerint in hoc negocio quasi proprie sibi proprio, cuius munere vivunt, cuius beneficio sustentantur, quin etiam cuius sanguine sunt redempti[2]. Ne vero in humeros hominum onera gravia et importabilia imponere videamur, quae digito nostro movere nolumus, similes illis qui dicunt utique sed non faciunt[3], ecce nos de his quae ultra necessaria[c] et moderatas expensas potuimus reservare, triginta milia librarum in hoc opus concedimus et donamus, praeter navigium, quod crucesignatis de urbe atque vicinis partibus conferimus, assignaturi nihilominus ad hoc ipsum tria millia marcarum argenti, quae apud nos de quorundam fidelium eleemosynis remanserunt, aliis in necessitates et utilitates praedictae Terrae per manus felicis memoriae abbatis[d] Hierosolymitani patriarchae[4] ac magistrorum Templi et Hospitalis fideliter distributis. Cupientes autem alios ecclesiarum praelatos necnon clericos universos et in merito et in praemio habere participes et consortes, ex communi concilii approbatione

---

a exhibebunt *LC*   b comparere *LC*   c necessarias *Cr M* necessitates *A*
d Alberti *v. l. Rm* Alberici *LC* Alberti *vel* abbatis *v. l. LC*

---

[1] Io 13, 3; cf. Io 3, 35.   [2] Cf. 1 Pt 1, 18-19.   [3] Cf. Mt 23, 3-4.
[4] Albertus de Castro († 1213/1214).

이 거룩한 계획이 방해를 받거나 지연되지 않게 하기 위하여 엄중하게 명하노니, 성당들의 모든 고위 성직자들은 각자 자신의 관할 지역에서 십자군을 그만둔 자들을 다시 십자군에 복귀하게 하고 그 복귀한 자들과 그 외의 십자군들과 새로 십자군이 되는 사람들이 모두 주님께 한 서원을 이행하도록 열심히 경고하고 권고해야 한다. 필요하다면, 사람에 대해서는 파문 제재를 동원하고 토지에 대해서는 금지령을 동원해서라도 그들이 서원을 하도록 아무런 주저함 없이 그들을 강제해야 한다. 다만, 사도좌의 조치에 따라 서원이 정당하게 대체되거나 그 수행에 대한 장애가 인정된 사람들에 한하여 그러하지 아니하다. 예수 그리스도의 이 사업과 관련된 것이 아무것도 궐하게 되는 일이 없기를 바라면서 명하노니, 총대주교들, 대주교들, 주교들, 아빠스들 그리고 영혼의 사목을 맡은 여타의 사람들은 자신들에게 맡겨진 백성들에게 십자군에 대해서 열정적으로 설교해야 한다. 그리고 성지를 돕기 위해 몸소 나서지 않는 국왕들, 공작들, 영주들, 후작들, 백작들, 남작들 그리고 여타의 귀족들뿐만 아니라 도시, 촌락, 성곽의 공동체들에게, 이미 일반 서한을 통해 설명하였고 더욱 확실하게 보장하기 위해 다시 설명하게 될 죄의 사함을 위하여, 자신들의 능력에 따라 적당한 수의 병사들을 소용되는 비용을 대면서 3년간 제공하라고 한 분이시며 홀로 참되시고 영원하신 하느님이신 성부와 성자와 성령의 이름으로 요청해야 한다. 나는 이 목적을 위해 자신의 함선을 기부하는 자들뿐만 아니라 함선을 건조(建造)하는 데에 조력하는 자들도 이 죄의 사함에 포함시키겠다. 한편 이를 거부하는 자들에 대해서 언급하자면, 즉 우리의 주님이신 하느님께 대해 배은망덕한 자들이 있다면 나의 교황직을 걸고 분명하게 선언하노니, 그들은 마지막 날 최후의 심판 중에 무서운 심판관 앞에서 그 일을 두고 나에게 대답해야 할 것이다. 하지만 그들은, 죄인들을 위해 십자가에 못 박히셨고 그들이 살아가도록 은덕을 베푸시며 무엇보다도 그들을 구원하시려고 피를 흘리신[1] 바로 그분의 사업에 있어서 그분에게 봉사하는 것을 거부한다면, *아버지께서 모든 것을 당신의 손에 맡기신*[2] 하느님의 독생 성자 예수 그리스도의 면전에 어떤 양심으로 무슨 확신을 가지고 나타날 수 있겠는가를 먼저 생각해야 할 것이다. 그렇지만 내가 말만 하고 실행은 하지 않는 사람처럼, 무겁고 힘겨운 짐을 다른 사람들의 어깨에 올려놓고 나는 손가락 하나 까닥하려 하지 않는 형국이 되면 안 되기 때문에,[3] 나는 로마와 인근 지방의 십자군들을 실어 나르기 위한 배를 제공하는 것 외에도, 절제된 소비를 통해 남겨 저축할 수 있었던 3만 리브라(역자 주: 화폐단위, 1libra≒327g)를 이 사업에 지정하여 기탁하겠다. 게다가 어떤 신자들의 기부금에서, 고인이 된 예루살렘의 총 아빠스[4]와 성전기사회 및 구호수도회의 장상을 통해 성지에 부족한 것들과 필요한 것들을 성실하게 분배하고 남겨 놓은 은화 3천 마르크를 이 사업을 위하여 내어 놓겠다. 또한 고위 성직자들과 여타의 모든 성직자들이 행동으로나 금전적으로 나에게 동참하기를 바라면서, 합의를 이룬 공의회의 승인 사항으로 명하는 바, 모든 성직자들은 하급자이건

---

1) 참조: 1베드 1, 18-19.
2) 요한 13, 3; 참조 요한 3, 35.
3) 참조: 마태 23, 3-4.
4) 알베르토 데 카스트로(1213 혹은 1214 선종).

statuimus, ut omnes omnino clerici tam subditi quam praelati vigesimam partem ecclesiasticorum proventuum usque ad triennium conferant in subsidium Terrae sanctae, per manus eorum qui ad hoc apostolica fuerint providentia ordinati; quibusdam dumtaxat religiosis exceptis, ab hac praetaxatione merito eximendis, illis similiter, qui assumpto vel assumendo crucis signaculo, sunt personaliter profecturi. Nos autem et fratres nostri sanctae Romanae ecclesiae cardinales plenarie decimam persolvemus, sciantque se omnes ad hoc fideliter observandum per excommunicationis sententiam obligatos, ita quod illi qui super hoc fraudem scienter commiserint, sententiam excommunicationis incurrant. Sane quia iusto iudicio coelestis imperatoris obsequiis inhaerentes, speciali decet praerogativa gaudere, cum tempus proficiscendi annum excedat in modico, crucesignati vel a collectis vel^a talliis aliisque gravaminibus sint immunes, quorum personas et bona post crucem assumptam sub beati Petri et nostra protectione suscipimus; statuentes^b ut sub archiepiscoporum, episcoporum ac omnium praelatorum ecclesiae defensione consistant, propriis nihilominus protectoribus ad hoc specialiter deputandis, ita ut donec de ipsorum obitu vel reditu certissime cognoscatur, integra maneant et quieta; et si quisquam contra praesumpserit, per censuram ecclesiasticam compescatur. Si qui vero proficiscentium, illuc ad praestandas usuras iuramento tenentur adstricti, creditores eorum, ut remittant eis praestitum iuramentum et ab usurarum exactione desistant, eadem praecipimus districtione compelli. Quod si quisquam creditorum eos ad solutionem coegerit usurarum, eum ad restitutionem earum simili cogi animadversione mandamus. Iudaeos vero ad remittendas usuras per saecularem compelli praecipimus potestatem et, donec illas remiserint, ab universis Christi fidelibus per excommunicationis sententiam eis omnino communio denegetur. His autem, qui Iudaeis debita solvere nequeunt in praesenti, sic principes saeculares utili dilatione provideant, quod post iter arreptum, usquequo de ipsorum obitu vel reditu certissime cognoscatur, usurarum incommoda non incurrant, compulsis Iudaeis proventus pignorum, quos interim ipsi perceperint, in sortem expensis deductis necessariis, computare; cum huiusmodi beneficium non multum videatur habere dispendii, quod solutionem sic prorogat, quod debitum non absorbet. Porro ecclesiarum praelati, qui in exhibenda iustitia crucesignatis et eorum familiis negligentes exstiterint, sciant se graviter puniendos. Caeterum, quia cursarii et piratae nimium impediunt subsidium Terrae sanctae, capiendo et expoliando transeuntes ad illam et redeuntes ab ipsa, nos speciales^c adiutores et fautores eorum excommunicationis vinculo innodamus, sub interminatione anathematis inhibentes, ne quis cum eis scienter communicet aliquo venditionis vel emptionis contractu, et iniungentes rectoribus civitatum et locorum suorum, ut eos ab hac iniquitate revocent et compescant; alioquin quia nolle perturbare perversos, nihil aliud est quam fovere, nec caret scrupulo societatis occultae, qui manifesto facinori desinit obviare, in personas et terras eorum per

---

^{a} crucesignati a collectis vel a *LC* ^{b} *om. Cr* ^{c} principales *MA*

고위 성직자이건 성지를 원조하는 데에 자신들의 교회록 수입의 20분의 1을 3년간 이 일을 위해 사도좌에서 임명한 사람들을 통해서 반드시 납부해야 한다. 정당하게 면제된 일부 수도자들과 자신이 십자군이거나 십자군이 될 사람들만 이 조세에서 예외로 한다. 나와 거룩한 로마교회의 형제 추기경들은 십일조를 온전히 바치겠다. 또한 파문의 형벌을 받지 않으려면 이 명령을 준수해야 한다는 것을 알아두기 바란다. 따라서 의식적으로 이 사안에 관해서 탈세를 범하는 자는 파문의 판결을 받게 될 것이다. 하늘의 주권자이신 분의 뜻에 꾸준히 순종하는 자들이 특별한 사전 보증(事前保證) 혜택을 받는 것은 정당한 일이기 때문에, 그리고 출정 일자가 불과 일 년 남짓 뒤로 예정되어 있으니, 십자군들은 모금이나 세금 그리고 여타 부담으로부터 면제되어야 한다. 그리고 그들이 십자군이 된 다음에는 그들의 사람들과 재산들을 복된 베드로와 나의 보호 하에 거두어들이겠다. 따라서 명하노니, 하느님 교회의 대주교, 주교, 그리고 모든 고위 성직자들은 그들을 보호해 주어야 하고, 그런 목적으로 고유한 보호자들을 특별히 선임해 주어야 한다. 그럼으로써 그들의 전사나 귀환에 관한 확실한 사실이 통지될 때까지 그들의 재산이 고스란히 훼손되지 않고 보호될 것이다. 만일 누가 감히 이를 거슬러서 행동한다면, 교회의 교정벌로 다스릴 것이다. 만일 십자군들 중에 누가 이자를 지불할 계약에 얽매여 있다면, 그들의 채권자들도 그들의 계약으로부터 그들을 풀어 주고 이자 징수를 중지하도록 같은 형벌로 제재를 받아야 한다고 명하는 바이고, 만일 그 채권자들 중에 누가 이자를 지불하도록 압력을 가한다면 그자는 그것을 배상하도록 유사한 형벌로 제재를 받아야 한다고 명하는 바이다. 한편 유대인들은 이자를 면제하도록 세속 권력에 의하여 제재를 받아야 하고, 그들이 그것을 실행하기 전까지는 모든 그리스도의 신자들은 그들과 아무런 거래도 하지 말아야 하고 이를 어기면 파문 제재를 받을 것이다. 세속 군주들은 유대인들에게 자신의 채무를 지금 갚지 못하는 자들을 위해 적절한 상환 연기 조치를 내림으로써 그들이 출정한 후부터 그들의 전사나 귀환에 대한 확실한 통지가 있을 때까지 이자 지불의 불편을 겪지 않도록 해야 한다. 유대인들은 그 기간 동안 십자군들의 채무에 대해 담보물로 잡아 놓은 재산으로부터 얻은 수입에서 비용을 공제하고 나머지는 원소유주의 자본으로 합산하도록 강제되어야 한다. 이러한 혜택이 채권자에게 큰 손실을 끼치는 것으로 보이지는 않는다. 왜냐하면 상환 연기가 채무를 없애는 것은 아니기 때문이다. 성당들의 고위 성직자들이 십자군들과 그의 가족들에게 정의를 보여주는 데에 태만하면 엄격하게 형벌을 받게 된다는 것을 알아야 한다. 뿐만 아니라, 약탈선들(역자 주: 회교도들의 해적선)과 해적선들이 성지를 오가는 사람들을 납치하고 약탈하면서 성지를 위한 원조에 심하게 방해를 하기 때문에, 그들을 협조하는 자들이나 그들을 보호하는 자들은 파문에 처한다. 그리고 누구라도 의식적으로 그들과 매매 거래 계약을 맺는 것을 파문 형벌의 위협 하에 금하는 바이다. 또한 도시들과 그들이 거주하는 지역들의 집권자들은 그들로 하여금 그런 사악한 행위로부터 물러서도록 규제하고 억제해야 한다. 그렇게 하지 않으면, 사악한 자들을 제지하는 것을 거부하는 것은 바로 그들을 돕는 것이고, 드러난 범죄를 대항하는 것을 실패한 자는 숨겨진 공범이라는 혐의를 면할 수 없기 때문에,

ecclesiarum praelatos severitatem ecclesiasticam volumus et praecipimus exerceri. Excommunicamus praeterea et anathematizamus illos falsos et impios christianos, qui contra ipsum Christum et populum christianum Saracenis arma, ferrum et lignamina[a] deferunt galearum; eos etiam qui galeas eis vendunt vel naves, quique in piraticis Saracenorum navibus curam gubernationis exercent vel in machinis aut quibuslibet aliis aliquod eis impendunt consilium vel auxilium in dispendium Terrae sanctae, ipsarum rerum suarum privatione mulctari, et capientium servos fore censemus. Praecipientes ut per omnes urbes maritimas diebus dominicis et festivis huiusmodi sententia innovetur, et talibus gremium non aperiatur ecclesiae, nisi totum quod ex substantia tam damnata perceperint et tantundem de sua in subsidium praedictae Terrae transmiserint, ut aequo iudicio in quo deliquerint, puniantur[1]. Quod si forte solvendo non fuerint, alias sic reatus talium castigetur, quod in poena ipsorum aliis interdicatur audacia similia praesumendi[2]. Prohibemus insuper omnibus christianis et sub anathemate interdicimus, ne in terras Saracenorum, qui partes orientales inhabitant, usque ad quadriennium transmittant aut transvehant naves suas, ut per hoc volentibus transfretare in subsidium Terrae sanctae maior navigii copia praeparetur et Saracenis praedictis subtrahatur auxilium, quod eis consuevit ex hoc non modicum provenire. Licet autem torneamenta sint in diversis conciliis[3] sub certa poena generaliter interdicta, quia tamen hoc tempore crucis negotium per ea plurimum impeditur, nos illa sub poena excommunicationis firmiter prohibemus usque ad triennium exerceri. Quia vero ad hoc negotium exequendum, est permaxime necessarium ut principes[b] populi christiani adinvicem pacem observent, sancta universali synodo suadente statuimus, ut saltem per quadriennium in toto orbe christiano servetur pax generaliter, ita quod per ecclesiarum praelatos discordantes reducantur ad plenam pacem aut firmam treguam inviolabiliter observandam; et qui acquiescere forte contempserint, per excommunicationem in personas et interdictum in terras arctissime compellantur, nisi tanta fuerit iniuriarum malitia, quod ipsi tali non debeant pace gaudere. Quod si forte censuram ecclesiasticam vilipenderint, poterunt non immerito formidare, ne per auctoritatem ecclesiae circa eos, tanquam perturbatores negocii crucifixi, saecularis potentia inducatur. Nos igitur omnipotentis Dei misericordia, et beatorum apostolorum Petri et Pauli auctoritate confisi, ex illa quam nobis, licet indigne[c], Deus ligandi atque solvendi contulit potestate[d][4], omnibus qui laborem propriis personis subierint et expensis, plenam suorum peccaminum, de quibus liberaliter[e] fuerint corde contriti et ore[f] confessi,

[a] ligamina *Rm*   [b] et *add. Cr MA*   [c] indignis *LC*
[d] potestate *ER*   [e] veraciter *M*   [f] ore *M om. rell.*

---

[1] Cf. conc. Lat. III, c. 24 (v. supra p. 223).
[2] Excommunicamus praeterea et anathemizamus ... praesumendi: c. 17 *X*. V 6 (Fr 2, 777-778).
[3] Cf. conc. Lat. II, c. 14 (v. supra p. 200) et conc. Lat. III, c. 20 (v. supra p. 221).
[4] Cf. Mt 16, 19; 18, 18.

명하노니, 성당들의 고위 성직자들은 이적 행위자들의 인적 재산과 토지 재산들에 대해서 교회의 엄격함으로 대해야 한다. 또한 그리스도와 그리스도의 백성을 거슬러서 사라센인들에게 무기와 그들의 전함을 위한 철과 목재를 제공하는 거짓되고 불경한 그리스도인들을 파문하는 바이다. 아울러, 성지에 피해가 돌아오도록 그들에게 전함이나 함선을 판매하는 자, 사라센인들의 해적선을 조종하거나 그들에게 기계적인 면으로나 여타의 분야에서 어떤 조언이나 도움을 주는 자는 가진 것을 몰수당할 것이고 그들을 체포하는 자들의 노예가 되어야 한다고 규정하는 바이다. 이 결정문은 모든 해안 도시들에서 주일과 축일마다 새롭게 공지되어야 하고, 자신이 죄를 범한 바로 그것에 대해서 처벌받는 것은 정당한 일이므로, 그들이 그런 일로 취득한 재화와 그것과 같은 양의 재화를 자신들의 재산에서 성지 원조를 위해 기부하지 않는 한 그들에게 성당의 내부가 개방되지 말아야 한다.[1] 혹시라도 그 재화를 지불하지 않으면 그들은 다른 이들이 그것을 보고 같은 죄를 저지를 엄두를 못 내게 할 그런 형벌을 달리 받을 것이다.[2] 아울러 파문의 형벌 하에 금하는 바, 모든 그리스도인들은 사라센인들이 거주하는 동방 국가들에 4년간 자신들의 함선을 보내거나 운송 작업을 시켜서는 안 된다. 그럼으로써 여러 척의 함선들이 성지 원조를 위해 바다를 건너려는 사람들을 위해 확보될 것이고 앞서 말한 사라센인들이 그것으로부터 누려 왔던 적지 않은 혜택을 그들로부터 박탈하게 될 것이기 때문이다. 승자 진출전(마상 창 시합 등)이 여러 공의회를 통해서 일정한 형벌과 함께 전반적으로 금지되었다.[3] 그럼에도 불구하고 그것들로 인해 오늘날 십자군 사업이 지극히 큰 방해를 받기 때문에, 앞으로 3년간 그런 시합을 절대 실시하지 못한다고 파문의 형벌 하에 확고히 금하는 바이다. 그리고 이 사업의 완수를 위해서 최대로 필요한 것은 군주들 간에 그리고 하느님의 백성들 간에 평화를 유지하는 것이기 때문에, 본 거룩한 전체 공의회의 충고에 따라 명하는 바, 적어도 앞으로 4년간 그리스도인들의 세계 전 지역에서 전반적으로 평화를 유지해야 한다. 따라서 교회의 고위 성직자들은 분쟁 중인 자들을 온전한 평화조약이나 확고한 휴전협정으로 인도해야 한다. 이에 동의하기를 거부하는 자들에 대해서, 그들 자신은 파문으로, 그들의 토지에 대해서는 금지령으로 다스림으로써, 그들이 동의하도록 지극히 엄격하게 강제하여야 한다. 다만 그들을 공격한 자들의 사악함이 그들이 그러한 평화를 누릴 수 없을 정도의 것인 경우에는 그러하지 아니하다. 교회의 교정벌을 두려워하지 않는 자들에 대해서는, 십자가에 못 박히신 분의 사업에 방해꾼들인 그들을 대항하여 교회 당국에 의해 세속 권력이 동원될까 봐 두려움에 벌벌 떨게 만들 것이다. 그리고 몸소 참가하여 그리고 자신이 비용을 대면서 이 사업을 위해 일한 모든 사람들에게, 그들이 마음으로부터 진실하게 회개하고 입으로 죄를 고백한다면, 전능하신 하느님의 자비와 복된 사도 베드로와 바오로의 권위에 의지하고 하느님께서 부족함에도 불구하고 나에게 수여하신 재량권의 힘으로,[4] 그들의 죄에 대한

---

1) 참조: 제3차 라테란 공의회 제24조(위의 223쪽).
2) 또한 그리스도와…… 받을 것이다: 제17장 X. V 6(Fr 2, 777-778).
3) 참조: 제2차 라테란 공의회, 제14조(위의 200쪽), 그리고 제3차 라테란 공의회, 제20조(위의 221쪽).
4) 참조: 마태 16, 19; 18, 18.

veniam indulgemus, et in retributione iustorum salutis aeternae pollicemur augmentum; eis autem, qui non in personis propriis illuc accesserint, sed in suis dumtaxat expensis iuxta facultatem et qualitatem suam viros idoneos destinarint, et illis similiter, qui licet in alienis expensis, in propriis tamen personis accesserint, plenam suorum concedimus veniam peccatorum. Huius quoque remissionis volumus et concedimus esse participes, iuxta qualitatem subsidii et devotionis affectum[a], omnes qui ad subventionem ipsius Terrae de bonis suis congrue ministrabunt, aut consilium et auxilium impenderint opportunum. Omnibus etiam pie proficiscentibus[b] in hoc opere communi universalis synodus omnium beneficiorum suorum suffragium impartitur, ut eis digne proficiat ad salutem.[1]

[a] effectum *Cr*   [b] proficientibus *MA*

---

[1] Cf. inter alios A. Gottlob, *Die päpstlichen Kreuzzugssteuern des 13. Jahrhunderts...*, Heiligenstadt 1892, 18-28, 177; H. C. Lea, *A History of Auricular Confession...*, III Philadelphia 1896, 13, 60, 156, 169; A. Gottlob, *Kreuzablaß und Almosenablaß. Eine Studie über die Frühzeit des Ablaßwesens,* Stuttgart 1906, 136-139; W. E. Lunt, *Financial Relations of the Papacy with England to 1327* (The Mediaeval Academy of America, Publ. 33), Cambridge, Mass. 1939, 127, 189, 242-244, 423, 427, 434; M. Villey, *La croisade. Essai sur la formation d'une théorie juridique,* Paris 1942, 179-185; G. Martini, *Innocenzo III e il finanziamento delle crociate,* Archivio della R. Deputazione romana di storia patria, N. S. 10 (1944) 322-324; Fliche 197-199; Tillmann 231-232; P. Alphandéry, *La chrétienté et l'idée de croisade...*, II Paris 1959, 160-163; Maccarrone 280-281. Cf. etiam conc. Lat. I, c. 10 (v. supra pp. 191-192).

온전한 사함을 베푸는 바이며, 의인들에 대한 포상이 있을 때 영원한 생명을 얻게 될 것임을 보장하는 바이다. 또한 몸소 그곳에 가지는 않아도 자신의 재산과 처지에 따라서 비용을 대주면서 적합한 사람들을 보내 주는 이들과 몸소 출정하지만 다른 이가 대주는 비용으로 가는 사람들에게도 죄에 대한 충만한 사함을 베푸는 바이다. 게다가 성지의 원조를 위해 자신의 재화에서 적절히 기부하였거나 유용한 조언과 도움을 제공한 모든 사람들에게 그들이 제공한 도움의 질과 봉헌의 크기에 따라 이 죄 사함을 베풀어 주는 바이다. 끝으로 본 전체 공의회는 이 공통의 사업에 성실하게 동참한 모든 사람들을 위해 그들의 구원에 보탬이 될 기도와 그 기도로 인한 온갖 혜택들을 수여하는 바이다.[1]

---

[1] 여타의 것들 중에 참조: A Gottlob, *Die päpstlichen Kreuzzugssteuern des 13. Jahrhunderts...*, Heiligenstadt 1892, 18-28; H, C. Lea, *A History of Auricular Confession...*, I Philadelphia 1896, 13, 60, 156, 169; A. Gottlob, *Kreuzablaß und Almosenablaß. Eine Studie über die Frühzeit des Ablaßwesens*, Stuttgart 1906, 136-139; W. E. Lunt, *Financial Relations of the Papacy with England to 1327*(The Mediaeval Academy of America, Publ. 33), Cambridge, Mass. 1939, 127, 189, 242-244, 423, 427, 434; M. Villey, *La croisade. Essai sur la formation d'une théorie iuridique*, Paris 1942, 179-185; G. Martini, *Innocenzio III e il finanziamento delle crociate*, Archivio della R. Deputazione romana di storia patria, N.S. 10(1944) 322-324; Fliche 197-199; Tillmann 231-232; P. Alphandéry, *La chrétienté et l'idée de croisade...*, II Paris 1959, 160-163; Maccarrone 280-281; HC 4(1980) 169-170. 또한 참조 제1차 라테란 공의회, 제10조(위의 191-192쪽).

리옹 공의회

제1차 리옹 공의회

제2차 리옹 공의회

제1차 리옹 공의회
1245

머리말

중세 시대의 전형적인 현상인 교황과 황제 사이의 분쟁은 교황 인노첸시오 4세와 황제 프리드리히 2세 시대에 특히 심해졌다. 이미 1240년에 그레고리오 9세는 전체 공의회를 소집하면서 두 세력 간에 존재했던 경쟁의 문제에 대해서 규정하려는 시도를 한 바 있었다. 하지만 프리드리히 2세는 공의회의 소집 자체를 무력으로 방해하였다. 인노첸시오 4세는 1243년에 교황으로 선출된 후, 그레고리오 9세가 추구했던 정책을 재개하는 일에 열정적으로 임하였다.[1] 그는 1244년에, 아직 황제의 직접적인 권세 하에 있지 않았던, 리옹으로 갔고, 거기서 공의회를 선포하였다.[2] 공의회 소집 서한들은 작성 일자가 1245년 1월 3일로 되어 있는 것들과 그 이후 날짜들로 되어 있는 것들이[3] 여러 개 전해지고 있는데, 거기에 공의회의 목적이 다음과 같이 명시되어 있다: "나는 신자들의 건전한 조언과 그들의 유익한 도움을 통해서 교회가 본연의 존엄성을 향유할 수 있게 하기 위하여, 그리고 성지에 현존하는 불행한 위기와 동방 제국의 어려운 상황에 신속하게 지원의 손길을 뻗치기 위하여, 또한 타타르인들을 비롯한 여타의 신앙의 원수들과 그리스도 백성을 박해하는 자들을 대항하는 구제책을 모색하기 위하여, 더 나아가서 교회와 황제 사이의 갈등을 풀기 위하여 지상의 왕들과 교회들의 고위 성직자들 그리고 여타의 세속 군주들을 소집하는 바이다."[4] "전체"[5] 공의회라 불리었던 이 공의회를 소집하기 위해 제시된 목적들은 처음부터 정치적인 성격을 띤 것으로 인식되었다.

1245년 6월 26일에 공의회가 개막되었을 때, 예비 모임에만[6] 해도 총대주교 3명, 주교 150명 그리고 여타의 성직자들과 콘스탄티노플의 황제를 비롯한 세속인들이 대거 참석하였다. 프리드리히 2세 황제는 수에사(Suessa)의 타데우스(Thaddaeus)를 단장으로 하는 사절단을 보냈다. 수많은 주교들과 고위 성직자들이 공의회에 참석하지 못했는데, 그 이유는 동방 지역에서는 타타르인들의 침략이 그들을 막았고, 성지에서는 사라센인들의 공격을 받았고 프리드리히 2세는 그들에게(특히 시칠리아인들과 독일인들에게) 압력을 행사하였기 때문이다.

따라서 공의회를 구성하는 주요 그룹은 프랑스, 스페인, 영국, 이탈리아 등 넷이었다.[7] 이 공의회의 3차에 걸친 회기들(1월 16일, 7월 5일과 17일)[8]에서 교부들은 특히 프리드리히 2세

---

1) 인노첸시오의 교황 재위 기간 초반부에 관하여, 여타의 것들 중에 참조: H. Weber, *Der Kamf zwischen Papst Innocenz IV. und Kaiser Friedrich II. bis zur Flucht des Papstes nach Lyon*, Berlin 1910; 또한 참조: Fr. Graefe, *Die Publizistik in der letzten Epoche Kaiser Friedrichs II...*, Heidelberg 1909, 96-223.
2) 참조: Nicolaus de Curbio, *Vita Innocentii IV*, in L. A. Muratori, *Rer. Ital. Script.*, III/1 Mediolani 1723, 592ε ; 또한 참조: Martin n. 901.
3) Potthast nn. 11493. 11497-11500, 11521, 11523; Berger, *Registres...*, nn. 1354-1357; Martin nn, 893-895, 897-900, 905-909, 918, 920, 927-928, 945.
4) *Epistolae saeculi XIII e regestis pontificium Romanorum...*, ed. C. Rodenberg(MGH), II Berlin 1887, 57 n. 78.
5) 참조: Berger, *Saint Louis...*, 120.
6) 참조: Berger, *Saint Louise...*, 128; Martin n. 1038.
7) 공의회 교부들의 수에 관해서는 참조: Berger가 수집한 자료, *Saint Louise...*, 120-1037, 1042.
8) 이 날짜들은 가장 개연성이 높다. 하지만 자료들과 일치하지는 않는다. 참조: Martin n. 951, 1044-1051, 1061-1090,

에 관한 사안을 다루면서 주저함과 논쟁이 없지 않았다. 인노첸시오 4세 편에 선 사람들과 타데우스 편에 선 사람들 사이에 격렬한 논쟁이 있었던 것으로 보인다. 특히 브레비스 노타(Brevis nota)와 파리의 마태오(Matthaeus Parisiensis)[9] 같은 원전들에서 우리는 토론의 성격에 대해서 분명히 알 수 있고, 또한 1245년 7월 17일의 회기에서 황제의 폐위를 주도했던 교황의 확고한 태도에 대해서 분명히 알 수 있다. 교황의 이러한 태도는 교부들에게도 완전히 새로운 것으로 비춰졌다.[10] 이런 것을 봐도, 이 공의회에서 권력의 이중 질서를 유지하던 중세 그리스도교 국가 통치에 관한 이론과 실제 사이의 극심한 괴리가 첨예하게 드러난다 하겠다.

7월 17일 회기에서 공의회는 또한 몇 개의 지극히 법률적인 법령들[11]과 그 외에 고리대금에 관한 것, 타타르인들, 그리고 동방의 라틴교회에 관한 법령들을 승인하기도 하였다. 하지만 이 공의회에서는, 앞서 개최되었던 중세의 다른 공의회들과는 달리, 교회의 개혁과 이단의 단죄에 관한 법조문들에 대한 승인은 없었다. 그레고리오 개혁의 열정은 완전히 사라진 듯이 보였다. 그래도 이 공의회는 신앙생활을 위한 전반적인 교회법적 법률 제정에 격려와 확인 차원에서 관심을 보이긴 했다.

법령들의 본문 전승은 복잡하고 부분적으로는 아직도 밝혀지지 않았다.[12] 정식으로 법령들의 본문이 결정판으로 편집되어 공포된 것이 공의회 이후의 일이라는 사실이 최근에 와서야 밝혀졌다. 이 공개된 모음집에는 22개의 법령들을 수록되어 있고, 전부 법률적 성격을 지니고 있는 것들이며 인노첸시오 4세에 의해서 1245년 8월 25일에 대학교들에 발송되었다(Coll. I). 12개의 교령들을 수록하고 있는 제2모음집은 1246년 4월 21일에 인노첸시오 4세에 의해 출간되었다(Coll. II). 마지막 모음집(Coll. I + II 그리고 8개의 교령들)은 1298년판 리베르 섹스투스(*Liber Sextus*: 여섯째 책)에 실려 있다(제2법령을 제외하고).[13] 하지만 제1모음집은 공의회의 결정들과 맞지 않는다. 실제로 거기에는 공의회의 제일 중요한 사건이랄 수 있는 프리드리히 2세에 대한 단죄가 실려 있지 않다. 공의회 개막과 함께 인노첸시오 4세가 제시한 중대 사안들(즉 타타르인들, 동방 라틴교회, 십자군 원정)에 관련된 덜 법률적인 성격을 띤 다섯 개의 법령들도 누락되어 있다[14]. 쿠트너(Stephanus Kuttner)가 보여주듯이 법령들은 세 가지 편

1092.
9) Brevis nota에 관해서는 참조: M. Tangl. *Die sogennante Brevis nota über das Lyoner Conzil von 1245,* Mitt. des Inst. f. ö. Geschichtsfors. 12(1891) 246-253; Kuttner, *L'édition...,* 21-40. Brevis nota와 Matteo da Parigi와 더불어 괄목할 만한 사료로 꼽히는 것은 *Documents Illustrative of English History in the Thirteenth-Fourteenth Centuries...,* ed. H. Cole, London 1844, 351 이하; 참조: W. E. Lunt, *The Sources for the First Council of Lyons, 1245,* English Historical Review 33(1918) 72-78; T. von Karajan, *Zur Geschichte...,* 와 *Martin* n. 953; Pavo에 관해서는 참조: B. Hirsch, *Zur "Noticia saeculi" u. zum "Pavo",* Mitt. des Inst. f. ö. Geschichtsfors. 40(1925) 317-335.
10) 참조: Matteo da Parigi, *Chronica majora,* ed. H. R. Luard, IV London 1877, 445, 456; 참조: Martin n.. 1089.
11) 참조: Martin nn. 1079-1082
12) 참조: Kuttner, *Die Konstitutionem...,* 70-131, 이것이 이 분야에 대해서는 아직까지 최고의 업적으로 꼽힌다.
13) 참조: E. Fournier, *L'accueil fait par la France du XIIIe s. aux décrétales pontificales,* Acta congressus iuridici int..., III Romae 1936, 258-262; Fournier, *Questions d'histoire du droit ca.,* Paris 1936, 33-37; St. Kuttner, *Decretalistica,* Zeitschr. d. Savigny-Stiftung f. Rechtsgesch., Kan.-Abt. 26(1937) 436-467; id., *Die Konstitutionen...,* 70-81; P.-J. Kessler, *Untersuchungen über die Novellen-Gesetzgebung Papst Innocenz'IV...,* ibid. 31(1942) 142-320 (특히 142-153, 195-2-2, 213-238); W. Ullmann, *Medieval Papalism. The Political Theories of the Medieval Canonists,* London 1949, 201-205.
14) 참조: *Brevis nota...,* ed. L. Weiland, MGH *Const. et acta,* II Hannoverae 1896, 514(Msi 23, 610-611); Matthaeus

집본을 통해 전해지고 있다.15) 먼저 공의회 편집본(=M)이라 불리는 것이 있는데, 이는 파리의 마태오의 연대기를 통해 알려졌다(M1-19법령과 R17에 상응하는 십자군 원정에 관한 법령을 수록). 그리고 중간 편집본(=R)은 인노첸시오 4세의 기록부에 의해서 알려졌고(R1-17법령이 수록되어 있는데 그중 R11은 누락되어 있고, R1-12는 M1-10과 상응한다), 최종 편집본(=Coll. I)에는 앞의 두 개의 편집본에는 누락되어 있는 두 개의 법령들(제18, 22법령)을 수록하고 있지만, 매우 법률적인 성격을 띤 법령들(R13-17)이 누락되어 있다. 법령들의 초기 편집본 M13, 15 그리고 19를 보면 공의회 이전의 날짜가 기록되어 있는 데서 알 수 있듯이, 사실 법령들의 기원은 이 공의회 이전으로 거슬러 올라간다고 봐야 할 것이다.16) 분명한 것은 이 공의회의 교부들이 공의회 이전에 이미 작업이 진행되었던 주제들을 두고 논의를 했다는 것이고, 공의회 법령들이 정확하게 그리고 결정적으로 법률적 성격을 갖추게 된 것은 그 후의 일이라는 것이다.

파리의 마태오에 의해서 발췌된 법령들은 Bn^1 III/2(1606) 1482-1489에 출판되었다. 인노첸시오 4세의 기록부의 것들은 Rm IV(1612) 73-78에 출판되어 있다. 그 후의 모든 출판본들은 Rm의 뒤를 잇는다.17) 하지만 I. H. Böhmer18)와 Msi^1 2(1748) 1073-1098(후에 Msi 23[1779] 651-674에 수록)는 Coll. III을 추가로 출판했다. 본래 형태 그대로의 Coll. I은 한 번도 출판되지 않았고, 간접적인 전승(Coll. I +II, Coll. III, *Liber sextus*)19)과 함께 출판되었으며, 8개의 필사본 법전들이 유일한 직접적 전승이다.20) 그것들은 다음과 같다: Arras, Bibl. Municipale 541; Bratislava, 舊 Bibl. Cathedral 13; Innsbruck, Universitätsbibl. 70, ff. 335^v-338^v(=*I*); Kassel, Landesbibl., Iur. fol. 32; München, Bayerische Staatsbibl., lat. 8201e, ff. 219^v-220^r e lat. 9654; Trier, Stadtbibl., 864; Wien, Nationalbibl., 2073, ff. 238^v-242^v(=*W*).21)

이 공의회 법령들에 대한 우리의 출판본은 공의회와 진정으로 연관된 모든 문헌들을 제공하고자 하였다. Coll. I을 기본으로 하여 M과 R에서 문헌 비판의 도구로 여러 가지 것들을 활용하였다. Coll. I의 본문은 우리가 마이크로필름으로 분석한 *I*와 *W* 법전을 기초로 구축하였다. 그리고 M의 본문은 H. R. Luard의 출판본을 사용하였다.22) R에 대해서는 인노첸시오 4세의 기록부를 직접 분석하였다.23) 그리고 R의 마지막 5개의 법령들(R 12-17, 제17법령은 M과 *Annales de Burton*에도 실려 있음)은 Coll. I에는 수록되어 있지 않지만 공의회의 결정으로 간주해야 할 것이다. 그것들의

Parisiensis, 434-435; 또한 참조: Martin n. 1044; Kuttner, *Die Konstitutionen...*, 95.
15) 참조: Kuttner, *Die Konstitutionen...*, 97-110.
16) 참조: Kuttner, *Die Konstitutionen...*, 104-106; 참조: *Matthaeus Par. ...*, 473.
17) 참조: Kuttner, *Die Konstitutionen...*, 81-91; id., *L'édition...*, 6-8, 61-63.
18) 참조: I. H. Böhmer, *Corpus iuris canonici*, II Halae Magdeburgicae 1747, append. 351-368.
19) 특히 참조: Kuttner, *Decretalistica...*, 444-453; Kessler, *Untersuchungen...*, 242-290; 참조: Friedberg, 2 LI-LVI.
20) 참조: Kuttner, *Decretalistica...*, 443-444; id., *Die Konstitutionen...*, 74; Kessler, *Untersuchungen...*, 235-238.
21) 이 법전들에 Cod. Vat. lat. 1365, ff. 586^v-590^v을 추가해야 한다. 거기에는 젊은 콤포스텔라의 베르나르도(Bernardo di Compostella iun.)가 해설한 주석들과 Frankfurt와 S. Florian의 두 법전에서 발췌한 것으로 보이는 부분들이 포함되어 있다; 참조: Kuttner, *Decretalistica...*, 443; id., *Die Konstitutionen...*, 74 n. 10; Kessler, *Untersuchungen...*, 235, 238-239.
22) Matthaeus Parisiensis..., 462-472.
23) Arch. Vat., Reg. XXI, ff. 210^r-211^v.

본문은 인노첸시오 4세의 기록부24)에서 취했고, R 17은 M25)과 *Annales de Burton(=Bu)*26)의 본문과도 대조 분석하였다.

우리는 프리드리히 황제 폐위에 관한 칙서도 공의회의 결정27)으로 보아야 한다고 생각한다. 그래서 법령들 앞에 편성해 놓았다. 칙서 본문의 전승은 상당히 복잡하고 그 출판본들은 오류 투성이이다.28) 칙서에 대해서는 3개의 사본만이 남아 있다. Arch. Vat., AA. Arm. I-XVIII, 171(=*V*); Paris Arch. Nat. L 245 n. 84(=*P*); Lyon, Arch. du Rhône, Fonds du chap. primat., Arm. Cham. vol. XXVII n. 2(=*L*)29); 그리고 이것들 중에 오직 *V*만이 출판되었다.30) 칙서의 여타 사본들은 인노첸시오 4세의 기록부와 몇몇 연대기들(Matthaeus Parisiensis, Annales placenciae, Annales Melrose)과 교령 모음집 그리고 몇몇 후대의 출판본들(Bzovio)에 실려 있다.31) 우리의 출판본은 *V P L*에 기초를 두고 있다.

도서목록:

BIBLIOGRAFIA: H-L 5/2 1633-1679; DThC 9/1(1926)1361-1374; LThK 6(^{2}1961)1251; Th. von Karajan, *Zur Geschichte des Concils von Lyon 1245*, Denkschriften der K. Akad. der Wiss. Wien, Phil. -hist. Kl. 2(1851) 67-118; A. Theiner, *I due concili di Lione del 1245 e di Costanza del 1414 intorno al dominio temporale della S. Sede*, Roma 1861, 6-24; *Les registres d'Innocent IV*, II ed. E. Berger, Paris 1887, LXXXIII-XCVIII; E. Berger, *Saint Louis et Innocent IV. Etude sur les rapports de la France et du Saint-Siége*, Paris 1893, 115-138; J.B. Martin, *Conciles et Bullaire du diocése de Lyon...*, Lyon 1905, 252-283; A. Folz, *Kaiser Friedrich II. und Papst Innocenz IV. Ihr Kampf in den Jahren 1244 und 1245*, Strasbourg 1905; K. Hampe, *Über die Flugschriften zum Lyoner Konzil von 1245*, Hist. Vierteljahrsch. 11(1908)297-313; W.E. Lunt, *The source for the First Council of Lyons, 1245*, Engl. Hist. Rev. 33(1918)72-78; St. Tomaszewski, *Ruski epizod soboru Lugdun'skiego 1245*, Lwów 1927; E. Kantorowicz, *Federico II*, Milano ^{2}1987; St. Kuttner, *L'édition romaine des conciles généraux et les actes du premier concile de Lyon*, Roma 1940; id., *Die Konstitutionen des ersten allgemeinen Konzils von Lyon*, Studia et doc. historiae et iuris 6(1940)70-131; A. Fliche, *Le I c. oecuménique de L. (1245)...* , Lyon 1945; H. Wolter-H. Holstein, *Lyon I et Lyon II*, Paris 1966; M. Mollat-P. Tombeur, *Les conciles Lyon I et Lyon II. Concordance, Index, Listes de fréquence, Tables comparatives*, Louvain 1974; H.J. Sieben, *Die Konzilsidee des lateinischen Mittelalters(847-1378)*, Paderborn 1984; A. Melloni, *Innocenzo IV. La concezione e l'esperienza della cristianità come «regimen unius personae»*, Genova 1990; *Sto. Con. Ec.*, 204-207 e 216-218 [A. Melloni].

---

24) Arch. Vat., Reg. XXI, ff. 211^v-212^v.
25) Matthaeus Parisiensis..., 456-462.
26) *Annales monastici*, I ed. H. R. Luard, London 1864, 267-271.
27) 참조: Vernet 1369-1371.
28) 참조: Kuttner, *L'édition...*, 55-58.
29) 참조: Kuttner, *L'édition...*, 47.
30) 참조: L. Weiland, in MGH, *Const. et acta*, II 508-512. n. 400.
31) 참조: Kuttner, *L'édition...*, 41-60; 후대의 출판본들에 대해서는 참조: 55.

[Bulla depositionis Friderici II imperatoris]

Innocentius episcopus servus servorum Dei sacro praesente concilio ad rei memoriam sempiternam. Ad apostolicae dignitatis apicem licet indigni dignatione divinae maiestatis assumpti, omnium christianorum curam vigili sedulaque solertia gerere ac intimae considerationis oculo singulorum discernere merita et providae deliberationis statera librare debemus, ut quos iusti vigor examinis dignos ostenderit, congruis attollamus favoribus, quos autem reos poenis debitis deprimamus, appendentes semper meritum et praemium aequa lance, retribuendo cuique iuxta qualitatem operis, poenae vel gratiae quantitatem. Sane cum dira guerrarum commotio nonnullas professionis christianae provincias diutius afflixisset, nos toto cupientes mentis affectu tranquillitatem et pacem ecclesiae sanctae Dei ac generaliter cuncto populo christiano, ad[a] praecipuum principem saecularem, huiusmodi dissensionis et tribulationis actorem, a felicis recordationis Gregorio papa[1] praedecessore nostro pro suis excessibus anathematis vinculo innodatum[2], speciales nuntios, magnae auctoritatis viros, videlicet venerabiles fratres Petrum Albanensem[3], tunc Rothomagensem archiepiscopum, et Guillelmum Sabinensem[4], tunc quondam Mutinensem, episcopos ac dilectum filium nostrum Guillelmum[5] basilicae Duodecim apostolorum presbyterum cardinalem, tunc abbatem sancti Facundi, qui salutem zelabantur ipsius, duximus destinandos, facientes sibi proponi per ipsos, quod nos et fratres nostri quantum in nobis erat pacem per omnia secum habere necnon cum omnibus hominibus optabamus, parati sibi pacem et tranquillitatem dare ac mundo etiam universo. Et quia praelatorum, clericorum omniumque aliorum, quos detinebat captivos, et omnium tam clericorum quam laicorum, quos coeperat in galeis[6], restitutio poterat esse pacis plurimum inductiva, eum ut illos restitueret, cum hoc idem tam ipse quam sui nuntii, antequam ad apostolatus vocati essemus officium, promisissent, rogari et peti ab ipso fecimus per eosdem ac proponi insuper, quod iidem parati pro nobis erant audire et tractare pacem ac etiam audire satisfactionem, quam facere vellet princeps de omnibus, pro quibus vinculo erat excommunicationis astrictus, et offerri praeterea, quod si ecclesia eum in aliquo contra debitum laeserat, quod non credebat, parata erat corrigere ac in statum debitum reformare. Et si diceret ipse, quod in nullo contra iustitiam laeserat ecclesiam vel quod nos eum contra iustitiam laesissemus, parati eramus vocare reges, praelatos et principes tam ecclesiasticos quam saeculares ad aliquem tutum locum, ubi per se vel solemnes nuntios convenirent, eratque parata ecclesia de consilio concilii sibi satisfacere, si eum laesisset in aliquo, ac revocare sententiam, si quam contra ipsum[b] iniuste tulisset, et cum omni mansuetudine ac misericordia, quantum cum Deo et honore suo fieri poterat, recipere de iniuriis et offensis ipsi ecclesiae suisque per eum irro-

---

[a] F(ridericum) *add.* P   [b] eum L

[1] Gregorius papa IX (1227-1241).   [2] Cf. Potthast p. 695 (a. 1227) et pp. 907-908 (a. 1239).
[3] Petrus de Collemedio, card. 1244-1253.   [4] Guilelmus de Sabaudia, card. 1244-1251.
[5] Guilelmus de Talliante, card. 1244-1250.   [6] Die 3 maii 1241; cf. infra.

[황제 프리드리히 2세의 폐위에 관한 칙서]

하느님의 종들의 종, 인노첸시오 주교는 거룩한 본 공의회에서 영구 기록으로 선포한다. 주권자이신 하느님의 배려로 부족함에도 불구하고 사도적 최고 지위에 오른 나는 모든 그리스도인들을 돌보는 일을 주의 깊고 근면한 자세로 실천해야 하고, 정당하고 엄격한 조사를 통해 자격이 있는 사람들에게 적절한 호의를 베풀어 사기를 진작시키고 한편 잘못이 있는 사람들에게는 걸맞은 처벌로 기를 꺾기 위하여 개인들의 업적을 사려 깊은 시선으로 식별하고 용의주도한 심의의 저울로 측정해야 한다. 그러기 위해서 항상 상과 벌의 균형을 유지하면서 각자가 한 행위의 질과 양에 따라 그에 부합하는 형벌과 은전을 내려야 한다. 그런데 일부 그리스도교인들의 지방에서 오랫동안 전쟁들의 끔찍한 격동이 몰아쳤기 때문에, 나는 온 마음으로 하느님의 거룩한 교회와 모든 그리스도교 백성들에게 전반적으로 안정과 평화가 도래하기를 고대하면서, 이 불화와 환난의 원흉인 세속 군주들 중에, 승하하신 나의 선임 교황 그레고리오[1]로부터 자신의 과오로 인해 이미 파문을 받은 바 있는,[2] 가장 큰 거물에게 탁월한 설득력을 지닌 출중한 사절들을 보내야 한다고 생각했다. 내가 사절로 보냈던 존경하올 나의 형제 추기경들은 당시 루앙(Rouen) 대주교였던 알바노의 베드로[3]와 당시 모데나(Modena) 대주교였던 사보이의 굴리엘모[4]와 당시 성 파쿤도 수도원의 아빠스였으며 12사도 대성당의 사제 추기경이었던 나의 사랑하는 아들 굴리엘모[5]였는데, 그들은 그 군주의 구원을 열렬히 원했었다. 내가 그들을 통해서 그에게 알렸던 바는, 나와 나의 형제들은 만사에 있어서 그 사람뿐만 아니라 모든 백성들과 내 권한의 범위 내에서 평화를 누리고 싶어 했기 때문에 그와 온 누리에 평화와 안정을 제공할 준비가 되어 있었다는 것이다. 그가 포로로 잡아 둔 고위 성직자들과 성직자들 그리고 여타의 모든 사람들뿐만 아니라 그가 투옥시킨[6] 모든 성직자들과 평신도들의 귀환이 평화로 인도하는 가장 분명한 길일 수 있었기 때문에, 내가 교황직에 오르기 전에 그와 그의 사절들이 나에게 약속했던 대로 그들을 풀어 주라고 위에 거명한 나의 사절들을 통해서 그에게 부탁했었다. 또한 나의 사절들은 나를 대신해서 평화에 대해서 그의 의견을 듣고 그 사안을 다루며, 파문을 초래한 그의 모든 행위들에 대한 보속을 어떻게 할 것인가도 들을 준비가 되어 있다는 것을 그에게 알려 주었다. 게다가 혹시라도 교회가 정의를 거슬러서 무엇이라도 그에게 피해를 준 적이 있었다면, 비록 나는 그런 일이 있었으리라고 믿지 않았지만, 교회는 그런 점을 고치고 그가 받은 손해를 원래의 상태로 되돌려놓을 준비가 되어 있다는 것도 알려 주었다. 만일 그가 부당하게 교회에 손상을 끼친 적이 없었고 오히려 내가 정의를 거슬러서 그에게 타격을 주었다고 말했다면, 나는 왕들과 고위 성직자들 그리고 교회와 세속의 지도자들을 그들이 몸소 혹은 대리인을 시켜서 모일 수 있는 어떤 안전한 장소에 소집할 준비가 되어 있었다. 그리고 교회는 만일 교회가 그에게 피해를 주었다면 공의회의 조언을 따르면서 그에게 보상을 해주고, 그에게 부당하게 파문을 내렸다면 그 파문 판결을 취하하고, 그가 교회와 그 구성원들에게 끼친 손상과

---

1) 교황 그레고리오 9세(1227-1241).   2) 참조: Potthast p. 695(1227년)와 pp. 907-908(1239년).
3) 피에트로 데 콜레메초(Pietro de Colemezzo), 추기경 1244-1253.
4) 기욤 드 사부아(Guillaume de Savoie), 추기경 1244-1251.
5) 기욤 드 탈리앙트(Guillaume de Talliante), 추기경 1244-1250.   6) 1241년 5월 3일; 참조: 본문의 이후 부분.

gatis satisfactionem ab ipso. Volebat etiam ecclesia[a] omnes amicos suos sibique[b] adhaerentes in pace ponere plenaque securitate gaudere, ut numquam hac occasione possent aliquod subire discrimen. Sed licet sic apud eum pro pace paternis monitis et precum insistere curaverimus lenitate, idem tamen Pharaonis imitatus duritiam[1] et obturans more aspidis aures suas[2], huiusmodi preces et monita elata obstinatione ac obstinata elatione despexit. Et licet processu temporis in die coenae Domini proximo nuper praeterita praecedente coram nobis et fratribus nostris, praesentibus carissimo in Christo filio nostro Constantinopolitano imperatore[3] illustri, coetu quoque non modico praelatorum, senatoribus populoque Romano et maxima multitudine aliorum, qui eodem die propter solemnitatem ipsius de diversis mundi partibus ad apostolicam sedem convenerant, quod staret nostris et ecclesiae mandatis per nobilem virum Raymundum comitem Tholosanum ac magistros Petrum de Vinea et Tadeum de Suessa curiae suae iudices, nuntios et procuratores suos speciale[c] super hoc ab ipso mandatum habentes, praestiterit iuramentum[4], postmodum tamen quod iuraverat non implevit. Quin immo ea intentione ipsum praestitisse probabiliter creditur, sicut ex factis sequentibus colligitur evidenter, ut eidem ecclesiae ac nobis illuderet potius quam pareret, cum anno et amplius iam elapso nec ad ipsius ecclesiae graemium revocari potuerit nec sibi de illatis ei damnis et iniuriis curaverit satisfacere, licet super hoc exstiterit requisitus. Propter quod non valentes absque gravi Christi offensa eius iniquitates amplius tolerare, cogimur urgente nos conscientia iuste animadvertere in eundem. Et ut ad praesens de ceteris eius sceleribus taceamus, quatuor gravissima, quae nulla possunt celari tergiversatione, commisit. Deieravit enim multotiens; pacem quondam inter ecclesiam et imperium reformatam temere violavit; perpetravit etiam sacrilegium, capi faciens cardinales sanctae Romanae ecclesiae ac aliarum ecclesiarum praelatos et clericos, religiosos et saeculares, venientes ad concilium quod idem praedecessor duxerat convocandum; de haeresi quoque non dubiis et levibus sed difficilibus et evidentibus argumentis suspectus habetur. Plura siquidem eum commisisse periuria satis patet. Nam olim cum in Siciliae partibus morabatur, priusquam esset ad imperii dignitatem electus, coram bonae memoriae Gregorium sancti Theodori[5] diacono cardinali, apostolicae sedis legato, felicis recordationis Innocentio papae[6] praedecessori nostro et successoribus eius ecclesiaeque Romanae, pro concessione regni Siciliae ab eadem ecclesia sibi facta, fidelitatis praestitit iuramentum[7] et, sicut dicitur, illud idem, postquam ad eandem dignitatem electus exstitit et venit ad Urbem, coram eodem Innocentio suisque fratribus, aliis multis praesentibus, ligium hominium in eius faciens manibus, innovavit. Deinde

---

[a] om. L [b] sibi P [c] speciales V

---

[1] Cf. Ex 7, 13.   [2] Cf. Ps 57, 5.   [3] Baldovinus II imperator latinus in oriente († 1261).
[4] Die 31 mart. 1244; cf. J.-L.-A. Huillard-Bréholles, *Historia diplomatica Friderici secundi*, VI Parisiis 1860, 271-272; Potthast p. 962.
[5] Gregorius de Crescentio, card. 1205-1226.
[6] Innocentius papa III (1198-1216).   [7] Cf. Huillard-Bréholles, I Parisiis 1852, 201-203.

과오에 대한 보속을 한다면 온갖 관용과 자비로 하느님과 교회의 명예를 손상시키지 않는 범위 내에서 그것을 수용할 준비가 되어 있었다. 교회는 또한 교회의 모든 벗들과 추종자들이 이 일로 인해 어떤 위험도 겪는 일이 없이 평화와 충만한 안전을 누릴 수 있는 상태에 있게 하고 싶어 했다. 하지만 내가 그와의 관계에서 항상 아버지다운 훈계와 온유한 간청으로 평화를 위해 노력을 했음에도 불구하고, 그는 파라오의 완고함[1]을 본받으며 독사처럼 자신의 귀를 틀어막으면서[2] 교만한 고집과 고집스런 교만으로 그러한 간청과 훈계를 무시해 버렸다. 그는 얼마 전 주님의 만찬 축일(성 목요일)에 나와 나의 형제들(추기경들) 면전에서, 그리고 그리스도 안에서 나의 친애하는 아들인 저 위대한 콘스탄티노플의 황제[3]와 괄목할 만한 수의 고위 성직자들과 로마의 원로들과 백성들, 그리고 사도좌에서 거행되는 그날의 장엄 예식에 세계 각지에서 모여온 수많은 여타의 인물들이 참석한 가운데, 특별 위임장을 받은 툴루즈(Toulouse)의 라이문도 백작, 비네아(Vinea)의 피에르와 수에사(Suessa)의 타데우스 행정 장관, 그의 법원의 재판관들, 그리고 그의 사절들과 대리인들을 통해서 나와 교회가 명한 바를 준수하겠다는 내용의 서약을 발하였지만,[4] 그 후로 자기가 서약했던 바를 이행하지 않았다. 그의 그 이후의 행위들이 보여주듯이, 역시 그는 순종하기보다는 교회와 나를 조롱거리로 삼으려고 서약을 발하였을 것이라는 개연성이 충분하다. 왜냐하면 실제로 일 년이 넘게 지났는데도 교회의 품에 돌아오지 못하였고, 그가 교회에 끼친 손상과 훼손에 대한 배상을 요구받고도 그것을 이행하려고 애쓰지도 않았기 때문이다. 따라서 그리스도께 심각한 모욕을 드리지 않고서는 더 이상 그의 악의를 견뎌 낼 수가 없어서, 나는 양심상 그를 제대로 처벌할 수밖에 없다. 그의 다른 과오들에 대해서는 언급하지 않기 위해 그가 저지른 도무지 부인할 수 없는 네 가지의 지극히 큰 죄과들을 상기하는 바이다. 실로 그는 여러 번 자신의 서약을 깨뜨렸다. 그는 종전에 교회와 황제 사이에 재구축되었던 평화적 유대를 함부로 파괴시켰다. 그는 거룩한 로마교회의 추기경들을 체포하고 나의 선임 교황이 소집한 공의회에 오고 있던 다른 교회들의 고위 성직자들과 일반 성직자들을 그들이 수도자이건 교구 소속이건 잡아들임으로써 독성죄를 범하였다. 게다가 그는 이단의 혐의도 받고 있는데, 그 증거들이 불확실하거나 경미한 것들이 아니고 오히려 비중 있고 명백한 것들이다. 결국 그가 여러 차례 서약을 위반했다는 것은 충분히 명백하다. 과거 그가 황제가 되기 전에 시칠리아에서 지내던 시절, 사도좌의 전권 대사요, 성 테오도로 성당의 부제 추기경이었던 고(故) 그레고리오[5] 앞에서, 교회가 그에게 시칠리아 왕국을 수여하는 조건으로 로마교회의 승하하신 나의 선임 교황 인노첸시오[6]와 그의 후계자들에게 충성 서약을 발하였다.[7] 그렇게 그는 그 자리에 올랐고 그 후 로마에 와서 인노첸시오 교황과 그의 추기경들 그리고 수많은 다른 사람들 앞에서 교황의 두 손에 충성 서약을 하면서 종전에 발했던 그 서약을 갱신하였다. 그 후 그가 독일에 있을 때에는 로마교회의

---

1) 참조: 탈출 7, 13.
2) 참조: 시편 58, 5.
3) 동방의 라틴 황제 발도비누스 2세(+1261).
4) 1244년 3월 31일; 참조: J-L-A. Huillard-Bréholles, *Historia diplomatica Friderici secundi*, VI Paris 1860, 271-272; Potthast p. 962.
5) 그레고리오 데 크레센시오(Gregorio de Crescentio), 추기경 1205-1226.
6) 교황 인노첸시오 3세(1198-1216).
7) 참조: Huillard-Bréholles, I Paris 1852, 201-203.

cum in Alamannia esset, eidem Innocentio et, ipso defuncto, bonae memoriae Honorio papae[1] praedecessori nostro et eius successoribus ac ipsi ecclesiae Romanae, praesentibus imperii principibus atque nobilibus, iuravit honores, iura et possessiones Romanae ecclesiae pro posse suo servare ac protegere bona fide, et quod quaecumque ad manus suas devenirent, sine difficultate restituere procuraret, nominatis expresse dictis possessionibus in huiusmodi iuramento; quod postmodum confirmavit, coronam imperii iam adeptus. Sed horum trium iuramentorum temerarius exstitit violator non sine proditionis nota et laesae crimine maiestatis. Nam contra praefatum praedecessorem Gregorium et fratres suos comminatorias litteras eisdem fratribus destinare ac dictum Gregorium apud fratres ipsos, sicut apparet per litteras ab eo tunc directas eisdem, et etiam, prout fertur, per universum fere orbem terrarum multipliciter diffamare praesumpsit. Ac venerabilem fratrem nostrum Ottonem Portuensem[2], tunc sancti Nicolai in Carcere Tulliano diaconum cardinalem, et bonae memoriae Iacobum Praenestinum[3] episcopos, apostolicae sedis legatos, nobilia et magna ecclesiae Romanae membra, personaliter capi fecit et bonis omnibus spoliatos ac per diversa loca non semel ignominiose deductos carceribus mancipari[4]. Privilegium insuper, quod beato Petro et successoribus eius in ipso tradidit dominus Iesus Christus, videlicet: *quodcumque ligaveris super terram, erit ligatum et in coelis, et quodcumque solveris super terram, erit solutum et in coelis*[5], in quo utique auctoritas et potestas ecclesiae Romanae consistit, pro viribus diminuere vel ipsi ecclesiae auferre sategit, scribens se praefati Gregorii sententias[a] non vereri, latam ab eo excommunicationem in ipsum non solum contemptis ecclesiae clavibus non servando, verum etiam per se ac officiales suos et illam et alias excommunicationis vel interdicti sententias, quas idem omnino contempsit, cogendo alios non servare. Possessiones quoque praefatae Romanae ecclesiae, videlicet Marchiam, Ducatum, Beneventum, cuius muros et turres dirui fecit, ac alias quas in Tusciae ac Lombardiae partibus et quibusdam aliis obtinebat locis, paucis exceptis, occupare non metuens, eas adhuc detinet occupatas. Et tamquam ei non sufficeret, quod manifeste contra iuramenta praemissa praesumendo talia veniebat[b], per se vel suos officiales earumdem possessionum homines deierare compulit, ipsos a iuramentis fidelitatis, quibus Romanae tenebantur ecclesiae, de facto, cum de iure non posset, absolvens et faciens eosdem fidelitatem nihilominus abiurare praedictam sibique fidelitatis huiusmodi iuramenta praestare. Pacis vero ipsum violatorem exsistere plene constat, quia cum olim tempore pacis inter ipsum et ecclesiam reformatae iurasset coram bonae memoriae Ioanni de Abbatis Villa[6] episcopo Sabinensi et magistro Thomasio[7] tituli sanctae Sabinae presbytero cardinali, praesentibus multis praelatis, principibus et baronibus, quod staret et pareret praecise absque ulla

---

[a] sententiam *L*   [b] vendebat *P*

---

[1] Honorius papa III (1216-1227).   [2] Otto de Monteferrato, card. 1227-1251.
[3] Iacobus de Pecoraria, card. 1231-1244.   [4] Cf. Kantorowicz, I 528; II 224.
[5] Mt 16,19.   [6] Ioannes Halgrin, card. 1227-1238.   [7] Thomas de Episcopo, card. 1216-1243.

명예와 권리와 재산을 자신의 능력이 닿는 대로 보존시키고 충실하게 수호하겠다고, 군주들과 황제의 귀족들이 참석한 가운데, 바로 그 인노첸시오 교황과, 그의 선종 후에는, 승하하신 나의 선임 교황 호노리오[1]와 그의 후계자들과 로마교회에 맹세하였다. 그리고 그 서약 안에 명시적으로 거명된 재산들이 자신의 수중에 들어오면 그것이 무엇이든지 아무런 어려움 없이 반환하겠다는 약속도 하였다. 그리고 그는 그 후에 그가 황제로서 대관식을 할 때 이 점을 확인 하였다. 하지만 그는 배반의 행적을 남기고 대역죄를 범하면서 이 세 가지 맹세를 함부로 어겼다. 실제로 그는 나의 선임 교황 그레고리오와 그의 추기경들을 대항하여 감히 그 추기경들에게 협박장을 보냈고, 그 서한에 분명히 드러나 있고 거의 온 세상 사람 사이에 회자(膾炙)되듯이, 그는 교황의 형제 추기경들 앞에서 갖가지 방법으로 그레고리오 교황의 명예를 훼손시켰다. 그는 또한 포르투(Porto)의 주교이며 카르체레 툴리아노의 성 니콜라오 성당의 부제 추기경이었던 존경하올 나의 형제(추기경) 오토,[2] 팔레스트리나의 주교였던 故 자코모,[3] 사도좌의 전권대사들, 로마교회의 귀족들과 주요 인사들을 직접 나서서 체포하였다. 그리고 그들의 전 재산을 몰수하고, 수차례에 걸쳐 그들을 치욕적으로 이리저리 끌고 다닌 후, 그들을 투옥하였다.[4] 그뿐만 아니라 주 예수 그리스도께서 복된 베드로와 그의 후계자들에게 수여하셨고 로마교회의 모든 권위와 권한의 원천이 되는 특전, 즉 *네가 무엇이든지 땅에서 매면 하늘에서도 매일 것이고, 네가 무엇이든지 땅에서 풀면 하늘에서도 풀릴 것이다.*[5] 하며 주신 그 특전을 약화시키고 교회로부터 아예 없애 버리려고 그는 전력을 다했다. 실제로 그는 그레고리오의 단죄를 두려워하지 않는다는 문서를 작성하였다. 교회의 열쇠 권한을 무시하면서 자신에게 내려진 파문 판결을 따르지 않았을 뿐만 아니라, 몸소 혹은 자신의 관료들을 시켜서 다른 사람들도 그가 완전히 무시해 버린 그에 대한 파문 판결이나 금지령들이나 여타의 판결들을 따르지 못하게 하였다. 게다가 그는 아무런 두려움 없이 앞서 언급한 로마교회의 소유지들, 즉 그가 담과 탑을 허물어 버린 마르키아, 두카토, 베네벤토 등의 부동산들과 토스카나와 롬바르디아에 가지고 있던 여타의 소유지들과 그 외에 몇몇 지역을 거의 예외 없이 점령하여 아직까지도 자신의 손에 넣어 두고 있다. 그리고 자기가 발한 서약들을 그렇게 드러내 놓고 위반하는 것으로는 충분치 않았는지, 그는 몸소 혹은 자신의 관료들을 시켜서 그 지역의 거주자들에게 그들의 서약을 깨라고 강요하였다. 그리고 그들이 발했던 충성 서약으로 인해 그들이 교회와 맺었던 결속으로부터 그들을 해제시켰는데, 이는 법적으로는 안 되는 일임에도 불구하고 사실상 그렇게 하였다. 또한 그들로 하여금 교회에 대한 충성심을 저버리고 자기에게 충성 서약을 하라고 압박을 가하였다. 그가 평화조약의 위반자라는 것은 절대적으로 명백한 사실이다. 실제로 그와 교회 사이에 평화조약이 재기되었을 때 그는 사비나의 주교 아브빌(Abbeville)의 요한[6]과 성녀 사비나 성당의 명의 사제 추기경 토마스[7] 앞에서, 그리고 수많은 고위 성직자들과 군주들과 귀족들이

---

1) 교황 호노리오 3세(1216-1227)　　2) 오토 데 몬테페라토(Otto de Monteferrato), 추기경 1227-1251.
3) 자코모 페코라리아(Giacomo Pecoraria) 추기경 1231-1244.
4) 참조: Kantorowicz, I 528; II 224.　　5) 마태 16, 19.
6) 장 알그린 다브빌(Jean Halgrin d'Abbeville) 추기경 1227-1238.
7) 토마스 데 에피스코포(Thomas de Episcopo) 추기경 1216-1243.

conditione omnibus mandatis ecclesiae super iis, pro quibus erat vinculo excommunicationis astrictus, causis excommunicationis eiusdem expressis per ordinem coram eo, tunc omnibus Theotonicis, hominibus regni Siciliae ac quibuslibet aliis, qui ecclesiae contra ipsum adhaeserant, omnem remittens offensam et poenam, et quod nullo tempore offenderet vel offendi faceret ipsos pro eo quod ecclesiae adstiterant, praestari in anima sua per Thomasium comitem Acerrarum faciens iuramentum[1], postmodum pacem et iuramenta huiusmodi, nequaquam erubescens irretiri periuriis, non servavit. Nonnullos enim ex ipsis hominibus tam nobiles quam alios postea capi fecit et, eis bonis suis omnibus spoliatis, uxores eorum[a] et filios captivari ac terras ecclesiae contra promissionem, quam eisdem Ioanni Sabinensi episcopo et Thomasio cardinali fecerat, irreverenter invasit, licet ipsi extunc in eum praesentem, si contraveniret, excommunicationis sententiam promulgarint. Et cum iidem apostolica sibi auctoritate mandassent, ut nec per se nec per alium impediret, quin postulationes, electiones et confirmationes ecclesiarum et monasteriorum in regno praefato libere de cetero fierent secundum statuta concilii generalis, et quod nullus deinceps in eodem regno viris ecclesiasticis ac rebus eorum imponeret tallias vel collectas, quodque nullus ibidem clericus vel persona ecclesiastica de cetero in civili vel criminali causa conveniretur coram iudice saeculari, nisi super feudis quaestio civiliter haberetur, ac Templariis, Hospitalariis et aliis personis ecclesiasticis de damnis et iniuriis irrogatis eisdem satisfaceret competenter, ipse mandatum huiusmodi adimplere contempsit. Liquet namque undecim aut plures archiepiscopales et multas episcopales sedes, abbatias quoque ac alias ecclesias vacare ad praesens in regno praedicto easque procurante ipso, sicut aperte patet, fuisse diutius praelatorum regimine destitutas in grave ipsarum[b] praeiudicium et periculum animarum. Et licet forte in aliquibus eiusdem regni ecclesiis electiones sint a capitulis celebratae, quia tamen per illas[c] eiusdem familiares clerici sunt electi, probabili potest argumento concludi, quod facultatem non habuerunt liberam eligendi. Ecclesiarum autem ipsius regni non solum facultates et bona fecit prout voluit occupari, sed etiam cruces, turibula, calices et alios sacros earum thesauros et pannos sericos velut cultus divini contemptor auferri, licet ut dicitur ipsis ecclesiis, exacto tamen prius pro eis certo pretio, in parte fuerint restituti. Clerici quippe collectis et talliis multipliciter affliguntur, nec solum trahuntur ad iudicium saeculare, sed ut asseritur coguntur subire duella, incarcerantur, occiduntur et patibulis cruciantur in confusionem et opprobrium ordinis clericalis. Praefatis autem Templariis, Hospitalariis et personis ecclesiasticis non est de damnis illatis eisdem et iniuriis satisfactum. Eum quoque certum est fore sacrilegii patratorem. Nam cum praefati Portuensis et Praenestinus episcopi et quam plures ecclesiarum praelati et clerici tam religiosi quam saeculares ad apostolicam sedem pro celebrando concilio, quod prius ipse petiverat, convocati per mare venirent, viis terrae

[a] ipsorum *V* [b] ipsorum *P* [c] illa *VL*

[1] A. 1230; cf. Huillard-Bréholles, III Parisiis 1852, 207-220, 226-228.

참석한 가운데, 그의 파문의 이유들에 대해 그 앞에서 하나씩 열거한 다음에, 그가 파문을 받게 된 모든 요인들에 대해 교회가 내리는 모든 명령들에 충실하고 정확하고 조건 없이 순명할 것처럼 서약하였다. 그 당시 그는 모든 독일인들과 시칠리아 왕국의 모든 주민들과 그를 대항하여 교회의 편에 섰던 여타의 모든 사람들에게 내렸던 온갖 제재와 형벌을 말소시켰었고, 아울러 그들에게 피해를 주지 않겠고 그들이 교회를 도왔다고 해서 피해를 보는 일도 없게 하겠다고 자신의 영혼을 걸고 아체라의 백작 토마스를 통해서 서약을 발했었다.[1] 하지만 그 후에 서약한 바를 위반하는 것에 대해 전혀 부끄럼 없이, 평화조약도 자신이 발한 서약도 지키지 않았다. 그는 바로 그 사람들을 귀족이건 평민이건 가리지 않고 잡아들였고 그들의 재산을 몰수했으며 그들의 아내들과 자식들을 투옥시켰다. 결국에는 사비나의 주교 요한과 추기경 토마스에게 했던 모든 약속과는 반대로, 교회의 영토에 아무런 망설임 없이 침공했다. 사실 그 추기경들이 그가 약속한 바를 어기면 파문 판결을 받게 될 것이라고 그가 출석한 상태에서 선포하였었는데도 불구하고 이런 일이 일어났던 것이다. 그들은 사도적 권위로 그에게 다음과 같이 명했었다. 즉 전체 공의회의 규정에 따라 시칠리아 왕국에서 성직자 서임이나 성당과 수도원의 설정과 추인을 직접적으로나 간접적으로 방해하지 말아야 하고, 향후에는 그 왕국에서 교회의 사람들이나 그들의 재산에 대해 세금이나 분담금을 부과하지 말아야 한다는 것이었다. 아울러 앞으로는 그 어떤 성직자나 교역자도 민법상 봉건 영지와 관련된 사항을 제외하고는 민사나 형사상 이유로 세속 법정의 재판관 앞에 소환해서는 안 되고, 그가 성전기사회 회원들과 구호수도회 회원들과 여타의 교회 사람들에게 끼친 손실과 피해에 대한 맞갖은 배상을 해야 한다는 것이었다. 그렇지만 그는 이 명령들을 준수하기를 거부하였다. 그 왕국에는 11개 혹은 그 이상의 대주교좌성당들과 수많은 주교좌 및 아빠스의 성당들 그리고 여타의 성당들이 현재 공석 중이라는 것은 알려진 사실이다. 그리고 그 성당들은 명백히 드러났듯이 그의 조치로, 오랜 세월 동안 고위 성직자들의 통치를 박탈당했고, 그로 말미암아 그 성당들에는 심각한 손해를 그리고 영혼들에게는 위험을 초래했다. 그리고 설령 그 왕국의 몇몇 성당에서 의전 사제단에 의해서 선출이 이루어졌다손 치더라도, 그의 가족들을 성직자로 뽑았기 때문에, 의전 사제 단원들이 선출의 자유를 행사하지 못한 것이라고 결론지을 수 있겠다. 그는 그 왕국에서 성당들의 소유물들과 재산들뿐만 아니라 그 성당들의 십자가, 향로, 성작 그리고 여타의 거룩한 귀중품들과 비단 옷감들을, 악마의 예배를 하는 자처럼, 멋대로 강탈했다. 그리고 부분적으로나마 성당들에 그것들을 반환해 주었다는 말이 있지만, 사전에 그것들에 대해 일정한 값을 징수하였다. 성직자들마저도 온갖 방법으로 분담금과 세금에 시달렸다. 그리고 세속 재판관 앞에 소환되었던 것뿐만 아니라, 알려진 바에 의하면 강제로 결투를 치러야 했고, 투옥되고 살해되고, 성직의 품위에 혼란과 수치가 되는 고문을 당하였다. 성전기사회의 회원들에게도 구호수도회 회원들에게도 교회의 교역자들에게도 그들이 당한 손실과 피해에 대한 그 어떤 배상도 지급되지 않았다. 그리고 그가 독성죄를 범했다는 것도 분명한 사실이다. 실제로 앞서 언급한 포르투와 팔레스트리나의 주교들과 수많은 고위 성직자들과 성직자들이, 그들이 수도회 소속이건 교구 소속이건 간에, 그 자신도 예전에 요구했었던 공의회를 거행하기 위해 소집되어 사도좌에 출두하려고 바닷길로 나섰을 당시, 그가 명령을 내려 모든

---

[1] 1230년에; 참조: Huillard-Bréholles, III Paris 1852, 207-220, 226-228.

ipsis de mandato eius omnino praeclusis, idem destinato Ensio filio suo cum multitudine galearum et per alias quamplures longe antea serio praeparatas in partibus Tusciae maritimis insidiis positis contra eos, ut gravius posset virus vomere praeconceptum, ipsos ausu sacrilego capi fecit, quibusdam praelatorum ipsorum et aliis in huiusmodi captione submersis, nonnullis etiam interemptis et aliquibus hostili insecutione fugatis, reliquis autem bonis spoliatis omnibus et[a] de loco ad locum in regnum Siciliae opprobriose deductis ac ibidem diris carceribus mancipatis. Quorum aliqui macerati squaloribus et inedia pressi miserabiliter defecerunt. Merito insuper contra eum de haeretica pravitate suspicio est exorta, cum postquam excommunicationis sententiam a praefatis Ioanne episcopo Sabinensi et Thomasio cardinali prolatam incurrit et dictus Gregorius papa ipsum anathematis vinculo innodavit, ac post ecclesiae Romanae cardinalium, praelatorum et clericorum ac aliorum etiam diversis temporibus ad sedem apostolicam venientium captionem, claves ecclesiae contempserit et contemnat, sibi faciens celebrari vel potius quantum in eo est prophanari divina, et constanter asseveraverit, ut superius est narratum, se praefati Gregorii papae[a] sententias non vereri[b]. Praeterea coniunctus amicitia detestabili Sarracenis, nuntios et munera pluries destinavit eisdem et ab eis vicissim cum honorificentia et ilaritate recepit ipsorumque ritus amplectitur, illos in cotidianis eius obsequiis notabiliter secum tenens, eorumdem etiam more uxoribus quas habuit de stirpe regia descendentibus, eunuchos, praecipue quos, ut dicitur serio, castrari fecerat, non erubuit deputare custodes. Et quod execrabilius est, olim exsistens in partibus transmarinis[1], facta compositione quadam, immo collusione verius cum soldano, Machometi nomen in templo Domini diebus et[c] noctibus publice proclamari permisit. Et nuper nuntios soldani Babiloniae, postquam idem soldanus Terrae sanctae ac christianis habitatoribus eius per se ac suos damna gravissima et inaestimabiles iniurias irrogarat, fecit per regnum Siciliae cum laudibus ad eiusdem soldani extollentiam, sicut fertur, honorifice suscipi et magnifice procurari. Aliorum quoque infidelium perniciosis et horrendis obsequiis contra fideles abutens et illis qui damnabiliter vilipendentes apostolicam sedem ab unitate ecclesiae discesserunt, procurans affinitate ac amicitia copulari, clarae memoriae Ludovicum ducem Bavariae[2], specialem ecclesiae Romanae devotum, fecit, sicut pro certo asseritur, christiana religione despecta per assasinos occidi, et Batatio[3], Dei et ecclesiae inimico a communione fidelium per excommunicationis sententiam cum adiutoribus, consiliatoribus et fautoribus suis solemniter separato, filiam suam tradidit in uxorem. Catholicorum vero principum actus et mores respuens, neglector salutis et famae, pietatis operibus non intendit. Quin immo, ut de suis nefariis dissolutionibus sileamus, cum didicerit opprimere, non curat oppressos misericorditer relevare, manu eius, ut decet principem, ad eleemosynas non extenta, cum destructioni[d]

[a] om. L   [b] sententiis ... teneri P   [c] ac L   [d] destitutioni P

[1] A. 1229.   [2] Ludovicus I, dux Bavariae (1183-1231).
[3] Ioannes III Vatatzes, imperator Graecus in oriente (1222-1254).

육로를 차단하였고, 자신의 아들 엔시오를 시켜서 자기 안에 축적해 두었던 독을 최대의 독성을 가지고 토해 내기 위하여, 수많은 전함과 토스카나 지방 연안에서 오래전부터 잘 준비된 여타의 함선들로 그들을 공격하였고 안하무인격의 독성죄를 저지르며 그들을 체포하였다. 그 고위 성직자들 중의 일부와 몇몇 다른 사람들은 체포당하는 와중에 익사하였다. 그리고 어떤 이들은 살해되었으며, 그리고 다른 이들은 도주하였고 추격당하였다. 나머지는 그들의 전 재산을 몰수당하였고 시칠리아 왕국까지 이리저리 수치스럽게 끌려다닌 후, 거기에서 무자비한 감옥에 투옥되었다. 그곳에서 그들 중 일부는 거친 생활에 소진되고 굶주림을 못 이겨서 처참하게 옥사하였다. 게다가 그는 마땅히 사악한 이단의 혐의를 쓸 만한 짓을 범했다. 왜냐하면 앞서 언급한 사비나의 주교 요한과 토마스 추기경에 의해 그에 대한 파문 판결이 발표된 다음에, 그리고 그레고리오 교황에 의해 파문에 처해지고 난 후에, 그는 여러 차례에 걸쳐 로마교회의 추기경들, 그리고 사도좌를 향해 도정에 올랐던 고위 성직자들과 성직자들 및 여타의 인물들을 체포하였고, 뿐만 아니라 그 다음부터 거룩한 전례를 제멋대로 거행하게 함으로써, 더 정확히 말하자면 교회를 그의 권세 하에 두어서, 전례에 신성모독이 되게 함으로써, 그는 교회의 열쇠의 권한을 무시하였고, 지금도 계속적으로 무시하기 때문이다. 또한 그는 내가 앞에서 지적했듯이 그레고리오 교황의 판결이 두렵지 않다고 계속 주장해 왔다. 그뿐만 아니라 사라센인들과 혐오스런 우애로 결속을 다진 채, 여러 번 그들에게 자신의 사절들과 선물들을 보냈고, 그 대신 자기는 그들에게서 영예와 환대를 받는다. 그리고 그는 그들의 예식들을 받아들였으며, 그것들을 스스로 일상의 전례에서 드러내 놓고 고수한다. 또한 비중 있는 증언에 의하면, 그는 자신이 차지한 왕족 출신의 부인들을 위한 경호원으로 그가 직접 거세한 내시들을 채용하는 것을 부끄러워하지 않는다. 그리고 더욱 혐오스러운 것은 예전에 바다 건너편의 영토[1])에 있을 때에 술탄과 어떤 협정, 아니 어떤 공모를 해서 하느님의 성전에서 밤낮으로 마호메트의 이름이 공개적으로 찬양되게 하였다. 최근에는 바빌로니아의 술탄과 그의 수하들이 성지와 성지의 그리스도인 거주민들에게 지극히 심각한 피해를 주고 헤아릴 수 없는 손실을 끼친 후에도, 그는 술탄의 사절들을 시칠리아 왕국에서 영예롭게 영접하였고 관대하게 대해 주었으며 바로 그 술탄에게 온갖 경의의 예를 표하였다. 아울러 분명하게 확인된 바에 의하면, 신자들을 반대하는 여타의 비신자들의 위험하고 무시무시한 복종을 활용하면서, 그리고 교회의 일치에서 떨어져 나간 자들과 우호조약과 혼인을 통해, 사도좌를 무시하는 악랄한 태도로, 관계를 돈독히 하면서, 그리스도교의 신성을 모독하는 행위로 자객들을 시켜서 가톨릭교회에 각별히 헌신적이었던 바바리아(역자 주: 현재의 바이에른)의 故 루도비코 공작[2])을 살해하게 하였고, 하느님과 교회의 원수요, 자기 협조자들과 고문(顧問)들과 지지자들과 함께 파문의 판결을 받고 신자들과의 통교로부터 성대하게 떨어져 나갔던 바타체스[3])에게 자신의 딸을 아내로 주었다. 가톨릭 군주들의 활동과 처신을 폄훼하고 자신의 구원과 좋은 평판을 소홀히 여기면서 자선 행위에 관심을 두지 않는다. 차라리 그의 악랄한 파괴 행위에 대해서는 언급을 하지 않더라도, 탄압이 몸에 배어 있는 그는 탄압받는 사람들에게 자비로이 부담을 덜어 주지 않고, 군주로서 마땅히 해야 할 일인 자선 활동에 손길을 뻗치지도 않으면서, 성당들의 파괴를 일삼고, 수도자들과 여타의

---

1) 1229년.   2) 바바리아의 공작, 루드비히 1세(1183-1231).
3) 요한 3세 바타체스, 동방의 그리스인 황제(1222-1254).

ecclesiarum institerit et religiosas ac alias ecclesiasticas iugi attriverit afflictione personas; nec ecclesias nec monasteria nec hospitalia seu alia pia loca cernitur construxisse. Nonne igitur haec non levia, sed efficacia sunt argumenta de suspicione haeresis contra eum? cum tamen haereticorum vocabulo illos ius civile contineri asserat et latis adversus eos sententiis debere succumbere, qui vel levi argumento a iudicio catholicae religionis et tramite detecti fuerint deviare. Praeter haec regnum Siciliae, quod est speciale patrimonium beati Petri et idem princeps ab apostolica sede tenebat in feudum, iam ad tantam in clericis et laicis exinanitionem servitutemque redegit, quod eis paene penitus nihil habentibus et omnibus exinde fere probis eiectis, illos qui remanserunt ibidem sub servili quasi conditione vivere ac Romanam ecclesiam, cuius principaliter sunt homines et vassalli, offendere multipliciter et hostiliter impugnare compellit. Posset etiam merito reprehendi, quod mille squifatorum annuam pensionem, in qua[a] pro eodem regno ipsi ecclesiae Romanae tenetur, per novem annos et amplius solvere praetermisit. Nos itaque super praemissis et quam pluribus aliis eius nefandis excessibus cum fratribus nostris et sacro concilio deliberatione praehabita diligenti, cum Iesu Christi vices licet immeriti teneamus in terris nobisque in beati Petri apostoli persona sit dictum: *quodcumque ligaveris super terram*[1] etc., memoratum principem, qui se imperio et regnis omnique honore ac dignitate reddidit tam indignum, quique propter suas iniquitates a Deo ne regnet vel imperet est abiectus, suis ligatum peccatis et abiectum omnique honore ac dignitate privatum a Domino ostendimus, denuntiamus ac nihilominus sententiando privamus, omnes qui ei iuramento fidelitatis tenentur adstricti, a iuramento huiusmodi perpetuo[b] absolventes, auctoritate apostolica firmiter inhibendo, ne quisquam de cetero sibi tamquam imperatori vel regi pareat vel intendat, et decernendo quoslibet, qui deinceps ei velut imperatori aut regi consilium vel auxilium praestiterint seu favorem, ipso facto excommunicationis vinculo subiacere. Illi autem, ad quos in eodem imperio imperatoris spectat electio, eligant libere successorem. De praefato vero[b] Siciliae regno providere curabimus cum eorumdem fratrum nostrorum consilio, sicut viderimus expedire.[2]

Dat. Lugduni, XVI. Kal. augusti, pontificatus nostri anno tertio.

CONSTITUTIONES

I

1. De rescriptis[3]

Cum in multis iuris articulis infinitas reprobetur[c], provide duximus statuendum, ut per generalem clausulam *Quidam alii,* quae frequenter in

---

[a] ipse *add.* P   [b] *om.* L
[c] In multis iuris articulis innumerositas et infinitas reprobatur, et ideo M reprobatur R

---

[1] Mt 16, 19.   [2] Cf. Friedberg 2, 1008-1011.   [3] c. 10/I *M,* 1 *R.*

교역자들을 지속적으로 괴롭히면서 억압하는 일에만 몰두할 뿐, 그가 성당이나 수도원, 구호소나 여타의 신심 시설들을 건립했다는 흔적은 없다. 이러한 현상들이 그에 이단의 혐의를 부과하는 데 비중 있고 주효한 증거가 아니겠는가? 세속법은 가톨릭교 내지는 바른길에서 벗어났다고 인정된 자는 그 혐의점이 비록 가벼운 것이라 할지라도 이단자로 간주되어야 하고 그 자를 대항하여 내려진 판결에 복종해야 한다고 천명하고 있다. 게다가 그는 복된 베드로의 특별한 유산이요, 그 자신이 사도좌로부터 봉토(封土)로 받은 시칠리아 왕국에서 성직자들과 평신도들을 아무것도 가진 게 없는 멸망의 상태이며, 노예의 상태로 그 위상을 전락시켰다. 그리고 거의 모든 정직한 사람들은 축출되었고 남아 있는 자들은 노예와 같은 삶을 살면서, 로마교회의 수하이며 신하들인 그들이 온갖 형태로 로마교회를 반대하고 신성모독을 하도록 강제되었다. 그는 또한 그 왕국에 대해 로마교회에 바치도록 되어 있는 연간 납부금 일천 스퀴파토스(역자 주: *skyphâtos*는 고대 비잔틴의 금화 혹은 은화의 명칭으로서, 잔이라는 뜻의 비잔틴어의 낱말 *skýpho*에서 유래되었으며, 그 형태는 음양각으로 주조되었고, 시칠리아와 이탈리아 남부에서 통용됨: 여기서는 '금화 천 냥'이라 번역할 수 있겠음)를 9년이 넘도록 내지 않고 있다는 것 때문에라도 그는 마땅히 책망받아야 한다. 따라서 부족함에도 불구하고 나는 지상에서 예수 그리스도를 대신하게 되어 있고 복된 베드로에게 *네가 무엇이든지 땅에서 매면……* [1])이라고 하신 말씀이 나에게 해당되는 것이기에, 내가 앞서 언급한 그의 사악한 과오들과 그 외에 그가 범한 더욱 많은 여타의 범죄들에 대해서 나의 형제 추기경들과, 그리고 거룩한 공의회와 더불어 신중하게 숙의한 결과, 그 군주는 제국의 통치권과 왕국들의 주권과 온갖 영예와 지위에 걸맞지 않음을 스스로 드러냈고 또한 자신의 부정행위로 하느님에 의해 왕국과 제국으로부터 파직당하였으며, 죄의 노예로서 하느님의 버림을 받고 온갖 영예와 지위를 박탈당하였음을 밝히고 선포하는 바이며, 나의 판결로 그것을 박탈하는 바이다. 아울러 충성 서약으로 그에게 얽매어 있던 모든 이들을 그 서약으로부터 영원히 사면하는 바이며, 향후 그 누구도 그에게 황제나 왕으로서 순종하거나 그를 그렇게 생각하는 것을 나의 사도적 권한으로 확고하게 금하는 바이다. 또한 앞으로 그에게 황제나 왕으로서 조언이나 도움, 호의를 제공하는 자는 누구라도 사실 자체로 자동 파문 제재를 받게 될 것이라고 규정하는 바이다. 그 제국에서 황제를 선출할 소임을 지닌 자들은 그의 후계자를 자유롭게 선출해야 한다. 한편 앞서 언급한 시칠리아 왕국에 대해서는 나의 형제 추기경들의 조언을 들으면서 상책이라고 판단되는 바대로 조치를 취하겠다.[2])

리옹, 본인의 교황 재위 제3년 7월 17일.

법령 I

1. 답서(재판 임무 위탁서)[3])

수많은 법조항들이 표현의 부정확성으로 비난받을 만하기 때문에, 나는 심사숙고하여 규정하노니, 나의 서한(재판 임무 위탁서)들에서 자주 첨부되는 일반 부칙 *퀴담 알리이*(*Quidam alii*)에 따라,

---

1) 마태 16, 19.   2) 참조: Friedberg 2, 1008-1011.   3) *M*에서는 I의 제10법령, *R*에서는 제1법령.

litteris nostris[a] inseritur, ultra tres vel quatuor[b] in iudicium[c] non trahantur. Quorum nomina in primo citatorio exprimat impetrator, ne fraudi locus forsitan relinquatur, si circa ea possit libere variare[d].[1]

2. De eodem[2]

Praesenti[e] decreto duximus providendum[f], ne a sede apostolica vel legatis[g] ipsius causae aliquibus committantur, nisi personis quae vel dignitate sint[h] praeditae vel in ecclesiis cathedralibus seu aliis collegiatis honorabilibus[i] institutae[k], nec alibi quam in civitatibus vel locis magnis et insignibus, ubi haberi valeat iuris copia peritorum, causae huiusmodi agitentur. Iudicibus vero, qui contra hoc statutum ad alia loca alterutram partium citaverint[l] vel utramque, non pareatur impune, nisi citatio de communi utriusque[m] partis[m] processerit voluntate.[3]

3. De eodem[4]

Dispendia litium aequitatis compendio volentes qua possumus industria coarctare, statutum felicis recordationis Innocentii papae tertii super hoc editum ampliantes, decrevimus[n], ut si quis contra alium plures personales movere voluerit quaestiones[o], non ad diversos iudices sed ad[p] eosdem[q] super omnibus huiusmodi[r] quaestionibus[s] litteras studeat impetrare. Qui vero contrarium fecerit, omni[t] commodo careat litterarum nec processus valeat habitus per easdem[u], alias[v] si eum[w] per ipsas[x] fatigaverit, in expensis legitimis condemnetur[y]. Reus quoque si eodem durante iudicio actorem sibi obnoxium dixerit reconventionis beneficio vel conventionis, si litteras contra eum impetrare maluerit, de iure suo debet[z] apud eosdem iudices experiri, nisi eos ut suspectos poterit[aa] recusare, simili poena si[bb] contrafecerit, puniendus.[5]

4. De electione[6]

Statuimus ut si quis electionem[cc], postulationem[dd] vel provisionem factam[ee] impugnat, in formam obiciens aliquid vel personam, et propter hoc ad nos appellari contingat, tam is qui[ff] opponit quam qui defendit et generaliter omnes quorum interest et quos causa contingit, per se vel per

---

[a] nostris litteris *RW* [b] diebus *add. M* [c] iudicio *MI* [d] Quorum ... variare *om. M*
[e] Expediendis causarum negotiis obscuritas est invisa, personarum quoque claritas et locorum plurimum oportuna. Proinde praesenti *add. M*
[f] statuendum *RW* [g] a legatis *W* delegatis *RM* [h] sunt *M* fuerint *I*
[i] venerabilibus *M* [k] ante seu aliis *in I* constitutae *M*
[l] post loca *in W* [m] om. *W* ante communi *in M*
[n] statuimus *M* [o] actiones *ante* movere *in W* [p] om. *R* [q] unicos tantum *M*
[r] om. *M* his *add. I* [s] causis *M* [t] omnium *RW* [u] eosdem *W* [v] reo *add. MR*
[w] ipsum *W* [x] ipsos *R* om. *W* [y] condemnandus *MR* est legitimis condemnandus *W*
[z] oporteat *ante* experiri *in M* [aa] poterat *R* [bb] qui *MI* [cc] vel *add. W*
[dd] om. *I* [ee] electiones, postulationes vel provisiones factas *M* [ff] se *add. W*

---

[1] Coll. III, 1; c. 2 I 3 *in VI⁰* (Fr 2, 938).   [2] c. 4 *M*, 2 *R*.   [3] Coll. III, 2.
[4] c. 6 *M*, 8 *R*.   [5] Coll. III, 3; c. 3 I 3 *in VI⁰* (Fr 2, 938-939).   [6] c. 11 *M*, om. *R*.

재판에서 서너 명 이상의 사람들이 소환되지 말아야 한다. 그리고 답서(재판 임무 위탁서)를 얻은 자는, 혹시라도 임의대로 명단을 변경함으로써 기만의 요행수가 남겨지지 않도록, 그들의 명단을 자신의 첫 번째 소환장에 명시해야 한다.[1]

2. 같은 주제[2]

본 교령을 통하여 조치를 취하는 바, 사도좌나 그 대리자들은 소송 사건들을 고위직에 오른 자들이나 주교좌성당이나 여타의 탁월한 단체 성당들에 소임을 받은 자들이 아니면 재판 임무 위탁을 하는 일이 없어야 할 것이다. 아울러 그 사건들은 풍부한 수의 율사들이 확보된 도시나 크고 잘 알려진 장소가 아닌 곳에서는 처리되지 말아야 한다. 만일 어느 재판관이 이 지침을 어기면서 한편이나 다른 한편 혹은 양편의 당사자들을 위에 제시한 곳이 아닌 장소에 소환한다면 소환에 응하지 말아야 한다. 다만 양편의 동의를 얻은 경우에는 그러하지 아니하다.[3]

3. 같은 주제[4]

내가 할 수 있는 한 최선을 다해, 소송 절차의 단축으로 소송비용을 최소한으로 제한하기를 원하면서, 승하하신 교황 인노첸시오 3세에 의해 이 사안에 대해 공포되었던 법규들을 확장하며 규정하는 바, 만일 누가 다른 사람을 대항하여 그 사람에 대한 한 가지 이상의 문제들을 가지고 소송 제기를 하고자 한다면, 그 모든 문제들 각각에 대한 답서(재판 임무 위탁서)가 여럿이 아닌 한 사람의 재판관에게 주어지도록 주의해야 한다. 만일 누가 이를 어긴다면 그의 서한(재판 임무 위탁서)들 자체와 그 서한(재판 임무 위탁서)들을 통해 진행된 소송 행위는 무효이다. 게다가 그런 서한(재판 임무 위탁서)들로 피청구인에게 불편함을 끼쳤다면 그는 소송비용을 지불하도록 처벌을 받을 것이다. 또한 피청구인이 동일한 재판 과정 중에 반소(反訴)나 고소 행위의 힘으로 청구인을 거기에 예속시켜야 한다고 주장하는 경우에, 그 피청구인이 청구인을 대항하는 답서(재판 임무 위탁서)를 요청하고자 한다면, 그는 동일한 재판관들 앞에서 자신의 권리가 다루어지도록 해야 한다. 다만, 그가 그 재판관들을 혐의자라 보고 그들을 기피하는 경우에는 그러하지 아니하다. 만일 그가 이를 어기는 행위를 하면 그는 같은 형벌을 받게 될 것이다.[5]

4. 선거[6]

규정하노니, 만일 누가 이미 치러진 선거나 추천 혹은 서임에 반대하여 그 형식이나 인물에 대해 이의신청을 제출하고, 그런 이유로 나에게 상고를 한다면, 이의 청구인과 피청구인 양측 모두와, 일반적으로 그 사건에 관계되는 모든 사람들과 그 사건의 영향을 받은 모든 사람들은, 몸소 혹은 그 사건을 일임한 소송대리인을 통해서, 이의 신청이 제출된 날로부터 1개월

---

1) Coll. III, 1; 제2장 I 3 *Sext*(Fr 2, 938).
2) *M*에서는 제4법령, *R*에서는 제2법령.
3) Coll. III, 2.
4) *M*에서는 제6법령, *R*에서는 제8법령.
5) Coll. III, 3; 제3장 I 3 *Sext*(Fr 2, 938-939).
6) *M*에서는 제11법령, *R*에서는 누락됨.

procuratores ad causam instructos ad sedem apostolicam a die obiectionis iter arripiant infra mensem. Sed[a] si pars aliqua[b] non venerit post viginti dies, post adventum alterius partis[c] exspectata, in electionis negotio[d] non obstante cuiusquam absentia, sicut de iure fuerit, procedetur. Haec autem in dignitatibus, personatibus et canonicis observari volumus et mandamus. Adicimus[e][1] etiam[c] ut qui non plene probaverit quod in forma opponit[f], ad expensas quas propter hoc pars altera fecisse docuerit, condemnetur. Qui vero in probatione defecerit eius, quod in personam obicit[g], a beneficiis ecclesiasticis triennio noverit[h] se suspensum; atque si infra illud tempus propria se temeritate[i] ingesserit, tunc[c] illis ipso iure perpetuo sit privatus, nullam super hoc de misericordia spem aut fiduciam habiturus, nisi manifestissimis constiterit documentis, quod ipsum a calumniae vitio causa probabilis et sufficiens excuset.[2]

5. De eodem[3]

In[k] electionibus et postulationibus ac[l] scrutiniis, ex quibus ius oritur eligendi, vota conditionalia, alternativa et incerta penitus[m] reprobamus, statuentes ut huiusmodi votis pro non adiectis habitis, ex puris consensibus celebretur[n] electio, voce illorum qui non pure consenserint ea vice in alios recidente[o].[4]

6. De officio et potestate iudicis delegati[5]

Statuimus ut conservatores, quos plerumque[p] concedimus, a manifestis iniuriis et violentiis[q] defendere possint quos eis committimus defendendos, nec ad alia quae iudicialem indaginem exigunt, suam valeant[r] extendere potestatem.[6]

7. De officio legati[7]

Officii nostri debitum remediis invigilat subiectorum, quia dum eorum excutimus onera, dum scandala removemus, nos in ipsorum quiete quiescimus et fovemur in pace. Proinde praesenti decreto statuimus ut ecclesiae Romanae legati, quantumcumque plenam legationem obtineant, sive a nobis missi fuerint sive suarum ecclesiarum praetextu legationis sibi vendicent dignitatem, ex ipsius legationis munere conferendi[s] beneficia nullam habeant potestatem, nisi hoc alicui[t] specialiter duxerimus indul-

---

[a] et *W*   [b] quae appellavit *W*   [c] *om. W*   [d] negotio electionis *W*
[e] adicientes *W*   [f] proponit *M*   [g] obicit in personam *W*
[h] se noverit triennio *W*   [i] temeritate se *W*
[k] Cum actus legitimi dies et conditiones abhorreant sanctione legali et inter legitimos actus electio pontificum celeberrimus habeatur, cum per eam inter eligentes et electum spiritualis matrimonii foedera copulentur *add. M*
[l] seu ... vel *M*   [m] *om. M*   [n] surgat *M*   [o] voce ... recidente *om. M*
[p] Statuentes ut si conservatores quos plerisque *M*   [q] violentis *M* violentiis et iniuriis *W*
[r] possint *M*   [s] ecclesiastica *add. W*   [t] *om. MW*

---

[1] c. 12 *M, om. R*.   [2] Coll. III, 4; c. 1 I 6 *in VI⁰* (Fr 2, 945-946).
[3] c. 9 *M*, 3 *R*.   [4] Coll. III, 5; c. 2 I 6 *in VI⁰* (Fr 2, 946).   [5] c. 10/II *M*, 4 *R*.
[6] Coll. III, 9; c. 1 I 14 *in VI⁰* (Fr 2, 978).   [7] c. 13 *M, om. R*.

이내에 사도좌에 도착해야 한다. 하지만 상대편이 도착하고 20일이 지나도 다른 한편이 도착하지 않으면 결석자가 누구이든 상관없이 법 규정에 따라 선거에 관한 소송 절차는 진행되어야 한다. 이것이 고위직들, 성직록 수혜자들 그리고 의전 사제 단원들에 의해서 준수되기를 바라고 명하는 바이다. 또한 덧붙이노니,[1] 자기가 선거의 형식에 대해 제기한 이의에 대해 충분히 증거를 대지 못하는 자는, 상대방이 그로 인해 들었다고 입증하는 비용을 부담하는 처벌을 받아야 한다. 하지만 인물에 대한 이의 신청의 경우 증거를 대지 못하는 자는 그에 대한 교회록을 3년간 박탈당할 것이며, 만일 그 기간 동안 지속적으로 그러한 무모한 짓을 행한다면 법 자체로 영원히 교회록을 박탈당할 것이고, 그는 그 처벌에 대한 사면에 아무런 희망이나 확신을 가질 수 없다. 다만, 그가 당한 모략적 고발로부터 그를 사면하기 위한 명분이 타당하고 충분하다고 매우 명백한 문서로 입증되면 그러하지 아니하다.[2]

5. 같은 주제[3]

선거권이 발휘되는 선출과 제청(提請)과 표결에 있어서, 조건부나 양자택일적으로나 모호하게 행해진 의사 표명은 완전히 배척되어야 한다. 그리고 규정하는 바, 그런 식으로 행해진 의사 표명은 없었던 것으로 간주되어야 하고, 분명한 의사를 표명하지 않은 자들의 표는 다른 후보들에게 넘겨주어서, 선거가 조건 없이 표명된 표들에 의해 결정되게 해야 한다.[4]

6. 대리 재판관의 직무와 권한[5]

내가 자주 선임하는 보호자들은 내가 그들에게 보호를 맡긴 사람들을 명백한 피해와 폭력으로부터 지켜 주어야 한다. 하지만, 그들의 권한이 사법적 수사를 필요로 하는 다른 사안들에까지 확장되어서는 안 된다고 규정하는 바이다.[6]

7. 전권대사의 직무[7]

수하들의 부담을 덜어 주고 고민거리를 없애 줌으로써 생활 조건의 개선책을 염려하는 것은 나의 직무상의 의무이다. 그렇게 할 때 나는 그들의 안정 속에서 편히 지내고 평화를 누리게 될 것이다. 그러므로 본 법령을 통하여 규정하는 바, 로마교회의 전권대사들은 비록 그들이 전권을 위임받았다 할지라도, 그리고 그들이 나에 의해 파견되었든, 그들의 소속 교회의 지위상 그런 권한을 가졌다고 주장하든 상관없이, 그들의 전권대사로서의 직무의 힘으로 성직록을 수여할 권한을 보유하지 못한다. 다만, 내가 특별히 어느 구체적인 인물에게 그 권한을 주었을 경우에는 그러하지 아니하다.

---

1) M에서는 제12법령, R에서는 누락됨.
2) Coll. III, 4; 제1장 I 6 *Sext*(Fr 2, 945-946).
3) M에서는 제9법령, R에서는 제3법령.
4) Coll. III, 5; 제2장 I 6 *Sext*(Fr 2, 946).
5) M에서는 II의 제10법령, R에서는 제4법령.
6) Coll. III, 9; 제1장 I 14 *Sext*(Fr 2, 978).
7) M에서는 제13법령, R에서는 누락됨.

gendum. Quod tamen in fratribus nostris legatione fungentibus nolumus observari, quia[a] sicut honoris praerogativa laetantur sic eos auctoritate fungi volumus ampliori.[1]

8. De iudiciis[2]

Iuris esse ambiguum non videtur iudicem delegatum, qui a sede apostolica ad hoc mandatum non receperit speciale, iubere non posse, alterutram partium coram se[b] personaliter in iudicio comparere, nisi causa fuerit criminalis vel[c] nisi[c], pro veritate dicenda vel iuramento calumniae faciendo, iuris necessitas partes coram eo personaliter exegerit praesentari[d].[3]

9. De litis contestatione[4]

Exceptionis peremptoriae seu defensionis cuiuslibet principalis cognitionem negotii[e] continentis ante litem contestatam obiectus, nisi de re iudicata vel transacta seu finita excipiat litigator, litis contestationem fieri[f] non impediat nec retardet, licet dicat obiector non fuisse rescriptum[g] obtentum, si quae sunt impetranti opposita, fuissent exposita deleganti[h].[5]

10. De restitutione spoliatorum[6]

Frequens et assidua nos querela circumstrepit, quod spoliationis exceptio, nonnumquam in iudiciis calumniose proposita, causas ecclesiasticas impedit et perturbat. Dum enim exceptioni insistitur, appellationes interponi contingit. Et sic intermittitur et plerumque perimitur causae cognitio principalis. Et propterea nos, qui voluntarios labores[i] appetimus, ut quietem aliis praeparemus, finem litibus cupientes imponi et calumniae materiam amputari, statuimus ut in civilibus negotiis spoliationis obiectione[k], quae ab alio quam ab[l] actore facta proponitur, iudex in principali procedere non postponat. Sed si in civilibus ab actore, in criminalibus autem se spoliatum reus[m] asserat a quocumque, infra quindecim dierum spatium post diem in quo proponitur, quod asseruit[n] comprobabit, alioquin in expensis quas actor interim ob hoc fecerit, iudiciali taxatione praehabita, condemnetur; alias, si aequum iudici visum fuerit[o], puniendus. Illum autem spoliatum intelligi[p] volumus in hoc casu, cum criminaliter accusatur, qui tota substantia sua[q] vel maiori parte ipsius per violentiam se[r] destitutum affirmat. Et secundum hoc loqui canones sano credendum est intellectu, quia nec nudi contendere nec inermes[s] inimicis[s] opponere non debemus; habet enim spoliatus privilegium, ut non possit exui iam

---

[a] qui *W* [b] ipso *M* [c] sive *M*
[d] partes sibi iusserit personaliter praesentari *M* [e] negotii cognitionem *W*
[f] fieri *post* litis *in M* [g] rescriptum non fuisse *MW* [h] deleganti exposita *W*
[i] labores voluntarios *W* [k] obiectu *W* [l] *om. W* [m] reus spoliatum se *W*
[n] asserit *W* [o] sit *M* [p] *post* casu *in W* [q] sua substantia *W*
[r] *post* ipsius *in W* [s] in errore inermes *M*

---

[1] Coll. III, 10; c. 1 I 15 *in VI⁰* (Fr 2, 983-984); cf. Potthast 15121.
[2] c. 7 *M*, 5 *R*.   [3] Coll. III, 12; c. 1 II 1 *in VI⁰* (Fr 2, 995).   [4] c. 3 *M*, 6 *R*.
[5] Coll. III, 14; c. 1 II 3 *in VI⁰* (Fr 2, 997-998).   [6] c. 14 *M*, om. *R*.

하지만 이 권한 제한을 나의 형제 추기경들이 전권대사로서 활동하는 경우에까지 적용하기를 원하지 않는다. 왜냐하면 그들은 탁월한 영예를 향유하므로 그들이 더욱 광범위한 권한 행사를 하기를 바라기 때문이다.[1]

8. 심판[2]

법에 분명하게 나타나 있는 바, 대리 재판관은, 사도좌로부터 특별한 위임을 받지 않은 한, 소송의 양 당사자 어느 편도 자기 앞에 몸소 출두하라고 명할 수 없다. 다만 형사 사건의 경우이거나, 진실의 확인을 위해서나 자기 진술이 허위 진술이 아니라는 맹세를 하기 위해서 당사자들이 몸소 출두하는 것이 법적으로 불가피한 경우에는 그러하지 아니하다.[3]

9. 소송의 성립[4]

소송의 주요 사안에 대해 쟁송 이전에 제기된 어떤 소멸적 항변이나 방어도, 그것이 기판사항이나 화해 혹은 쟁송의 종료에 해당하는 경우가 아닌 한, 그리고 설령 항변 당사자가 답서(재판 임무 위탁서)가 수여되지 않았다고 주장할지라도 청구인을 거스르는 사안들이 답서 수여권자에게 제시되었으면, 소송의 성립을 막거나 지연시키지 못한다.[5]

10. 약탈당한 자들을 위한 손해배상[6]

재판 중에 제기된 약탈에 대한 항변들이 종종 참소(讒訴)인 경우가 있음으로 해서 교회의 소송 사건들이 지장을 받고 방해를 받는다는 하소연들이 자주 그리고 꾸준하게 나에게 전달된다. 실제로 항변이 제기되는 동안 상소의 제기가 이루어짐으로써 주요 사안에 대한 심리가 중단되거나 더 나아가서는 불가능해지곤 한다. 따라서 다른 이들에게 안정감을 주기 위해 기꺼이 노고를 마다하지 않을 준비가 된 나는 소송에 시간제한도 두고 참소의 요소들도 제거하기를 원하면서 규정하는 바, 민사 소송에서 재판관은 청구인을 제외한 여타의 사람에 의해 제기된 약탈에 대한 항변 때문에 주요 사안에 대한 소송의 진행을 지연해서는 안 된다. 한편 피청구인이 자신을 약탈한 인물로 민사소송에서는 청구인을 꼽는 경우에 그리고 형사소송에서는 누구라도 상관없이, 피청구인은 항변을 제기한 날로부터 15일 내에 그것에 대해 입증해야 한다. 그렇게 하지 않으면 그는 이 일로 청구인에게 발생되었던 비용을 법적 요금 계산에 따라 부담하라는 처벌을 받든지, 아니면 재판관의 판단에 따라 달리 처벌되어야 한다. 형사적으로 고발된 사건에서 '약탈당한 자'는 폭력에 의해서 자신의 전 재산이나 대부분의 재산을 빼앗겼다는 것을 입증하는 자를 의미한다고 알기 바란다. 그리고 나는 그것이 교회법 조문들의 올바른 해석이라고 여겨져야 한다고 본다. 왜냐하면 적을 나체로 대면하거나 비무장으로 대항할 수는 없는 것이기 때문이다. 사실 약탈당한 자는 이미 옷을 벗고 있는 자라서 더 벗겨질 수 없다는 특전이 있다.

---

1) Coll. III, 10; 제1장 I 15 *Sext*(Fr 2, 983-984); 참조: Potthast 15121.
2) *M*에서는 제7법령, *R*에서는 제5법령.
3) Coll. III, 12; 제1장 II 1 *Sext*(Fr 2, 995).
4) *M*에서는 제3법령, *R*에서는 제6법령.
5) Coll. III, 14; 제1장 II 3 *Sext*(Fr 2, 997-998).
6) *M*에서는 제14법령, *R*에서는 누락됨.

nudatus. Solet autem inter scholasticos dubitari, si spoliatus a tertio de spoliatione^a contra suum accusatorem excipiat, an ei tempus a iudice debeat indulgeri, infra quod restitutionem imploret; ne forte sic velit exsistere, ut omnem accusatorem^b eludat^b, quod satis aequitati consonum^c aestimamus. Et si infra tempus indultum restitutionem non petierit et causam cum^d potuerit^d non perduxerit^e ad finem, non obstante spoliationis exceptione, deinceps poterit accusari. Ad haec sancimus^f ut rerum privatarum spoliatio^g agenti super ecclesiasticis vel e contrario nullatenus apponatur^h.[1]

11. De dolo et contumacia[2]

Actor qui venire ad terminum ad quem citari^i adversarium fecerat non curavit^k, venienti reo in expensis propter hoc factis legitime^l condemnetur, ad citationem aliam^m, nisi sufficienter caveat^n quod in termino compareat^o, minime^p admittendus.[3]

12. De eo qui mittitur in possessionem^q[4]

Eum qui super dignitate, personatu vel beneficio ecclesiastico obtinendis, cum^r alio litigat possessore, ob partis adversae contumaciam, causa rei servandae in ipsorum^s possessionem statuimus non mittendum, ne per hoc ad ea ingressus^t patere valeat vitiosus, sed liceat in hoc casu contumacis absentiam, divina replente praesentia, etiam lite non contestata, diligenter examinato negotio, ipsum fine debito terminare.[5]

13. De confessis[6]

Statuimus ut positiones negativas, quae probari non possunt nisi per confessionem adversarii, iudices admittere possint, si aequitate suadente viderint expedire.[7]

14. De exceptionibus[8]

Pia consideratione^u statuit^v mater ecclesia, quod maioris excommunicationis exceptio, in quacumque parte iudiciorum opposita, lites differat et repellat agentes, ut ex hoc magis censura ecclesiastica timeatur^w, et^x communionis periculum evitetur^y, contumaciae vitium reprimatur^z et excommunicati, dum a communibus actibus excluduntur, rubore suffusi,

---

^{a} sua *add.* W ^{b} accusationem elidat W
^{c} consonum aequitati W ^{d} *post* perduxerit *in* W ^{e} perducat M
^{f} ad hoc statuimus M ^{g} exspoliatio M ^{h} opponatur M
^{i} *post* adversarium *in* M ^{k} curaverit M ^{l} legitime factis W
^{m} *hic* minime admittendus *coll.* M ^{n} caverit M ^{o} debeat fideliter comparere M
^{p} sit minime R ^{q} causa rei servandae *add.* W
^{r} contra alium ... possessorem W ^{s} ipsius M ^{t} ingressus ad ea W
^{u} miseratione W ^{v} sancta *add.* I ^{w} censura magis timeatur ecclesiastica W
^{x} *om.* M ^{y} evitetur periculum W ^{z} reprimatur vitium W

---

[1] Coll. III, 15; c. 1 II 5 *in* VI^0 (Fr 2, 999).   [2] c. 5 M, 7 R.
[3] Coll. III, 16; c. 1 II 6 *in* VI^0 (Fr 2, 1000).   [4] c. 2 M, 9 R.
[5] Coll. III, 17; c. 1 II 7 *in* VI^0 (Fr 2, 1000).   [6] c. 8 M, 10 R.
[7] Coll. III, 18; c. 1 II 9 *in* VI^0 (Fr 2, 1001).   [8] c. 15 M, *om.* R.

그리고 제삼자에게서 약탈을 당해 놓고 청구인(원고)을 거슬러 항변을 제기한 것인지, 그가 손해배상을 청구할 기간을 재판관이 정해 주어야 하는지에 대해서 전문가들 간에 논의를 거쳐야 한다. 그렇게 해야 누가 온갖 청구인(원고)을 회피하기 위해서 이런 상황을 의도적으로 연출하는 것을 막을 수 있을 것이고, 이는 형평에도 부합하는 것이라고 생각한다. 만일 그가 주어진 기간 내에 손해배상 청구를 하지 않으면, 그리고 할 수 있음에도 불구하고 그 사건을 종결짓기 위한 절차를 밟지 않으면, 약탈에 대한 항변에도 불구하고 피소될 수 있다. 아울러 규정하는 바, 교회적인 사안을 가지고 청구한 사람을 대항하여 개인 재산의 약탈에 대한 항변을 제기할 수 없고 그 반대도 마찬가지다.[1]

11. 사기와 항명(법정 출두 거부)[2]

본인이 상대방을 소환하게 해 놓고 정해진 시간에 출두하지 않은 청구인은 그로 인해 피청구인이 지출한 비용을 법규범에 따라 자신이 도착할 때 피청구인에게 지불해야 하고, 앞으로는 제시간에 출두할 것이라는 것에 대한 충분한 확신을 주지 않는 한, 새로운 소환이 허용되지 않을 것이다.[3]

12. 소유가 허용되는 사람[4]

어떤 자가 직위나 성직록 내지는 교회록을 취득하기 위하여 그것을 소유하고 있는 사람을 대항하여 소송을 제기하는 경우에는 그런 소송을 제기한 자가 소유권을 취득하는 것은 하자가 있을 수 있기 때문에, 상대방이 그것을 지키는 수단으로 항명한 것을 이유로, 그가 그것을 차지하도록 허용되지 말아야 한다고 규정하는 바이다. 그렇게 하더라도 이런 경우에 항명자의 결석을 하느님의 현존이 보충해 줄 것이라서, 비록 쟁송이 성립되지 않더라도, 사안을 성실하게 조사하여 마땅한 결론을 내릴 수 있을 것이다.[5]

13. 자백[6]

오직 상대방의 자백에 의해서만 입증될 수 있는 반대 심문은 재판관이 형평성 도모에 보탬이 되겠다고 판단하면 그 재판관에 의해서 도입될 수 있다.[7]

14. 항변[8]

어머니이신 교회가 심사숙고하고 나서 다음과 같이 규정한 바 있다. 즉 중대한 파문을 이유로 제기하는 항변은 그것이 재판 과정의 어느 시점에서 제기되었을지라도 소송을 중지시키고 청구인들을 배제한다. 그럼으로써 교회의 교정벌은 더욱 두려운 것이 되고, 타인과의 통교의 위험을 피하게 되며, 항명의 악습을 억제하게 된다. 파문받은 자들은 공동체의 활동에서 제외된 상태로 치욕을 느끼며 더욱 쉽게 겸손의 은총과 화해의 성취에 인도될 것이다.

---

1) Coll. III, 15; 제1장 II 5 *Sext*(Fr 2, 999). 2) *M*에서는 제5법령, *R*에서는 제7법령.
3) Coll. III, 16; 제1장 II 6 *Sext*(Fr 2, 1000). 4) *M*에서는 제2법령, *R*에서는 제9법령.
5) Coll. III, 17; 제1장 II 7 *Sext*(Fr 2, 1000). 6) *M*에서는 제8법령, *R*에서는 제10법령.
7) Coll. III, 18; 제1장 II 9 *Sext*(Fr 2, 1001). 8) *M*에서는 제15법령, *R*에서는 누락됨.

ad humilitatis gratiam et reconciliationis effectum facilius inclinentur[a]. Sed hominum succrescente malitia, quod provisum est ad remedium, transit[b] ad noxas[c]. Dum enim in causis ecclesiasticis frequentius haec[d] exceptio per[e] malitiam[e] opponatur[f], contingit differri negotia et partes fatigari laboribus et expensis. Proinde quia morbus iste quasi communis irrepsit, dignum duximus communem[g] adhibere medelam. Si quis igitur excommunicationem opponat, speciem ipsius et nomen excommunicatoris exponat[h], sciturus eam rem se deferre[i] in publicam notionem, quam infra octo dierum spatium, die in quo proponitur minime computato, probare valeat apertissimis documentis. Quod si non probaverit, iudex[k] in causa procedere non omittat, reum in expensis, quas actor ob hoc diebus illis se fecisse[l] docuerit, praehabita taxatione condemnans. Si vero postmodum instantia durante iudicii et probandi copia succedente[m], de eadem excommunicatione vel alia excipiatur iterum et probetur, actor in sequentibus excludatur, donec meruerit absolutionis gratiam[n] obtinere, his quae praecesserunt nihilominus in suo robore duraturis. Proviso ut ultra duas vices non haec[o] proponatur exceptio, praeterquam si excommunicatio nova emerserit vel evidens et prompta probatio supervenerit de antiqua. Sed si post rem iudicatam talis exceptio proponatur, executionem[q] impediet, sed sententia[p] quae praecessit[r] non minus robur debitum[s] obtinebit, eo tamen salvo ut, si actor excommunicatus sit publice et hoc iudex noverit quandocumque, etsi de[t] hoc reus non excipiat, iudex actorem ex suo officio repellere non postponat[u].[1]

15. De sententia et re iudicata[2]

Cum aeterni principis[v] tribunal illum reum non habeat, quem iniuste iudex[w] condemnat, testante propheta[x]: *Nec damnabit eum cum iudicabitur illi*[3], caveant ecclesiastici iudices et prudenter attendant ut in causarum processibus nihil vendicet odium, nihil vel[t] favor usurpet, timor exsulet, praemium aut expectatio praemii iustitiam[y] non evertat[z]. Sed stateram gestent[aa] in manibus[4], lances appendant aequo libramine, ut in omnibus quae in causis agenda fuerint, praesertim in concipiendis sententiis et ferendis, prae oculis habeant solum Deum[bb], illius imitantes exemplum, qui querelas populi[cc] tabernaculum ingressus ad Dominum referebat, ut secundum eius imperium iudicaret[5]. Si quis autem iudex ecclesiasticus ordinarius aut[dd] delegatus, famae[ee] prodigus et proprii persecutor hono-

---

a inducentur *W*   b tendit *MW*   c noxam *W*   d haec frequentius *M*
e om. *W*   f opponitur *W* apponatur *M*   g *post* medelam *in W*   h exprimat *MW*
i deferri *M*   k extunc *add. M*   l se fecisse diebus illis *W*   m subsequente *W*
n gratiam absolutionis *MW*   o om. *I ante* exceptio *in M*   p om. *I*
q excusationem *M*   r praecesserit *M*   s debitum robur *W*   t om. *M*
u postponet *W*   v iudicis (*post* tribunal *in M*) *MW*   w iudicat vel *add. W*
x et dicente *add. M*   y iudicium *W*   z subvertat *W*   aa gerant *M*
bb *ante* habeant *in W*   cc hominum *W*   dd seu etiam *M*   ee suae *add. W*

---

[1] Coll. III, 21; c. 1 II 12 *in VI°* (Fr 2, 1004-1005).   [2] c. 16 *M, om. R*.
[3] Ps 36, 33.   [4] Cf. Ap 6, 5.   [5] Cf. Ex 33, 7-10; Nm 17, 10.

하지만 인간의 사악함이 증대함으로 인해서, 구제책으로 주어졌던 것이 해악으로 전락해 버렸다. 실로 교회 재판 중에 이러한 항변이 자주 악의로 제기되었기 때문에 쟁점들이 산란해지고 당사자들은 노고와 비용에 지쳐 버리는 결과를 초래한다. 이 전염병이 거의 전반적인 현상으로 자리 잡았기 때문에, 나는 전반적인 치료법을 처방하는 것이 옳겠다고 생각했다. 따라서 만일 누가 파문 사실을 알리는 이의를 제기하려면 그는 어떤 파문인지 그리고 파문 형벌을 내린 자가 누구인지를 제시해야 하고, 그 이의 제기가 사안을 공적인 재판권에 제출하는 것임을 숙지하고 자신이 이의를 제기한 날을 제외하고 8일 이내에 매우 분명한 문서로 입증해야 한다. 만일 그가 입증하지 못하면 재판관은 소송의 진행을 중단해서는 안 되고 이의를 제기한 당사자로 하여금 청구인이 그 일로 인해 자신이 소비하였다고 견적서 작성을 통해 제시한 만큼의 비용을 부담하도록 처벌을 내려야 한다. 하지만 만일 나중에 소송이 진행되고 입증할 수 있는 상태가 되면서 같은 파문 건이나 또 다른 파문 건을 알리는 항변을 다시 제기하게 된다면, 그리고 그것이 입증되었다면, 소송 청구인은 사면의 은전을 받을 만한 상태가 될 때까지 소송 행위에서 제외된다. 하지만 그 시점까지 행한 모든 소송 행위들은 역시 유효한 상태로 남아 있게 된다. 그리고 이러한 항변은 두 번까지만 제기될 수 있도록 조치해야 한다. 다만, 새로운 파문이 발생하거나 과거의 파문 건에 대한 분명한 증거가 밝혀지도록 준비가 되어 있는 경우에는 그러하지 아니하다. 만일 이러한 항변이 사건이 종결된 다음에 제기된다면, 그것은 판결의 집행을 정지시키지만, 판결을 약화하지는 못한다. 다만, 청구인이 공개적으로 파문을 받았고, 시점에 관계없이 재판관이 그 사실을 알게 된 경우에는 그러하지 아니하다. 이런 경우 피청구인이 파문의 사실에 대한 항변을 제기하지 않았을지라도 재판관은 청구인을 자신의 재판정에서 몰아내야 한다.[1]

15. 판결과 기판 사항[2]

영원하신 군주의 법원에서는 부당한 재판관에 의해서 단죄받은 자를 *심판 때에 그를 단죄하지 않으시리라*[3] 하신 예언자(다윗)의 말씀대로 죄인으로 여기지 않기 때문에, 교회의 재판관들은 소송의 진행 중에 증오심이 발동되지 않고 편애가 남용되지 않으며 두려움을 떨쳐 버리고 보상이나 보상에 대한 희망이 정의를 뒤집지 않도록 배려하고 현명하게 업무를 수행해야 한다. 하지만 그들은 손에 저울을 들고[4] 형평을 유지하도록 저울판에 무게를 달아야 한다. 그리하여 소송의 모든 과정에 있어서, 특히 판결문을 작성하고 선고함에 있어서, 주님의 명에 따라 판결을 내리도록 주님의 천막 안에 들어가서 백성들의 탄식을 주님께 전했던 사람(모세)의 모범을 따라, 눈앞에 오로지 하느님만을 모셔야 한다.[5] 만일 자신의 평판을 대수롭지 않게 여기고 자신의 영예를 추구하면서 교회의 정규 재판관이나 그의 대리인이 판결을 내림에 있어서,

---

1) Coll. III, 21; 제1장 II 12 *Sext*(Fr 2, 1004-1005).
2) M에서는 제16법령, R에서는 누락됨.
3) 시편 37, 33(불가타본에서는 36, 33).
4) 참조: 묵시 6, 5.
5) 참조: 탈출 33, 7-10; 신명 17, 10.

ris, contra conscientiam et contra iustitiam in gravamen partis alterius in iudicio quicquam fecerit per gratiam vel per sordes, ab executione officii per annum noverit se suspensum, ad aestimationem litis parti quam laeserit nihilominus condemnandus, sciturus quod si suspensione durante damnabiliter ingesserit se[a] divinis, irregularitatis laqueo se involvet[b] [1] secundum canonicas sanctiones, a quo nonnisi per sedem poterit apostolicam[c] liberari, salvis aliis[d] constitutionibus, quae iudicibus male iudicantibus poenas gerunt[e] et infligunt. Dignum est etenim[f] ut qui in tot praesumit[g] offendere, poena multiplici castigetur.[2]

16. De appellationibus[3]

Cordi nobis est lites minuere et a laboribus relevare subiectos. Sancimus igitur ut, si quis in iudicio vel extra super interlocutoria vel gravamine ad nos duxerit appellandum, causam appellationis in scriptis assignare deproperet, petens[h] apostolos quos ei praecipimus exhiberi. In quibus appellationis causam iudex exprimat et cur[i] appellatio non sit admissa vel si appellationi forsitan ex superioris reverentia sit delatum[k]. Post haec[l] appellatori secundum locorum distantiam, personarum[m] et negotii qualitatem tempore prosecutionis indulto, si appellatus[n] voluerit et[o] principales petierint[p] per se vel[q] per procuratores instructos, cum mandato ad agendum[r], rationibus et munimentis ad causam spectantibus, accedant[s] ad sedem apostolicam sic parati ut, si nobis visum fuerit expedire, finito appellationis articulo vel partium voluntati comisso[t], procedatur[u] in negotio principali quantum poterit et de iure debebit[v], his quae in appellationibus a definitivis sententiis interpositis antiquitas statuit, non mutatis. Quod si appellator quae praemissa sunt non observet, reputabitur non appellans et ad prioris iudicis redibit examen, in expensis legitimis condemnandus. Si autem appellatus contempserit hoc statutum, in eum tamquam[w] contumacem, tam in expensis quam in causa, quantum a[x] iure permittitur[y], procedatur[z]. Iustum est equidem, ut in eum iura consurgant[aa], qui ius iudicem et partem[bb] eludit[cc].[4]

17. De eodem[5]

Legitima suspicionis causa contra iudicem assignata et arbitris a partibus secundum formam iuris[dd] electis, qui de ipsa cognoscant, saepe con-

---

a se ingesserit *W*   b involvetur *M*   c apostolicam poterit *MW*   d *om. W*
e congerunt *MW*   f enim *W*   g praesumpserit *M*
h petat *M*   i cum *M*   k relatum *I*   l hoc *MW*   m *om. M*
n appellatus vel appellator *W* appellans *M*   o *om. I*
p petierit principales inducias personae *W* petierint *om. I*   q et *M*   r cum *add. W*
s *post* munimentis *in W*   t voluntate omissa *M* obstaculo de partium voluntate *W*
u procedant *M*   v de iure poterit et debebit *W*   w in *add. I*   x de *W*
y permittetur *W*   z procedetur *MW*   aa insurgant *W*   bb adversam *add. W*
cc elidit *M*   dd iuris formam *W*

---

[1] Cf. Pro 29, 6.   [2] Coll. III, 22; c. 1 II 14 *in VI⁰* (Fr 2, 1007).   [3] c. 17 *M, om. R*.
[4] Coll. III, 25; c. 1 II 15 *in VI⁰* (Fr 2, 1014-1015).   [5] c. 11 *R, om. M*.

양심과 정의에 반하는 행위를 함으로써 편애나 비리에 의해 한편 당사자에게 피해가 가도록 하였다면, 그는 1년간 직무 정지를 당하고 아울러 피해 당사자에게 피해액을 보상하는 처벌을 받게 된다는 것을 알아야 한다. 만일 직무 정지 기간 중에 무엄하게도 신성한 전례에 끼어들면, 부당한 판결을 내린 재판관에 대한 형벌을 정하여 부과하는 여타의 법령들은 그것들대로 효력을 유지하면서, 오직 사도좌에 의해서 풀려날 수 있는 교회의 형벌 제재에 의해서 추가로 범한 죄에 대한 올가미에도 걸려들게 되는 것¹⁾임을 알아야 한다. 감히 여러 가지 범죄를 저지르는 자에게 복합적인 형벌을 내리는 것은 실로 정당하다 하겠다.²⁾

16. 상소[3)

나는 소송의 건수를 줄이고 근심하는 사람들을 해방시켜 주고 싶은 마음이 간절하다. 따라서 규정하는 바, 만일 누가 중간 판결이나 어떤 부당한 불편 때문에 재판에서 혹은 재판 밖에서 나에게 상소해야겠다고 생각한다면, 그는 상소의 이유를 서둘러서 서면으로 나에게 제출해야 하는데, 그러면서 나의 명에 의해 그에게 제시하게 될 상소 허가서를 요청하여야 한다. 그 허가서에 재판관은 상소의 이유와 왜 상소가 수리되지 않았는지 아니면 혹시 장상에 대한 두려움에 의해서 비약 상소가 된 것인지를 명시해야 한다. 이 허가서가 있은 다음 거리와 당사자들의 사정 그리고 사안의 특성들을 감안하여 상소인에게 상소를 진행할 시간을 정해 주어야 한다. 만일 피상소인이 상소심을 원하고 주 시비점들을 소청하고자 한다면, 그들은 몸소 혹은 그들로부터 대행 위임을 받은 소송대리인을 통해서 해당 사건의 사유와 관련 기록들을 소지한 채 사도좌에 출두해야 한다. 그들은 상소 사건이 종결되었거나 혹은 양편의 당사자의 합의로 소멸되었을지라도, 내가 보기에 유익하다면, 법에 따라 할 수 있는 한도와 해야 하는 한도 내에서 주된 사안에 관한 소송 절차를 진행할 수 있도록 준비된 상태로 임해야 한다. 하지만 종국 판결을 대항하는 상소에 관한 옛 규정에 대한 개정은 없다. 만일 상소인이 위의 규정을 준수하지 않으면 그는 상소하지 않은 것으로 간주되고 원심의 재판관에게 사건의 심리가 되돌아갈 것이며 법적 비용을 부담하도록 처벌을 받을 것이다. 한편 만일 피상소인이 이 규정을 무시한다면 그를 항명 죄인으로 간주하면서 법이 허용하는 한도 내에서 그를 거슬러서 비용과 사안에 대해 재판을 진행할 것이다. 법과 재판관과 상대편 당사자를 조롱하는 자를 대항하여 법이 들고 일어나는 것은 실로 옳은 일이라 하겠다.⁴⁾

17. 같은 주제[5)

재판관을 대항하는 합법적인 불신임의 항변이 제기되었고, 양편 당사자들에 의해 법적 형식에 따라 사건을 조사할 중재인들이 선정된 경우, 양편 중재인들이 합의점을 찾으려고도 하지 않고,

---

1) 참조: 잠언 29, 6.
2) Coll. III, 22; 제1장 II 14 *Sext*(Fr 2, 1007).
3) *M*에서는 제17법령, *R*에서는 누락됨.
4) Coll. III, 25; 제1장 II 15 *Sext*(Fr 2, 1014-1015).
5) *R*에서는 제11법령, M에서는 누락됨.

tingit, quod ipsis in idem convenire[a] nolentibus nec tertium advocantibus, cum quo ambo vel alter eorum[b] procedant ad decisionem ipsius negotii, ut tenentur, iudex proferat excommunicationis sententiam contra eos, quam ipsi tum propter odium tum propter favorem[c] diutius vilipendunt. Quare causa ipsa plus[d] debito prorogata non proceditur ad cognitionem negotii principalis[e]. Volentes igitur morbo huiusmodi necessariam adhibere medelam, statuimus ut ipsis arbitris per iudicem competens terminus[f] praefigatur, infra quem in idem conveniant vel tertium concorditer advocent, cum quo ambo vel alter ipsorum eiusdem suspicionis negotium terminare procurent. Alioquin iudex extunc in principali negotio procedere non omittat.[1]

18. De homicidio[2]

Pro humani redemptione generis de summis coelorum ad ima mundi descendens et mortem tandem subiens temporalem, Dei filius Iesus Christus[g], ne gregem sui pretio sanguinis gloriosi redemptum, ascensurus post resurrectionem[h] ad Patrem, absque pastore desereret, ipsius curam beato Petro apostolo, ut suae stabilitate fidei ceteros in christiana religione firmaret eorumque mentes ad salutis suae opera[i] accenderet devotionis ardore, commisit[3]. Unde nos eiusdem apostoli effecti disponente Domino licet immeriti successores et ipsius Redemptoris locum in terris quamquam indigne tenentes, circa gregis eiusdem custodiam sollicitis excitari vigiliis et animarum saluti iugis accensione cogitationis intendere, submovendo noxia et agendo profutura debemus ut, excusso a nobis negligentiae somno nostrique cordis oculis diligentia[k] sedula vigilantibus, animas ipsas Deo lucrifacere sua nobis cooperante gratia valeamus. Cum igitur illi qui sic horrenda inhumanitate detestandaque saevitia mortem sitiunt aliorum, ut ipsos faciant per assassinos occidi, non solum corporum sed mortem procurent etiam[l] animarum, nisi eas exuberans gratia divina praevenerit, ut sint armis spiritualibus praemuniti, ac omnis potestas tribuatur a Domino ad iustitiam rectumque iudicium exercendum, nos tanto periculo volentes occurrere animarum et tam nefarios praesumptores[m] ecclesiasticae[n] animadversionis mucrone ferire, ut metus poenae meta huiusmodi praesumptionis exsistat, praesertim cum nonnulli magnates, taliter perimi formidantes, coacti fuerint securitatem ab eorumdem[o] assasinorum domino impetrare sicque ab eo non absque christianae dignitatis opprobrio redimere quodammodo vitam suam, sacri concilii[p] approbatione statuimus, ut quicumque princeps, praelatus seu quaelibet[q] alia ecclesiastica seu saecularis persona quempiam christia-

---

[a] *om. R*   [b] ipsorum *R*   [c] partium *add. RW*
[d] plus ipsa *W*   [e] principalis negotii *W*   [f] terminus competens *R*
[g] Christus Iesus *W*   [h] redemptionem *I*   [i] opera suae *W*   [k] diligentia oculis *W*
[l] *post* sed *in W*   [m] nefarias praesumptiones *W*   [n] *om. W*   [o] eodem *W*
[p] approbatione concilii *W*   [q] quaevis *W*

---

[1] Coll. III, 26; c. 2 II 15 *in VI°* (Fr 2, 1015).   [2] c. 22 *W, om. MR*.   [3] Cf. Io 21, 15-17.

그들 모두와 혹은 그들 중 한편과 함께, 사안이 해결되도록 진행해야 하는 자신들의 의무를 수행할 제삼의 중재인을 부르지도 않는 일이 자주 발생한다. 또한 재판관이 그들에 대해 파문 판결을 내려도 그들은 반감에 의해서 혹은 정실에 의해서 그 판결을 오랜 기간 동안 무시하는 일도 발생한다. 그래서 소송 자체가 필요 이상으로 지연되고 주된 사안에 대해서 소송이 진행되지 못한다. 따라서 이러한 폐단에 구제책을 적용하기를 원하면서 규정하는 바, 양편의 중재자들에게 재판관은 시간제한을 부여함으로써 그 기간 내에 그들이 합의를 보든지 그들 모두와 혹은 그들 중 한편과 함께, 합법적인 불신임에 관한 항변을 마무리 짓도록 제삼의 중재인을 부르게 해야 한다. 그 시점 이후부터 재판관은 주된 사안에 대해 소송을 진행해야 한다.[1]

18. 살인[2]

인간의 구원을 위하여 하늘 높은 곳에서 이 세상의 가장 낮은 곳으로 내려오셨고 마침내 죽음을 겪으신 하느님의 아들 예수 그리스도께서는 당신의 영광스러운 피의 대가로 구원된 양 떼를 목자 없이 내버려 두지 않으시려고 부활하신 다음 성부께 올라가실 때 복된 사도 베드로에게 그들을 맡기셨다. 그리하여 그는 자신의 확고한 믿음으로 다른 이들을 그리스도교 안에서 강해지게 하고 그들의 마음이 자신들의 구원을 위한 과업에 헌신하는 열정에 불타오르게 하였다.[3] 따라서 하느님의 뜻에 따라, 자격은 없지만, 그 사도의 후계자가 되었고, 지상에서 구세주 자신의 자리를 과분하게 맡게 된 나는 그 양 떼를 자상하게 주의를 기울여서 보호해야 하고 해치는 것을 멀리하고 유익한 것을 추구하면서 나의 생각을 지속적으로 몰두하여 영혼들의 구원을 도모해야 한다. 나는 그렇게 함으로써 나태의 잠을 몰아내고 근면하게 내 마음의 눈으로 주의를 기울이면서 그분의 은총에 힘입어 영혼들을 구해서 하느님께 바칠 수 있을 것이다. 하지만 다른 사람들의 죽음을 목말라 하여 가공할 잔인성과 혐오스런 포악함으로 그들을 살해하는 자들이 있다. 그자들의 이런 행위는 육신의 죽음은 물론이고, 만일 하느님의 넘치는 은총이 피해자들을 영적인 무장을 갖추게 하면서 막아 주지 않으면 영혼의 죽음까지도 초래하게 만드는 것이다. 정의를 실천하고 올바른 판결을 내리도록 주님으로부터 모든 권한이 주어졌기 때문에 나는 영혼들의 그렇게 큰 위험을 예방하고 그토록 사악하고 교만한 자들을 교회의 형벌의 검으로 처단하여 형벌에 대한 두려움이 그들의 교만에 종지부를 찍게 되기를 바란다. 특히 일부 주요 인물들이 그런 식으로 살해되는 것을 두려워하면서 그런 암살자들의 두목으로부터 안전 보장을 구걸하도록 강요받고, 그렇게 그리스도인의 품위에 손상을 끼치면서까지 목숨의 값을 치르는 것 때문에 나는 거룩한 공의회의 승인 사항으로 규정하는 바, 군주이든 고위 성직자이든 그 외에 교회 사람이든 세속 사람이든 간에 그리스도인을

---

1) Coll. III, 26; 제2장 II 15 *Sext*(Fr 2, 1015).
2) *W*에서는 제22법령, *MR*에서는 누락됨.
3) 참조: 요한 21, 15-17.

norum per praedictos assasinos interfici fecerit vel etiam mandaverit —
quamquam mors ex hoc forsitan non prosequatur[a] — aut eos[b] receptaverit vel defenderit seu occultaverit, excommunicationis et depositionis
a dignitate, honore, ordine, officio et beneficio[c] incurrat sententias ipso
facto, et ista libere aliis per illos, ad quos illorum collatio pertinet, conferantur. Sit etiam cum suis bonis mundanis omnibus tamquam christianae religionis aemulus a toto christiano populo perpetuo[d] diffidatus, et
postquam probabilibus constiterit documentis[e] aliquod[f] scelus tam
execrabile commisisse, nullatenus alia excommunicationis vel depositionis
seu diffidationis adversus eum sententia requiratur.[1]

19. De sententia excommunicationis[2]

Cum medicinalis sit excommunicatio non mortalis, disciplinans non
eradicans, dum tamen is in quem lata fuerit non contemnat, caute provideat iudex ecclesiasticus, ut in ea ferenda[g] ostendat se prosequi quod
corrigentis est[h] et medentis[i]. Quisquis ergo[k] excommunicat, in scriptis
proferat[l] et causam expresse conscribat, propter quam excommunicatio
proferatur. Exemplum vero scripturae huiusmodi[m] teneatur excommunicato tradere[n] infra mensem post diem sententiae, si fuerit requisitus.
Super qua requisitione fieri volumus publicum instrumentum vel literas
testimoniales confici sigillo authentico consignatas. Si quis autem iudicum huiusmodi[o] constitutionis temerarius violator exsistat[p], per mensem unum ab ingressu ecclesiae et divinis noverit se suspensum. Superior
vero ad quem recurritur, sententiam ipsam sine difficultate relaxans, latorem excommunicationis ad expensas et omne[q] interesse condemnet vel[r]
alias[s] puniat animadversione condigna, ut poena docente[t] discant iudices
quam grave sit excommunicationis[u] sententias sine maturitate debita
fulminare. Et haec eadem[v] in suspensionis et interdicti sententiis[w] volumus
observari. Caveant autem ecclesiarum praelati et iudices universi ne
praedictam suspensionis poenam incurrant. Quod[x] si contigerit eos[y]
divina officia prosequi[z] sicut prius, irregularitatem non effugiant[aa] iuxta
canonicas sanctiones, super qua nonnisi per summum pontificem poterit
dispensari.[3]

20. De eodem[4]

Solet[bb] a nonnullis in dubium revocari, an cum aliquis per superiorem
absolvi postulat ad cautelam, dum in se latam excommunicationis senten-

---

[a] sequatur *W* [b] *om. I* [c] beneficio officio *W* [d] *om. W* [e] argumentis *W*
[f] *post* execrabile *in W* [g] proferenda *W* [h] *post* medentis *in I* [i] emendantis etiam *I*
[k] enim *I* [l] sententiam *add. W* [m] huiusmodi scripturae *W* [n] tradendum *M*
[o] huius *M* [p] exstiterit *W* [q] omnes et *M* [r] *om. W et M* [s] aliter *W*
[t] condocente *W* [u] excommunicationum *MW* [v] etiam *add. M* [w] sententias *MW*
[x] quoniam *MW* [y] sic suspensos *add. MW* [z] exequi *M* exprosequi *W*
[aa] effugient *MW* [bb] autem *add. W*

---

[1] Coll. III, 31; c. 1 V 4 *in VI*^{0} (Fr 2, 1080). [2] c. 18 *MW, om. R.*
[3] Coll. III, 35; c. 1 V 11 *in VI*^{0} (Fr 2, 1093-1094). [4] c. 19 *MW, om. R.*

그런 암살자들을 통해 살해되게 하였거나, 오직 살인을 교사(敎唆)만 하였거나—그로 인해 살인이 이뤄지지 않았을지라도—암살자들을 받아들이거나 그들을 방어하거나 숨겨 주었다면 그 사실 자체로 파문 판결을 받게 될 것이고 지위, 명예, 품급, 직책, 교회록을 박탈당할 것이며 그것들은 그것들의 수여 권한을 가진 자에 의해서 자유롭게 다른 이들에게 수여될 것이다. 게다가 그는 그리스도교의 원수로 간주되어 그와 그의 모든 재산이 모든 그리스도 백성에 의해서 영원히 배격되어야 한다. 그리고 그가 범죄를 저질렀다는 사실이 신빙성 있는 문서로 입증이 되면 따로 그에 대한 파문, 지위 박탈 혹은 불신임 판결을 내릴 필요가 없다.[1]

19. 파문 판결[2]

파문은 교정하고 파멸시키지 않는 치유책이지 극형이 아니고, 그렇다고 해서 그런 처벌을 받은 자가 그것을 무시해서는 안 되는 것이기 때문에, 교회의 재판관은 파문을 선고함에 있어서 교정과 치유를 추구한다는 것이 드러나도록 주의를 기울여 조치해야 한다. 따라서 파문을 선고하는 자는 그 형벌을 부과하는 이유를 명시하면서 서면으로 선고해야 하고, 아울러 요청이 있으면 그렇게 작성된 문서의 사본을 판결문 작성일로부터 1개월 이내에 파문을 받는 자에게 전달해야 한다. 그러한 요청에 대해 공적인 문서를 작성하거나 공정 봉인된 증명서를 갖추어 대응해 주기를 바란다. 만일 재판관이 무분별하게 이 법령을 위반하면, 그에게는 1개월 동안 성당 출입과 전례 거행이 정지된다는 것을 알아야 한다. 소원(訴願)을 받은 상급자는 서슴없이 파문 판결을 풀어 주면서 파문 판결을 내린 자를 처벌하여 비용과 모든 손해를 배상하게 하든지 여타의 적당한 형벌을 부과하여 그에게 제재를 가해야 한다. 그리하여 재판관들이 마땅한 숙고를 하지 않고 파문을 내리는 것이 얼마나 심각한 일인지를 그런 제재를 당함으로써 배우게 해야 한다. 정지 처분과 금지처분의 판결을 내릴 때도 같은 법규들이 준수되기를 바라는 바이다. 성당들의 고위 성직자들과 재판관들은 모두 이 정지 처분을 받지 않도록 주의를 기울여야 한다. 만일 그들이 종전대로 거룩한 직무를 계속 거행한다면 교회법의 형벌 제재에 입각해서 범법자 신세를 면치 못할 것이고 오로지 교황에 의해서만 그것으로부터 사면될 수 있을 것이다.[3]

20. 같은 주제[4]

몇몇 사람들이 의문을 제기했는데, 가령 누가 자기에게 내려진 파문 판결이 무효라고 주장하면서 상급자에게 사면 보장을 요청했을 때, 무조건 그에게 사면을 해주어야 하는지,

---

1) Coll. III, 31; 제1장 V 4 Sext(Fr 2, 1080).
2) MW에서는 제18법령, R에서는 누락됨.
3) Coll. III, 35; 제1장 V 11 Sext(Fr 2, 1093-1094).
4) MW에서는 제19법령, R에서는 누락됨.

tiam asserit esse nullam, sine contradictionis obstaculo munus ei debeat absolutionis impendi et an^a ante absolutionem huiusmodi^b qui se offert, in iudicio probaturum se post appellationem legitimam^c excommunicatione innodatum^d, vel intolerabilem errorem in sententia fuisse patenter expressum, sit in ceteris excepto probationis illius articulo evitandus. In prima igitur dubitatione sic statuimus observandum, ut petenti absolutio non negetur, quamvis in hoc excommunicator vel adversarius se opponat, nisi eum excommunicatum pro manifesta dicat offensa, in quo casu terminus^e octo dierum indulgebitur^f sic dicenti; ut si probaverit quod opponit, nec relaxetur sententia, nisi prius sufficiens praestetur emenda vel competens cautio de^g parendo, si offensa dubia proponatur. In secunda vero quaestione^h statuimus utⁱ, is qui ad probandum admittitur, pendente probationis articulo in^k ceteris, quae ut actor in iudiciis^l acceptaverit, interim evitetur, extra iudicium vero, in officiis, postulationibus et electionibus et aliis legitimis actibus nihilominus admittatur.[1]

21. De eodem[2]

Statuimus^m, ut nullus iudicum participantes cum excommunicatis ab eoⁿ in locutione et aliis, quibus ligatur participans excommunicatione minori, ante commonitionem canonicam excommunicare maiori^a praesumat, salvis constitutionibus contra illos legitime promulgatis, qui in crimine^o praesumunt participare^p damnato. Quod si ex locutione et aliis, quibus^q participans labitur in minorem, excommunicaturus fortius indurescat^r, poterit iudex post commonitionem canonicam huiusmodi participantes^s consimili damnare censura. Aliter autem in participantes excommunicatio prolata^a non teneat et proferentes poenam legitimam poterunt formidare.[3]

22. De eodem[4]

Quia periculosum est episcopis et eorum superioribus propter executionem pontificalis officii, quod frequenter incumbit, ut in aliquo casu interdicti vel suspensionis incurrant sententiam ipso facto, nos deliberatione provida duximus statuendum, ut episcopi et alii superiores praelati

---

^a *om. M*   ^b is *add. W*   ^c in *add. M*   ^d notatum *MW*
^e tantummodo *add. M*   ^f indulgetur octo dierum terminus *W*
^g iuri *add. M*   ^h sic *add. M*   ⁱ si *add. W*   ^k etiam *M*   ^l iudicio *W*
^m Ecclesiastica censura iudices damnabiliter abutuntur, cum de matris ecclesiae graemio ex alterius culpa indiscrete per eam attemptent evellere innocentes, ex qua illicite notatus non laeditur, sed errante clavi converti dicitur in damnantem. Volentes igitur insolentiae talium obviare, constitutionem praesenti decreto sancimus *add. M*
ⁿ iudicum nullus excommunicato ab eodem participantes *M*
^o scelere *M*   ^p communicare *W*   ^q excommunicato *add. M*
^r excommunicaturus... indurescat] notati maioris divina invaserit contemnendo, ut facilius revocetur ad absolutionis beneficium, satisfactione praemissa, misericorditer obtinendum *M*
^s eidem *add. MW*

---

[1] Coll. III, 36; c. 2 V 11 *in VI⁰* (Fr 2, 1094).   [2] c. 1 *M*, 12 *R*, 20 *W*.
[3] Coll. III, 37; c. 3 V 11 *in VI⁰* (Fr 2, 1094).   [4] c. 21 *W, om. MR*.

그리고 당사자가 자신은 합법적인 상소를 한 후에 파문되었다는 것을 법정에서 입증하겠다고 선언하거나 파문 판결문에 결정적인 흠결이 분명하게 포함되어 있음을 법정에서 입증하겠노라고 선언하는 경우, 사면을 해주기 전에 그를 입증의 쟁점을 제외하고는 완전히 배제해야 하는지를 두고 묻는 것이다. 첫 번째 의문에 대해서는 다음과 같이 규정하는 바이다. 즉 사면은, 설령 파문을 선언한 자나 상대편 당사자가 이의를 제기하더라도, 그것을 청하는 사람에게 거부되지 말아야 하는 것이다. 분명히 드러난 범죄로 인해 파문받았다는 사실을 증언하는 경우를 제외하고는, 그런 경우 그것을 입증하도록 8일간의 시간이 주어져야 한다. 그 이의 제기가 입증이 되면 파문 판결은 취하되지 않는다. 다만, 사전에 사면 청구인이 자신이 개심(改心)하였다는 충분한 보장을 하거나 그의 범죄가 아직 의심스러운 것으로 드러나는 경우에 법정에 출두하겠다는 적당한 보증을 미리 하였다면 그러하지 아니하다. 두 번째 의문에 대해서는 다음과 같이 규정하는 바이다. 즉 증거를 제시하도록 허락을 받은 자는 증거의 내용이 아직 계류 중인 상태에서는 재판에서 사건의 당사자로서 행하는 모든 법률행위에서 배제되어야 한다. 하지만 법정 밖에서는 직무 수행, 추천, 선거, 그리고 여타의 합법적 행위들에 참여할 수 있다.[1]

21. 같은 주제[2]

재판관에 의해서 이미 파문 판결을 받은 자들과 대화나 여타의 방법으로 공모한 죄로 인해 하급 파문을 받게 되어 있는 사람들에게 그 어느 재판관도 사전에 교회법적 경고를 하지 않고서는 상급 파문의 판결을 내릴 수 없다고 규정하는 바이다. 다만, 단죄받은 자와 공모하여 중죄를 범하는 데에 동참하는 자들에 대하여 합법적으로 공포된 법령들은 유효한 채로 남아 있다. 하지만 파문받은 자가 공모의 가담자에게 하급 파문을 초래하는 대화나 여타의 행동을 더욱 강하게 지속한다면, 재판관은, 교회법적 경고를 한 다음에, 그러한 공모에 가담한 자들에게 유사한 교정벌을 내릴 수 있다. 그렇게 하지 않으면, 그들에게 선고된 파문이 아무런 효력을 발휘할 수 없고, 그 형벌을 내린 자들은 법에 정해진 형벌 제재를 두려워하게 될 것이다.[3]

22. 같은 주제[4]

주교들과 그들의 상급자들이 종종 자신들에게 부과된 대로 자신들의 주교 직무를 수행하다 보면, 경우에 따라서 사실 자체로 금지 처벌이나 정지 처벌 등의 자동 처벌을 당하게 되는 위험성이 있기 때문에, 나는 심사숙고한 후 다음과 같이 규정해야겠다고 생각하였다. 즉 주교들과 여타의 상급 고위 성직자들은 그 어떤 법령, 판결 혹은 명령에 의해서도 앞서 말한 자동 처벌 판결을

---

1) Coll. III, 36; 제3장 V 11 *Sext*(Fr 2, 1094).
2) *M*에서는 제1법령, *R*에서는 제12법령, *W*에서는 제20법령.
3) Coll. III, 37; 제3장 V 11 *Sext*(Fr 2, 1094).
4) *W*에서는 제21법령, *MR*에서는 누락됨.

nullius constitutionis occasione, sententiae seu mandati, praedictam incurrant sententiam nullatenus ipso iure, nisi in ipsis de episcopis et superioribus expressim[a] mentio habeatur.[1] Huic etiam adicimus sanctioni[b], ut illud quod in constitutione *Solet a nonnullis*[2], a nobis hactenus[c] promulgata, fuerat constitutum, ut cum aliquis se offert in iudicio probaturum post appellationem legitimam excommunicationis se[c] sententia innodatum, pendente probationis articulo, in iis quae extra iudicium agitantur, electionibus, postulationibus, officiis ac aliis actibus legitimis non debeat evitari, ad episcoporum et archiepiscoporum sententias nullatenus extendatur, sed illud obtineat in futurum, quod olim[d] in talibus actibus[c] exstitit observatum.

II

[1.] De usuris[3]

Cura nos pastoralis sollicitat et hortatur, ut lapsis consulamus[e] ecclesiis, et ne labantur in posterum, provideamus constitutione salubri. Cum igitur usurarum vorago multas ecclesias paene destruxerit et nonnulli praelati circa solutionem debitorum, praesertim a suis praedecessoribus contractorum, negligentes inveniantur admodum et remissi, ac ad contrahenda maiora debita et obligandas res ecclesiae nimis proni, desides etiam in custodiendis rebus inventis, malentes in propriam laudem modicum novi facere quam bona custodire, dimissa recuperare, deperdita restaurare ac resarcire ruinas, nos ne de cetero se de administratione minus utili excusare ac in praedecessores sive alios fundere valeant culpam suam, praesentis concilii approbatione sancimus, ut pontifices, abbates, decani ceterique legitimam et communem administrationem gerentes, infra unum mensem postquam administrationem adierint, intimato prius proximo superiori, ut per se vel per aliquam personam ecclesiasticam, idoneam et fidelem intersit, praesentibusque capitulo vel conventu propter hoc specialiter evocatis, inventarium rerum administrationis susceptae confici faciant, in quo mobilia et immobilia, libri, chartae, instrumenta, privilegia, ornamenta seu paramenta ecclesiastica et cuncta, quae ad instructionem urbani fundi seu rustici pertinent, necnon debita ac credita diligentissime conscribantur, ut in quo statu ecclesiam vel administrationem susceperint, et procedente tempore gubernarint, ac in morte vel cessione dimiserint, per superiorem, si necesse fuerit, et eos qui sunt ecclesiarum deputati servitiis, liquido cognoscatur: archiepiscopi vero, qui praeter Romanum pontificem superiorem non habent aliquem ex suffraganeis, ut personaliter vel per alium, ut est expressum superius,

[a] expressa *W*   [b] hunc etiam adicimus huic sanctioni *W*
[c] *om. W*   [d] *om. I*   [e] consulamus *corr.* consulamur *R*

---

[1] Coll. III, 38; c. 4 V 11 *in VI⁰* (Fr 2, 1094-1095).
[2] Cf. c. 20 (v. supra p. 291-292).   [3] c. 13 *R, om. rell.*

결코 법 자체로 받지 않는다. 다만, 법에 주교들이나 상급자들에 대해 명시적으로 언급되어 있는 경우에는 그러하지 아니하다.[1] 또한 이 제재 규정에, 최근에 내가 공포한 법령 솔렛 아 논눌리스(Solet a nonnullis)[2]에서, 어떤 사람이 합법적인 상소 후에 자신에게 파문 판결이 내려졌음을 법정에서 입증하겠다고 선언한 경우에, 그것을 입증하도록 부여된 기간 중에 그 사람은 선거, 추천, 직무 수행과 여타의 합법적 행위 등의 법정 밖의 사안들에 대한 활동에서 제외돼서는 안 된다고 한 규정을 덧붙이는 바이며, 주교나 대주교에 대한 판결에는 그 법령이 결코 확대되어서는 안 된다. 하지만 이미 어떤 행위들에서 준수되었던 것들은 미래에도 그러한 행위들에서 그대로 보존되어야 할 것이다.

법령 II

[1.] 고리대금[3]

사목적 염려에 의해 나는 파산한 성당들을 돌보고 그런 일이 앞으로는 다시 발생되지 않도록 유익한 법령으로 조치를 취하도록 고무되고 자극을 받는다. 실로 고리대금의 소용돌이는 수많은 성당들을 거의 붕괴시켰다. 그리고 일부 고위 성직자들은 빚을 갚는 일에, 특히 선임자들이 계약한 사안들에 대해, 상당히 무관심하고 나태하며, 큰 빚을 지고 교회의 재산을 저당 잡히는 일을 서슴없이 행하며, 게다가 취득한 것을 보호하는 일에 소홀하고, 보유 재산을 지키는 것과 잃은 것을 회복하는 것 그리고 파산된 것을 복구하고 손해 본 것을 만회하는 것보다 본인들의 이익을 취하려고 새로운 일을 벌이는 것을 더 좋아하는 모습을 보인다. 따라서 그들이 이제부터는 자신들의 비효율적인 관리의 탓을 선임자들과 여타의 인물들에게 돌림으로써 핑계를 대는 일이 없도록 본 공의회의 승인 사항으로 다음과 같이 규정하는 바이다. 주교들과 아빠스들 그리고 지구장들과 공공 재산을 합법적으로 관리하는 여타의 모든 인물들은 그 관리를 맡게 된 지 한 달 이내에 바로 위의 상급자에게 이 사안을 위해 특별히 소집된 참사회나 집회에 몸소 참석하든지 혹은 적당하고 신망 있는 교회 인사를 통해서 대신 참석하도록 요청하고, 거기서 자신들이 맡게 될 관리의 영역에 속하는 재산들의 목록이 작성되게 해야 한다. 거기에는 동산과 부동산, 회계장부들, 계약서들, 문서들, 특전들, 성당들의 장식품 내지는 제구들과 도시와 지방을 막론하고 기본재산에 속하는 모든 것들, 그리고 채무와 채권에 대한 목록이 지극히 성실하게 기록되어야 한다. 그리하여 그들이 인수할 당시의 성당의 상태 내지는 그 관리의 상태가 어떠했는지, 재임 기간 중에는 어떤 식으로 관리했는지 그리고 사망이나 해임으로 인해 그 직무를 떠날 때 어떤 상태로 인계했는지를 상급자나 성당을 돌볼 소임을 맡게 된 사람들이 필요한 경우에 분명하게 인지할 수 있도록 해야 한다. 로마교황을 제외하고는 상급자가 없는 대주교들은 이 일을 위해 수하 교구장 주교 중에 한 사람을 초빙하여 그로 하여금 몸소 혹은 다른 사람을 시켜서 위에 언급한 대로 하게 해야 한다.

---

1) Coll. III, 38; 제4장 V 11 *Sext*(Fr 2, 1094-1095).
2) 참조: 제20법령(위의 291-292쪽).
3) *R*에서는 제13법령, 다른 데에서는 누락됨.

et abbates ac alii praelati minores exempti, unum vicinum episcopum, qui nihil iuris in exempta ecclesia sibi vindicet, ad id studeant evocare, dictumque inventarium, tam substituti praelati quam sui collegii necnon et superioris[a] suffraganei seu vicini episcopi ad hoc vocatorum muniatur sigillis, in archivis ecclesiae cum cautela debita conservandum[b], et nihilominus inventarii eiusdem transcriptum, tam idem institutus quam praelatus ad hoc vocatus penes se habeat simile sigillatum. Inventa quoque custodiantur fideliter et de ipsis administratio digna geratur et comperta debita de mobilibus ecclesiae, si fieri potest, cum celeritate solvantur. Si vero mobilia non sufficiant ad solutionem celerem faciendam, omnes proventus in solutionem convertantur debitorum, quae usuraria fuerint vel etiam onerosa, deductis de ipsis proventibus expensis dumtaxat necessariis, praelato collegioque rationabiliter computandis. Si autem debita non fuerint onerosa vel usuraria, tertia pars eorundem proventuum vel maior cum illorum consilio, quos ad conficiendum inventarium vocandos diximus, pro satisfactione huiusmodi deputentur. Porro eiusdem concilii auctoritate firmiter inhibemus, ne praedicti personas suas vel ecclesias sibi commissas pro aliis obligent nec pro se vel ipsis ecclesiis contrahant debita, quibus possit imminere gravamen. Si vero evidens urgeat necessitas vel ecclesiarum rationabilis suadeat utilitas, praelati cum superiorum, archiepiscopi et abbates exempti cum praedictorum collegiorumque suorum consilio et consensu, debita non usuraria, si potest fieri, nunquam tamen in nundinis vel mercatis publicis contrahant, et contractuum litteris debitorum et creditorum nomina et causas quare contrahatur debitum, etiam si in utilitatem ecclesiae sit conversum, et ad id personas ecclesiasticas vel ecclesias nullatenus volumus obligari. Privilegia siquidem ecclesiarum, quae securo loco fideliter custodiri mandamus, nequaquam pignori obligentur, nec etiam res aliae, nisi forte pro necessariis et utilibus debitis cum praedicta solemnitate contractis. Ut autem haec salubris constitutio inviolabiliter observetur et fructus appareat, quem ex ipsa provenire speramus, ordinandum duximus et irrefragabiliter statuendum, quod omnes abbates et priores necnon et decani vel praepositi cathedralium seu aliarum ecclesiarum semel saltem in anno in ipsorum collegiis districtam suae administrationis faciant rationem, et coram superiore visitante conscripta et consignata huiusmodi ratio fideliter recitetur. Archiepiscopi vero et episcopi statum administrationis bonorum, ad mensam propriam pertinentium, similiter singulis annis capitulis suis, et nihilominus episcopi metropolitanis et metropolitani legatis apostolicae sedis vel aliis quibus fuerit ab eadem sede suarum ecclesiarum visitatio delegata, insinuare debita fidelitate procurent. Computationes vero conscriptae semper in thesauro ecclesiae ad memoriam reserventur, ut in computatione annorum sequentium, praeteriti temporis et instantis diligens habeatur collatio, ex qua superior administrantis diligentiam vel negligentiam comprehendat; quam siquidem negligentiam, solum Deum habens prae oculis, hominis amore, odio vel timore postpositis, tanta et tali animadversione

---

[a] superiores *R*   [b] conservandam *R*

그리고 면속구의 아빠스들이나 여타의 하급 장상들은 면속구의 재산에 아무런 권한을 가지고 있지 않음을 자인하는 인근의 주교 한 사람을 모셔다가 그렇게 해야 한다. 언급한 재산목록은 고위 성직자의 대리인(관리 소임을 맡게 된 사람)과 그의 회의 기구 그리고 이 일로 초빙된 대주교 수하 교구장 주교나 인근의 주교의 인장으로 봉인되어야 하고, 마땅한 경계 체재를 갖춰 성당의 문서고에 보관되어야 한다. 그리고 관리 소임을 맡은 사람도 이 일로 초빙된 고위 성직자도 그 목록의 사본을 한 부씩 같은 방식으로 봉인된 채로 보관하고 있어야 한다. 취득한 재산은 성실하게 지켜져야 하고 합당하게 관리되어야 하며 갖고 있는 채무는 성당의 유동자산으로 가능한 조속히 갚아야 한다. 만일 이 유동자산이 조속히 채무를 청산하기에 충분하지 않다면, 고위 성직자와 그의 참사회가 적당한 평가를 한 후 꼭 필요한 비용만을 제하고 모든 수입을 고리대금이나 과중한 부담에 해당하는 채무를 청산하는 데로 투입해야 한다. 하지만 채무가 고리대금에 의한 것도 과중한 부담이 되는 것도 아닌 경우라면, 재산목록을 위해 소집되어야 한다고 내가 언급했던 사람들의 조언을 듣고, 수입의 3분의 1이나 그 이상을 채무 청산에 배정되도록 해야 한다. 아울러 본 공의회의 권위로 엄중히 금하는 바, 앞서 언급한 사람들은 자신들 개인의 명의로나 자신들에게 맡겨진 성당들의 명의로 타인의 채무 보증을 서지 말아야 하고 자신들을 위해서나 자신들의 성당들을 위해서 과중한 부담을 야기할 소지가 있는 채무 계약을 체결하지 말아야 한다. 하지만 분명한 필요성과 자신들의 성당을 위한 타당한 명분이 그들을 채근하는 경우라면, 고위 성직자들은 자신들의 상급자들의 조언과 동의를 얻어서, 대주교들과 면속구 아빠스들은 이미 언급했던 자들과 자신들의 회의 기구의 조언과 동의를 얻어서 채무 계약을 맺을 수 있는데 가급적이면 고리대금이 아니어야 하고 절대로 장터나 공공의 시장에서 하는 채무 계약이 아니어야 한다. 그리고 채무자와 채권자의 이름과 채무 계약을 체결하게 된 사유를 서면 계약서에 포함시켜야 한다. 또한 설령 교회에 이익이 될지라도 이것으로 인해 교회의 인사들이나 성당들이 결코 담보물이 되는 것을 원치 않는 바이다. 안전한 곳에 보관하라고 내가 명한 교회의 특전에 관한 문서들은 결코 담보물이 될 수 없고, 위에 언급한 정식으로 체결된 필요하고 유익한 채무 계약의 경우를 제외하고는 다른 것들도 담보물이 될 수 없다. 이 유익한 법령이 어김없이 준수되고 그것으로부터 내가 기대하는 성과가 드러나게 하기 위해서 다음과 같이 논박할 수 없는 규정을 정하고 명해야겠다고 생각했다. 즉 모든 아빠스들과 수석 사제들, 지구장들 그리고 주교좌성당이나 여타의 성당들을 맡은 자들은 적어도 1년에 한 번 그들의 회의 기구에 상세한 재무관리 보고를 해야 하고 서면으로 작성되고 서명 날인된 그 보고서를 순시 나온 상급자 앞에서 성실하게 낭독해야 한다. 대주교들과 주교들은 자신들의 주교관에 속한 재화들의 관리 상태가 유사한 방식으로 매년 자신들의 참사회에 마땅한 성실성을 가지고 보고되도록 조치를 취해야 한다. 그리고 주교들은 자신들의 관구장 대주교에게 그리고 관구장 대주교들은 사도좌의 사절이나 자신들의 교회를 순시하도록 사도좌에서 파견된 여타의 인물들에게 그렇게 해야 한다. 서면으로 작성된 재무관리 보고서들은 항상 성당의 금고에 기록물로 보관되어야 한다. 그럼으로써 향후 수년간 그 보고서를 통해 과거와 현재를 치밀하게 비교할 수 있을 것이고 그것을 가지고 상급자는 관리자가 근면한지 혹은 태만한지를 인지할 수 있을 것이다. 상급자는 눈앞에 오로지 하느님만을 염두에 두고 당사자에 대한 애정이나 증오 혹은 두려움을 배제하면서 응당한 만큼의 응당한 종류의 견책을 가해야 한다.

castiget, quod nec a Deo nec a suo superiori vel sede apostolica mereatur propter hoc recipere ultionem. Non solum autem a futuris praelatis sed etiam a iam promotis praesentem constitutionem praecipimus observari.

[2.] *De subsidio imperii Constantinopolitani*[1]

Arduis mens nostra occupata negotiis curisque distracta diversis, inter cetera circa quae attentionis invigilat oculo, ad Constantinopolitani liberationem imperii suae considerationis aciem specialiter dirigit, hanc ardenti desiderio concupiscit, erga eam iugi cogitatione versatur, et licet apostolica sedes pro ipsa grandis diligentiae studio et multiplicis subventionis remedio ferventer institerit, ac diu catholici non sine gravibus laboribus et onerosis sumptibus anxiisque sudoribus et deflenda sanguinis effusione certarint, nec tanti auxilii dextera imperium ipsum totaliter de inimicorum iugo potuerit, impedientibus peccatis, eripere, propter quod non immerito dolore turbamur. Quia tamen ecclesiae corpus ex membri causa cari, videlicet imperii praefati carentia notam probrosae deformitatis incurreret et sustineret debilitatis dolendae iacturam, possetque digne nostrae ac ipsius ecclesiae desidiae imputari, si fidelium destitueretur suffragio et relinqueretur hostibus libere opprimendum, firma intentione[a] proponimus eidem imperio efficaci et celeri subsidio subvenire, ut ecclesia ferventi ad illius exurgente succursum manumque porrigente munitam, imperium ipsum de adversariorum dominio erui valeat et reduci auctore Domino ad eiusdem corporis unitatem, sentiatque post conterentem inimicorum malleum[2] dexteram[b] matris ecclesiae consolantem, et post assertionis erroneae caecitatem, visum catholicae fidei possessione resumat. Ad liberationem autem ipsius eo magis ecclesiarum praelatos aliosque viros ecclesiasticos vigiles et intentos exsistere, ac opem et operam convenit exhibere, quo amplius eiusdem fidei et ecclesiasticae libertatis augmentum, quod per liberationem huiusmodi principaliter proveniret, procurare tenentur; maxime quia[c] dum praedicto subvenitur imperio, consequenter subsidium impenditur Terrae sanctae. Sane ut festina fiat et utilis imperio praefato subventio, ex communi concilii approbatione statuimus, ut medietas omnium proventuum, tam dignitatum et personatuum quam praebendarum ecclesiasticarum aliorumque beneficiorum ecclesiasticarum personarum illarum, quae in ipsis residentiam non faciunt personalem, per sex menses ad minus, sive unum habeant sive plura (eis qui nostris et fratrum nostrorum ac suorum praelatorum immorantur obsequiis, aut sunt in peregrinatione vel scholis seu ecclesiarum suarum negotia de ipsorum mandato procurant, aut assumpserunt vel assument crucis signaculum in praedictae Terrae, vel personaliter in eiusdem imperii proficiscentur succursum exceptis), et si aliqui eorundem exceptorum, praeter huiusmodi crucesignatos et proficiscentes, de reditibus ecclesiasticis ultra valentiam centum marcarum argenti percipiunt, annua-

---

[a] intentionis *R*   [b] dextera *R*   [c] qua *R*

---

[1] c. 14 *R, om. rell.*   [2] Cf. Ir 23, 29.

그리고 그 처벌은 그것 때문에 하느님이나 자신의 상급자 혹은 사도좌에 의해서 응징을 당할 것을 두려워할 정도가 되면 안 된다. 또한 본 법령이 미래의 고위 성직자들에 의해서 준수되어야 할 뿐만 아니라 이미 그 자리에 오른 자들에 의해서도 준수되기를 바라는 바이다.

[2.] 콘스탄티노플 제국을 위한 지원[1]

나의 정신이 어려운 일들에 얽매여 있고 여러 가지 걱정거리로 혼란스러운데, 내가 관심 어린 눈길로 지켜보는 그러한 사안들 중에 특별히 속 깊은 시선을 집중하게 만드는 것은 콘스탄티노플 제국의 해방이다. 그것은 내가 열렬히 갈망하는 바이고 그것에 대해 끊임없이 생각을 기울이는 사안이다. 사도좌가 그 일을 위해서 커다란 열정과 다양한 지원책을 열렬히 쏟았음에도 불구하고, 그리고 가톨릭 신자들이 오랜 세월 동안 극심한 노고와 과중한 비용과 걱정과 땀과 고통스런 피 흘림을 감수하면서 투쟁하였음에도 불구하고, 그러한 도움의 손길은 적의 속박으로부터 제국을 온전히 풀려나게 하지 못하였다. 이는 죄 때문일 것이고 따라서 그로 인해 내가 고통에 시달리는 것은 부당한 일이 아닐 것이다. 그러나 교회의 몸은 사랑스런 구성원, 즉 앞서 말한 제국의 부재로 말미암아 수치스런 기형을 드러내게 되었고, 그 상실로 인한 비통할 허약함을 겪게 되었다. 또한 만일 그 제국이 신자들의 도움을 받지 못하게 되고 적의 공격에 무방비 상태로 방치된다면, 그것에 대해서는 나와 교회의 태만에 탓을 돌리는 것이 맞을 것이다. 따라서 나는 그 제국에 효과적이고 신속하게 지원하기를 확고한 의지로 제안하는 바이다. 왜냐하면 교회가 그를 돕는 일에 분연히 일어나고 보호의 손길을 뻗침으로써 그 제국 자체를 그것의 원수들의 통제로부터 구해 내고, 주님의 인도하심에 힘입어 그 제국이 하나의 몸에 일치를 이루도록 되돌아오게 할 수 있을 것이고, 원수들이 망치로 부수는 것[2]을 겪은 뒤에 어머니이신 교회의 위로의 손길을 느끼게 될 것이며, 오류의 맹목을 겪은 후에 가톨릭 신앙을 가짐으로써 다시 시력을 회복하게 될 것이기 때문이다. 그리고 성당들의 고위 성직자들과 여타의 교회 인사들이 그 제국의 해방을 위해 더욱 깨어서 기여하고 더욱 자신들의 도움과 지원을 제공하는 모습을 보이는 것은 마땅한 일이며, 그렇게 할수록 더욱더 신앙의 확산과 교회의 자유의 증대를 위해 일하게 되는 것인데, 그 이유는 그 제국의 해방을 통해 그런 것들이 기본적으로 얻어지게 되어 있고, 그 제국이 도움을 받으면 그 결과로 성지도 도움을 받게 되어 있기 때문이다. 그러므로 제국에 대한 지원이 신속하고 유용한 것이 되게 하기 위해 본 공의회의 만장일치의 승인 사항으로 규정하는 바, 만 3년 동안 고관들과 유지들과 교회 성직록을 받는 자들이 받는 모든 수입과 보유한 교회록의 개수와 상관없이 그 자리에 적어도 6개월 이상 정주하지 않는 자들이 보유한 여타의 교회록들에 발생하는 모든 수입의 2분의 1이 그 제국을 지원하기 위하여 사도좌에서 파견된 자를 통해서 모금되어야 한다. 나를 위해 혹은 나의 형제 추기경들과 그들 수하의 고위 성직자들을 위해 복무하도록 채용된 사람들, 성지순례 중이거나 학교에 종사하는 사람들, 발령을 받아 소속 성당의 관리를 맡은 사람들, 성지 지원을 위해 십자군 기장을 받았거나 받을 사람들, 혹은 그 제국을 돕기 위해 몸소 출정할 사람들은 이 의무에서 면제된다. 하지만, 십자군과 십자군 출정을 앞두고 있는 자들을 제외하고, 만일 면제되었던 자들 중에

---

1) R에서는 제14법령, 다른 데에서는 누락됨.   2) 참조: 예레 23, 29.

tim tertia pars residui ipsius imperii subsidio colligenda, per eos qui ad
hoc apostolica fuerint ordinati providentia, usque ad triennium integre
deputentur, non obstantibus quibuscumque consuetudinibus vel statutis
ecclesiarum seu quibuslibet indulgentiis ipsis ecclesiis vel personis ab
apostolica sede concessis, iuramento aut quacunque firmitate alia robo-
ratis. Et si forte super hoc fraudem scienter commiserint, sententiam
excommunicationis incurrant. Nos vero de obventionibus ecclesiae
Romanae, deducta prius ex eis decima succursu Terrae deputanda prae-
dictae, decimam pro dicti subventione imperii plenarie tribuemus. Porro
cum idem iuvatur imperium, auxilium praestatur potissime ipsi Terrae
ac ad recuperationem eius praecipue insistitur, dum ad ipsius liberatio-
nem imperii laboratur, de omnipotentis Dei misericordia et beatorum
Petri et Pauli apostolorum eius auctoritate confisi, ex illa quam nobis,
licet indignis, ligandi atque solvendi contulit potestate[1], omnibus eidem
imperio succurrentibus illam suorum peccaminum veniam indulgemus,
ipsosque illo privilegio eaque volumus immunitate gaudere, quae prae-
dictae Terrae subvenientibus conceduntur.

[3.] *Admonitio praelatorum ad populum sibi commissum*[2]

Perennis obtentu patriae, a longis retro temporibus pro redimenda
Terra, quam Dei Filius aspersione sui sanguinis consecravit, universitas
filiorum ecclesiae non solum expensas innumeras, sed inaestimabilem
cruoris affluentiam noscitur effudisse, sicut ex eo moesti corde colligimus,
quod pridem contra fideles pugnantibus impiis, accidit in partibus trans-
marinis. Verum cum propter hoc sit in sedis apostolicae voto potissimum,
ut de ipsius redemptione Terrae communis desiderii cito Deo propitio
proveniat complementum, digne providimus, ut ad procurandum Dei
favorem, negotio vos nostris litteris excitemus. Rogamus itaque univer-
sos vos et obsecramus in domino Iesu Christo mandantes, quatenus sin-
guli vestrum fideles populos vestrae curae commissos in vestris praedica-
tionibus, vel quando poenitentiam ipsis iniungitis, piis monitis inducatis,
concessa super hoc, prout expedire videritis indulgentia speciali, ut in
testamentis, quae pro tempore fecerint, aliquid in Terrae sanctae vel
imperii Romaniae subsidium pro suorum peccaminum remissione relin-
quant, attentius provisuri, ut quod ipsi ad crucifixi reverentiam habendo
respectum in pecunia pro huiusmodi subventione dederint, in certis locis
sub sigillis vestris conservari fideliter, et illa quae in rebus aliis ad hoc
legata[a] fuerint, diligenter in scriptis redigi faciatis. Hoc autem pietatis
opus, in quo sola causa Dei quaeritur et salus fidelium procuratur, sic
vestra sinceritas promptis prosequatur affectibus, ut tandem securi de
manu superni iudicis caelestis gloriae praemium expectetis.

a legati *R*

---

[1] Cf. Mt 16, 19; 18, 18. [2] c. 15 *R, om. rell.*

누가 교회 수입에서 은화 100마르크 이상의 급여를 받는다면, 그 사람은, 반대되는 그 어떤 관습이나 성당의 정관이나 사도좌에 의해 성당 혹은 사람에게 수여된 그 어떤 은전에도 불구하고 그리고 설령 그런 것을 위해 그 어떤 서약이나 보증이 있었을지라도, 남는 돈의 3분의 1을 그 제국을 지원하기 위해 사도좌에서 파견된 자에 의해서 행해지는 모금에 바쳐야 한다. 그리고 이 사안에 대해 행여 누가 의도적으로 기만의 죄를 범하면 그는 파문의 판결을 받을 것이다. 나 자신은 로마교회의 모든 수입에서 성지를 위해 우선 십일조를 제하고 거기에서 또 십일조를 떼서 그 제국의 지원금으로 내놓을 것이다. 게다가 그 제국을 지원하는 것은 근본적으로 성지를 지원하는 것이고, 그 제국의 해방을 위해 일하는 것은 성지를 회복하는 일이기도 하기 때문에 나는 전능하신 하느님의 자비와 복된 사도 베드로와 바오로의 권위에 의지하면서, 자격은 없지만 나에게 주어진 매고 푸는 권한1)에 힘입어, 그 제국을 지원하는 모든 사람들에게 죄의 사면을 내리는 바이고, 성지를 돕는 자들에게 수여된 특전과 면제 특권을 향유하기를 바라는 바이다.

[3.] *자신들에게 맡겨진 백성에게 해야 하는 고위 성직자들의 훈계*2)

영원한 모국이라는 것에 대한 신념 하나로 오래전부터 하느님의 모든 자녀들은 하느님의 아드님께서 당신의 피를 흘리심으로써 축성하신 성지를 되찾기 위해 헤아릴 수 없이 많은 금전적 부담을 했을 뿐만 아니라 엄청나게 많은 피를 뿌렸다. 이는 종전에 바다 건너편 땅에서 신자들에 맞서 일으킨 불신자들의 전쟁을 통해서 슬픈 마음으로 알게 되었던 바이다. 하지만 하느님께서 하신다면 성지에 해방이 조속히 실현될 것임을 바라는 공통된 원의들이 사도좌에서는 최고조에 달하는 염원이기 때문에, 나는 내 서한을 통해 그대들이 하느님의 은혜를 얻어내기 위해 분발하도록 합당한 형식으로 조치를 취했다. 따라서 그대들 모두에게 우리 주 예수 그리스도의 이름으로 명하면서 애원하고 간청하노니, 그대들은 그대들에게 맡겨진 백성들에게 설교를 하는 중에 혹은 그들에게 보속을 줄 때, 적절한 기회에 맞춰 특별한 대사를 베풀면서라도 그들로 하여금 자신들의 죄의 사함을 위하여 이 시기에 작성하는 자신들의 유언장에 성지나 동로마 제국에 원조할 몫을 남겨 놓으라고 진솔한 권고로 각 신자들을 설득하게 하여야 한다. 그리고 그대들은 신자들이 십자가에 못 박히신 주님께 대한 존경심으로 그 사업을 위해 금전적으로 기부하는 내역들에 대해서는 그대들의 인장으로 봉인하여 그것들이 안전한 장소에 보관되도록 최대한의 주의를 기울여 배려해야 할 것이다. 그리고 그 사업을 위해 다른 형태로 남긴 유물들에 대해서는 상세하게 서면으로 기록되도록 조치해야 할 것이다. 오직 하느님의 이익에 보탬이 되고 신자들에게 구원을 가져다주는 이 경건한 사업에 그대들이 가지고 있는 단호한 충실함이 수반되도록 하기 바라는 바이다. 그럼으로써 그대들은 마침내 최고의 심판관의 손에 의해서 천상 영광이라는 포상이 내려지는 것을 확실히 보게 될 것이다.

---

1) 참조: 마태 16, 19; 18, 18.
2) *R*에서는 제15법령, 다른 데에서는 누락됨.

[4.] De Tartaris[1]

Christianae religionis cultum longius latiusque per orbem diffundi super omnia cupientes, inaestimabilis doloris telo transfodimur, si quando aliqui sic nostro in hac parte obviant desiderio, affectu contrario et effectu, quod ipsum cultum delere penitus de terrae superficie omni studio totaque potentia moliuntur. Sane Tartarorum gens impia christianum populum subiugare sibi vel potius perimere appetens, collectis iam dudum suarum viribus nationum, Poloniam, Rusciam, Ungariam aliasque christianorum regiones ingressa, sic in eas depopulatrix insaevit, ut gladio eius nec aetati parcente nec sexui, sed in omnes indifferenter crudelitate horribili debacchante, inaudito ipsas exterminio devastarit, ac aliorum regna continuato progressu illa sibi, eodem in vagina otiari gladio nesciente, incessabili persecutione substernit, ut subsequenter in robore fortiores exercitus christianos invadens, suam plenius in ipsos possit saevitiam exercere, sicque orbato, quod absit, fidelibus orbe, fides exorbitet, dum sublatos sibi gemuerit ipsius gentis feritate cultores. Ne igitur tam detestanda gentis eiusdem intentio proficere valeat, sed deficiat, auctore Deo potius et contrario concludatur eventu, ab universis christicolis attenta est consideratione pensandum et procurandum studio diligenti, ut sic illius impediatur processus, quod nequeat ad ipsos ulterius quantumcumque potenti armato brachio pertransire. Ideoque sacro suadente concilio, universos vos monemus, rogamus et hortamur, attente mandantes, quatenus viam et aditus unde in terram nostram gens ipsa posset ingredi solertissime perscrutantes, illos fossatis et muris seu aliis aedificiis aut artificiis, prout expedire videritis, taliter praemunire curetis, quod eiusdem gentis ad vos ingressus patere de facili nequeat. Sed prius apostolicae sedi suus[a] denuntiari possit adventus, ut ea vobis fidelium destinante succursum, contra conatus et insultus gentis ipsius tuti esse adiutore Domino valeatis. Nos enim in tam necessariis et utilibus expensis, quas ob id feceritis, contribuemus magnifice ac ab omnibus christianorum regionibus, cum per hoc occurratur communibus periculis, proportionaliter contribui faciemus, et nihilominus super his aliis christifidelibus, per quorum partes habere posset aditum gens praedicta litteras praesentibus similes destinamus.

[5. Super cruciata[b]][2]

Afflicti corde pro deplorandis Terrae sanctae periculis, sed pro illis[c] praecipue quae constitutis in ipsa fidelibus noscuntur noviter[d] accidisse ad liberandum ipsam Deo propitio de impiorum manibus, totis affectibus aspiramus, diffinientes sacro approbante concilio, ut ita crucesignati se praeparent, quod opportuno tempore universis insinuando fidelibus per praedicatores et nostros nuntios speciales, omnes qui disposuerint transfretare, in locis idoneis ad hoc conveniant[e]; de quibus in eiusdem Terrae subsidium cum divina et apostolica benedictione procedant. Sacerdotes

---

[a] suis *R*   [b] *om. R*   [c] istis *M*   [d] *om. Bu*   [e] deputatis *add. Bu*

---

[1] c. 16 *R, om. rell.*   [2] c. 17 *R, om. rell.*

[4.] 타타르인들 [1]

그리스도교의 신앙을 온 누리에 더 멀리 더 넓게 퍼뜨리는 것을 만사에 우선해서 열망하기에, 어떤 자들이 반대되는 의도와 행동으로 나의 이러한 원의를 저해시키면서, 자신들의 온갖 노력과 힘을 기울여 그리스도교 신앙을 이 지상에서 없애 버리려고 할 때 나는 창으로 찔리듯이 형언할 수 없는 고통에 시달린다. 실제로 불경스런 타타르족은 그리스도교 백성들을 자기들에게 종속시키고자, 아니 전멸시키고자, 이미 오래전부터 자기 나라 모든 부족들을 규합하여 폴란드, 러시아, 헝가리 그리고 여타 그리스도교 지역들을 침공하였고, 거기서 그들은 그들의 검으로 남녀노소를 불문하고 인구를 절멸할 듯이 광란을 자행했고, 그 가공할 잔인성으로 무차별적으로 날뛰면서 전대미문의 대량 학살을 함으로써 그 나라들을 초토화하였다. 그 족속은 검을 칼집에 가만히 넣어 두지 못하고 계속 진격하여 그칠 줄 모르는 박해를 가하면서 다른 왕국들을 그 족속에게 종속시켰다. 그리고 그 뒤에 그 족속은 더 강한 그리스도교 군대들을 공격하고, 그 군대들에 대해서 극도로 난폭한 짓을 자행할 수 있었다. 그리고 하느님께서 원치 않으시겠지만, 그렇게 신자들이 없어진 세상에서는 신앙을 따르던 자들이 그 족속의 난폭함에 괴멸된 채 탄식하는 동안 신앙이 그곳을 이탈하게 될 것이다. 따라서 그 족속의 끔찍한 지향이 실현되지 못하고 저지되게 하려면, 그리고 하느님의 권능에 힘입어 그들의 의도에 반대되는 결과를 얻어내려면, 모든 그리스도인들은 신중하게 생각하고 성실하게 노력을 경주하여 그 진격을 방해하고 그들의 무장된 군사력으로 더 이상 다른 곳에 침공하지 못하도록 미리 막아야 한다. 따라서 거룩한 본 공의회의 권고에 발맞추어 그대들 모두에게 훈계하고 간청하고 권고하고 명하노니, 그 족속이 우리 영토에 들어오기 위해 거쳐야 하는 도로들과 진입로들을 지극히 세밀하게 찾아낸 후, 그곳들을 방어용 도랑, 방벽 혹은 그런 식으로 길목에서 막아내는 것에 그대들이 보기에 적당한 방법으로 여타의 건설이나 공사를 통해서 요새화함으로써 그대들의 영토들의 입구가 쉽사리 개방되지 못하게 해야 한다. 그들의 진군에 대한 전갈을 사도좌에 가장 신속하게 보고해야 한다. 그럼으로써 사도좌가 신자들의 지원이 그대들에게 향하게 하여 그대들이 주님의 권능에 힘입어 그 족속의 습격과 기습으로부터 그대들을 방어할 수 있을 것이다. 그대들이 이 목적을 위해 감당하는 데 필요하고 유용한 비용에 대해서는 후하게 원조하겠고, 모든 그리스도교 지역들이 분담하여 원조하도록 조치하겠다. 이렇게 하는 것이 공통된 위험에 대처하는 것이 되기 때문이다. 또한 나는 그 족속이 진입할 수 있는 지역의 다른 그리스도인들에게도 앞서 언급된 바와 유사한 내용의 서한들을 발송하고자 하는 바이다.

[5.] 십자군 [2]

성지의 개탄스러운 위험 때문에, 그리고 특히 최근에 알려진 대로 그곳에 거주하는 그리스도인들이 공격을 당했다는 사실 때문에 애통해하면서, 나는 성지가 하느님의 축복을 받아 비신자들의 손아귀에서 해방되기를 온 마음으로 갈망하는 바이다. 따라서 거룩한 본 공의회의 승인 사항으로 규정하는 바, 유사시에 설교가와 나의 특별 사절이 모든 신자들에게 알려주면 바다를 건너 출정하기로 되어 있는 모든 사람들이 그것을 위해 적당한 장소에 집결하고 거기서부터 하느님과 사도좌의 축복 속에 성지를 도우러 나아 갈 수 있도록 십자군들은 채비를 차리고 있어야 한다.

---

1) R에서는 제16법령, 다른 데에서는 누락됨.   2) R에서는 제17법령, 다른 데에서는 누락됨.

autem et alii clerici, qui fuerint in exercitu christiano, tam subditi quam praelati, orationi et exhortationi diligenter insistant, docentes eos verbo pariter et exemplo, ut timorem et amorem Domini semper habeant ante oculos, ne quid dicant aut faciant, quod aeterni Regis maiestatem offendat. Et si quando in peccatum lapsi fuerint, per veram poenitentiam mox resurgant, gerentes humilitatem cordis et corporis, et tam in victu quam in[a] vestitu mediocritatem servantes, dissensiones et aemulationes omnino vitando, rancore ac livore a se penitus relegatis; ut sic[a] spiritualibus et materialibus armis muniti, adversus hostes fidei securius praelientur, non de sua praesumentes potentia sed de divina virtute sperantes[1]. Nobiles quidem et potentes exercitus ac omnes divitiis abundantes piis praelatorum monitis inducantur, ut intuitu crucifixi, pro quo crucis signaculum assumpserunt, ab expensis inutilibus et superfluis, sed ab illis praecipue, quae fiunt in comessationibus et conviviis, abstinentes, eas commutent[b] in personarum illarum subsidium, per quas Dei negotium valeat prosperari et eis propter hoc iuxta praelatorum ipsorum providentiam peccatorum suorum indulgentia tribuatur. Praedictis autem clericis indulgemus, ut beneficia sua integre percipiant per triennium, ac si essent in ecclesiis residentes, et si necesse fuerit, ea per idem tempus valeant pignori obligare. Ne igitur hoc sanctum propositum impediri vel retardari contingat, universis ecclesiarum praelatis districte praecipimus, ut singuli per loca sua illos, qui signum crucis deposuerunt resumere, ac tam ipsos quam alios crucesignatos et quos adhuc signari contigerit, ad reddendum Domino vota sua[2] diligentius[c] moneant et[d] inducant, et si necesse fuerit, per excommunicationis in personas et interdicti sententias in terras ipsorum, omni tergiversatione cessante, compellant. Ad haec ne quid in negotio Iesu Christi de contingentibus omittatur, volumus et mandamus, ut patriarchae, archiepiscopi, episcopi, abbates et alii, qui curam obtinent animarum, studiose proponant commissis sibi populis verbum crucis, obsecrantes per Patrem et Filium et Spiritum sanctum, unum, solum, verum, aeternum Deum, reges, duces, principes, marchiones, comites et barones aliosque magnates necnon communia civitatum, villarum et oppidorum, ut qui personaliter non accesserint in subsidium Terrae sanctae, competentem conferant numerum bellatorum cum expensis ad triennium necessariis secundum proprias facultates, in remissionem suorum peccaminum, prout in generalibus litteris, quas pridem per orbem terrae misimus, est expressum et ad maiorem cautelam inferius etiam[e] exprimetur. Huius enim[f] remissionis volumus esse participes, non solum eos, qui ad hoc naves proprias exhibebunt, sed illos etiam qui propter hoc opus naves studuerint fabricare. Renuentibus autem, si qui forte tam ingrati fuerint domino Deo nostro, ex parte apostolica firmiter protestemur, ut se sciant super hoc nobis in novissimo districti

---

[a] *om. Bu*   [b] convertant *MBu*   [c] diligenter *MBu*
[d] ac *MBu*   [e] *om. MBu*   [f] igitur *MBu*

---

[1] Conc. Lat. IV, c. [71] (v. supra p. 267, 28-38).   [2] Cf. Ec 5, 4; Ps 49, 14; 115, 14; et al.

한편 사제들과 여타의 성직자들이 그리스도의 군대에 참전하는 경우, 하급 성직자이건 고위 성직자이건 십자군들이 그들의 목전에 항상 하느님께 대한 두려움과 그분의 사랑을 염두에 둠으로써 영원한 임금이신 분의 주권에 침해가 되는 것을 결코 말하지도 행하지도 않도록 말씀과 표양으로 가르치면서 성실한 자세로 기도와 격려에 자신들을 투신하여야 한다. 혹시라도 자신들이 죄에 떨어지는 때에는 진정한 보속을 통해서 조속히 재기해야 한다. 그리고 자신들의 몸과 마음을 겸손하게 간직해야 하며 음식과 복장에서 검소함을 유지해야 하고 모두가 알력과 경쟁을 피해야 하고 앙심과 시기를 전적으로 멀리해야 한다. 그리하여 영육 간의 무기로 무장한 채 그들은 자신의 힘을 쓰기보다는 하느님의 권능에 희망을 두면서 두려움 없이 신앙의 적들에 대항하여 싸워야 한다.[1] 귀족들과 군대의 고관들과 재산이 많은 사람들은 고위 성직자들의 훈화를 받아들여서, 자신들이 십자군 기장을 받아들인 이유가 되시는 십자가에 못 박히신 분을 바라보면서, 불필요하고 과도한 소비, 특히 축제와 잔치를 자제하고 자신들의 재화를 나누어서 하느님의 이 사업이 성공하도록 기여하는 사람들을 위한 원조에 희사하여야 한다. 그리고 그 대가로 그들에게는 고위 성직자들의 재량에 따라 그들의 죄에 대한 대사가 베풀어져야 한다. 앞서 언급한 성직자들에 대해서는 마치 자기들의 성당에 상주하는 것과 같은 대우로 3년 동안 그들의 교회록의 수익을 전액 수령하는 것과 필요하다면 그 기간 동안 그것을 근저당으로 묶어 두는 것을 보장하는 바이다. 따라서 이 거룩한 계획이 방해를 받거나 지연되지 않게 하기 위하여 엄중하게 명하노니, 성당들의 모든 고위 성직자들은 각자 자신의 관할 지역에서 십자군을 그만둔 자들을 다시 십자군에 복귀하게 하고 그 복귀한 자들과 그 외의 십자군들과 새로 십자군이 되는 사람들이 모두 주님께 서원을[2] 채우도록 열심히 경고하고 권고해야 한다. 필요하다면, 오로지 사도좌의 조치에 따라 서원이 정당하게 대체되어야 하거나 지연되어야 하는 장애를 대면한 사람들만 예외로 하고, 사람에 대해서는 파문 제재를 동원하고 토지에 대해서는 금지령을 동원해서라도 그들이 서원을 하도록 아무런 주저함 없이 강제해야 한다. 예수 그리스도의 이 사업과 관련된 것이 아무것도 궐하게 되는 일이 없기를 바라면서 명하노니, 총대주교들, 대주교들, 주교들, 아빠스들 그리고 영혼의 사목을 맡은 여타의 사람들은 자신들에게 맡겨진 백성들에게 십자군에 대해서 열정적으로 설교해야 한다. 그리고 성지를 돕기 위해 몸소 나서지 않는 국왕들, 공작들, 영주들, 후작들, 백작들, 남작들 그리고 여타의 귀족들뿐만 아니라 도시, 촌락, 성곽의 공동체들에게, 이미 일반 서한을 통해 설명하였고 더욱 확실하게 보장하기 위해 다시 설명하게 될 죄의 사함을 위하여, 자신들의 능력에 따라 적당한 수의 병사들에 소용되는 비용을 대면서 3년간 제공하라고, 한 분이시며 홀로 참되시고 영원하신 하느님이신 성부와 성자와 성령의 이름으로 요청해야 한다. 나는 이 목적을 위해 자신의 함선을 기부하는 자들뿐만 아니라 함선을 건조(建造)하는 데에 조력하는 자들도 이 죄의 사함에 포함시키겠다. 한편 이를 거부하는 자들에 대해서는, 혹시 우리의 주님이신 하느님께 대해 배은망덕한 자들이 있다면 나의 교황직을 걸고 분명하게 선언하노니,

---

1) 제4차 라테란 공의회 제71법령(위의 267쪽).
2) 참조: 코헬 5, 4; 시편 50, 14; 116, 14(불가타본에서는 49, 14; 115, 14), 그리고 성서의 여러 곳.

examinis die coram tremendo iudice responsuros, prius tamen considerantes, qua scientia[a] quave securitate comparere poterunt coram unigenito Dei filio Iesu Christo, cui *omnia dedit Pater in manus*[1], si ei pro peccatoribus crucifixo servire renuerint in hoc negotio, quasi proprie sibi proprio, cuius munere vivunt, cuius beneficio sustentantur, quin etiam cuius sanguine[2] sunt redempti[3]. Ceterum ex communi concilii approbatione statuimus, ut omnes omnino clerici, tam subditi quam praelati, vigesimam ecclesiarum[b] proventuum, usque ad triennium integre conferant in[c] subsidium Terrae sanctae, per manus eorum, qui ad hoc apostolica fuerint providentia ordinati, quibusdam dumtaxat[d] religiosis exceptis ab hac praestatione merito eximendis illisque similiter, qui assumpto vel assumendo crucis signaculo, sunt personaliter profecturi. Nos[e] et fratres nostri sanctae Romanae ecclesiae cardinales plenarie decimam persolvemus; sciantque se omnes ad hoc fideliter observandum per excommunicationis sententiam obligatos, ita quod illi, qui super hoc fraudem scienter commiserint, sententiam excommunicationis incurrant. Sane quia iusto iudicio coelestis imperatoris obsequiis inhaerentes, speciali decet praerogativa gaudere, crucesignati a collectis vel talliis aliisque gravaminibus sint immunes, quorum personas et bona post crucem assumptam sub beati Petri et nostra protectione suscipimus, statuentes ut sub archiepiscoporum, episcoporum et omnium praelatorum ecclesiae Dei defensione consistant, propriis nihilominus protectoribus ad hoc specialiter deputandis ita, ut donec de ipsorum reditu vel obitu certissime cognoscatur, integra maneant et quieta; et si quisquam contra praesumpserit, per censuras ecclesiasticas[f] compescatur. Si qui vero proficiscentium, illuc ad praestandas usuras iuramento tenentur[g] adstricti, creditores eorum, ut eis remittant praestitum iuramentum et ab usurarum exactione desistant, eadem praecipimus districtione compelli. Quod si quisquam creditorum eos ad solutionem coegerit usurarum, eum ad restitutionem earum simili cogi animadversione mandamus. Iudaeos vero ad remittendas usuras per saecularem compelli praecipimus potestatem, et donec illas remiserint, ab universis christifidelibus per excommunicationis sententiam eis omnino communio denegetur. Iis[h] qui Iudaeis nequeunt solvere debita in praesenti, sic principes saeculares utili dilatione provideant, quod post iter arreptum, quousque[i] de ipsorum reditu vel obitu[k] cognoscatur, usurarum incommoda non incurrant, compulsis Iudaeis proventus pignorum, quos ipsi interim perceperint, in sortem expensis deductis necessariis computare; cum huiusmodi beneficium non multum videatur habere dispendii, quod[l] solutionem sic prorogat, quod debitum non absorbet. Porro ecclesiarum praelati, qui in exhibenda iustitia crucesignatis et eorum familiis negli-

[a] conscientia *M* [b] ecclesiasticorum *MBu* [c] ad *M* [d] tamen *MBu*
[e] autem *add. MBu* [f] per censuram eccl- *Bu* censura eccl- *M* [g] teneantur *MBu*
[h] vero *add. Bu* [i] usquequo *MBu* [k] certissime *add. MBu* [l] quia *MBu*

---

[1] Io 13, 3; cf. Io 3, 35.   [2] Cf. 1 Pt. 1, 18-19.
[3] Conc. Lat. IV, c. [71] (v. supra pp. 267, 38 - 268, 30).

그들은 마지막 날 최후의 심판 중에 무서운 심판관 앞에서 이에 대해 나에게 대답해야 할 것이다. 하지만 그들은, 죄인들을 위해 십자가에 못 박히셨고 그들이 살아가도록 은덕을 베푸시며 무엇보다도 그들을 구원하시려고 피를 흘리신[1] 바로 그분의 사업에 있어서 그분에게 봉사하는 것을 거부한다면, *아버지께서 모든 것을 당신의 손에 맡기신*[2] 하느님의 독생 성자 예수 그리스도의 면전에 어떤 양심으로 무슨 확신을 가지고 나타날 수 있겠는가를 먼저 생각해야 할 것이다.[3] 아울러 본 공의회의 만장일치의 승인 사항으로 명하는 바, 모든 성직자들은 하급자이건 고위 성직자이건 성지를 원조하는 데에 자신들의 교회록 수입의 20분의 1을 3년간 이 일을 위해 사도좌에서 임명한 사람들을 통해서 반드시 납부해야 한다. 이 조세에서 정당하게 면제된 일부 수도자들과 자신이 십자군이거나 십자군이 될 사람들만 예외로 한다. 나와 거룩한 로마교회의 형제 추기경들은 십일조를 온전히 바치겠다. 또한 파문의 형벌을 받지 않으려면 이 명령을 준수해야 한다는 것을 알아두기 바란다. 따라서 의식적으로 이 사안에 관해서 탈세를 범하는 자는 파문의 판결을 받게 될 것이다. 게다가 하늘의 주권자이신 분의 뜻에 꾸준히 순종하는 자들이 특별한 사전 보증(事前保證) 혜택을 받는 것은 정당한 일이기 때문에, 십자군들은 모금이나 세금 그리고 여타 부담으로부터 면제되어야 한다. 그리고 그들이 십자군이 된 다음에는 그들의 사람들과 재산들을 복된 베드로와 나의 보호 하에 거두어들이겠다. 따라서 명하노니, 하느님의 교회의 대주교, 주교, 교회들의 모든 고위 성직자들은 그들을 보호해 주어야 하고, 그런 목적으로 고유한 보호자들을 특별히 선임해 주어야 한다. 그럼으로써 그들의 전사나 귀환에 관한 확실한 사실이 통지될 때까지 그들의 재산이 고스란히 훼손되지 않고 보호될 것이다. 만일 누가 감히 이를 거슬러서 행동한다면, 교회의 교정벌로 다스릴 것이다. 만일 십자군들 중에 누가 이자를 지불할 맹세에 얽매여 있다면, 그들의 채권자들도 그들의 맹세로부터 그들을 풀어 주고 이자 징수를 중지하도록 같은 형벌로 제재를 받아야 한다고 명하는 바이고, 만일 그 채권자들 중에 누가 이자를 지불하도록 압력을 가한다면 그자는 그것을 배상하도록 유사한 형벌로 제재를 받아야 한다고 명하는 바이다. 한편 유대인들은 이자를 면제하도록 세속 권력에 의하여 제재를 받아야 하고, 그들이 그것을 실행하기 전까지는 모든 그리스도의 신자들은 그들과 아무런 거래도 하지 말아야 하고 이를 어기면 파문 제재를 받을 것이다. 세속 군주들은 유대인들에게 자신의 채무를 지금 갚지 못하는 자들을 위해 적절한 상환 연기 조치를 내림으로써 그들이 출정한 후부터 그들의 전사나 귀환에 대한 확실한 통지가 있을 때까지 이자 지불의 불편을 겪지 않도록 해야 한다. 유대인들은 그 기간 동안 십자군들의 채무에 대해 담보물로 잡아 놓은 재산으로부터 얻은 수입에서 비용을 공제하고 나머지는 원소유주의 자본으로 합산하도록 강제되어야 한다. 이러한 혜택이 큰 손실을 끼치는 것으로 보이지는 않는다. 왜냐하면 상환 연기가 채무를 없애는 것은 아니기 때문이다. 성당들의 고위 성직자들이 십자군들과 그의 가족들에게 정의를 보여주는 데에 태만하면

---

1) 참조: 1베드 1, 18-19.
2) 요한 13, 3; 참조: 요한 3, 35.
3) 제4차 라테란 공의회 제71법령(위의 267-268쪽).

gentes exstiterint, sciant se graviter puniendos. Ceterum, quia cursarii et piratae nimis[a] impediunt subsidium Terrae sanctae, capiendo et spoliando transeuntes ad eam[b] et redeuntes ab ipsa, nos eos et principales adiutores et fautores eorum excommunicationis vinculo innodamus, sub interminatione anathematis inhibentes, ne quis cum eis scienter communicet in aliquo venditionis vel emptionis contractu et iniungentes rectoribus civitatum et locorum suorum, ut eos ab hac iniquitate revocent et compescant. Alioquin quia nolle perturbare perversos, nihil est aliud quam fovere nec caret scrupulo societatis occultae, qui manifesto facinori desinit obviare, in personas et terras eorum per ecclesiarum praelatos severitatem ecclesiasticam volumus et praecipimus exerceri[c]. Excommunicamus praeterea et anathematizamus illos falsos et impios christianos, qui contra ipsum Christum et populum christianum[d] arma, ferrum et lignamina deferunt galearum; illos[e] etiam, qui galeas vendunt eis vel naves, quique in piraticis Saracenorum navibus curam gubernationis exercent, vel in machinis vel quibuslibet aliis aliquod eis impendunt auxilium vel consilium in dispendium Terrae sanctae, ipsosque rerum suarum multari privatione et capientium fore servos censemus. Praecipientes ut per omnes urbes maritimas omnibus[f] diebus dominicis et festivis huiusmodi sententia publice innovetur et talibus graemium non aperiatur ecclesiae, nisi totum quod de commercio tam damnato perceperint et tantundem de suo in subsidium praedictae[g] Terrae[g] transmiserint, ut aequo iudicio, in quo peccaverint[h], puniantur[1]. Quod si forte solvendo non fuerint, sic alias reatus talium castigetur, quod in poena ipsorum aliis interdicatur audacia similia praesumendi. Prohibemus insuper omnibus christianis et sub anathemate interdicimus, ut[i] in terras Saracenorum, qui in[f] partes orientales inhabitant, usque ad quadriennium transmittant vel transvehant naves suas, ut per hoc volentibus transfretare, in subsidium Terrae sanctae maior navigii copia praeparetur et Saracenis praedictis subtrahatur auxilium, quod eis consuevit ex hoc non modicum provenire. Licet autem torneamenta sint in diversis conciliis[2] sub certa poena generaliter interdicta, quia tamen hoc tempore crucis negotium per ea plurimum impeditur, nos ea[k] sub poena excommunicationis firmiter inhibemus[l] usque ad triennium exerceri. Quia vero ad hoc negotium exequendum, est permaxime necessarium, ut principes et populi christiani adinvicem pacem observent, sancta et[f] universali synodo suadente statuimus, ut[m] per quadriennium in toto orbe christiano pax generaliter observetur, ita quod per ecclesiarum praelatos discordantes reducantur ad plenam pacem aut firmam treguam inviolabiliter observandam; et qui acquiescere forte contempserint, per excommunicationem in personas et interdictum in

[a] saepius *Bu*   [b] illam *MBu*   [c] observari *corr. manus coeva* exerceri *R*
[d] Saracenis *add. MBu*   [e] eos *MBu*   [f] *om. MBu*   [g] Terrae sanctae *M*
[h] deliquerint *MBu*   [i] ne *MBu*   [k] illa *MBu*   [l] prohibemus *MBu*
[m] saltem *add. MBu*

[1] Cf. conc. Lat. III, c. 24 (v. supra p. 223).
[2] Cf. conc. Lat. II, c. 14 (v. supra p. 200) et conc. Lat. III, c. 20 (v. supra p. 221).

엄격하게 형벌을 받게 된다는 것을 알아야 한다. 뿐만 아니라, 약탈선들(역자 주: 회교도들의 해적선)과 해적선들이 성지를 오가는 사람들을 납치하고 약탈하면서 성지를 위한 원조에 심하게 방해를 하기 때문에, 그들에게 협조하는 자들이나 그들을 보호하는 자들은 파문에 처한다. 그리고 누구라도 의식적으로 그들과 매매 거래 계약을 맺는 것을 파문 형벌의 위협 하에 금하는 바이다. 또한 도시들과 그들이 거주하는 지역들의 집권자들은 그들로 하여금 그런 사악한 행위로부터 물러서도록 규제하고 억제해야 한다. 그렇게 하지 않으면, 사악한 자들을 뒤흔드는 것을 거부하는 것은 바로 그들을 돕는 것이고, 드러난 범죄에 대항하는 것을 실패한 자는 숨겨진 공범이라는 혐의를 면할 수 없기 때문에, 바라고 명하노니, 성당들의 고위 성직자들은 그들의 사람들과 그들의 토지들에 대해서 교회의 엄격함을 행사하여야 한다. 또한 그리스도와 그리스도의 백성을 거슬러서 사라센인들에게 무기와 그들의 전함을 위한 철과 목재를 제공하는 거짓되고 불경한 그리스도인들을 파문하는 바이다. 아울러, 성지에 피해가 돌아오도록 그들에게 전함이나 함선을 판매하는 자, 사라센인들의 해적선을 조종하거나 그들에게 기계적인 면으로나 여타의 분야에서 어떤 조언이나 도움을 주는 자는 가진 것을 몰수당할 것이고 그들을 체포하는 자들의 노예가 되어야 한다고 규정하는 바이다. 이 결정문은 모든 해안 도시들에서 주일과 축일마다 새롭게 공지되어야 하고, 자신이 죄를 범한 바로 그것에 대해서 처벌받는 것은 정당한 일이므로, 그들이 그런 일로 취득한 재화와 그것과 같은 양의 재화를 자신들의 재산에서 성지 원조를 위해 기부하지 않는 한 그들에게 성당의 내부가 개방되지 말아야 한다.[1] 혹시라도 그 재화를 지불하지 않으면 그들은 다른 이들이 그것을 보고 같은 죄를 저지를 엄두를 못 내게 할 그런 형벌을 달리 받을 것이다. 아울러 파문의 형벌 하에 금하는 바, 모든 그리스도인들은 사라센인들이 거주하는 동방 국가들에 4년간 자신들의 함선을 보내거나 운송 작업을 시켜서는 안 된다. 그럼으로써 많은 수의 함선들이 성지 원조를 위해 바다를 건너려는 사람들을 위해 확보될 것이고 앞서 말한 사라센인들이 그것으로부터 누려 왔던 적지 않은 혜택을 박탈하게 될 것이기 때문이다. 비록 승자 진출전이 여러 공의회를 통해서 일정한 형벌과 함께 전반적으로 금지되긴 했지만,[2] 오늘날 십자군 사업이 그들로 인해서 지극히 큰 방해를 받기 때문에, 앞으로 3년간 그런 대회를 절대 실시하지 못한다고 파문의 형벌로 다스리면서 확고히 금하는 바이다. 그리고 이 사업의 완수를 위해서 최대로 필요한 것은 군주들 간에 그리고 하느님의 백성들 간에 평화를 유지하는 것이기 때문에, 본 거룩한 전체 공의회의 충고에 따라 명하는 바, 적어도 앞으로 4년간 그리스도인들의 세계 전 지역에서 전반적으로 평화를 유지해야 한다. 따라서 교회의 고위 성직자들은 분쟁 중인 자들을 온전한 평화조약이나 확고한 휴전협정으로 인도해야 한다. 이에 동의하기를 거부하는 자들은, 그들의 사람들에 대해서는 파문으로, 그들의 토지에 대해서는 금지령으로 다스림으로써, 동의를 하도록 지극히 엄격하게 강제하여야 한다.

---

1) 참조: 제3차 라테란 공의회, 제24조(위의 223쪽).
2) 참조: 제2차 라테란 공의회, 제14조(위의 200쪽), 그리고 제3차 라테란 공의회, 제20조(위의 221쪽).

terras arctissime compellantur, nisi tanta fuerit iniuriatorum malitia, quod ipsi non gaudere debeant tali pace. Quod si forte censuram ecclesiasticam vilipenderint, poterunt non immerito formidare, ne per auctoritatem ecclesiae contra eos, tanquam perturbatores negotii crucifixi, saecularis potentia inducatur. Nos ergo de omnipotentis Dei misericordia et beatorum apostolorum Petri et Pauli auctoritate confisi, ex illa quam nobis, licet indignis, Deus ligandi atque solvendi contulit potestate[1], omnibus, qui laborem istum in propriis personis subierint et expensis, plenam suorum peccaminum, de quibus fuerint[a] corde contriti et ore confessi, veniam indulgemus et in retributione iustorum salutis aeternae pollicemur augmentum. Eis autem qui non in propriis personis illuc accesserint, sed in suis dumtaxat expensis iuxta facultatem et qualitatem suam viros idoneos destinaverint, et illis similiter qui licet in alienis expensis, in propriis tamen personis accesserint, plenam suorum concedimus veniam peccatorum. Huius quoque remissionis[b] concedimus esse participes, iuxta quantitatem subsidii et devotionis affectum, omnes qui ad subventionem ipsius[c] Terrae de bonis suis congrue ministrabunt, aut circa praedicta consilium et auxilium impenderint opportunum. Omnibus etiam pie proficiscentibus in hoc opere, sancta et universalis synodus orationum et beneficiorum suorum suffragium impartitur, ut eis digne proficiat ad salutem.[2]

[a] veraciter *add.* MBu   [b] volumus et *add.* MBu   [c] illius MBu

[1] Cf. Mt 16, 19; 18, 18.
[2] Conc. Lat. IV, c. [71] (v. supra pp. 268, 30 - 271, 12); cf. bibliogr. in calce huius c. conc. Lat. IV.

다만 그들을 공격한 자들의 사악함이 그들이 그러한 평화를 누릴 수 없을 정도의 것인 경우에는 그러하지 아니하다. 교회의 교정벌을 두려워하지 않는 자들에 대해서는, 십자가에 못 박히신 분의 사업에 방해꾼들인 그들을 대항하여 교회 당국에 의해 세속 권력이 동원될까 봐 두려움에 벌벌 떨게 만들 것이다. 그리고 몸소 참가하여 그리고 자신이 비용을 대 가면서 이 사업을 위해 일한 모든 사람들에게, 그들이 마음으로부터 진실하게 회개하고 입으로 죄를 고백한다면, 전능하신 하느님의 자비와 복된 사도 베드로와 바오로의 권위에 의지하고 하느님께서 부족함에도 불구하고 나에게 수여하신 재량권의 힘으로,[1] 그들의 죄에 대한 온전한 사함을 베푸는 바이며, 의인들에 대한 포상이 있을 때 영원한 생명을 얻게 될 것임을 보장하는 바이다. 또한 몸소 그곳에 가지는 않아도 자신의 재산과 처지에 따라서 비용을 대주면서 적합한 사람들을 보내 주는 이들과 몸소 출정하지만 다른 이가 대주는 비용으로 가는 사람들에게도 죄에 대한 충만한 사함을 베푸는 바이다. 게다가 성지의 원조를 위해 자신의 재화에서 적절히 기부하였거나 유용한 조언과 도움을 제공한 모든 사람들에게 그들이 제공한 도움의 질과 봉헌의 크기에 따라 이 죄 사함을 나누어 주는 바이다. 끝으로 본 전체 공의회는 이 공통의 사업에 성실하게 동참한 모든 사람들을 위해 그들의 구원에 보탬이 될 기도와 그 기도로 인한 온갖 혜택들을 수여하는 바이다.[2]

---

1) 참조: 마태 16, 19; 18, 18.
2) 제4차 라테란 공의회 제71법령(위의 268-271); 또한 참조: 제4차 라테란 공의회의 이 법령 끝부분의 참고 도서목록.

제2차 리옹 공의회
1274

머리말

교황 클레멘스 4세가 사망한(1268년 11월 29일) 이후 추기경단이 새로운 교황 그레고리오 10세를 선출하기까지(1271년 9월 1일) 거의 3년이 지나갔다. 그동안 유럽의 정치적 상황들은 매우 새로운 국면들을 맞이하고 있었다. 이러한 새로운 변화들을 설명하기 위해서는 스와비아(Swabia) 공국의 소멸과 국가주의의 발전을 거론하는 것만으로도 충분할 것이다. 교황들 스스로가 신성(神聖)로마제국 황제들과의 싸움에 있어서 여러 국가들에 도움을 청하고 있었으며, 앙주의 샤를(Charles d'Anjou)을 시칠리아의 왕좌에 오르게 하였다. 교황들은 자유와 독립을 얻기 위하여 벌였던 기나긴 투쟁에서 승리하여 마침내 그리스도교 세계 내의 전통적인 통치체계를 재편성하였으며, 이는 교황권과 황제권이라는 두 가지 중심축을 설정하기에 이르렀다. 동방에서는 1261년에 미카엘 8세 팔레올로구스(Michael VIII Paleologus)가 콘스탄티노폴리스를 재탈환하여, 라틴 제국의 종말을 고하게 되었다.

매우 어렵고도 혼란스러운 상황의 시점으로부터, 그레고리오 10세는 그리스도교 세계 전체와 관련되는 새롭고도 광대한 계획을 수립하는 데에 착수하였다. 이 계획 속에서 동방의 문제는 매우 커다란 중요성을 지니고 있었다. 사실, 비잔틴 제국은 미카엘 8세의 승리 이후에 유럽 정치 안에 다시 등장하기 시작하였다. 따라서 교황은 팔레올로구스와의 협약을 시도하여 두 교회를 다시 합치자고 제안하였다. 만일에 교회가 하나로 되돌아와서 모든 그리스도교 세력이 연합되었더라면, 예루살렘 성지(聖地)의 문제는 결정적으로 해결될 수가 있었을 것이고, 따라서 로마교회는 모든 서방 국가들에 대해 새로운 권위와 영향력을 행사할 수 있었을 것이다.

그러므로 그레고리오 10세는 1272년에 전체 공의회를 소집하여,[1] 그리스인들과의 재결합, 십자군 운동, 그리고 교회의 개혁이라는 세 가지 주제를 제시하였다.[2] 중세 시대 공의회들의 전통에 속할뿐더러 성직자의 진정한 도덕적 조건들로부터도 요구되었던 이 세 번째 주제에

---

1) Cf. *Les registres de Grégoire X(1272-1276)*, ed. J. Guiraud, Roma 1892, n.160; Potthast 20525; J. B. Martin, *Conciles et bullaire de diocèse de Lyon...*, Lyon 1905, n. 1542(역시 기로[Guiraud]의 책, 161, 657-658쪽과 다음을 참조: Fr. Bock, *Problemi di datazione nei documenti di Gregorio X*, Rivista di storia della Chiesa in Italia 7(1953) 307-336쪽의 226-227항; 마틴[Martin]의 책, 1543-1545쪽). 다른 소집들, 그리고 미카엘 팔레올로구스와 여타의 다른 사람들에 대한 초대에 관해서는 참조: 기로(Guiraud)의 책 194, 196, 304, 331-332, 662-666, 848-849, 905쪽(그리고 Bock의 글, 232-236, 191-192쪽), 포타스트(Potthast)의 책, 20716-20717쪽; 마틴(Martin)의 책, 1553-1554, 1574-1575, 1596, 1638-1639쪽. 미카엘의 답장들에 대해서는 다음을 또한 참조: Fr. Dölger, *Regesten der Kaiserurkunden des oströmischen Reiches von 565-1453*, III, München-Berlin 1932, 2002-2003, 2006-2009항. 공의회 장소로서의 리옹에 관해서는 1273년 4월 13일의 편지들 안에서만 언급된다. 참조: 기로(Guiraud)의 책, 307, 660-661쪽(Bock의 글 230-231쪽을 볼 것); 포타스트(Potthast)의 책, 20716-20717쪽; Martin의 책, 1563, 1567-1573쪽. 공의회와 관련된 다른 서한들은 참조: 기로(Guiraud)의 책, 195, 197-198, 305, 336, 487, 667, 752, 815-816쪽(보크[Bock]의 글, 237, 266, 161-162쪽을 볼 것); 포타스트(Potthast)의 책, 20554, 20633, 20688-20689, 20754, 20769, 20869쪽; 마틴(Martin)의 책, 1555-1558, 1576-1577, 1586-1587, 1593-1595, 1597, 1608, 1628-1632쪽.

2) 기로(Guiraud)의 책 중에서 다음 부분을 참조: "우리가 우리 형제들과 함께 여기에 대해서 유익한 대처를 해야만 한다는 것이 전반적인 견해이기 때문이다. …… 우리가 본받아야 할 거룩한 교부들의 칭송할 만한 모범적 전통이 우리에게 가르치는 것처럼, 우리는 이번에 전체 공의회를 소집하기로 결정하였다."

대해서, 1273년 3월에 교황은 모든 그리스도교인들의 견해를 물었으며 그들의 도움을 요청하였다.3) 이와 관련하여 교황에게 보내졌던 몇몇 의견서들이 아직도 우리에게 전해진다.4) 긴 준비 끝에 리옹에서 공의회가 소집되었고, 1274년 5월 7일에 개막되었다.5) 300여 명의 주교들,6) 60여 명의 대수도원장들, 다수의 신학자들을 포함한 수많은 성직자들(토마스 아퀴나스는 리옹을 향한 여행 중에 사망하였다), 그리고 아라곤(Aragon)의 왕인 야고보와 프랑스, 독일, 잉글랜드, 시칠리아의 군주들이 보낸 사절들이 참석한 것으로 보인다. 그리스인들은 그들이 탔던 배가 조난을 당했던 탓에 매우 늦게 6월 24일에 도착하였고,7) 그러는 사이에 타타르인들의 대표단도 도착하였다.8) 확실한 근거 자료가 부족하기는 하지만, 참석자들의 수가 매우 많았던 것 같지는 않았다. 그러나 온 그리스도교 세계가 직접 또는 간접적으로 참여한 것이었으며, 그레고리오 10세가 바랐던 대로 공의회는 세계적이고 보편적인 것이었다.

교부들은 5월 7일과 18일, 6월 4일 혹은 7일, 7월 6일, 16일, 17일에 총 6번의 대회기(大會期)를 개최하였다.9) 제4회기에는 그리스교회와 라틴교회의 결합에 대하여 정의(定義)를 내렸고 이를 교령화(敎令化)하였는데, 이 결합은 로마교회의 요구에 대한 그리스인들의 동의에 근거한 것이다.10) 마지막 회기에는 두 교회의 결별의 원인이었던 성령의 발출 문제에 관한 교의 법령이 인준되었다(제1법령).11) 그러나 아마도 그리스 황제의 원의로만 이 결합이 추진되었던 것 같고, 그리스 성직자들의 다수는 이 결합을 반대하였다. 사실, 황제는 앙주의 샤를이 지니고 있던 비잔틴 제국에 대한 욕심을 단념시키기 위하여 교황의 지지를 원하였던 것이다. 결국 그러한 결합은 오래 지속되지 못하였는데, 동방에서는 성직자단이 끊임없이 이를 반대하였기 때문이기도 하고, 또

---

3) 참조: 기로(Guiraud)의 책, 220, 659쪽(보크[Bock]의 글 229쪽을 볼 것); 포타스트(Potthast)의 책, 20685-20686쪽; 마틴(Martin)의 책, 1561-1562쪽.
4) 올뮈츠(Olmutz)의 브루노(Bruno) 주교가 보고서 하나를 썼다(참조: MGH의 Schwalm, *Constit. et acta*, III, 1판, Hannover-Leibzig), 1904-1906, 589쪽 이하); 투르네(Tournai)의 질베르투스(Gilbertus)가 또 다른 보고서를 썼다(Cf. A. Stroick, *Verfasser und Quellen der "Collectio de scandalis ecclesiae"...*, Archivium Franciscanum Historicum 23 (1930) 3-41, 273-299, 433-466; 24(1931) 33-62); 세 번째 보고서는 훔베르투스(Humbertus de Romanis)가 썼다(Cf. B. Birckman, *Die vermeintliche und die wirkliche Reformschrift des Dominikanergenerals Humbertus de Romanis*, Berlin-Leipzig, 1916; K. Michel, *Der Reformvorschlag des Humbertus de Romanis O. P. für das II. Lyoner allg. Konzil im Lahre 1274*, Oberwarth, 1920; id., *Das Opus tripartitum des Humbertus de Romanis...*, Graz, ²1926; 또한 다음을 볼 것: K. Wenck, *Das erste Konklave der Papstgeschichte*, Quellen und Forschungen aus *italienischen Archiven und Bibliotheken* 18(1926) 157의 123항).
5) 참조: 마틴(Martin)의 책, 1647, 1763. 그레고리오 교황의 리옹을 향한 여행에 관해서는 참조: A. Callebaut, *Le voyage du B. Grégoire X et de S. Bonaventure au concile de Lyon...*, Archivium Franciscanum Historicum 18(1925) 169-180.
6) 참조: 무엇보다도 H. Finke, *Konzilienstuduen zur Geschichte des 13. Jahrhunderts...*, Münster, 1891, 4-8; 또한 볼 것: 마틴(Martin)의 책, 1648-1762쪽.
7) 참조: 마틴(Martin)의 책, 1790-1791, 1793쪽.
8) 참조: 마틴(Martin)의 책, 1798쪽.
9) 공의회에 관한 광범위한 증언은 교황청 소속의 한 인물에 의해서 공의회 끝과 1274년 11월 1일 사이에 쓰인 *Brevis Nota*(=BN)이다. Cf. S. Kuttner, *Conciliar Law in the Making. The Lyonese Constitutions(1274) of Gregory X in a Manuscript of Washington*, Miscellanea Pio Paschini(Lateranum N.S. 15), II, Rome, 1949, 42, 49. *Brevis Nota*는 Rm 4(1612) 83-86에서부터 편집되었고, Msi 24(1780) 61-68까지 재발행되었다. 이로부터 각 회기의 날짜들과 법령들의 명부를 알 수가 있다. 참조: 마틴(Martin)의 책, 1763, 1773, 1785-1788, 1802-1805, 1813-1815, 1843-1845. 세 번째 회기의 날짜는 확실하지 않다. 참조: 쿠트너(Stephanus Kuttner), *Conciliar Law...*, 42쪽의 14항.
10) 참조: 마틴(Martin)의 책, 1794-1795, 1801-1808쪽. 그리스인들의 신앙고백과 그들의 서약은 Msi 24, 67-77쪽에도 있다(또한 다음을 볼 것: 기로[Guiraud]의 책, 194-195쪽과 될거[Dölger]의 책, 2002, 2006-2009쪽).
11) 그것은 공의회 종료 이후에 편집되었던 법령 *Fideli ac devota*이다.

그레고리오 10세의 후계자들이 그러한 행동 계획을 변경시켰기 때문이기도 하다.12) 그리스인들과의 결합의 약화는 십자군 전쟁을 불가능하게 만들었다. 그레고리오 10세는 유럽의 가장 큰 국가들과의 합의에 도달하게 되었는데, 제2차 회기에서는 그 작업을 종료시키기 위하여 막중한 공물(6년간 십분의 일)을 부과하는 데에도 성공하였다(법령 *Zelus Fidei*).13) 그러나 리옹에서는 단지 십자군 원정을 하는 것만 결정되었다. 그럼에도 불구하고 그것은 시작되지도 못하고 흐지부지되어 버렸다. 그리고 보다 나중인 거의 1년 후에는 그레고리오 10세가 종교와 정치와 관련된 그의 계획들을 미완성으로 남긴 채 사망하였다(1276년 1월 10일).

공의회의 마지막 회기에 그레고리오 교황은 세 번째 논제, 즉 교회의 개혁 문제가 그 어떤 결정이 이루어지도록 충분하게 다루어지지 않았다고 불만을 토로했었다. 그래도 본당들에 관한 몇몇 법령들이 교황청에 위임되도록 하는 것을 이루었다. 그 나머지를 본다면, 여러 회기들 동안 교회 기구들에 관한 몇몇 법령들이 인준되었음을 알 수 있다. 그중 가장 중요한 것은 콘클라베(conclave, 교황 선거 봉쇄 회의)에 모인 추기경단의 교황 선출에 관해 규정한 법령이었다. 나머지들은 주교들의 선출에 관하여 언급하고 있었고(제3-11법령), 제23법령은 교구 성직자와 수도회 소속 성직자 간의 관계들을 규정하고자 시도하였다. 제26-27법령은 다시 한 번 고리대금업에 대하여 다루고 있다. 나머지는 교회의 관습과 개혁에 관련된 특수한 문제들을 다룬다.

스테파누스 쿠트너(Stephanus Kuttner)가 근거 있게 제시하는 것처럼, 제1차 리옹 공의회에서와 마찬가지로 여기에서도 법령들에 관한 두 개의 편집본이 존재한다.14) 제2회기에 교부들은 예루살렘 성지, 십자군 원정, 사라센인들과 해적들을 상대로 한 전쟁, 그리고 공의회 진행 규칙과 절차 등에 관한 여러 법령들의 복합체라고 할 수 있는 하나의 긴 법령(Zelus fidei)을 인준하였다15)(이를 통하여 '국가들'이 처음으로 공의회의 주제로 다루어지기 시작하였다16)).

---

12) 도서목록은 매우 광범위하다. 참조: 무엇보다도 R. Souarn, *Tentatives d'union avec Rome. Un patriarche grec catholique au XIIIe siècle*, Echos d'Orient 3(1900) 229-237; V. Grumel, *Les ambassades pontificales à Bysance apres le II concile de Lyon(1274-1280)*, ibid., 23(1924) 437-447; DThC 9/1(1926) 1391-1410; M. Jugie, *Le Schisme byzantine. Apercu historique et doctrinal*, Paris, 1941, 259-260; A. Fliche, *Le problème oriental au second concile oecumenique de Lyon(1274)*, Orient. Christ. Per. 13(1947) 475-485; H. Evert-Kappesowa, *La société byzantine et l'union de Lyon*, Byzantinoslavica 10(1949) 28-41; M. Roncaglia, *Les frères mineurs et l'Eglise orthodoxe au XIIIe siècle(1231-1274)*, Le Caire, 1954, 139-178; L. Gatto, *Il Pontificato di Gregorio X(1271-1276)*, Roma, 1959, 107-162; D. J. Geanakoplos, Emperor Michael II. Konzil von Lyon(1274), Bonn, 1964; J. Gill, *The Church Union of the Council of Lyons(1274) portrayed in the Greek Documents*, Orient. Christ. Per 40(1974) 5-45; V. Laurent et J. Darrouzès, *Dossier grec de l'Union de Lyon(1273-1277)*, Archives de l'Orient chrétien 16, Paris, 1976; 그리고 전체 도서목록도 참조하라. 다음도 볼 것: G. Golubovich, *Cenni storici su fra G. Parastron, minotita greco di Costantinopoli, legato dell'imperatore greco al papa, interpret al concilio di Lione ecc.(1272-1275)*, Bessarione, Ser. II 10(1906) 295-304.

13) Cf. A. Gottlob, *Die päpstlichen Kreuzzug-Steuern...*, 94-116; A. von Hirsch-Gereuth, *Studien zur Geschcihte der Kreuzzugsidee nach den Kreuzzügen*, München de Lyon(1274-1280), 1896; W. E Lunt, *Papal Taxation...*, 400 이하; id., *Papal Revvenues in the Middle Ages*, New York, 1934, I 40-42, 73, 187, 216, 220, 224-225, 260, 280; II 66, 97=98, 118, 162, 169, 175, 179, 181, 184; id., *Financial Relations...*, 157-158, 311-313, 337-338, 448-452, 641-665; 다음도 볼 것: 마틴(Martin)의 책, 1768-1771쪽, 포타스트(Potthast)의 책, 20905. 20942, 20946-20948쪽.

14) 참조: E. Fournier, *L'Accueil fait par la France du XIIIe siècle aux décrétales pontificales. Leur traduction en langue vulgaire*, Acta congres년 iuridici internationalis..., Roma, 12-17 nov. 1934, III, Roma 1936, 256-258; 다음의 책은 새로운 문서들과 논제들을 통해 적어도 두 개의 편집본이 존재하였음을 제시하였다: S. Kuttner, *Conciliar Law...*, 39-81.

15) Cf. Finke, Konzilienstudien..., 11-15; Kuttner, *Conciliar Law...*, 47-48.

그리고 그 다음의 회기들에서는 28개의 법령들이 인준되었다. 제3회기에는 제3-9, 15, 19, 24, 29-30법령들이, 제5회기에는 제2, 10-12, 16-17, 20-22, 25-28, 31법령들이, 그리고 제6회기에는 제1, 23법령들이 인준되었다.[17] 교황은 공의회에서 인준된 그 모든 법령들을 단 한 권으로 묶어서 1274년 11월 1일에 출판한 다음에, 그것을 칙서 *Cum nuper*와 더불어 대학들에 발송하였고, 모든 신자들에게는 회칙 *Infrascripturas*를 통해서 그것을 알렸다.[18] 이 모음집은 15개의 항목들로 구분되어 31개의 법령들을 담고 있는데, 그중 제13, 14, 18법령의 3가지는 공의회 이후의 것으로서 본당에 관한 법령들이다. 공의회의 마지막 회기에서 교황과 교부들은 조만간 이 논제에 관한 교령들을 만들기로 결의하였던 것이다.[19] 여기에 *Zelus fidei*는 빠져 있는데, 아마도 세계적 차원에서의 그 어떠한 법률적 결정도 포함하고 있지 않았기 때문일 것이다. 다른 법령들은 교황청의 검토를 받아야만 했고, 우리가 아는 한, 무엇보다도 콘클라베에 관한 제2법령과 고리대금업에 관한 제26-27법령이 그에 따라 수정되었다.[20]

나중에, 그것도 간접적으로 추가된 그레고리오 10세의 *novissimae* 전승은 상당히 광범위한데, 그것은 보니파시오 8세에 의해서 *Liber Sextus*(1298)에 수록되었기 때문이다.[21] 그것은 회칙 *Infrascripturas* 와 함께 그레고리오 10세의 기록부(=R)[22]에 수록되어 있었는데, 우리의 텍스트는 바로 여기에서 발췌된 것이다. 공의회 편집본은 부분적으로만 알려져 있다. 한편 법령 *Zelus fidei*는 먼저 핀케(H. Finke)에 의해 Osnabrück 사본(=O)[23]에서 발견되었고, 그 후 쿠트너(Kuttner)에 의해서 도입 부분은 빠진 채로 워싱턴(Washington) 사본(=W)[24]에서 발견되었다. 그리고 우리가 검토하지 않은 세 개의 영어 문서에서도 발견된다.[25] 우리의 편집본(編輯本)은 핀케(=F)와 쿠트너(=K)의 사본에 의지하고 있다. 다른 법령들의 공의회 편집본에 관해서 우리가 알 수 있는 것은 오로지 W에서부터이다.[26] 유일하게 제2법령에 관해서는 교부들

---

16) Cf. Kuttner, *Conciliar Law...*, 48.
17) Cf. Kuttner, *Conciliar Law...*, 42-47.
18) Cf. Kuttner, *Conciliar Law...*, 39-41. 그 법령들에 대한 주석은 여러 책들 가운데 다음을 참조: E. Fournier, *Questions d'histoire du droit canonique*, Paris 1936, 7-27. 공의회에 참석하였고 법령들의 초고 작성에도 관여하였던 굴리엘모(Guglielmo Durante)의 주석은 매우 중요하다. 성 보나벤투라와 피에르(Pierre de Tarentaise)는 공의회에서 중요한 역할을 했던 것으로 보인다. Cf. R. Méninde's, *Saint Bonaventure, le frères mineurs et l'unité de l'église au concile de Lyon de 1274*, La France franciscaine, Ser. II 18(1935) 363-392; M. H. Laurent, *Le Bienheureux Innocent V(Pierre de Tarentaise) et son temps*, Cité du Vatican, 1947, 146-171.
19) 참조: 마틴(Martin)의 책, 1844쪽.
20) Cf. Kuttner, *Conciliar Law...*, 60-77.
21) 제19법령만이 *Liber Sextus* 안에 있지 않다. 참조: Fr. 2, p. L; E. Göller, *Zur Geschichte des zweiten Lyoner Konzils und des Liber Sextus*, Römische Quartalschrift 20/2(1906) 81-87.
22) Arch. Vat., Reg. Vat. 37, ff. 204r-209v.
23) Cf. Finke, *Konzilienstudien...*, 1-2, 11-14(텍스트 113-117); 핀케(Finke)의 연구와 결론은 학자들에 의해 오랜 동안 간과되어 왔었다(참조: Kuttner의 책, 45-46쪽). 그는 법령 *Zelus Fidei*를 발견하였고, 더욱이 *Brevis Nota*에서 언급되었으나 그레고리오 10세의 법령들에는 빠져 있었고 결국 법령 *Fideli et devota*의 공의회 편집본이었던 법령 *Cum sacrosancta*를 밝혀내었던 것이다. 그러나 아직도 우리는 법령 *Cum sacrosancta*의 본문 텍스트를 알지 못한다.
24) Cf. Kuttner, *Conciliar Law...*, 52-54(불완전 텍스트: 58-59).
25) Cf. W. E. Lunt, *Papal Taxation in England in the Reign of Edward I*, English Historical Review 30(1915) 401, n. 24; id., *Financial Relations of the Papacy with England to 1327*, Cambridge, MA, 1939, 312, n. 1.
26) 참조: Kuttner, *Conciliar Law...*, 55 이하. 라틴어 항목(표제어)의 불어 번역은 푸르니에(Fournier)에 의해서 정리된 공의회 편집본에 따라서 출판되었다: *L'accueil...*, 256-258; 역시 참조: Kuttner, *Conciliar Law...*, 51, 80-81. 다음에서 발견되는 공의회 편집본 역시 푸르니에의 편집본에 속하는 것이다: *Cronica S. Petri Erffordensis moderna*, ed. O. Holder-Hegger, *Monumenta Erphesfurtiensia saec. XII, XIII, XIV*(MGH, Script. rer. Germ. in us. sch.), Hannoverae

로부터의 승인이 담긴 8개의 기표 문서가 또한 발견된다(Arch. Vat. AA arm. I-XVIII, 2187-2194=V1-8).27) 어쨌든 V 사본과 W 사본에 기초해서 우리는 공의회 편집본을 제시한다. 그러나 W 사본은 20개의 법령들(제2-8, 9[부분적으로만], 10-12, 16-17, 20, 22-23, 25-27, 31) 만을 제공하는 만큼28) 매우 빈약하고 또 많은 결함이 발견된다. 다른 단서들을 참조하여, 우리는 기본적으로 법령 Zelus fidei(I)와 공의회 이후의 모음집(II)을 공의회 편집본의 여러 변형들에 대한 각주 표기와 더불어 제공하는 바이다. 공의회 회의록의 거대한 모음집들에서는 그레고리오 10세의 novissimae 본문만이 발견될 뿐이며, 그 모음집들은 모두 기로(Guiraud)29)에 의해 편집된 R 사본30)으로부터 발견되는 편집본 Rm(4, 95-104)에 의존하는 것이다.

도서목록:

H-L 6/1, 159-209; LthK 6(21961) 1251-1252; DThC 9/1(1926) 1374-1410; H. Finke, Konzilienstudien zur Geschichte des 13. Jh. Ergänzungen u. Berichtungen zur Hefele-Knöpfler <Conciliengeschichte> V-VI, Münster, 1891, 1-18, 113-117; W. Norden, Das Papsttum und Bysanz..., Berlin 1903, 389-398, 489-536; J. B. Martin, Conciles et bullaire du diocèse de Lyon..., Lyon 1905, 1542-1847항; E. Göller, Zur Geschichte des zweiten L. K. und des Liber sextus, Römische Quartalschrift 20/2(1906) 81-87; J. Auer, Studien zu den Reformschriften für das II. L. K., Freiburg im Breisgau 1910; R. Ménindès, Saint Bonaventure, les frères mineurs et l'unité de l'église au *concile de Lyon de 1274*, La France franciscaine, Ser. II, 18(1935) 363-392; A. Fliche, *Le problème oriental au second concile oecuménique de Lyon(1274)*, Orient. Christ. Per. 13(1947) 475-485; St. Kuttner, *Conciliar Law in the Making. The Lyonese Constitutions(1274) of Gregory X in a Manuscript of Washington*, Miscellanea Pio Paschini(Lateranum, N.S.15), II, 1949, 39-81; A. Fliche, *La chrétienté romaine, 1198-1274* (Histoire de l'église 10), Paris 1950, 487-503; R. Emery, *The Second Council of Lyons and the Mendicant Orders*, Catholic Historical Review 39(1954) 257-271; L. Gatto, *Il pontificato di Gregorio X(1271-1276)*, Rome 1959, 82-97, 126-162; D. J. Geanakoplos, *Emperor Michael Paleologus and the West, 1258-1282. A Study in Byzantine-Latin Relations*, Cambridge, MA 1959, 238-276; D. M. Nicol, *The Greeks and the Union of the Churches. The Preliminaries to the Second Council of Lyons, 1261-1274*, Medieval Studies presented to Aubrey Gwynn, Dublin 1961, 454-480; H. Wolter -H. Holstein, *Lyon I et Lyon II* (Histoire des conciles 7), Paris 1966; M. Mollat-P. Tombeur, *Les Conciles Lyon I et Lyon II: Concordance, index,*

---

et Lipsiae 1899, 264-270(참조: Kuttner의 책, 78쪽).

27) Cf. *Actenstücke zur Geschichte des deutschen Reiches...*, ed. F. Kaltenbrunner, Wien 1869, n.52; Kuttner, *Conciliar Law...*, 62. 기표 문서들은 이탈리아, 프랑스, 독일, 스코틀랜드, 영국, 스페인, 포르투갈, 동방의 주교들, 그리고 대수도원장들 및 각 수도회 원장들에 의해서 서명되었다.

28) Cf. Kuttner, *Conciliar Law...*, 54.

29) 역시 Bn2에서도 편집된 본문 III/2(1618) 447-453; ER 28(1644) 550-583; LC 11/1(1671) 974-994; Hrd 7(1714) 705-720; Cl 14(1731) 520-540; Msi 24(1780) 81-102.

30) 참조: 기로(Guiraud)의 책, 576(241-250쪽).

listes de fréquence, tables comparatives, Louvain, 1974; *Année charnière. Mutations et continuités,* Paris 1977; H. J. Sieben, *Die Konzilsidee des lateinischen Mittelaters (847-1378), Paderborn 1984; B. Roberg, Das Zweite Konzil v. Lyon,* Paderborn 1990; Sto. Con. Ec., 208-211[A. Melloni] e 285-299[U. Proch].

CONSTITUTIONES

I[1]

[1a]. Zelus fidei, fervor devotionis et compassionis pietas excitare debent corda fidelium, ut omnes qui christiano nomine gloriantur, de sui contumelia Redemptoris tacti dolore cordis intrinsecus[2], potenter et patenter exsurgant ad Terrae sanctae praesidium et adiutorium causae Dei. Quis verae fidei luce perfusus, pia mente revolvens eximia beneficia quae salvator noster in Terra sancta humano genere contulit, devotione non ferveat et caritate non ardeat et illi Terrae sanctae, quae funiculus est hereditatis dominicae[3], ex intimis visceribus et toto mentis non compatiatur affectu? Cuius cor non emollient ad compassionem ipsius, a creatore nostro in terra ipsa tot iudicia caritatis ostensa? Sed heu, proh dolor! ipsa terra, in qua Dominus salutem nostram dignatus est operari[4] et quam, ut hominem commercio mortis suae redimeret, proprio sanguine consecravit, per nefandissimos hostes nominis christiani blasphemos et perfidos Sarracenos, audacia secuta, occupata diutius, et temere detinetur et intrepide devastatur. Trucidatur in ea inhumaniter populus christianus et ad maiorem contumeliam creatoris et iniuriam et dolorem omnium qui fide catholica profitentur. Ubi sit Deus christianorum?[5] improperant multis opprobriis, christicolas insultantes. Ista et alia, quae circa hoc nec animus sufficit plene concipere vel lingua referre, accenderunt cor nostrum et excitaverunt animum ut nos, qui in transmarinis partibus praemissa non tantum audivimus sed *oculis nostris asperimus et manus nostrae contractaverunt*[6], exsurgeremus[a] quantum se possibilitatis nostrae conatus extendit, ad vindicandam iniuriam crucifixi, illorum interveniente auxilio, quos ad hoc zelus fidei et devotionis accendet. Et quia praefatae Terrae liberatio tangere debet omnes, qui fidem catholicam profitentur, concilium mandavimus evocari, ut deliberatione habita in eodem cum praelatis, regibus et principibus et aliis prudentibus viris, illa statueremus et ordinaremus in Christo, per quae dictae Terrae liberatio proveniret et nihilominus reducerentur Graecorum populi ad ecclesiae unitatem, qui superba cervice nitentes scindere quodammodo inconsutilem Domini tunicam, se a sedis apostolicae devotione ac oboedientia subtraxerunt, et reformarentur mores, qui sunt peccatis exigentibus et clero et populo quam plurimum deformati, illo in praemissis omnibus nostros actus et consilia dirigente, cui nihil est impossibile[7], sed cum vult res difficiles faciles facit et aspera, sua virtute complanans prava, dirigit in directa[8]. Sane ut praemissa perduci possent liberius ad effectum, attendentes guerrarum pericula et viarum discrimina, quae subire poterant illis, quos ad idem concilium duximus evocandos, nobis et nostris fratribus non parcentes sed appetentes labores spontaneos, ut quietem aliis praeparare

[a] exsurgentes F

---

[1] Const. haec plures in unam praebet, de quibus cf. Kuttner 47-48; c. 1 in BN.
[2] Cf. Gn 6, 6.   [3] Cf. Ps 104, 11.   [4] Cf. Ps 73, 12.   [5] Cf. Ps 113, 2.
[6] 1 Io 1, 1.   [7] Cf. Lc 1, 37.   [8] Cf. Is 40, 4; Lc 3, 5.

법령 I[1])

십자군의 소집

[1a] 신앙의 열정(Zelus fidei), 종교적 열의, 그리고 자비심은 신앙인들의 마음을 일으켜야만 할 것이다. 그럼으로써 바로 그리스도인으로서의 이름을 자랑스럽게 여기는 그 모든 이들이 그들의 구세주가 당한 모욕에 의해 마음 깊이 애통함을 느껴서,[2]) 성지(聖地) 수호와 하느님의 사업에의 동참을 위해 열린 마음과 강한 힘으로 일어서게 될 것이다. 그리고 진정한 신앙에 의하여 조명되어, 우리 구세주께서 그 거룩한 땅에서 인류에게 아낌없이 베푸시는 신묘한 선익들을 경건하게 묵상하는 이들은 진정 헌신의 느낌으로 달아오를 것이며, 사랑으로 불타오를 것이고, 마음속 깊이 그 정신의 열기로써 주님 유산(遺産)의 한 부분인 그 성지[3])를 향한 연민을 느끼지 않겠는가? 누가 우리 창조주께서 그 땅에서 베푸신 수많은 사랑의 징표들을 보고서 그 땅을 향한 연민의 정(情)을 갖지 않을 수 있겠는가? 아, 슬프고 가슴 아프도다! 그러나 주님께서 우리의 구원을 행하셔야 마땅할 그 성지,[4]) 그리고 당신 죽음의 제사로부터 인간을 속량하기 위하여 흘리신 그 피로써 거룩하게 하신 그 땅을 불행히도 그리스도교 이름을 욕되게 하는 사악 무도하고 불경스러운 사라센인들이 무도하게 포위하고 오랜 기간 점령하고 있으며, 그들은 아무런 거리낌 없이 그 땅을 황폐화시키고 침탈하고 있다. 거기에서 그리스도교인들은 야만적으로 참살당하고 있기에, 이는 창조주 하느님께 대한 커다란 멸시이며 동시에 가톨릭 신앙을 고백하는 모든 이들에 대한 모욕과 고통인 것이다. 사라센인들은 "그리스도교인들의 신(神)은 과연 어디에 있는가?"[5]) 하고 그리스도교인들을 비웃으면서 모욕적이고 거만한 여러 표현들로써 질문을 던지곤 한다. 이와 더불어 도무지 우리의 영혼이 상상할 수 없고 우리의 혀가 묘사할 수 없이 일어나는 여타의 일들은 우리의 심장에 불을 지피고 우리의 영혼을 북돋아, 신앙과 봉헌의 열정으로 말미암아 이 사업에 동참하고자 하는 이들의 협조에 힘입어 우리의 사정이 허락되는 대로 마침내 십자군에 자행되었던 모욕을 복수하게끔 우리를 봉기시킨다. 우리는 사실 바다 건너의 그 땅에서 위에 언급된 내용에 관하여 들었을 뿐만 아니라, *그것을 우리의 눈으로 보았고 그것을 우리의 손으로 만져 보았던 것이다.*[6]) 성지의 해방은 가톨릭 신앙을 고백하는 그 모든 이들과 관계되는 것이어야만 하기에 나는 이 공의회를 소집하도록 명하였으며, 이를 통해 고위 성직자들과 왕들과 군주들과 그 밖의 현명한 이들과 더불어 심의함으로써 성지의 해방 및 그리스인들을 교회의 일치에로 다시 인도함이 얼마나 유익하고 필요한 것인가를 그리스도 안에서 결정하고 명하기 위함이다. 그들은 사실 교만한 고집으로써 주님이 입으셨던 통으로 짠 옷(역자 주: 그리스도에 의해 구원된 인류의 일치를 상징함)을 어떻게든 찢으려고 시도하면서, 사도좌에 대한 헌신과 순명을 회피하고 있다. 더 나아가, 우리는 죄들의 유혹 속에서 성직자와 일반 대중의 타락을 자아내는 풍습들의 개혁에 관하여 결정할 것이다. 내가 말한 그 모든 것들 안에서 전능하신 바로 그분(하느님)께서는[7]) 우리의 법령들과 제안들을 이끌어 주실 것이다. 그분께서는 당신이 원하시면 어려운 것들도 쉽게 하실 수 있으며, 기울어진 땅도 당신의 은총으로써 평평하게 하시고, 또한 비틀어진 것들을 똑바르게 펴신다.[8]) 어쨌든 내가 제시하는 것들이 방해 없이 실현될 수 있도록 하기 위하여, 나는 이 공의회에 소집한 이들이 겪을지도 모르는 전쟁의 위험과 여행 중에 닥칠 수 있는 위기들을 생각하여, 나와 내 형제들에 대한 고려를 전혀 하지 않으면서 오히려 자발적으로 다른 이들에 대한 편의를 배려하기 위해 불편을 무릅쓰고

---

1) 이 하나의 법령은 여러 법령들로 이루어진 것이다. 이에 대해서는 쿠트너(Kuttner)의 책 47-48쪽을 볼 것; BN(*Brevis Nota*)에서는 이것이 제1법령이다.   2) 참조: 창세 6, 6.   3) 참조: 시편 104, 11.   4) 참조: 시편 73, 12.
5) 참조: 시편 113, 2.   6) 참조: 1요한 1, 1.   7) 참조: 루카 1, 37.   8) 참조: 이사 40, 4; 루카 3, 5.

possemus, ad civitatem Lugdunensem, in qua credebamus ad concilium evocatos minori onere laborum et expensarum convenire, accessimus cum fratribus nostris et curia nostra, periculis variis ac diversis incommoditatibus et multis discriminibus praegravati, ubi convenientibus tam per se quam per procuratores idoneos universis ad ipsum concilium evocatis, frequenter de praefatae Terrae subsidio deliberavimus cum eisdem, et[a] quod debuerint, ad vindictam iniuriae Salvatoris accensi, pro ipsius Terrae succursu, vias excogitantes laudabiles probatu, dederunt consilia et discreta.

[1b]. Nos autem auditis eorum consiliis, ipsorum voluntates et affectus laudabiles, quos ostendunt de Terrae liberatione praedictae, merito commendamus. Sed ne in humeros hominum onera gravia et importabilia imponere videamur, quae digito nostro movere nolimus[1], incipientes a nobis ipsis, qui[b] profitemur nos omnia quae habemus possidere ab unigenito Dei filio Iesu Christo, cuius munere vivimus, cuius beneficio sustentamur, quin etiam cuius sanguine redempti sumus, nos et fratres nostri sanctae Romanae ecclesiae cardinales plenarie usque ad VI. annos continuos de omnibus reditibus, fructibus et proventibus nostris ecclesiasticis pro praedictae Terrae subsidio decimam persolvamus, approbante hoc sacro concilio, statuentes et ordinantes quod usque ad praedictos VI. annos, ab instanti festo nativitatis beati Ioannis Baptistae proximo continue numerandos, ab omnibus personis ecclesiasticis, quacumque dignitate praefulgeant seu cuiuscumque praeeminentiae, conditionis vel ordinis aut status religionis vel ordinis, quibus et eorum ecclesiis[c] nulla privilegia vel indulgentias sub quacumque verborum forma vel expressione concessa volumus suffragari sed ea quae adhuc[d] concessimus[d] penitus revocamus, de omnibus reditibus, fructibus et proventibus ecclesiasticis anni cuiuslibet, terminis infrascriptis, medietas scilicet in festo nativitatis Domini et alia medietas in festo beati Ioannis Baptistae, integre sine diminutione qualibet decima persolvatur. Ut ei, cuius negotium agitur, reverentia debita in se ac sanctis suis et praecipue in Virgine gloriosa, quorum in his et aliis suffragio utimur, servetur attentius, sitque[e] plenior Terrae subventio praedictae, constitutionem felicis recordationis Gregorii papae[2] praedecessoris nostri contra blasphemos editam praecipimus inviolabiliter observari, poenamque pecuniarum in ipsa statutam per potestates locorum, in quibus blasphemia committitur, ceterosque qui inibi iurisdictionem temporalem exercent, coactiones, si necesse fuerit, per dioecesanos et aliorum locorum ordinarios, ad exhibenda integraliter exigi et dicti subsidii collectoribus assignari in idem subsidium convertenda. Confessoribus insuper ex parte ordinaria vel ex privilegio confessiones audientibus districte mandamus, ut confitentibus sibi suggerant et iniungant, quod de pecunia praedicta eidem Terrae plenariam satisfactionem impendant; inducant etiam confitentes ultimas voluntates, quod in testamentis suis pro modo facultatum suarum aliquid de bonis suis pro subsidio Terrae sanctae relinquant.

[a] et *F* ut *O*   [b] qui *F* quod *O*   [c] aliqui *F*   [d] ad hoc *F*   [e] cuiusque *F*

[1] Cf. Mt 23, 4.   [2] Cf. c. 2 *X*. V 26 (Fr 2, 826-827).

이 도시 리옹에 왔다. 이는 공의회에 초대받은 이들이 보다 덜 불편하고 적은 비용으로 여기에 모일 수 있도록 하기 위함이다. 나는 나의 형제 추기경들과 교황청(curia)을 이끌고, 갖가지 위험들과 여러 불편함을 무릅쓰고 여기에 온 것이다. 공의회에 직접적으로 혹은 대표자들을 통하여 소집되어 여기에 모인 모든 이들과 더불어, 나는 성지에 제공해야 할 원조들에 대하여 여러 차례 논의하였다. 그들은 구세주께 행하여진 모욕을 복수하고자 하는 열정에 가득 차 성지를 원조하기 위한 가장 좋은 길들을 찾고자 하였으며, 당연히 그래야 하는 것처럼 그들의 충고와 조언들을 아끼지 않았던 것이다.

십자군의 재정 지원

[1b] 그러므로 나는 그들의 견해를 청취한 후, 그들이 보여준 성지의 해방을 위한 강한 의지와 칭찬할 만한 열정을 당연히 기억하는 바이다. 그러나 내가 사람들의 어깨에 무겁고 견딜 수 없는 짐을 얹어 주면서도 나 자신은 손가락 하나도 까딱하지 않는다는 인상을 주지 않기 위하여,[1] 나 자신부터 시작하여 우리가 소유하는 그 모든 것은 하느님의 외아들 예수 그리스도로부터 부여받은 것임을 선포하는 바이다. 그분의 선물을 통해서 우리가 사는 것이고, 그분의 은총이 우리를 지탱하는 것이며, 그분의 피로 말미암아 우리가 구원되었기 때문이다. 따라서 나와 거룩한 로마교회의 형제 추기경들은 우리의 모든 교회 수입과 결실, 소득의 십분의 일을 앞으로 6년 동안 연속해서 모두 성지를 위한 원조로 쏟아 부을 것이다. 이 거룩한 공의회의 승인 사항으로, 금번 세례자 성 요한 대축일부터 시작하여 중단 없이 상기(上記)의 6년 동안, 모든 교회 구성원들은 그 직위나 등급, 조건이나 계층, 신분이나 종교적 서열에 상관없이 그 어떠한 공제도 없는 완전한 상태로 매년 모든 교회적 수입과 결실, 소득의 십분의 일을 두 차례에 걸쳐, 즉 반은 주님 탄생 대축일에, 그리고 나머지 반은 세례자 성 요한 대축일에 납부토록 결정하고 명하는 바이다. 나는 그들 자신과 그들이 관할하는 성당에 그 어떤 형식이나 표현으로도 특전이나 감면이 베풀어지지 않기를 바라며, 오히려 지금껏 허락되었던 것들을 모두 취소하는 바이다. 이 사업이 직접적으로 관련되는 그분과 그분의 성인들께, 그리고 지금과 그 밖의 여러 상황들 속에서 그 도우심이 우리에게 필요한 복되신 동정녀께 드려야 합당한 영예를 큰 열정으로써 지켜 내기 위하여, 그리고 상기(上記)의 땅에 보다 풍부한 원조를 보내기 위하여, 나는 나의 추모하는 선임자 그레고리오 교황이 불경자들을 거슬러 세운 법령[2]이 매우 철저하게 준수되기를 명하는 바이다. 불경죄가 저질러진 장소의 책임자들과 그곳에서 한시적 관할권을 행사하는 이들은 벌금형이 규정된 바에 따라서 온전히 집행되는지를 감독해야 하며, 그 벌금은 원조금을 거두어들이는 일을 맡은 자들에게 전달하여 성지를 지원하게 해야 한다. 교구 및 그 밖의 여러 곳들을 관할하는 주교들은 필요하다면 강제적 수단들도 사용할 수 있다. 정규 관할권을 가진 고해 사제들과 특별 권한으로써 고해를 듣는 사제들은 그들에게 오는 참회자들에게 죄의 보속으로 앞서 언급된 바와 같이 성지를 위해 헌금하도록 권고할 것을 엄격하게 명하는 바이다. 나아가, 그들은 마지막 유언을 남기는 이들에게 그들이 능력이 닿는 대로 그들 재산의 일부를 성지를 위하여 기부하도록 인도해야 한다.

---

1) 참조: 마태 23, 4.
2) 참조: 교황령집 V 26의 제2장(Fr. 2, 826-827).

In singulis nihilominus ecclesiis truncum concavum poni praecipimus tribus clavibus consignatum, prima penes episcopum, secunda penes ecclesiae sacerdotem, tertia penes aliquem religiosum laicum conservandis, et in eo fideles quilibet, iuxta quod Dominus eorum mentibus inspiraverit, suas eleemosynas ponere in remissionem suorum peccaminum moneantur et in ipsis ecclesiis semel in hebdomade pro remissione huiusmodi peccatorum et praesertim offerentium eleemosynas certa die, quam tum sacerdos pronuntiet populo, missa publice decantetur. Praeter haec ut Terrae sanctae plenius succurratur, exhortamur et suadere intendimus monitis et exhortationibus reges et principes, marchiones, comites et barones, potestates, capitaneos et alios quoscumque terrarum duces, ut ordinetur in terris suis cuiuslibet iurisdictioni eorum subiectis, quod a singulis fidelibus unus denarius ad valorem Turonensis vel unius sterlingi iuxta consuetudinem vel condicionem regionis, et alia modica sine cuiuscumque gravamine in remissione peccaminum iniungentes, annis singulis in ipsius Terrae subsidium persolvatur, ut sicut nullus excusare se potest, quin teneatur compati statui miserabili Terrae sanctae, sic nec aliquis excutiatur subsidio nec a merito excludatur. Etiam ne, quod provide ordinatum est de praedictae Terrae subsidio, impediri contingat fraude vel malitia vel ingenio alicuius, excommunicamus et anathemizamus omnes et singulos, qui scienter impedimentum praestiterint, directe vel indirecte, publice vel occulte, quominus praestentur decimae, sicut superius est expressum, in praedictae Terrae subsidium.[1]

[1c]. Ceterum quia cursarii et piratae nimium impediunt capiendo et spoliando transeuntes ad illam et redeuntes de illa, nos eos et principales adiutores et fautores eorum excommunicationis vinculo innodamus, sub interminatione anathematis inhibentes, ne quis cum eis communicet scienter in aliquo contractu venditionis vel emptionis. Iniungimus etiam rectoribus civitatum et locorum, ut eos ab iniquitate revocent et compescant, alioquin in terra ipsorum per ecclesiarum praelatos severitatem ecclesiasticam volumus exerceri. Excommunicamus praeterea et anathemizamus eos falsos et impios christianos, qui contra Christum et populum christianum Sarracenis arma et ferrum, quibus christianos impugnant, et lignamina galearum et aliorum vasorum navigalium deferunt, et eos etiam qui galeas eis vendunt vel naves, quique[a] in piraticis Sarracenorum navibus curam gubernationis exercent vel in machinis aut quibuslibet aliis aliquod eis impendunt consilium vel auxilium in christianorum dispendium, specialiter Terrae sanctae, ipsos rerum suarum privatione mulctari et capientium servos fieri censemus. Praecipientes ut per omnes urbes maritimas diebus dominicis et festivis huiusmodi sententia publice innovetur et talibus ecclesiae gremium non aperiatur, nisi totum quod de commercio tam damnato perceperint et tantundem de suo in subsidium Terrae sanctae transmittant, ut aequo iudicio in quo delinquunt, puniantur. Quod si

---

[a] per quae *F*

---

[1] Cf. supra p. 305 n. 4.

이 외에도 모든 성당들 안에 헌금함 하나가 따로 배치되어 세 개의 열쇠로 잠겨야 할 것이며, 그 첫 번째 열쇠는 주교가, 두 번째 열쇠는 본당 주임신부가, 그리고 세 번째 열쇠는 믿음이 깊은 평신도 한 명이 보관해야만 한다. 신도들에게는 하느님께서 주시는 영감에 따라, 자신들의 죄를 용서받기 위하여 거기에 봉헌금을 기탁할 것을 권고한다. 동일한 성당에서 일주일에 한 번 정해진 날에, 특별히 봉헌금을 기부한 이들을 위해 그 죄의 용서를 위한 미사가 공개적으로 봉헌되어야 한다. 그리고 성지에 대한 원조가 최대한 다양한 방식으로 이루어질 수 있도록 하기 위하여, 왕들과 군주들, 후작들, 백작들과 남작들, 권세가들, 통치자들과 여타의 세속 위정자들에게 그들의 관할권 아래에 있는 지역들에서 모든 각 신도들이 성지를 위하여 1 투르화(역자 주: 프랑스의 투르[Tours] 지방에서 기원한 화폐 단위)나 1스털링(sterling, 역자 주: 파운드) 가치의 주화를 지불하게끔 명령할 것을, 그리고 조금도 부담을 가중시키지 않으면서도 지역적인 관습이나 조건에 따라 죄의 용서를 위한 소량의 세금도 함께 규정할 것을 경고와 초대로써 권고하고 설득하고자 하는 바이다. 이렇게 하여, 그 어느 누구도 성지의 비참한 조건들에 대한 연민의 느낌으로부터 자유로울 수 없는 것처럼, 그 어느 누구도 도움을 제공하는 데에서와 그 결과적 공로로부터 배제되지 않을 것이다. 다시 한 번 강조하여, 성지에 대한 도움과 관련하여 사려 깊게 결정된 바가 그 누군가의 속임수와 책략과 술책에 의해서 방해받지 않도록 하기 위하여, 상기(上記)의 땅에 대한 원조에 관하여 위에서 기술된 방식으로 이루어지는 십일조의 지불을 의식적이고 직접적으로 혹은 간접적으로, 공개적으로 혹은 숨어서, 그 어떤 방식으로든 방해하고자 개입하는 그 모든 이들과 각 개인들을 파문에 처하는 바이다.[1]

십자군 출정을 위한 제반 사항

[1c] 나아가, 해적들이 성지에 가고 오는 사람들을 생포하고 공격함으로써 그에 대한 도움에 있어서 너무도 많은 방해를 하고 있기에, 나는 그들과 그들의 주요 공범들, 보호자들을 파문시키며, 그들과의 고의적인 매매 계약에 대해서도 파문의 위협으로써 금지하는 바이다. 도시와 지역의 통치자들은 그들을 불러 모아 이 불법행위를 그만두도록 강요해야 함을 엄명한다. 만일 그렇지 않으면, 성당들의 고위 성직자들은 그들의 토지에 대해서 교회의 엄격함을 행사하기를 원하는 바이다. 또한 그리스도와 그리스도의 백성을 거슬러서 사라센인들에게 그리스도교인들을 공격하는 데 사용되는 무기와 철을, 또 전함과 그 밖의 선박들을 만드는 데 필요한 목재를 제공하는 거짓되고 불경한 그리스도교인들을 제명하고 파문하는 바이다. 아울러 그리스도교인들, 특히 성지에 피해가 돌아오도록 그들에게 전함과 함선을 판매하는 자, 사라센인들의 해적선을 조종하거나 그들에게 기계적인 면으로나 여타의 분야에서 어떤 조언이나 도움을 주는 자는 가진 것을 몰수당할 것이고 그들을 체포하는 자들의 노예가 되어야 한다고 규정하는 바이다. 이 결정문은 모든 해안 도시들에서 주일과 축일마다 새롭게 공지되어야만 하고, 자신이 죄를 범한 바로 그것에 대해서 처벌받는 것은 정당한 일이므로, 그들이 그 부당한 상행위를 통하여 벌어들인 모든 것과 그것과 같은 양의 재화를 자신들의 재산에서 성지 원조를 위해 기부하지 않는 한 그들에게 성당의 내부가 개방되지 말아야 한다.

---

1) 참조: 위 305쪽의 4항.

forte solvendo non fuerint, sic alias reatus talium castigetur, quod in poena ipsorum aliis interdicatur audacia, similia praesumendi. Prohibemus insuper omnibus christianis et sub anathemate interdicimus, ne in terris Sarracenorum, qui partes orientales inhabitant, usque ad VI. annos transmeant aut transvehant naves suas, ut per hoc volentibus transfretare in subsidium Terrae sanctae maior copia navigii praeparetur et Sarracenis subtrahatur auxilium, quod eis consuevit ex hoc non modicum provenire. Et quia ad hoc negotium prosequendum permaxime est necessarium, ut principes et populi christiani ad invicem pacem observent, hac sancta universali synodo approbante statuimus, ut in toto orbe inter christianos pax generaliter observetur ita, quod per ecclesiarum praelatos discordantes ducantur ad plenam concordiam sive pacem aut[a] ad firmam treugam per VI. annos inviolabiliter observandam; et qui acquiescere forte contempserint, per excommunicationis sententiam in personas et interdictum in terras arctissime compellantur, nisi tanta fuerit iniuriatorum malitia, quod tali non debeant pace gaudere. Quod si forte censuram ecclesiasticam vilipenderint, poterunt non immerito formidare, ne per auctoritatem ecclesiae contra eos tamquam perturbatores negotii crucifixi saecularis potentia inducatur. Nos igitur de omnipotentis Dei misericordia et beatorum Petri et Pauli auctoritate confisi, ex illa quam nobis licet indignis Deus ligandi atque solvendi contulit potestate, omnibus qui transfretandi pro subsidio Terrae sanctae in propriis personis laborem subierint et in expensis, plenam suorum peccaminum, de quibus veraciter fuerint corde contriti et ore confessi, veniam indulgemus et retributionem iustorum, salutis aeternae pollicemur augmentum. Eis autem, qui non in propriis personis illic accesserint, sed in suis dumtaxat expensis iuxta facultatem et qualitatem suam viros idoneos destinaverint, et illis similiter qui licet in alienis expensis in propriis tamen personis accesserint, plenam suorum concedimus veniam peccatorum. Huiusmodi quoque remissionis volumus et concedimus esse participes, iuxta qualitatem subsidii et devotionis affectum, omnes qui ad subventionem ipsius Terrae de bonis suis congrue ministrabunt aut circa praedicta consilium et auxilium impenderint oportunum, nec non omnes illos qui pro subsidio Terrae sanctae naves proprias exhibebunt aut eos qui propter hoc opus naves studuerint fabricare; omnibus etiam pie proficientibus in hoc opere pia et sancta universalis synodus orationum et beneficiorum suffragium impertitur, ut eis digne proficiat ad salutem.[1]

[1d]. Non nobis sed Domino damus gloriam[b][2] et honorem et ipsi gratias reddamus[c], quod ad tam sacrum concilium patriarcharum, primatum[d], archiepiscoporum, episcoporum, abbatum, priorum, praepositorum, decanorum, archidiaconorum et aliorum ecclesiarum praelatorum[e] tam per se quam per procuratores idoneos, nec non capitulorum,

---

[a] *add.* F   [b] sed ... gloriam] sed damus gloriam Domino O   [c] reddimus O
[d] *post* episcoporum *in* O   [e] praelatorum ecclesiarum O

---

[1] Cf. conc. Lat. IV, c. [71] et conc. Lugd. I, c. [5] (v. supra pp. 267-271 et 297-301).
[2] Cf. Ps 113, 1.

혹시라도 그 재화를 지불할 수 있는 상태가 되지 못하면 그들은 다른 이들이 그것을 보고 같은 죄를 저지를 엄두를 못 내게 할 그런 형벌을 달리 받을 것이다. 아울러 파문의 형벌 하에 금하는 바, 모든 그리스도교인들은 사라센인들이 거주하는 동방 국가들에 4년간 자신들의 함선을 보내거나 운송 작업을 시켜서는 안 된다. 그럼으로써 많은 수의 함선들이 성지 원조를 위해 바다를 건너려는 사람들을 위해 확보될 것이고 앞서 말한 사라센인들이 그것으로부터 누려 왔던 적지 않은 혜택을 박탈당하게 될 것이다. 이 사업의 완수를 위해서 최대로 필요한 것은 군주들 간에 그리고 하느님의 백성들 간에 평화를 유지하는 것이기 때문에, 본 거룩한 전체 공의회의 충고에 따라 명하는 바, 이러한 평화가 그리스도교인들의 세계 전 지역에서 전반적으로 유지되어야 한다. 따라서 성당들의 고위 성직자들은 분쟁 중인 자들을 6년간 온전한 평화조약이나 확고한 휴전협정으로 인도해야 한다. 이에 동의하기를 거부하는 자들은, 사람들에 대한 파문과 그들 소유의 토지에 대해서는 금지령으로 다스림으로써, 동의를 하도록 지극히 엄격하게 강제하여야 한다. 다만 그들을 공격한 자들의 사악함이 그들이 그러한 평화를 누릴 수 없을 정도의 것인 경우에는 그러하지 아니하다. 교회의 교정벌을 두려워하지 않는 자들에 대해서는, 십자가에 못 박히신 분의 사업에 방해꾼들인 그들을 대항하여 교회 당국에 의해 세속 권력이 동원될까 봐 두려움에 벌벌 떨게 만들 것이다. 또한 몸소 참가하여 그리고 자신이 비용을 대면서 성지의 원조를 위해 바다를 건너는 수고를 마다 않는 모든 사람들에게, 그들이 마음으로부터 진실하게 회개하고 입으로 죄를 고백한다면, 전능하신 하느님의 자비와 복된 사도 베드로와 바오로의 권위에 의지하고 하느님께서 부족함에도 불구하고 나에게 수여하신 재량권의 힘으로, 그들의 죄에 대한 온전한 사함을 베푸는 바이며, 의인들에 대한 포상과 영원한 생명의 증대를 보장하는 바이다. 또한 몸소 그곳에 가지는 않아도 자신의 재산과 처지에 따라서 비용을 대주면서 적합한 사람들을 보내 주는 이들과 몸소 출정하지만 다른 이가 대주는 비용으로 가는 사람들에게도 죄에 대한 충만한 사함을 베푸는 바이다. 게다가 성지의 원조를 위해 자신의 재화에서 적절히 기부하거나 유용한 조언과 도움을 제공하는 모든 사람들에게, 그리고 자신의 배를 성지에 대한 원조를 위하여 사용할 수 있게끔 하는 이들이나 같은 목적으로 배를 만들고자 하는 이들에게도 그들이 제공한 도움의 질과 봉헌의 크기에 따라 이 죄 사함을 베풀어 주는 바이다. 끝으로, 본 전체 공의회는 이 공통의 사업에 성실하게 동참하는 모든 사람들을 위해 그들의 구원에 보탬이 될 기도와 그 기도로 인한 온갖 혜택들을 수여하는 바이다.[1]

공의회 참가 대상과 금품 요구 금지

[1d] 나 자신이 아닌, 주님께 영광과 영예를 드려야 한다.[2] 그분께 큰 감사를 드려야만 한다. 나의 초대에 응하여 총대주교들, 수석 대주교들, 대주교들, 주교들, 대수도원장들, 수도원장들, 수석 사제들, 지구장 사제들, 대부제들, 그리고 여타의 고위 성직자들의 다수가 이토록 많이, 직접 혹은 적합한 대리인들을 통하여 이 거룩한 공의회에 모였기 때문이다. 그 밖에도 수많은 의전 사제단들과 참사회들과 수도회들을 대표하는 자들이 또한 모였기 때문이다.

---

1) 참조: 제4차 라테란 공의회의 제71법령과 제1차 리옹 공의회의 제5법령(위의 267-271, 297-301쪽을 볼 것).
2) 참조: 시편 113, 1.

collegiorum et^a conventuum^b procuratorum^b ad vocationem nostram^c copiosa multitudo convenit. Sane licet pro felici prosecutione tanti negotii esset eorum consilium oportunum et in ipsorum tanquam dilectorum filiorum praesentia delectemur et quodammodo^d spirituali gaudio affluamus, contra nonnullos tamen eorum^e, propter varia incommoda quae ipsorum^f copiositas ingerit, ne prae turba nimia se diutius comprimant et eorum absentia ipsis et ipsorum ecclesiis posset esse damnosa, quadam provida pietate commoti, de fratrum nostrorum consilio super hoc salubriter providere decrevimus, ut sic eorum^a gravaminibus occurratur, quod prosecutio huius negotii, quod ferventi spiritu et sollicitudine indefessa prosequimur, nullatenus derogetur. Omnes igitur patriarchas, primates, archiepiscopos, episcopos^g, abbates et^a priores per nos nominatim et specialiter evocatos sic remanere decrevimus, ut ante diffinitum concilium absque nostra speciali licentia non discedant. Ceteris vero abbatibus et prioribus non mitratis et aliis abbatibus et prioribus^h, qui per nos non fuerunt^i nominatim^k et specialiter evocati, necnon praepositis, decanis, archidiaconis et aliis ecclesiarum^l praelatis ac quorumque^m praelatorum, capitulorum, collegiorum et conventuum procuratoribus, recedendi ex Dei et nostra benedictione^n clementer licentiam impertimur; mandantes ut omnes taliter^o recedentes^p primitus, prout infra scribitur, procuratores sufficientes dimittant, ad suscipienda nostra mandata et ea quae in praesenti nostro concilio^q ordinata sunt et in futurum auctore^r Domino contigerit ordinari. Omnes^s scilicet^t de regno Franciae taliter recedentes quattuor, de regno Alamaniae quattuor^g, de regnis Yspaniarum quattuor, de regno Angliae quattuor, de regno Scotiae unum^u, de regno Siciliae duos, de Lambardia duos, de Tuscia unum, de terris ecclesiae unum, de regno Norbegiae unum, de regno Sueviae unum, de regno Ungariae unum^v, de regno Daciae unum, de regno Boemiae unum^w, de ducatu Poloniae unum, procuratores sufficientes dimittant. Ad haec^x ad nos ex quorundam relatione pervenit, quod nonnulli archiepiscopi et episcopi aliique praelati, ea occasione quod ipsos ad concilium mandavimus evocari, petentes a subditis immoderatum subsidium, multa extorserunt ab eis, graves ipsis tallias imponentes; quorum aliqui, licet a subiectis multa exegerint, ad concilium non venerunt. Verumtamen cum^y nostrae intentionis^z non exstiterit nec exsistat, ut praelati ad concilium veniendo sociarent oboedire bonum cum gravamine subditorum, monemus praelatos omnes et singulos, eis firmiter innuentes, quatinus nullus eorum occasione praemissa subditos suos talliis vel^y exactionibus gravare

---

^{a} *om. O* ^{b} procuratorum conventuum *W* ^{c} ad...nostram] advocatorum *O*
^{d} quorumdam *W* ^{e} contra...eorum] circa illos, tum (tamen *F*) *O*
^{f} multitudo et *add. O* ^{g} *om. W* ^{h} non mitratis...prioribus *om. W*
^{i} fuerant *O* ^{k} *con. K* nominati *OW* ^{l} eorum *W* ^{m} quorumlibet *O*
^{n} ex...benedictione] Dei gratia et benedictione nostra *O* ^{o} qualiter (*postea corr.* aequaliter) *W*
^{p} excedentes *W* ^{q} in...concilio] praesentia nostra concilio *O*
^{r} actore *O* ^{s} mandamus *O* ^{t} ut *add. F* ^{u} de...unum *om. W*
^{v} de regno Siciliae...unum *om. O* ^{w} etc. *add. O*
^{x} Ad haec...apponatur *om. O* ^{y} *con. K om. W* ^{z} *con. K* interdictionis *W*

그들의 조언이 이토록 중요한 행사의 복된 집행에 필요할 수 있음에도 불구하고, 또 나는 그들이 여기에 있음을 마치 사랑스러운 아들들을 보는 것처럼 좋아하여 영신적 기쁨을 느끼면서도, 그들의 숫자로 말미암아 야기된 불편함들 때문에 그들이 더 이상 복잡스러운 곤혹함을 느껴서는 안 되기에, 그리고 그들의 부재(不在)가 그들 자신과 그들의 교회에 피해를 주어서는 안 되기에, 나는 배려하고자 하는 정(情)에 움직여서 형제 추기경들의 조언에 힘입어 그들 중 일부의 편의를 보아주기로 결정하였다. 그리하여 나는 이 사업의 진행을 포기하지 않으면서도, 그들의 어려움을 마주 대하여 열렬한 정신과 끈기 있는 배려로써 이를 해결하고자 한다. 그리하여, 나에게 기명으로 특별히 초대받은 모든 총대주교들, 수석 대주교들, 대주교들, 주교들, 대수도원장들, 수도원장들은 남아서 공의회가 폐막될 때까지 특별한 허락 없이는 떠나지 말 것을 공시한다. 반면에, 주교관을 받지 않은 다른 대수도원장들과 수도원장들, 나에게 기명의 특별한 방식으로 초대받지 않은 대수도원장들과 수도원장들, 그리고 모든 수석 사제들, 대부제들, 여타의 고위 성직자들, 또한 그 어떤 고위 성직자나 의전 사제단, 참사회, 수도회의 대리인들은 하느님과 나의 축복 속에 떠날 수 있는 허가를 받았다. 내가 명하노니, 이렇게 떠나는 모든 이들은 이후에 정해지는 대로 충분한 대리인들을 남겨 놓음으로써, 그들로 하여금 나의 명령들과 현재 이 공의회에서 이미 규정한 교령들과 주님의 도우심으로 미래에 결정할 교령들의 내용을 제대로 접수하도록 조치해야 한다. 따라서 이렇게 하여 공의회를 떠나는 모든 이들은 프랑스 왕국을 위해서 4명, 독일 왕국을 위해서 4명, 스페인 왕국을 위해서 4명, 잉글랜드 왕국을 위해서 4명, 스코틀랜드 왕국에서 1명, 시칠리아 왕국에서 2명, 롬바르디아 왕국에서 2명, 토스카나 왕국에서 1명, 교황령에서 1명, 노르웨이 왕국에서 1명, 스웨덴 왕국에서 1명, 헝가리 왕국에서 1명, 다치아(Dacia) 왕국에서 1명, 보헤미아 왕국에서 1명, 폴란드의 공작령에서 1명의 대리인이 남게끔 하면 충분할 것이다. 그 밖에, 몇몇의 대주교들과 주교들과 여타의 고위 성직자들이 공의회에 소집된 것을 기회로 그들의 수하들에게 과다한 납부금을 요구하였으며, 과다한 세금을 부과함으로써 그들의 많은 돈을 강탈하였음이 나의 귀에 들려왔다. 더 심하게도, 몇몇은 많은 분담금들을 부여한 이후에 공의회에는 아예 오지도 않았다. 그러나 고위 성직자들이 공의회에 오면서 그들의 순명을 수하들에 대한 세금 부과와 연결시키는 것은 전혀 나의 의도가 아니었기에, 그 어느 누구도 공의회를 빌미로 하여 수하들의 세금과 공물을 가중시키지 말 것을 모든 고위 성직자들 하나하나에게 엄중히 경고하는 바이다.

praesumat. Si vero aliqui non venerunt ad concilium et a subditis suis ea occasione aliquid exegerint, volumus et praecise mandamus quod ea occasione quae receperunt ab eis, restituant sine mora. Illi autem qui gravaverunt subditos, ab eis subsidia immoderata petendo, eisdem satisfacere sine qualibet difficultate procurent[a], mandatum nostrum taliter impleturi, quod non oportet ut super hoc auctoritate nostra remedium apponatur.[1]

II

De summa Trinitate et fide catholica

1.[2] Fideli ac devota professione fatemur, quod Spiritus sanctus aeternaliter ex Patre et Filio, non tanquam ex duobus principiis, sed tanquam ex uno principio, non duabus spirationibus, sed unica spiratione, procedit. Hoc professa est hactenus, praedicavit et docuit, hoc firmiter tenet, praedicat, profitetur et docet sacrosancta Romana ecclesia, mater omnium fidelium et magistra; hoc habet orthodoxorum patrum atque doctorum, Latinorum pariter et Graecorum, incommutabilis et vera sententia. Sed quia nonnulli, propter irrefragabilis praemissae ignorantiam veritatis, in errores varios sunt prolapsi, nos huiusmodi erroribus viam praecludere cupientes, sacro approbante concilio, damnamus et reprobamus omnes qui negare praesumpserint, aeternaliter Spiritum sanctum ex Patre et Filio procedere, sive etiam temerario ausu asserere, quod Spiritus sanctus ex Patre et Filio tanquam ex duobus principiis et non tanquam ex uno procedat.[3]

De electione et electi potestate[b]

2.[4] Ubi periculum maius intenditur, ibi procul dubio est plenius consulendum. Quam gravibus autem sit onusta dispendiis, quot et quantis sit plena periculis ecclesiae Romanae prolixa vacatio, exacti temporis consideratio edocet et considerata prudenter[c] illius discrimina manifestant. Hinc nos evidens evocat ratio ut, dum reformandis etiam minoribus nostra sollerter vacet[d] intentio, ea quae periculosiora sunt, nequaquam absque remedio reformationis accomode relinquamus. Ideoque omnia, quae pro vitanda discordia in electione Romani pontificis a nostris sunt praedecessoribus et praecipue a felicis recordationis Alexandro papa tertio[5] salubriter instituta, omnino immota in sua firmitate manere censentes, nihil enim illis detrahere intendimus, sed quod experientia deesse probavit, praesenti constitutione supplere. Sacro concilio approbante[e], statuimus ut, si eumdem pontificem in civitate, in qua cum sua curia residebat, diem claudere contingat extremum, cardinales qui fuerint in

---

[a] con. *K* procurrent *W*
[b] Universis praesentes litteras inspecturis miseratione divina (mis. div. *om. V 8*) ... (*sequuntur nomina, de quibus cf. supra p. 283 n. 6*) in salutis auctore salutem (salutem in sal. auct. *V 3* salutem in auct. sal. *V 5*). Praesenti scripto fatemur nos vidisse ac diligenter inspexisse constitutionem sanctissimi patris (sanct. pat. *om. V 1, 7-8*) domini nostri domini Gregorii divina providentia papae decimi subscripti tenoris *V*
[c] temporis *add. V*   [d] vacat *V*   [e] sacro ... approbante *om. VW*

---

[1] Cf. Martin 1773.   [2] c. 29 in BN.   [3] c. 1 I 1 *in VI⁰* (Fr 2, 937).
[4] c. 14 in BN.   [5] Cf. conc. Lat. III, c. 1 (v. supra p. 211).

만일 누군가 공의회에는 오지도 않으면서 공의회를 빌미로 그 수하들에게 세금을 부과하였다면, 받은 것들을 즉시 반환할 것을 원하고 명하는 바이다. 수하들에게 과다한 납부금을 요구하면서 괴롭힌 자가 있다면, 그는 이러한 나의 규정들을 따름으로써 내가 직권으로 개입할 필요가 없을 정도로, 여타의 어떤 어려움도 발생하지 않게 하면서 그것을 바로잡도록 노력해야만 할 것이다.[1]

법령 II
지존하신 삼위일체와 가톨릭 신앙에 대하여

1.[2] 충실하고 헌신적인 신앙으로써, 나는 성령께서는 영원으로부터 성부와 성자에게서 발(發)하심을 고백하는데, 이는 두 가지가 아닌 단 하나의 원리(原理, principium)로부터의 발출(發出, processio)이며, 두 가지가 아닌 단 하나의 기출(氣出, spiratio) 때문인 것이다. 바로 이것이 모든 믿는 이들의 어머니이며 교사인 거룩한 로마교회가 지금껏 고백하고 설교하여 가르쳐 왔던 것이며, 또한 영원히 믿고 설교하며 고백하며 가르치는 바이다. 이는 그리스와 라틴 교부들 및 정통적인 학자들이 가르쳐 온 결코 변할 수 없는 진정한 교리이다. 그러나 어떤 이들은 지금 강조하고 있는 결코 부정할 수 없는 이 진리를 외면하면서 여러 오류들에 빠졌기 때문에, 나는 이러한 오류들로 향하는 길을 막기 위하여 거룩한 공의회의 승인 사항으로, 성령께서 영원으로부터 성부와 성자로부터 발하심을 감히 부정하거나, 경솔하게도 성령께서 성부와 성자로부터 발하심이 하나의 원리로부터가 아니라 두 원리로부터라고 주장하는 이들을 단죄하고 배척하는 바이다.[3]

선거와 선출된 이의 직권에 대하여

2.[4] 위험이 큰 곳일수록 보다 더 완벽하게 대비함이 당연한 일이다. 과거의 시련은 로마 사도좌의 지나치게 긴 공석이 얼마나 많은 폐해를 자아냈고 수많은 종류의 위험들이 얼마나 많이 생겨나게 했는지를 가르치고 있다. 그 시기의 피해들에 대한 측정과 숙고는 같은 사실을 보여주고 있다. 그러므로 우리에게 충고하는 명백한 바들은, 덜 중요한 것들에 대한 개혁에 대해 열정을 가지고서 다루는 동안이라 할지라도, 중대한 위협에 노출되었던 사안은 그에 대한 합당한 개혁 없이는 결코 그것을 그대로 놓아두지는 말라는 것이다. 그러므로 나는 로마교황 선거 동안의 불협화음들을 피하기 위하여, 나의 선임자들, 특히 추모하는 교황 알렉산데르 3세에 의해 제정되었던 유익한 규정들[5]의 유효성을 절대적으로 고스란히 유지하기를 의도하는 바이다. 사실, 그 규정들의 중요성을 감소시키는 것은 내가 바라는 바가 아니며, 경험으로부터 깨닫게 된 그 결함을 오히려 이 법령으로써 보완하고자 하는 것이다. 그러므로 만일 교황이 교황청(curia)과 동반하여 머물던 도시에서 사망한다면, 동일한 도시에 와 있던 추기경들은

---

1) 참조: 마틴(Martin)의 책, 1773.
2) BN에서는 제29법령이다.
3) I 1 in VI°에서는 제1장이다(Fr 2, 937).
4) BN에서는 제14법령이다.
5) 참조: 제3차 라테란 공의회의 제1법규(위의 211쪽을 볼 것).

civitate ipsa praesentes, absentes expectare decem diebus tantummodo teneantur. Quibus elapsis, sive absentes venerint sive non, extunc omnes conveniant in palatio, in quo idem pontifex habitabat, contenti singuli singulis tantummodo servientibus, clericis vel laicis[a], prout duxerint eligendum. Illis tamen quibus patens necessitas id suggerit indulgeri, duos habere permittimus, eiusdem electionis arbitrio reservato. In eodem autem palatio unum conclave, nullo intermedio pariete[b] seu alio velamine, omnes habitent[c] in communi, quod servato libero ad secretam cameram aditu, ita claudatur undique, ut nullus illud intrare valeat vel exire; nulli ad eosdem cardinales aditus pateat vel facultas secrete loquendi cum eis; nec ipsi aliquos ad se venientes admittant, nisi eos[d], qui[d] de voluntate omnium cardinalium inibi praesentium, pro iis tantum quae ad electionis instantis negotium pertinent, vocarentur. Nulli etiam fas sit[e] ipsis cardinalibus vel eorum alicui[f] nuntium mittere vel scripturam. Qui vero contra fecerit[g], scripturam mittendo vel nuntium, aut cum aliquo ipsorum secreto[h] loquendo, ipso facto sententiam excommunicationis incurrat[i]. In conclavi[k] tamen praedicto aliqua fenestra competens dimittatur, per quam eisdem cardinalibus ad victum necessaria commode ministrentur, sed per eam nulli ad ipsos patere possit ingressus. Verum si, quod absit, infra tres dies postquam, ut praedicitur, conclave praedictum[l] iidem cardinales intraverint, non fuerit ipsi[m] ecclesiae de pastore provisum, per spatium quinque dierum immediate sequentium, singulis diebus tam in prandio quam in cena uno solo[n] ferculo sint contenti. Quibus provisione non facta decursis, extunc tantummodo panis, vinum et aqua ministrentur eisdem, donec eadem provisio subsequatur. Provisionis quoque huiusmodi pendente negotio, dicti cardinales nihil de camera papae recipiant nec de aliis eidem ecclesiae tempore vacationis obvenientibus undecunque, sed ea omnia, ipsa vacatione durante, sub eius cuius fidei et diligentiae camera eadem est commissa, custodia maneant, per eum dispositioni[o] futuri pontificis reservanda. Qui autem aliquid receperint, teneantur extunc a perceptione quorumlibet redituum ad ipsos spectantium abstinere, donec de receptis taliter plenariam[p] satisfactionem impendant. Iidem[q] quoque[q] cardinales accelerandae provisioni sic vacent attentius, quod se nequaquam de alio[r] negotio intromittant, nisi forsan necessitas adeo urgens incideret, quod eos oporteret de terra ipsius ecclesiae defendenda vel eius parte aliqua providere vel nisi aliquod tam grande[s], tam evidens periculum immineret, quod omnibus et singulis cardinalibus praesentibus concorditer videretur illi celeriter occurrendum. Sane si aliquis de praedictis cardinalibus conclave praedictum, ut supra exprimitur[t], non intraverit aut intrans, absque manifesta

[a] contenti ... laicis] uno tantummodo serviente, clerico vel laico *VW*
[b] cortina *add. V 3, 5-6 W*   [c] inhabitent *V 1-6, 8*   [d] forsan aliqui *V*
[e] etiam fas sit] sit etiam copia *VW*   [f] vel eorum alicui *om. W*   [g] fecerint *V 5*
[h] secrete *V 5-6*   [i] incurrant *V 5*   [k] conclave *R* conclavi *V*
[l] praefatum *V 2-8*   [m] eidem *V 3*   [n] *om. V 4*   [o] dispensationi *V 3*
[p] *om. V 5*   [q] ipsi vero *V*   [r] aliquo *V 8*   [s] grave *V 6, 8*
[t] ut ... exprimitur *om. V 3*

아직 오지 못한 이들을 위해 단지 10일만을 기다릴 것을 거룩한 공의회의 합의로써 규정하는 바이다. 이 10일이 경과한 후에는, 미출석자들이 채 도착했든 안했든 간에 상관없이 모두가 교황이 거주하던 궁에 함께 모이게 되는데, 각자가 선택한 성직자 혹은 평신도인 개인 비서 한 사람씩을 데리고 올 수 있다. 꼭 필요한 이들에게는 두 명까지도 허락이 되는데, 역시 자신이 고를 수 있다. 이 궁에서 하나의 거실을 선정하여 가림용 벽이나 천막 없이 모두 함께 그 안에서 거주해야만 한다. 그런데 그 거실은 화장실로 통하는 입구만 제외하고는 사방으로 잘 막혀져서 어느 누구도 드나들 수 없도록 해야만 한다. 어느 누구에게도 거기에 있는 추기경들이나 그들 중 하나에게 접근하거나 비밀리에 말하는 것을 불허한다. 거기에 출석한 모든 추기경들의 동의하에 임박한 선거와 관련된 일로 부름받는 이들을 제외하고는, 추기경들 스스로가 방문객들을 받지 말아야 할 것이다. 어느 누구도 그 추기경들에게 특사나 편지를 보내는 것이 허락되지 않는다. 그들 중 하나에게 사신이나 서한을 보내거나 혹은 말함으로써 이 규칙을 어기는 자는 그 사실 자체로 자동 파문될 것이다. 그러나 콘클라베(conclave)에서 당연히 창문 하나는 남겨 놓아서 추기경들을 위해 필요한 음식이 무리 없이 들어갈 수 있도록 해야 하나, 어느 누구도 거기를 통하여 안에 들어갈 수는 없다. 그리고 하느님께서 원치 않아, 앞에서 언급된 바대로 추기경들이 콘클라베에 입장한 후 3일이 지나도록 아직도 교회에 최고 목자를 보내지 못하고 있다면, 즉시 그로부터 5일 동안은 점심 식사 때나 저녁 식사 때나 추기경들은 매일 한 접시만을 먹을 수 있다. 이 5일이 끝나도록 아직도 선출이 이루어지지 않았다면, 선출이 이루어질 때까지 추기경들에게는 빵과 포도주와 물만이 주어질 것이다. 이 선거 기간 동안 상기 추기경들은 궁무실(camera apostolica)로부터 아무것도 수령하지 못하며, 사도좌의 공석 동안에 그 출처가 어디이든 간에 교회로 들어오는 어떤 수입도 수령할 수 없다. 반면에 이 기간 동안의 모든 수입들은 미래의 교황이 알아서 이를 사용할 수 있게끔 교황청이 그 충실함과 근면함을 믿고 위탁한 이의 관리 하에 있게 된다. 만일 무언가를 받은 사람이 있다면, 그는 그 받은 액수만큼을 완전히 반환할 때까지 그 순간부터 그에게 해당되는 어떤 소득도 취하지 못할 것이다. 더 나아가, 교황령 혹은 그 일부 영역의 방어 등과 같이 정말로 시급한 필요가 생기거나, 매우 중대하고 명확한 위협이 닥쳐와서 추기경들 한 사람 한 사람이 모두 만장일치로 그것에 급히 대처해야만 한다고 간주하지 않는 이상, 추기경들은 절대적으로 다른 일에 신경 쓰지 않으면서 오로지 교황 선출을 서두를 것에만 마음을 두어야 한다. 만일에 어떤 추기경이 지금껏 언급한 콘클라베에 들어가지 않는다면, 혹은 거기에 들어갔다가 명백한 질병의 사유 없이 나오게 된다면, 다른 이들은 전혀 그를 찾으려 하거나

causa infirmitatis, exierit, ipso minime requisito nec in eiusdem electionis negotio ulterius admittendo, per alios ad eligendum substituendum pontificem libere procedatur. Si vero, infirmitate superveniente, idem conclave aliquem ex eis exire contingat, ipsa etiam infirmitate durante, poterit eius suffragio non requisito, procedi. Sed si ad alios post sanitatem sibi redditam seu antea[a] redire voluerit, vel etiam si alii absentes, quos per decem dies diximus[b] expectandos, supervenerint, re[c] integra[c] videlicet antequam eidem ecclesiae sit de pastore provisum, in eodem negotio, in illo statu in quo ipsum invenerint[d], admittantur, praemissa tam de clausura quam de servientibus, cibo ac[e] potu et reliquis cum aliis servaturi. Porro[f] si quando Romanum pontificem extra civitatem praedictam, in qua erat cum sua curia residens, contigerit ab hac luce migrare, teneantur cardinales in civitate, in cuius territorio seu districtu idem pontifex obiit, convenire, nisi sit forsitan interdicta vel contra ecclesiam Romanam in aperta rebellione persistat. Quo casu in alia viciniori conveniant, quae similiter nec interdicto subiaceat nec sit, ut praedicitur, aperte rebellis. In hac etiam civitate, tam quoad exspectationem absentium quam quoad habitationem communem, clausuram et cetera omnia[g], in domo episcopali vel alia qualibet[h] eisdem cardinalibus deputanda, eadem[i] observentur quae superius, obeunte dicto pontifice in ea[k] in qua cum sua residebat curia, sunt expressa. Praeterea[l] quia parum est iura condere, nisi sit qui eadem tueatur, adiciendo sancimus ut dominus aliique rectores et officiales civitatis illius, in qua Romani pontificis celebranda fuerit electio[m] auctoritate nostra et eiusdem approbatione[n] concilii potestate sibi tradita, praemissa omnia et singula plene ac inviolabiliter, sine fraude ac dolo aliquo faciant observari, nec cardinales ultra quam praemittitur, artare praesumant. Super iis autem taliter observandis, statim audito summi pontificis obitu, coram clero et populo civitatis ipsius, ad hoc specialiter convocandis, praestent corporaliter iuramentum. Quod si forte in praemissis vel circa ea fraudem commiserint aut ipsa diligenter non observaverint, cuiuscumque sint[o] praeeminentiae, conditionis aut status, omni cessante privilegio, eo ipso[p] excommunicationis sint vinculo innodati[q] et perpetuo sint infames, nec unquam eis portae dignitatis pateant, nec ad aliquod publicum officium admittantur. Ipsos insuper[r] feudis et bonis ceterisque, quae ab eadem[s] Romana vel quibuslibet aliis ecclesiis obtinent, ipso facto decrevimus[t] esse privatos, ita quod ad ecclesias ipsas plene ac libere revertantur, administratorum earumdem ecclesiarum arbitrio sine contradictione aliqua disponenda. Civitas vero praedicta non solum sit interdicto supposita, sed et pontificali dignitate privata.

[a] post...antea] sanitate sibi reddita *VW*   [b] duximus *V 2*   [c] *om. V 5*
[d] invenerant *V 2, 5, 7*   [e] et *V 3*   [f] ceterum *VW*   [g] tam...omnia *om. VW*
[h] *om. VW*   [i] omnia *VW*   [k] alia *V 1-6* civitate *V 7-8*   [l] ad haec *VW*
[m] fuerit electio celebranda *V*   [n] et...approbatione] et huius sacri *VW*
[o] si forte...sint] si praemissa diligenter non observaverint aut fraudem in eis vel circa ea commiserint, cuiuscumque sint dignitatis (dignitatis *om. V 1, 4*) *VW*
[p] sententiam *add. V*   [q] sint...innodati] incurrant *V*
[r] quoque *V*   [s] ceterisque...eadem] ceteris quae a *V*   [t] decernimus *V 1-4, 6-8*

다시 선거에 합류시킬 필요 없이 그대로 자유로이 교황 선거를 진행해 나가야 한다. 만일 질병이 생겨서 그들 중 하나가 콘클라베에서 나가야만 한다면, 그 질병이 계속된다 하더라도 그의 표를 요구할 필요 없이 선거를 진행해 나갈 수 있다. 그러나 그가 건강을 회복한 후에, 아니면 그 이전이라 하더라도 본인이 다른 이들에게 돌아오기를 희망한다면, 그리고 시작 전 10일간을 기다려야만 했던 미출석자들이 교황이 선출되기 이전에 비로소 합류했다면, 그들은 그 시점에서의 선거에서부터 참여할 수 있게 된다. 그들은 다른 이들과 마찬가지로 봉쇄와 하인과 음식과 음료와 여타의 것들에 관한 규칙들을 지켜야만 한다. 그리고 만일 로마교황이 교황청(curia)과 동반하여 거주하고 있던 도시 밖에서 사망하는 일이 발생한다면, 추기경들은 그 영토나 구역 안에서 교황이 사망했던 바로 그 도시로 모여야만 한다. 다만 그것이 금지령을 받은 도시이거나 로마교회를 거스르는 공개적 반란이 진행 중인 상태라면 그러하지 아니하다. 그 경우에는 가장 가까운 도시에 모이게 되는데, 그 역시 반란이 금지된 상태이거나 아직도 진행 중인 상태여서는 안 된다. 교황이 교황청과 함께 거주하던 도시에서 사망하는 경우와 마찬가지로, 이 도시에서도 주교관 혹은 추기경들에 의해 선택된 다른 장소에서 미출석자들을 기다리는 것, 공동 거주, 봉쇄, 그리고 여타의 모든 것들에 대하여 동일한 규정들이 준수되어야만 한다. 더 나아가, 누군가 법이 지켜지도록 하는 이가 없다면 그것을 공포함이 별 소용없기에, 로마교황의 선거가 이루어져야 하는 도시의 군주와 다른 통치자와 행정관은 나의 권위와 공의회의 승인에 의해 그들에게 주어진 권한으로써, 위에 언급된 모든 것들을 조금도 빠짐없이 그 규정 하나하나까지도 그 어떤 사기나 기만 없이 온전히 그리고 침해할 수 없이 준수하도록 강제할 것을 명하는 바이다. 그러나 그들은 추기경들을 규정된 것 이상으로 제한하지 않도록 주의해야 할 것이다. 상기의 군주와 통치자들과 행정관들은 교황의 사망 소식을 듣자마자, 이를 위해 특별히 소집된 성직자들과 시민들 앞에서 이러한 규정들을 준수할 것임을 몸소 서약해야만 한다. 이와 관련하여 사기를 행하거나 규정들을 열심히 준수하지 않는 사람들이 있다면, 그 직위나 조건들 혹은 신분에 상관없이 그들은 모든 특전을 상실할 것이다. 그들은 자동 파문에 처하게 될 것이며, 영원히 파렴치범으로 간주될 것이다. 그들은 평생토록 모든 직위로부터 제외될 것이며, 어떤 공직에도 받아들여지지 않을 것이다. 그들은 그 사실 자체로 인해서, 그들의 봉토(영지)와 재물 그리고 로마교회나 여타의 교회들로부터 받아 소유하고 있던 모든 것들을 박탈당하게 될 것이다. 그리하여 이 재산들은 온전히 그리고 자유로이 교회들 자체에로 귀속될 것이며, 누구도 반대할 수 없이 그 교회들의 관리자들의 재량에 의해 사용될 것이다. 그 도시 자체는 금지령을 받게 될 뿐 아니라, 주교의 직위도 박탈당하게 될 것이다.

Ceterum[a] quia cum arbitrium vel inordinatus captivat affectus vel ad certum aliquid obligationis cuiusque necessitas adigit, cessat electio, dum libertas adimitur eligendi, cardinales eosdem obsecrantes *per viscera misericordiae Dei nostri*[1], per aspersionem sui pretiosi sanguinis obtestamur, ut pensantes attentius quid eis imminet, cum agitur de creatione vicarii Iesu Christi, successoris Petri, rectoris universalis ecclesiae, gregis dominici directoris, omni privatae affectionis inordinatione deposita et cuiuslibet pactionis, conventionis, obligationis necessitate necnon condicti et intendimenti contemplatione cessantibus, non in se reciprocent considerationis intuitum vel in suos, non quae sua sunt quaerant[2], non commodis privatis intendant, sed nullo artante ipsorum in eligendo iudicium nisi Deo, puris et liberis mentibus, nuda electionis conscientia utilitatem publicam libere prosequantur, omni conatu et sollicitudine, prout possibilitas patitur, id acturi tantummodo, ut eorum ministerio acceleretur utilis et pernecessaria totius mundi provisio, idoneo celeriter eidem ecclesiae sponso dato. Qui autem secus egerint, divinae subiaceant ultioni, eorum culpa, nisi gravi propter hoc peracta poenitentia, nullatenus abolenda. Et nos nihilominus pactiones, conventiones, obligationes, condicta et intendimenta omnia, sive iuramenti sive cuiuslibet alterius sint vinculo firmitatis innexa, cassamus, irritamus et viribus decernimus omnino carere, ita ut nullus ad illa observanda quomodolibet sit astrictus nec quisquam ex eorum transgressione notam vereatur fidei non servatae, sed non indignae laudis titulum potius mereatur, cum lex etiam humana testetur, Deo magis transgressiones huiusmodi quam iurisiurandi observationes acceptas. Quia vero fidelibus non est tam de sollicita quantumcunque inventione fidendum, quam de instantia orationis humilis et devotae sperandum, huic adicimus sanctioni, ut in omnibus civitatibus ceterisque locis insignibus, ubi primum de memorati pontificis obitu certitudo claruerit, a clero et populo solemnibus pro eo exequiis celebratis, singulis diebus, donec de ipsius ecclesiae provisione indubitatus rumor pertulerit veritatem, humiles preces fundantur ad Dominum, apud eum devotis orationibus insistatur, ut ipse *qui concordiam facit in sublimibus suis*[3], sic efficiat eorumdem cardinalium corda in eligendo con-

---

[a] ceterum... indicant *i. e. usque ad finem constit. om. VW, qui eo loco habent:* In hiis autem omnibus et singulis nobis et nostris successoribus reservamus plenam et liberam potestatem declarandi (mutandi *add. V 3, 5, 7-8*), addendi, detrahendi, prout communi utilitati videbitur expedire. Nos itaque attendentes sanctam et piam intentionem eiusdem summi pontificis, cum in praedicta constitutione solum ad Dei beneplacitum prosequendum et ad universalis ecclesiae provisionem intendat nec in ea (in ea *om. V 1, 4, 6, 8*) prosequatur aliquod suum interesse privatum, praesertim cum effectus constitutionis ipsius in id tempus excurrat quo ipse inter homines iam non erit; attendentes etiam quanta induxit pericula quasi recens et prolixa ecclesiae Romanae vacatio, constitutionem eamdem per quam periculis tantis occurritur acceptamus, approbamus et eidem consentimus expresse. In cuius rei testimonium idem praesens scriptum fecimus sigillorum nostrorum munimine roborari. *Cont. in V 1-7:* Actum Lugduni die veneris XIII (die sabbati XIV *V 1, 7-8*) mensis iulii pontificatus eiusdem domini Gregorii anno tertio

---

[1] Lc 1, 78. [2] Cf. Ph 2, 21. [3] Ib 25, 2.

또한 왜곡된 열정이 의지를 지배하거나 혹은 어떤 의무에 의해서 의지가 편향되게 작용할 때, 선거 자체는 선거권자의 자유의 부재(不在)로 말미암아 무효가 되기 때문에, 나는 *우리 하느님의 자비로운 선성(善性)을 통하여*[1] 추기경들에게 호소하는 것이며, 그들에게 주어진 의무에 대하여 주의 깊게 성찰할 것을 주님께서 흘리신 고귀한 성혈(聖血)을 통하여 간청하는 바이다. 그들은 예수 그리스도의 대리자, 베드로의 후계자, 보편 교회의 수장(首長), 그리고 주님 양 떼의 인도자를 뽑는 것이기 때문이다. 그들은 모든 사적인 감정을 버리고서, 그 어떤 계약과 거래와 의무에 의한 구속, 그리고 모든 합의와 협정에 관한 고려를 포기하면서, 자기 자신이나 수하들을 생각하지 말아야 할 것이며, 자신들의 유리함이나[2] 사적인 이익을 추구해서도 안 된다. 하느님을 제외한 그 어느 누구도 선거에서 그들의 판단에 영향을 미쳐서는 안 될 것이며, 그들은 순수하고 자유로운 정신으로써 오직 선거에만 신경 써야 할 것이고, 두려움 없이 모두에게 유익한 바를 찾아야 할 것이다. 그들은 가능한 모든 노력과 심혈을 기울여, 온 세상에 유익하고도 매우 필요한 선거 작업을 그들의 봉사로써 서둘러, 교회에 합당한 신랑을 신속하게 안배해야 할 것이다. 만일 누군가 이와 다르게 행동한다면 신적인 복수를 당하게 될 것이며, 그 잘못은 매우 중대한 보속 행위를 하지 않는 한 결코 용서받지 못할 것이다. 나의 입장에서는, 서약으로 묶여 있든 아니든 간에 그 모든 종류의 계약과 관습과 의무와 합의와 협정을 삭제하고 취소하며 무효화시켜 절대적으로 부당하다고 선언하는 바이다. 어느 누구도 그 어떤 방식으로든 간에 그것들을 준수할 의무가 없다. 이 경우에는 했던 말을 지키지 않는 것은 잘못이 아니며, 오히려 칭송의 대상이 된다. 심지어 인간의 법조차도 그러한 서약들을 준수하는 것보다는 어기는 것이 오히려 더 하느님께 받아들여질 것임을 증언하고 있기 때문이다. 그러나 신자들은 선거가 빨리 이루어지기를 너무 기대해서는 안 될 것이며, 겸손하고 열렬한 기도에 희망을 두어야 할 것이다. 그러므로 이미 규정된 것들에 첨부하여, 모든 도시들과 그 밖의 중요한 장소들에서 교황의 사망 소식이 전해지자마자 성직자들과 시민들에 의해서 고인의 명복을 빌면서 장엄한 장례 예식이 거행되어야 할 것과, 선출이 이루어졌음이 확인될 때까지 매일같이 하느님께 겸허하게 기도를 바칠 것을 정하는 바이다. *하늘 높은 곳에서 평화를 이룩하시는*[3] 그분께서 추기경들을 선거에서 한마음으로 이끄시어, 영혼들의 구원과 온 세상의 유익을 위하여 요구되는 바와 같이, 그들의 화합을 통하여 신속하며 일치되고

---

1) 루카 1, 78.
2) 참조: 필리 2, 21.
3) 욥 25, 2.

cordia, quod provisio celer, concors et utilis, prout animarum salus exigit et totius requirit orbis utilitas, ex ipsorum unanimitate sequatur. Et ne tam salubre praesentis sanctionis edictum ignorantiae negligi praetextu contingat, districte praecipimus, ut patriarchae, archiepiscopi, episcopi et
5 alii ecclesiarum praelati ceterique, quibus concessum est proponere verbum Dei, clerum et populum propter hoc specialiter frequentius congregandos, in suis sermonibus ad supplicum precum suffragia, pro celeri et felici exitu tanti negotii frequentanda, sollerter hortentur, et ipsis eadem auctoritate non solum orationum frequentiam sed et observan-
10 tiam, prout circumstantiae pensandae suaserint, ieiuniorum indicant.[1]

3.[2] Ut circa electiones, postulationes et provisiones ecclesiasticas viam malitiis, prout est possibile, praecludamus nec diutius periculose vacent ecclesiae, vel personatuum, dignitatum et aliorum ecclesiasticorum beneficiorum provisio differatur, edicto perpetuo providemus, ut si
15 quando aliqui electionibus, postulationibus vel provisionibus[a] se opponunt, proponendo[b] aliqua contra electionis, postulationis[c] seu[c] provisionis[c] formam, aut personas eligentium vel electi sive illius cui provisio erat facienda vel facta[d], et propter hoc contigerit appellari, appellantes in instrumento publico seu litteris super appellatione confectis omnia et sin-
20 gula exprimant, quae in formam intendunt obicere vel personas, coram personis authenticis aut persona, quae super hoc testimonium perhibeant veritati[3], corporali praestito iuramento, quod credunt ea, quae sic exprimunt, esse vera et se posse probare. Alioquin tam opponentes quam, tempore appellationis interpositae vel postmodum, adhaerentes eisdem,
25 obiciendi aliqua, quae non fuerint in huiusmodi litteris vel instrumentis[e] expressa, potestatem sibi[f] noverint interdictam, nisi aliquid postea forsan emerserit vel super antiquis supervenerit probandi facultas aut aliqua[g] antiqua in opponentium notitiam de novo pervenerint, quae appellantes appellationis emissae tempore verisimiliter ignorare potuerint et etiam
30 ignorarint. Super huiusmodi autem ignorantia et superveniente facultate probandi, fidem per proprium praestandum corporaliter faciant iuramentum, hoc adiciendo in iuramento eodem, quod ad ea probanda credunt se[h] sufficientes probationes[c] habere[c]. Illa sane quae felicis recordationis Innocentius papa IV[i][4] contra non plene probantes ea, quae in

35 a huiusmodi *add. W* b proponendo *(add. K)* vel opponendo *W* c *om. W*
d sive... facta *om. W* e in... instrumentis] in instrumentis et litteris supradictis *W*
f suam *W* g eadem *W* h ante credunt *in W*
i illa... papa IV] hiis quaeque (quae *K*) per felicis recordationis Innocentium papam IV *W*

---

[1] c. 3 I 6 *in VI⁰* (Fr 2, 946-949); cf. H. I. Wurm, *Die Papstwahl, ihre Geschichte und Gebräuche*, Köln 1902, 38-40; G. J. Ebers, *Der Papst und die römische Kurie*, I Paderborn 1916, 67-70; H. Singer, *Das c. Quia frequenter...*, Zeitschrift der Savigny-Stiftung für Rechtsgeschichte, Kanon. Abt. 6 (1916) 22-26; E. Ruffini - Avondo, *Le origini del conclave papale*, Atti della R. Accademia delle scienze di Torino 62 (1927) 409-431; O. Joelson, *Die Papstwahlen des 13. Jahrhunderts bis zur Einführung der Conclaveordnung Gregors X.*, Berlin 1928, 102-109; v. etiam Martin nr. 1809.
[2] c. 2 in BN. [3] Cf. Io 18, 37. [4] Cf. conc. Lugd. I, c. 4 (v. supra pp. 284-285).

유익한 선출이 이루어질 수 있도록 인내를 가지고서 헌신적으로 간구해야 할 것이다. 이토록 유익한 본 법령이 무지(無知)의 이유로 소홀히 다루어지는 것을 막기 위하여, 총대주교들, 대주교들, 주교들, 여타 성당들의 고위 성직자들과 하느님의 말씀을 선포하는 권한을 지닌 모든 이들은, 성직자와 백성이 이러한 목적으로 더욱 자주 모여 신뢰를 가지고서 이토록 중요한 사업의 신속하고도 기쁨에 찬 종결을 위하여 기도하도록 그들의 설교 안에서 열정적으로 권고할 것을 명하는 바이다. 동일한 권위로써 그들이 자주 기도하는 것만이 아니라 상황에 따라서는 단식의 준수까지도 행할 것을 명령한다.[1]

교회법적 임명에 대한 이의 제기 규정

3.[2] 가능한 한 교회법적 선거(electio)와 천거(postulatio)와 서임(provisio)에 있어서의 속임수를 막기 위하여, 그리고 성당들이 너무 오래도록 비어 있거나 직책(personatus)과 직위(dignitas)와 기타 교회록(beneficium)의 서임(provisio)이 지연되지 않도록 하기 위하여 항구한 교령으로 명하노니, 만일 누군가 선거나 천거 혹은 서임에 반대하여 그 형식에 대한, 혹은 선거자들이나 선출된 자, 여타의 추천된 자의 인물에 대한 이의 제기를 한다면, 그 항소인들은 공적 문서나 항소 서한을 통하여 그들이 형식이나 인물에 대해 제기하는 반대 이유의 모든 내용을 낱낱이 제시해야만 한다. 그들은 이것을 자격 있는 사람들 앞에서, 혹은 이 사항에 대하여 진리의 증인이 되어[3] 그들이 위에서 말한 바가 정말이라고 믿으며 그것을 증명할 수 있다고 직접 서약하는 이들 앞에서 해야만 한다. 만일 이것이 이루어지지 않는다면, 반대자들과 그 추종자들 모두는 항소의 기간과 그 이후에 이러한 서한들과 문서들에 포함되어 있지 않은 그 어떠한 것에 대한 이의 제기도 금지되어 있음을 알아야 할 것이다. 다만 이후에 새로운 증거가 드러났거나, 이전의 이의 제기에 대한 새로운 증명 방법들이 갑자기 나타났거나, 아니면 반대자들이 새롭게 알게 된 과거의 사실들, 즉 항소의 시점에서는 항소자들이 아마도 모를 수 있었던, 그리고 사실상 몰랐던 일들의 경우에는 그러하지 아니하다. 그들은 이러한 무지(無知)와 후속적인 증명 가능성에 대하여 몸소 서약하고, 또한 그들의 주장을 충분히 증명 가능하다고 믿는다는 것을 그 서약에 덧붙임으로써 그들의 선의(善意)를 입증해야만 한다. 나는 추모하는 교황 인노첸시오 4세의 법령들[4]을 공고히 보존하여, 형식과 인물을 거슬러

---

1) I 6 in *VI*°에서는 제2장이다(Fr 2, 946-949); 참조: H. I. Wurm, *Die Papstwahl, ihre Geschichte und Gebräuche*, Köln 1902, 38-40; G. J. Ebers, *Der Papst und die römische Kurie*, I Paderborn 1916, 67-70; H. Singer, *Das c. Quia frequenter...*, Zeitschrift der Savigny-Stiftung für Rechtsgeschichte, kanon. Abt. 6(1916) 22-26; E. Ruffini-Avondo, *Le origini del conclave papale*, Atti della R. Accademiaa delle scienze di Torino 62(1927) 409-431; O. Loelson, *Die papstwahlen des 13. Jahrhunderts bis zur Einführung der Conclaveordnung Gregors X.*, Berlin 1928, 102-109; 마틴(Martin)의 책 1809항도 볼 것.
2) BN에서는 제2법령이다.
3) 참조: 요한 18, 37.
4) 제1차 리옹 공의회의 제4법령을 볼 것(위의 284-285쪽).

formam vel personam obiecerant, statuit, in suo volumus robore permanere^a.^{1}

4.^{2} Avaritiae caecitas et damnandae^b ambitionis improbitas aliquorum animos occupantes, eos in illam temeritatem impellunt, ut quae sibi a iure interdicta noverunt, exquisitis fraudibus usurpare conentur. Nonnulli siquidem ad regimen ecclesiarum electi, quia eis iure prohibente non licet se ante confirmationem electionis celebratae de ipsis administrationi ecclesiarum ad quas vocantur ingerere, ipsam sibi tanquam procuratoribus seu oeconomis committi procurant. Cum itaque non sit malitiis hominum indulgendum, nos latius providere volentes, hac generali constitutione sancimus, ut nullus de cetero administrationem dignitatis, ad quam electus est, priusquam celebrata de ipso electio confirmetur, sub^c oeconomatus vel procurationis nomine aut alio de novo quaesito colore in spiritualibus vel temporalibus, per se vel per alium, pro parte vel in totum, gerere vel recipere aut illi se immiscere praesumat, omnes illos qui secus fecerint, iure, si quod eis per electionem quaesitum fuerit, decernentes eo ipso privatos.^{3}

5.^{4} Quam sit ecclesiis ipsarum dispendiosa vacatio, quam periculosa etiam esse soleat animabus, non solum iura testantur sed et magistra rerum efficax experientia manifestat. Cupientes itaque competentibus remediis vacationum diuturnitatibus obviare, hoc perpetuo decreto statuimus ut, si quando fuerit electio in aliqua ecclesia celebrata, electores electionem ipsam, quam citius commode poterunt, electo praesentare ac petere consensum ipsius, electus vero illum adhibere^d infra mensem a tempore praesentationis huiusmodi teneantur. Quem si electus ipse praestare ultra distulerit, iure, si quod ei ex sua electione fuerat acquisitum^e, extunc se noverit eo ipso privatum, nisi forsan ea^f sit electae personae conditio, ut^g electioni^g de se celebratae absque superioris sui licentia ex prohibitione seu quavis provisione sedis apostolicae^h consentire non possit. Quo casu idem electus seu electores ipsius consentiendi licentiam ab eius superiore, cum ea celeritate quam superioris ipsius praesentia vel absentia permiserit, petere studeant et habere. Alioquin si lapso tempore, pro eiusdem superioris praesentia vel absentia, ut praemittitur, moderando, huiusmodi licentiam eos nequaquam obtinere contingat, electores extunc ad electionem aliam procedendi liberam habeant facultatem. Ceterum, quivis electus infra tres menses post consensum electioni de se celebratae praestitum, confirmationem electionis ipsius petere non omittat. Quod si iusto impedimento cessante, infra huiusmodi^i trimestre^i tempus omiserit, electio eadem eo ipso viribus vacuetur.^{5}

a obiecerant... permanere] obiecerunt (statuta sunt *add. K*) in suo robore duratur (duraturis *K*) *W*
b damnosae *W*   c *om. W*   d electus... adhibere] electi consensum vero habere *W*
e iure... acquisitum] interim si qua ex sua electione fuerint acquisita *W*   f talis *W*
g quod electionem (electioni *K*) *W*   h ex... apostolicae *om. W*   i tale *W*

---

^{1} c. 4 I 6 *in VI⁰* (Fr 2, 949). ^{2} c. 3 in BN. ^{3} c. 5 I 6 *in VI⁰* (Fr 2, 949-950).
^{4} c. 4 in BN. ^{5} c. 6 I 6 *in VI⁰* (Fr 2, 950).

충분한 근거 없이 이루어지는 모든 이의 제기들을 금하는 바이다.[1]

취임 전 권한 행사 금지

4.[2] 눈먼 탐욕과 악하고 부정직한 야심이 어떤 이들의 마음 안에 파고들어, 그들이 매우 무모하게도 그들이 알고 있으면서도 그들 자신에게는 법으로 금지되어 있는 바를 교묘한 속임수로써 이용하게끔 이끌어 간다. 사실 어떤 이들은 성당들을 다스리는 직무에 선출된 후, 규정에 따르면 그들의 선출이 인준되기 전에는 그들이 다스리도록 되어 있는 성당들의 행정에 개입할 수 없도록 되어 있기에, 행정관이나 관리자의 자격으로서 그 성당을 맡으려고 시도한다. 그러나 사람들의 술수를 허락하는 것이 바람직하지 않기에, 나는 보다 광범위한 견지에서, 미래에 그 어느 누구도 그 선출의 인준 이전에 영신적인 것이든 세속적인 것이든 간에, 직접적이든 다른 이들을 통한 것이든 간에, 부분적이든 전체적이든 간에 자신이 선출된 직위(dignitas)의 행정 직무를 감히 취하거나 받으려 하거나, 대리인이나 재무 담당 혹은 그 밖의 다른 어떤 직함으로도 그것에 감히 개입하려고 시도하지 말 것을 본 일반 법령을 통해 명하는 바이다. 누구든 이와 다르게 행동하는 자는 그 사실 자체로써 그가 선거를 통해 획득할 수 있었던 권리를 박탈당함을 결정한다.[3]

선거의 동의와 인준

5.[4] 성당들의 공석이 얼마나 교회에 해로운지, 또한 그것이 일반적으로 영혼들에게 얼마나 위험한지를 법률적인 규정들만이 증언하는 것이 아니라, 삶의 효과적인 스승인 경험으로부터도 알 수가 있다. 그러므로 지속적인 공석에 대하여 합당한 대처로써 배려하고자 하기에, 한 성당에서 선거가 이루어졌을 때 선거한 자들은 이를 가능한 한 빨리 선출된 자에게 알리고 그 동의를 구해야만 할 것을 본 법령으로써 항구히 결정하는 바이다. 그리고 선출된 자는 그 통보된 날로부터 한 달 이내에 동의를 주어야만 한다. 그리고 만일 선출된 자가 그 동의를 늦춘다면, 그는 그 사실 자체로써 선거를 통해 획득할 수 있었던 권리를 박탈당할 것임을 알아야만 한다. 다만 선출된 자가 사도좌가 정한 어떤 금지나 규정 때문에 상급자의 허가 없이는 자신의 선출에 대하여 동의를 할 수 없는 경우에는 그러하지 아니하다. 이 경우에는 선출된 자 스스로나 선거한 자들이 그 상급자의 임석 혹은 결석 여하에 맞추어 최대한 신속하게 그의 허가를 요구해야만 한다. 그렇지 아니하고, 위에서 언급한 대로 그 상급자의 출석 혹은 부재에 따라 결정하도록 했지만, 시간이 다 경과되도록 결국 그 허가를 받아 내지 못한 경우에는 바로 그 순간부터 선거권자들에게 자유로이 또 다른 선거를 치를 수 있는 자격이 부여된다. 그 밖에, 선출된 자는 누구나 선거에 대한 동의로부터 세 달 이내에 그 선출에 대한 인준을 요구하는 것을 빠뜨려서는 안 된다. 그리고 정당한 방해 없이도 그가 이 3개월의 기간 내에 이를 행하는 것을 소홀히 한다면, 그 사실 자체로써 그 선출은 무효화될 것이다.[5]

---

1) Ⅰ 6 in Ⅵ°에서는 제4장이다(Fr 2, 949).
2) BN에서는 제3법령이다.
3) Ⅰ 6 in Ⅵ°에서는 제5장이다(Fr 2, 949-950).
4) BN에서는 제4법령이다.
5) Ⅰ 6 in Ⅵ°에서는 제6장이다(Fr 2, 950).

6.[1] Perpetuae sanctionis oraculo declaramus, quod scienter in electionibus nominantes indignum, propter suffragium in scrutinio praestitum, nisi adeo in eo perstiterint quod ex eo votis eorum communis electio subsequatur, nequaquam eligendi potestate privantur, licet pro eo quod, indignum nominando, scienter contra conscientias suas agunt et divinam vindictam et apostolicae ultionis motum, quem qualitas facti suaserit, possint non immerito formidare.[2]

7.[3] Nulli licere decernimus, postquam in scrutinio nominaverit aliquem et electio fuerit subsecuta, vel postquam praestiterit electioni de ipso ab aliis celebratae consensum, illum super electione ipsa, nisi ex causis postea emergentibus, impugnare, vel nisi ei morum ipsius antea celata de novo pandatur improbitas seu alicuius alterius latentis vitii vel defectus, quae verisimiliter ignorare potuerit, veritas reveletur. De huiusmodi autem ignorantia fidem proprio faciat iuramento.[4]

8.[5] Si quando contigerit, duabus electionibus celebratis, partem alteram eligentium duplo maiorem numero inveniri, contra electores qui partem reliquam sic excedunt, ad extenuationem zeli, meriti vel auctoritatis ipsorum, reliquis vel electo ab eis aliquid opponendi omnem praesenti decreto interdicimus facultatem. Si quid autem opponere voluerint, quod votum illius, cui opponitur, nullum redderet ipso iure, id eis non intelligimus interdictum.[6]

9.[7] Quamvis constitutio felicis recordationis Alexandri papae IV[8] praedecessoris nostri causas electionum episcopalium seu super electionibus episcoporum exortas, non immerito maioribus causis annumerans, cognitiones ipsarum per appellationes quaslibet devolvi asserat ad apostolicae sedis examen, nos tamen et temerariam appellantium audaciam et effrenatam appellationum frequentiam refrenare volentes, hac generali constitutione duximus providendum ut, si extra iudicium in praedictis electionibus vel in aliis de dignitatibus episcopatu maioribus celebratis, expressa causa manifeste frivola, contigerit appellari, per appellationem huiusmodi nequaquam ad sedem eamdem negotium devolvatur. Sed cum in electionum earumdem negotiis, in iudicio vel extra iudicium appellatur in scriptis ex causa probabili quae probata deberet legitima reputari, ad sedem ipsam huiusmodi negotia deferantur. Ceterum in praemissis casibus, liceat partibus ab huiusmodi appellationibus, nulla tamen interveniente pravitate, recedere, antequam praefatae sedi fuerint praesentatae. Inferiores autem iudices, quorum erat ipsarum causarum cognitio, appellatione cessante, an in hoc pravitas intercesserit, ante omnia diligenter inquirant, et si eam intercessisse reppererint, se de causis ipsis nullatenus intromittant, sed praefigant dictis partibus terminum peremp-

---

[1] c. 5 in BN. [2] c. 7 I 6 *in VI⁰* (Fr 2, 950).
[3] c. 6 in BN.
[4] c. 8 I 6 *in VI⁰* (Fr 2, 950-951). [5] c. 7 in BN.
[6] c. 9 I 6 *in VI⁰* (Fr 2, 951). [7] c. 8 in BN.
[8] Cf. Fr 2, 951-952 et *Les registres d'Alexandre IV...*, II edd. J. de Loye et P. de Cenival, Paris 1917, 684-686.

부적격자의 선출

6.1) 하느님의 영원한 명령에 따라 선언하노니, 선거에서 의식적으로 부적격자에게 표를 던지는 이들에게서 선거권을 박탈하지는 않을 것이다. 다만 그들의 표로써 선거에 결정적 영향을 미친 경우에는 그러하지 아니하다. 그러나 부적격자에게 투표함으로써 의도적으로 자기 양심을 거슬러 행동하였기에, 그들은 마땅히 하느님의 처벌과 더불어 그 사안에 맞게 사도좌로부터 제정된 형벌 제재를 두려워해야 할 것이다.2)

선출에 대한 근거 없는 반대 금지

7.3) 일단 어느 한 사람에게 투표하여 그 사람이 선출된 이후에, 혹은 다른 이들에 의해 이루어진 선출에 동의하고 난 후에는 어느 누구도 그 선출에 대해서 정당한 근거 없이 반대할 수 없다. 다만 오직 그 선출 이후에 드러난 사유들에 의해서이거나, 선출자의 부적합한 행실을 그전에는 몰랐다가 선출 이후에 처음으로 알게 되었을 때나, 모든 개연성에 있어서 모를 수밖에 없었던 다른 어떤 숨겨진 악덕이나 결함의 존재를 나중에 알게 되었을 때는 그러하지 아니하다. 그러나 그 반대자는 사안에 대한 자신의 무지(無知)를 서약을 통해 입증해야만 한다.4)

선거 결과 승복

8.5) 두 차례의 개표 이후 한편의 선거인들이 다른 편의 두 배를 초과하였을 때, 본 교령으로 명하는 바, 소수파는 다수파 혹은 그들의 후보를 거슬러 열의나 자격 혹은 권위의 부족에 대해 주장할 수 있는 권리를 박탈당한다. 그러나 이것이 반대된 후보자의 선출을 법 자체로써 무효화시킬 수 있는 이의 제기마저도 금하는 것은 아니다.6)

고위직 선출 관련 항소 규정

9.7) 나의 추모하는 선임자 알렉산데르 4세 교황의 법령은8) 주교 선출과 관련한 쟁송들, 혹은 그러한 선거들로부터 생겨난 쟁송들을 당연히 비중 있는 쟁송들로 다루고 있는 바, 어떠한 항소에 관해서도 그 법적 조사는 사도좌에 위임되어야만 한다고 규정하고 있다. 그럼에도 불구하고 항소 청구인들의 몰염치에 제재를 가하고 무분별한 항소 건수를 조절하기 위하여, 본 일반 법령을 통하여 다음과 같이 할 것임을 숙고하여 제시한다. 만일 앞서 언급한 선출이나 주교보다 상위직의 선거들에서 어떤 이가 명백히 사소한 이유로 인해 소송 행위 외적으로 항소한다면, 이 쟁송은 사도좌에 이양되지 않는다. 그러나 만일 선거와 관련한 쟁송들에 있어서 항소가 법률적이든 소송 행위 외적이든 간에 합법적인 이유에 의해서 이루어진 것으로 판명된다면, 이 쟁송들은 사도좌에로 위임된다. 다른 한편으로, 이 경우들에 있어서 항소들이 사도좌에 제기되기 이전에, 당연히 모든 악의가 배제된 채 항소들을 취하하는 것은 양편에 모두 항상 합법적이어야 한다. 이러한 쟁송들을 다룰 줄 아는 하급 판사들은 항소 취하 시에 무엇보다도 먼저 거기에 어떤 악의가 있었는가를 꼼꼼하게 조사하여 밝혀내야만 한다. 만일 그러하다고 밝혀지면, 그 판사들은 어떤 방식으로든 그 쟁송들에 관여해서는 안 되며, 대신 양편에 대해 적당한 항소 소멸 기간을 설정하여

---

1) BN에서는 제5법령이다.　　2) I 6 in VI°에서는 제7장이다(Fr 2, 950).　　3) BN에서는 제6법령이다.
4) I 6 in VI°에서는 제8장이다(Fr 2, 950-951).　　5) BN에서는 제7법령이다.
6) I 6 in VI°에서는 제9장이다(Fr 2, 951).　　7) BN에서는 제8법령이다.
8) Fr 2, 951-952쪽과 *Les registres d'Alexandre IV...*, II edd. J. de Loye et P. de Cenival, Paris 1917, 684-686쪽을 참조할 것.

torium competentem, in quo cum omnibus actis et monimentis suis apostolico se conspectui repraesentent.¹

10.² Si forte inter cetera quae obiciuntur electo aut postulato seu alias promovendo ad aliquam dignitatem, evidentem scientiae vel alium personae defectum opponi contingat, in discussione obiectorum illum statuimus ordinem incommutabiliter observandum, ut promovendus super defectu ipso ante omnia subiciatur examini, cuius eventus examinandis aliis aut dabit initium aut negabitᵃ. Ceterum si praemissi examinis exitus huiusmodi oppositiones docuerit veritate destitui, opponentes omnino a prosecutione causae, in qua talia obiecerunt, excludimus et perinde puniri decernimus ac si penitus in probatione omnium quae obiecerant, defecissent.³

11.⁴ Sciant cuncti qui clericos vel quaslibet alias personas ecclesiasticas, ad quos in aliquibus ecclesiis, monasteriis aut aliis piis locis spectat electio, pro eo quod rogati seu alias inducti, eum pro quo rogabantur sive inducebantur, eligere noluerint, vel consanguineos eorum aut ipsas ecclesias, monasteria seu loca cetera beneficiis sive aliis bonis suis per se vel per alios spoliando seu alias iniuste persequendo, gravare praesumpserint, se ipso facto excommunicationis sententia innodatos.⁵

12.⁶ Generali constitutione sancimus universos et singulos qui regalia, custodiam siveᵇ guardiamᵇ, advocationis vel defensionis titulum in ecclesiis, monasteriis sive quibuslibet aliis piis locis de novo usurpare conantes, bona ecclesiarum, monasteriorum aut locorum ipsorum vacantium occupare praesumunt, quantaecunque dignitatis honore praefulgeant, clericos etiam ecclesiarum, monachos monasteriorum et personas ceteras locorum eorumdem, qui haec fieri procurant, eo ipso excommunicationis sententiae subiacere. Illos vero clericos qui se, ut debent, talia facientibus non opponunt, de proventibus ecclesiarum seu locorum ipsorum, pro tempore quo praemissa sine debita contradictione permiserint, aliquid percipere districtius inhibemus. Qui autem ab ipsarum ecclesiarum ceterorumque locorum fundatione vel ex antiqua consuetudine, iura sibi huiusmodi vendicant, ab illorum abusu sic prudenter abstineant et suos ministrosᶜ in eis sollicite faciant abstinere, quod ea quae non pertinent ad fructus sive reditus, provenientes vacationis tempore non usurpent, nec bona cetera, quorum se asserunt habere custodiam, dilabi permittant sed in bono statu conservent.⁷

13. Licet canon a felicis recordationis Alexandro papa III⁸ praedecessore nostro editus, inter cetera statuerit ut nullus regimen ecclesiae par-

---

ᵃ cuius... negabit] ex cuius apparebit eventu aut (an K) sit ad discutienda cetera procedendum W   ᵇ om. W   ᶜ sic add. W

¹ c. 10 I 6 in VI⁰ (Fr 2, 951-952); cf. Göller, *Zur Geschichte*..., 87.
² c. 15 in BN.   ³ c. 11 I 6 in VI⁰ (Fr 2, 952).   ⁴ c. 18 in BN.
⁵ c. 12 I 6 in VI⁰ (Fr 2, 952-953).   ⁶ c. 21 in BN.
⁷ c. 13 I 6 in VI⁰ (Fr 2, 953); cf. G. J. Phillips, *Das Regalienrecht in Frankreich*..., Halle 1873, 41-42; Göller, *Zur Geschichte*..., 85.
⁸ Cf. conc. Lat. III, c. 3 (v. supra p. 212).

그 안에 그들이 모든 기록들과 서류들을 지참하여 사도좌 앞에 출석하도록 조정해야만 한다.[1]

승격 대상자에 대한 근거 없는 고발 금지

10.[2] 만일에 선출된 자나 추천된 자, 혹은 여타의 경우에 있어서 어느 직위로 승격될 자에게 지식이나 여타의 인성적 결함이 명백하다는 이의 제기가 있을 때, 그 사안을 논의함에 있어서 다음의 절차를 엄격하게 준수해야 한다고 명하는 바이다. 승격될 자는 무엇보다도 먼저 그 결함에 대한 조사를 받아야 한다. 그 조사의 결과에 따라서 또 다른 조사가 착수될 것인지 아니면 기각될 것인지가 결정될 것이다. 그러나 만일에 조사를 통해 그 고발이 근거가 없었다는 것이 드러난다면, 이의를 제기한 자들은 그 사건의 진행에서 배제되어야 한다. 그리고 그들이 제기했던 그 어떤 고발들에서도 아무것도 입증하지 못한 것으로 간주되어 그들은 (무고죄로) 처벌받게 될 것임을 명하는 바이다.[3]

선거권자의 자유 보장

11.[4] 어느 성당이나 수도승원이나 여타의 경건한 장소에서 선거권을 향유하고 있는 성직자들이나 여타의 교회 인사들에게 특정 인물을 위해 투표할 것을 요구하거나 강권했음에도 불구하고 그것을 거부했다고 해서 감히 그들을 괴롭힌다면, 혹은 그들의 친척들이나 투표가 이루어지는 성당, 수도승원, 그 밖의 장소에 대하여 직접적으로나 다른 이들을 통해서나 그 교회록이나 그 밖의 재산을 갈취함으로써 괴롭힌다면, 혹은 어떤 방식으로도 부당하게 그들을 박해한다면, 그 사실 자체로써 이런 자들은 자동 파문의 판결에 처해질 것이다.[5]

공석 중의 부당 점유 금지

12.[6] 일반 법령으로 제재를 가하노니, 누구든지 성당이나 수도승원, 여타의 경건한 장소에서 국왕의 특권, 보호권 내지는 수호권, 변호인이나 후견인의 직위를 부당하게 취하고, 그러한 곳들이 공석일 때 그 재산을 불법 점유하려고 시도하는 자는 그 직위에 관계없이 자동적으로 파문 판결에 처해질 것이다. 만일 그 성당의 성직자들이나 그 수도승원의 수도승들, 그리고 여타의 동일한 장소에서 종사하는 자들이 그러한 행동의 공범자라면, 이 규정은 그들에게도 동일하게 적용된다. 나아가, 그래야 함에도 불구하고 반대하지 않는 성직자들, 그렇게 잘못 처신하는 사람들은 그러한 침탈의 행동이 발생하도록 반대 없이 놔두었던 그 모든 기간 동안에 성당들이나 여타의 경건한 장소로부터 그 어떤 수입도 수령할 수 없음을 엄격하게 명하는 바이다. 성당들이나 여타의 장소의 설립에 근거해서, 혹은 옛 관습에 기초해서 자신의 권리를 주장하는 이들은 자신들의 권리를 남용하지 않도록 현명하게 주의할 것이며, 그들의 수하들도 그 권리를 남용하는 일이 없도록 잘 보살펴야 한다. 그래서 그들은 비어 있던 기간 동안에 발생한 수익이나 소득 이상의 것을 부당하게 취해서는 안 될 것이다. 나아가, 그들이 지켜야 하는 여타의 재산들이 파괴되지 않고 좋은 상태로 보관되도록 해야만 할 것이다.[7]

본당 사제의 자격 요건

13. 나의 추모하는 선임자 알렉산데르 3세 교황에 의해 공포된 법규에서는, 여타의 것들 중에서,

---

1) I 6 in VI°에서는 제10장이다(Fr 2, 951-952); 참조: Göller, *Zur Geschichte*..., 87.
2) BN에서는 제15법령이다.   3) I 6 in VI°에서는 제11장이다(Fr 2, 952).   4) BN에서는 제18법령이다.
5) I 6 in VI°에서는 제12장이다(Fr 2, 952-953).   6) BN에서는 제21법령이다.
7) I 6 in VI°에서는 제13장이다(Fr 2, 953); 참조: G. J. Phillips, *Das Regalienrecht in Frankreich*..., Halle 1873, 41-42; Göller, *Zur Geschichte*..., 85.

ochialis suscipiat, nisi vigesimum quintum annum aetatis attigerit ac scientia et moribus commendandus exsistat, quodque talis ad regimen assumptus huiusmodi, si monitus non fuerit praefixo a canonibus tempore in presbyterum ordinatus, a regiminis eiusdem amoveatur officio et alii conferatur, quia tamen in observatione canonis memorati se multi exhibent negligentes, nos periculosam illorum negligentiam volentes iuris executione suppleri, praesenti decreto statuimus, ut nullus ad regimen parochialis ecclesiae assumatur, nisi sit idoneus scientia, moribus et aetate, decernentes collationes de parochialibus ecclesiis hiis qui non attigerunt vigesimum quintum annum, de cetero faciendas, viribus omnino carere. Is etiam qui ad huiusmodi regimen assumetur, ut gregis sibi crediti diligentius gerere curam possit, in parochiali ecclesia, cuius rector exstiterit, residere personaliter teneatur et infra annum a sibi commissi regiminis tempore numerandum, se faciat ad sacerdotium promoveri. Quod si, infra idem tempus, promotus non fuerit, ecclesia sibi commissa, nulla etiam praemissa monitione, sit praesentis constitutionis auctoritate privatus. Super residentia vero, ut praemittitur, facienda, possit ordinarius gratiam dispensative ad tempus facere, prout causa rationabilis id exposcet.[1]

14. Nemo deinceps parochialem ecclesiam alicui, non constituto in aetate legitima et sacerdotio, commendare praesumat, nec tali etiam nisi unam, et evidenti necessitate vel utilitate ipsius ecclesiae suadente. Huiusmodi autem commendam, ut praemittitur, rite factam, declaramus ultra semestris temporis spatium non durare, statuentes quicquid secus de commendis ecclesiarum parochialium actum fuerit, esse irritum ipso iure.[2]

De temporibus ordinationum et qualitate ordinandorum

15.[3] Eos qui clericos parochiae alienae absque superioris ordinandorum licentia, scienter seu affectata ignorantia vel quocumque alio figmento quaesito praesumpserint ordinare, per annum a collatione ordinum decernimus esse suspensos, iis quae iura statuunt contra taliter ordinatos, in suo robore duraturis. Clericis quoque parochiae taliter suspensorum, postquam eorum suspensio fuerit manifesta, absque ipsorum etiam licentia, interim recipiendi ordines ab aliis vicinis episcopis, alias tamen canonice, liberam concedimus facultatem.[4]

De bigamis

16.[5] Altercationis antiquae dubium praesentis declarationis oraculo decidentes, bigamos omni privilegio clericali declaramus esse nudatos et coercioni fori saecularis addictos, consuetudine contraria non obstante. Ipsis quoque sub anathemate prohibemus deferre tonsuram vel habitum clericalem.[6]

De officio iudicis ordinarii

17.[7] Si canonici a divinis cessare voluerint, prout in ecclesiis aliquibus sibi ex consuetudine vel alias vendicant, antequam ad cessationem huiusmodi

---

[1] c. 14 I 6 *in VI⁰* (Fr 2, 953-954).   [2] c. 15 I 6 *in VI⁰* (Fr 2, 954).   [3] c. 10 in BN.
[4] c. 2 I 9 *in VI⁰* (Fr 2, 975).   [5] c. 22 in BN.
[6] c. un. I 12 *in VI⁰* (Fr 2, 977).   [7] c. 16 in BN.

만일 25세가 되지 않고 학식에 있어서나 행실의 정직함에 있어서 적합하지 않은 자는 그 어느 누구도 한 본당의 책임을 맡을 수 없음을 규정하고 있다.[1] 누군가 이 직무를 부여받은 이후 거룩한 법규들이 정하는 기간 내에 사제로 서품되지 않는다면, 그는 그 직무로부터 해임될 것이고 그것은 다른 사람에게 수여될 것이다. 많은 이들이 이 법규의 준수를 소홀히 하기에, 법의 적용을 통하여 그 불충실함을 보충하고자 한다. 그러므로 본 법령을 통해서, 학식과 품행 그리고 연령에 있어 적합하지 않은 자라면 그 어느 누구도 하나의 본당을 관할할 수 없음을, 그리고 아직 25세를 채우지 않은 자에게 본당을 부여하는 것은 아무런 효력도 없는 것임을 규정하는 바이다. 이 직무를 맡는 이는 자신의 양 떼를 보다 근면하게 돌보기 위하여 자신이 책임자로 부임하는 그 본당에 직접 상주해야만 할 것이며, 자신에게 본당이 맡겨진 지 1년 안에 사제로 서품되도록 하여야 할 것이다. 만일 이 기간 내에 사제로 서품되지 않고 사전 통지마저도 없었다면, 본 법령의 효력에 의해 그는 그에게 맡겨졌던 본당으로부터 해임될 것이다. 앞서 언급한 바 있는 상주 의무와 관련하여, 만일 합당한 이유라면 수도회 사제에게는 어느 일정 기간 동안의 면제가 허락될 것이다.[2]

본당 교회록의 한시적 수여

14. 앞으로는 그 누구도 적합한 연령에 이르지 못한 자와 사제로 서품되지 않은 이에게 본당 교회록의 한시적 수여를 할 수 없다. 만일 당사자가 그러한 조건을 채운다 하더라도, 교회의 명백한 필요나 유익에 의해서가 아니면 하나 이상의 본당 교회록의 한시적 수여를 할 수 없다. 본당 교회록의 한시적 수여는 어떠한 경우에도 6개월 이상 지속되어서는 안 된다. 본당 교회록의 한시적 수여와 관련하여 이와 다른 방식으로 집행되는 것은 법 자체로 무효이다.[3]

서품의 시기와 서품자의 자질

15.[4] 서품 받을 자의 장상의 허락 없이 고의로 혹은 무지를 가장하여, 그리고 여타의 어떤 구실로든 다른 교구에 속한 성직자에게 서품을 주려고 감히 시도하는 이는 1년간 모든 등급의 서품에 대한 서임권이 정지된다. 그리고 법 규정들이 그러한 방식으로 서품되는 이들을 거슬러 명하는 바가 완전한 구속력을 발휘할 것이다. 이렇게 정직된 관할 주교들 수하의 성직자들은 그들의 정직 사실이 공적으로 포고된 이후에는 그들 주교들의 동의 없이도 교회법적 방식에 의하여 인근 주교들로부터 서품을 받을 수 있는 권리를 향유하게 된다.[5]

이중 혼인

16.[6] 오래된 문제에 대하여 종결을 짓기 위하여, 이중 혼인한 자들은 성직자로서의 그 어떠한 고유 특전도 박탈당할 것이며 세속 법정에 넘겨질 것이라고 결정하고 선언하는 바이며, 이와 반대되는 그 어떤 관습도 효력을 발휘하지 못한다. 아울러 이중 혼인한 자들이 성직을 표시하는 삭발을 하거나 성직자 복장을 착용하는 것을 파문 제재로 금하는 바이다.[7]

정규 재판관의 직무

17.[8] 만일 몇몇 성당들에서 의전 사제 단원들이 항의의 표현으로 관습 때문이나 여타의 구실을 이용하여 전례의 거행을 정지하고자 한다면, 이를 정지하기 이전에 공적 문서나 그들의

---

1) 제3차 라테란 공의회의 법규 제3조를 참조할 것(위의 212쪽을 볼 것).   2) I 6 in VI°에서는 제14장이다(Fr 2, 953-954).
3) I 6 in VI°에서는 제15장이다(Fr 2, 954).   4) BN에서는 제10법령이다.   5) I 9 in VI°에서는 제2장이다(Fr 2, 975).
6) BN에서는 제22법령이다.   7) I 12 in VI°에서는 제1장이다(Fr 2, 977).   8) BN에서는 제16법령이다.

quoquo modo procedant, in instrumento[a] publico vel patentibus litteris sigillorum suorum aut[b] alterius[b] authentici[b] munimine roboratis, cessationis ipsius causam exprimant et illud vel illas ei, contra quem cessare intendunt, assignent, scituri quod si hoc praetermisso cessaverint vel causa quam expresserint non fuerit inventa canonica, omnia quae de quibuscumque proventibus illius ecclesiae in qua cessatum fuerit, cessationis tempore perceperunt, restituent. Illa vero quae pro eodem tempore debentur eisdem, nullo modo percipient, sed ipsi ecclesiae cedere ac nihilominus ei, contra quem cessaverant, de damnis et iniuriis satisfacere tenebuntur. Si autem causa eadem canonica fuerit iudicata, is qui occasionem cessationi dederat, ad omne interesse dictis canonicis et ecclesiae, cui debitum officium eius est culpa subtractum, ad certam quantitatem taxandam et in divini cultus augmentum convertendam, superioris arbitrio condemnetur. Ceterum detestabilem abusum horrendae indevotionis illorum, qui crucis, beatae Virginis aliorumve sanctorum imagines seu statuas irreverenti ausu tractantes, eas in aggravationem cessationis huiusmodi prosternunt in terram, urticis spinisque supponunt, penitus reprobantes, aliquid tale de cetero fieri districtius prohibemus, statuentes ut in eos qui contra fecerint, ultrix procedat dura sententia, quae delinquentes sic graviter puniat, quod alios a similium praesumptione compescat.[1]

18. Ordinarii locorum subditos suos plures dignitates vel ecclesias, quibus animarum cura imminet, obtinentes seu personatum aut dignitatem cum alio beneficio, cui cura similis est annexa, districte compellant dispensationes, auctoritate quarum huiusmodi ecclesias, personatus seu dignitates canonice tenere se asserunt, infra tempus, pro facti qualitate ipsorum ordinariorum moderandum arbitrio, exhibere. Quod si forte, iusto impedimento cessante, nullam dispensationem infra idem tempus contigerit exhiberi, ecclesiae, beneficia, personatus seu dignitates, quae sine dispensatione aliqua eo ipso illicite detineri constabit, per eos ad quos eorumdem collatio pertinet, libere personis idoneis conferantur. Ceterum, si dispensatio exhibita sufficiens evidenter appareat, exhibens nequaquam in beneficiis huiusmodi, quae canonice obtinet, molestetur. Provideat tamen ordinarius qualiter nec animarum cura in eisdem ecclesiis, personatibus seu dignitatibus negligatur nec beneficia ipsa debitis obsequiis defraudentur. Si vero de dispensationis exhibitae sufficientia dubitetur, super hoc erit ad sedem apostolicam recurrendum, cuius est aestimare quem modum sui beneficii esse velit. In conferendis insuper personatibus, dignitatibus et aliis beneficiis curam habentibus animarum annexam, iidem ordinarii diligentiam illam observent, ut personatum, dignitatem vel aliquod beneficium, similem curam habens, alicui plura similia obtinenti non ante conferre praesumant, quam eis super obtentis dispensatio evidenter sufficiens ostendatur. Qua etiam

---

[a] testimonio W   [b] om. W

[1] c. 2 I 16 in VI° (Fr 2, 986).

날인으로 인준된 공개서한에서 이를 정지해야만 하는 사유를 제시하여야 하며, 그러한 문서를 그 정지의 이유를 제공한 이에게 발송해야만 한다. 만일 그들이 이러한 형식을 준수하지 않고서 정지하거나 그들이 제시한 정지 사유가 적법하지 않은 것이라면, 그 정지 기간 동안에 그들이 그 성당으로부터 수령하였던 모든 것을 반환해야 할 의무가 있음을 알아야 할 것이다. 그들이 그 기간 동안에 받아야 할 수입을 그 어떤 방식으로도 수령할 수 없으며, 그 수입은 그 성당에 주어져야만 한다. 그리고 그들이 그러한 정지를 통하여 반대하고자 했던 당사자에게 입힌 피해와 손실도 보상해야만 한다. 만일 정지 이유가 적법한 것으로 드러나면, 그 정지의 동기를 제공하였던 자는 상급 권위자의 판단 아래 알맞은 보상금을 추산하도록 처벌될 것이며, 이는 의전 사제 단원들과 그의 잘못으로 인해 전례 거행이 중단되었던 바로 그 성당에 거룩한 전례 거행을 위해 사용되도록 지불될 것이다. 그리고 그러한 정지를 강조하기 위하여, 십자가와 복되신 동정녀와 그 밖의 다른 성인들의 그림이나 성상들을 대담한 불경심으로 다루어 땅에 던지거나 쐐기풀과 가시들 사이에 놓는 혐오스러운 남용과 신심의 부족을 매우 엄중하게 꾸짖는 바이다. 그리고 차후에 그와 유사한 일이 발생하는 것을 엄격히 금지한다. 이와 다르게 행동하는 이들에게는 엄한 판결이 주어져, 다른 이들이 그와 유사한 경솔함을 감히 시도하지 못하게끔 관련자들을 처벌할 것을 명하는 바이다.[1]

교회록 중복 수여 금지

18. 교구 직권자들은 자기 수하들 중 영혼의 사목을 수반하는 여러 직위나 성당들, 혹은 영혼의 사목과 관련하여 추가로 교회록을 갖게 하는 직책이나 직위를 교회법적으로 소유하는 것으로 주장하는 이들에게 정해진 기간 내에 관면을 청하도록 엄격히 강제해야만 한다. 만일 합당한 방해 사유가 소멸되었음에도 불구하고 정해진 기간 내에 어떠한 관면도 청해지지 않으면, 관면 없이 취해진 성당들, 교회록들과 직위들은 그 자체로 불법적인 것이 되기에 그것들은 서임권자에 의해 선정된 적당한 인물에게 자유로이 지정되어야만 한다. 반면에 청해진 관면이 명백히 충분하다고 여겨질 때에는, 그것을 청한 이가 교회법적으로 적법한 그 교회록들을 소유함에 있어서 더 이상 피해를 입어서는 안 될 것이다. 교구 직권자들은 이 성당들과 직책들과 직위들에 있어서 영혼의 사목이 소홀히 되지 않도록, 그리고 그 동일한 교회록들에 있어 그에 합당한 직무 이행이 간과되지 않도록 감독해야 한다. 만일 청해진 관면의 정당성이 의심된다면, 교회록의 문제를 판결하는 사도좌에 상소해야 할 것이다. 그리고 영혼의 사목과 관련한 성직록과 직위들과 그 밖의 교회록들을 수여함에 있어서, 교구 직권자들은 만일 합당한 관면 사유가 미리, 매우 분명하게 제시되지 않는 한, 이미 하나를 지니고 있는 자에게 또다시 그것을 수여하지 않도록 신중해야 할 것이다.

---

1) I 16 in *VI*°에서는 제2장이다(Fr 2, 986).

ostensa, ita demum ad collationem procedi volumus, si appareat per eamdem quod is cui est collatio facienda, huiusmodi personatum, dignitatem vel beneficium retinere licite valeat cum obtentis, vel si ea quae sic obtinet, libere ac sponte resignet. Aliter autem de personatibus, dignitatibus et beneficiis talibus facta collatio nullius penitus sit momenti.[1]

De postulando

19.[2] Properandum nobis visum est, ut malitiosis litium protractionibus occurratur, quod speramus efficaciter provenire si eos, qui circa iudicia suum ministerium exhibent, ad id congruis remediis dirigamus. Cum igitur ea quae ad hoc salubriter fuerant circa patronos causarum legali sanctione provisa, desuetudine abolita videantur, nos sanctionem eandem praesentis redivivae constitutionis suffragio, cum aliqua tamen adiectione necnon et moderamine, renovantes, statuimus ut omnes et singuli advocationis officium in foro ecclesiastico sive apud sedem apostolicam sive alibi exercentes, praestent, tactis sacrosanctis evangeliis, iuramentum quod, in omnibus causis ecclesiasticis et aliis in eodem foro tractandis, quarum[a] assumpserunt patrocinium vel assument, omni virtute sua omnique ope id quod verum et iustum existimaverint, suis clientulis inferre procurent, nihil in hoc studii, quod eis sit possibile, relinquentes, quodque in quacunque parte iudicii eis innotuerit improbam fore causam, quam in sua fide receperant, amplius non patrocinabuntur eidem, immo ab ea omnino recedent, a communione illius se penitus separantes, reliquis quae circa haec sunt in eadem sanctione statuta, inviolabiliter observandis. Procuratores insuper iuramento simili astringantur. Huiusmodi quoque iuramentum tam advocati quam procuratores in foro, in quo idem assumpserunt officium, teneantur annis singulis iterare. Qui vero ad eamdem sedem veniunt vel ad curiam cuiuslibet ecclesiastici iudicis, in qua nondum tale praestiterant iuramentum, accedunt, in aliquibus singularibus causis patrocinium vel procurationis ministerium praestituri[b], praestent in singulis causis eisdem, mota controversia, simile iuramentum. Advocati autem et procuratores, qui iuxta praedictam formam iurare noluerint, executionem officiorum suorum, huiusmodi noluntate durante, sibi noverint interdictam. Quod si iuramentum praestitum violare praesumpserint, praeter reatum periurii, consiliarii etiam qui scienter iniquam causam foverint, divinam et nostram maledictionem incurrant, a qua non aliter liberentur nisi duplum eius restituerint, quod pro tam iniquis advocatione, procuratione vel consilio receperunt; ac nihilominus de damnis quae per iniqua huiusmodi ministeria partibus irrogarunt, illis satisfacere teneantur. Ceterum, ne cupiditatis ardor aliquos ad haec salubria statuta contemnenda praecipitet, districtius inhibemus ne aliquis advocatus in quacunque causa ultra viginti, procurator vero ultra duodecim libras Turonensium recipere, salarii nomine vel etiam sub palmarii colore, praesumant. Qui autem ultra receperint,

---

[a] quorum *R* [b] praestaturi *R*

---

[1] c. 3 I 16 *in* VI⁰ (Fr 2, 986-987). [2] c. 9 in BN.

그러한 경우에 당사자가 그 직책과 직위와 교회록을 이미 취득한 것들에 합법적으로 추가할 수 있음이 관면서에 명시되어 있거나, 그가 자유로이 혹은 자발적으로 이미 소유하고 있는 것들을 포기하는 경우에만 그러한 중복 수여가 이루어질 수 있다고 선언하는 바이다.

변론

19.[1] 소송들을 기만적으로 질질 끄는 것에 대하여 신속하게 대처함이 필요하다고 여겨진다. 따라서 재판에 종사하는 사람들에게 합당한 개선적 지침들을 제공함으로써 이를 효과적으로 이루고자 한다. 변호인들과 관련하여 법적으로 유익하게 제공된 규정들이 자연 소멸된 듯이 보이므로, 나는 동일한 규정들을 본 법령에 의해 약간의 추가와 변형을 통하여 갱신하고자 한다. 사도좌에서든 다른 어느 곳이든 간에 교회 법정에서 변호인으로서 활동하는 모든 이들은 모든 교회법적 소송에 있어서, 그리고 그들을 변호인으로서 채용했거나 채용할 동일 법정에서의 다른 소송들에 있어서, 그들의 청구인들을 위하여 참되고 바른 것이라고 간주되는 한에서 최선을 다할 것임을 거룩한 복음서에 손을 얹고서 서약해야만 한다. 나아가, 소송이 진행되는 그 어떤 순간에라도 자신이 변호하는 사건이 부당한 것임을 깨달았다면, 변호를 멈추고 그 모든 것을 포기해야 하며 그 사건과의 어떠한 관계도 더 이상 갖지 말아야 할 것이다. 그들은 그러한 사안들에 대하여 이 법령에 담겨 있는 다른 모든 규정들 역시 어기지 말고 모두 준수해야만 한다. 소송대리인들도 동일한 서약을 해야만 한다. 변호인들이든 소송대리인들이든 간에 그들이 이 직무를 부여받았던 법정에서 매년 그러한 서약을 의무적으로 갱신해야만 한다. 사도좌나 교회 재판관의 법정에서 아직 서약을 하지 않은 채 단독 사건들을 다루기 위하여 변호인이나 소송대리인으로서 오게 되는 이는, 매 경우 그들 앞에서 서약을 낭독해야만 한다. 이상과 같이 설명된 방식으로 서약을 하지 않으려는 변호사나 소송대리인은 그들의 거부가 지속되는 한 그들이 맡은 임무의 수행이 금지됨을 알아야 할 것이다. 그리고 만일 그들이 자신들의 서약을 의도적으로 어긴다면, 부당한 소송임을 인식하면서도 이를 지속하였던 변호인들은 위증의 죄에 추가하여 하느님의 저주와 나의 저주를 받게 될 것이며, 그리하여 그들은 변호인, 소송대리인 혹은 법률고문으로서 그토록 사악한 일을 하면서 수령하였던 액수의 두 배를 반환하지 않고서는 결코 사함받지 못할 것이다. 나아가, 그들은 그들의 부당한 직무 수행으로 인해 해를 끼친 당사자들이 입은 손실에 대하여 보상해야 할 의무가 있다. 재물에 관한 제어되지 않는 탐욕이 누군가를 부추겨 유익한 본 법령을 침해할 수 없도록 하기 위하여, 한 변호사가 그 어떤 소송에서도 투르(Tours, 프랑스의 도시명)화(貨) 20파운드 이상, 그리고 소송대리인은 투르화 12파운드 이상의 액수를 수임료나 승소 사례금으로 수령하는 것을 엄격하게 금지하는 바이다. 이보다 더 많이 수령하는 이들은 위에 정해진 액수보다 초과하는 분량을

---

[1] BN에서는 제9법령이다.

nequaquam dominium eorum quae praedictam quantitatem excedunt, acquirant, sed ad restitutionem integram teneantur illorum; ita quod nihil horum, ad quae restituenda eos teneri praemisimus, in fraudem praesentis constitutionis remitti possit eisdem. Et insuper advocati constitutionem praesentem taliter violantes, ab advocationis officio triennio suspendantur. Procuratores vero extunc sibi sciant cuiuslibet procurationis in iudicio licentiam denegatam.

De iis quae vi metusve causa fiunt

20.[1] Absolutionis beneficium ab excommunicationis sententia vel quamcumque revocationem ipsius aut suspensionis seu etiam interdicti, per vim vel metum extorta, praesentis constitutionis auctoritate omnino viribus vacuamus. Ne autem sine vindicta violentiae crescat audacia, eos qui absolutionem sive revocationem huiusmodi vi vel metu extorserint[a], excommunicationis sententiae decernimus[b] subiacere.[2]

De praebendis et dignitatibus

21.[3] Statutum felicis recordationis Clementis papae IV[4] praedecessoris nostri de dignitatibus et beneficiis in curia Romana vacantibus, nequaquam per alium quam per Romanum pontificem conferendis, decrevimus taliter moderandum, ut ii ad quos eorumdem beneficiorum et dignitatum spectat collatio, statuto non obstante praedicto, demum post mensem, a die quo dignitates seu beneficia ipsa vacaverint numerandum, ea conferre valeant tantummodo per seipsos vel, ipsis agentibus in remotis, per suos vicarios generales in eorum dioecesibus exsistentes, quibus id canonice sit commissum.[5]

De rebus ecclesiae non alienandis

22.[6] Hoc consultissimo prohibemus edicto[7], universos et singulos praelatos ecclesias sibi commissas, bona immobilia seu iura ipsarum, laicis submittere, subicere seu supponere, absque capituli sui consensu et sedis apostolicae licentia speciali, non concedendo bona ipsa vel iura in emphitheosim seu alias alienando in forma et casibus a iure permissis, sed constituendo vel recognoscendo seu profitendo ab illis ea tanquam a superioribus se tenere seu ab ipsis eadem advocando, prout in quibusdam partibus vulgariter dicitur avoer, vel ipsos patronos sive advocatos ecclesiarum seu bonorum ipsorum, perpetuo aut ad tempus non modicum statuendo. Contractus autem omnes, etiam iuramenti, poenae vel alterius cuiuslibet firmitatis adiectione vallatos, quos de talibus alienationibus, sine huiusmodi licentia et consensu contigerit celebrari, et quicquid ex eis secutum fuerit, decernimus adeo viribus omnino carere, ut nec ius aliquod tribuant nec praescribendi etiam causam parent. Et nihilominus praelatos, qui secus egerint, ipso facto ab officio et administratione, cleri-

---

[a] ipso facto *add.* W   [b] decrevimus W

[1] c. 17 in BN.   [2] c. un. I 20 *in VI⁰* (Fr 2, 993).   [3] c. 27 in BN.
[4] Cf. *Les registres de Clément IV...*, ed. É. Jordan, I Paris 1893, nr. 212 (p. 56).
[5] c. 3 III 4 *in VI⁰* (Fr 2, 1021); cf. Göller, *Zur Geschichte...*, 84-85; id., *Die Einnahmen der apostolischen Kammer unter Johann XXII.*, Paderborn 1910, 92*-93*.
[6] c. 26 in BN.   [7] Cf. Kuttner 69.

소유할 수 없게 되며 그것을 반드시 반환해야만 한다. 그리고 그들이 반환해야 하는 액수 중 그 어떤 것도 본 법령을 위반하여 다시 그들에게 주어져서는 안 된다. 나아가, 본 법령을 위반하는 변호인들은 3년간 그들의 직무가 정지될 것이다. 소송대리인들은 그 순간부터 법정에서 모든 소송 대리 업무 수행의 자격이 박탈됨을 알아야 한다.

강압과 공포에 의해서 이루어진 것

20.[1] 파문 판결의 사면 허용이나 동일 판결의 그 어떠한 취소, 혹은 정직이나 성무 집행 정지의 취소가 강압과 공포에 의해서 이루어진 것이라면, 본 법령의 효력에 의해 그것들은 아무런 구속력을 지니지 않게 된다. 처벌 없이는 범죄의 대담성이 증대될 것이므로, 폭력 혹은 공포에 의해서 이러한 사면이나 취소를 강요하는 자들은 파문 판결에 처해질 것이다.[2]

성직록(praebenda)과 직위들

21.[3] 나의 추모하는 선임자 클레멘스 4세 교황의 교령에서[4] 로마교황청에서 공석이 된 직위들과 교회록들은 다른 어느 누구도 아닌 오직 로마교황에 의해서만 수여될 수 있다고 규정되어 있는데, 나는 다음과 같은 방식으로 그것을 개정함을 결정하는 바이다. 상기의 교령에도 불구하고, 그러한 직위들과 교회록들을 수여할 임무를 부여받은 이들은 그 직위들과 교회록들이 공석이 된 날로부터 계산하여 한 달이 지난 후에 직접적으로, 혹은 그들이 멀리 있는 경우에는 교회법적으로 이 업무를 맡은, 자기 교구들 안의 총대리들을 통해서 수여할 수가 있다.[5]

교회 재산의 양도 금지

22.[6] 잘 숙고된 본 법령으로써,[7] 모든 각 고위 성직자들이 그들 참사회의 동의와 사도좌의 특별한 허가 없이는 그들에게 맡겨진 성당들, 부동산과 그 권리들을 평신도들에게 일임하거나 그들에게 예속시키는 것을 금지하는 바이다. 그러한 재산들과 권리들을 장기 임대차 계약에 대여하거나 법에 허락된 형식과 경우에 의해 양도하는 것을 막는 것만이 문제가 아니라, 무엇보다도 피해야 할 것은 평신도들에 의해서 재산과 권리들이 소유되어 그들이 마치 상급자처럼 선언되고 인식되는 일이다. 나아가, 이미 특정 지역에서 속칭 'avoer'(수호자)라고까지 불리고 있으나, 평신도들이 마치 그 재산과 권리들의 보호자인 양 행세하는 일이 없어야 하겠다. 평신도들을 성당들이나 재산의 수호자 혹은 변호인으로 세우는 일은 영원히 혹은 매우 오랜 기간 동안 금지되어야만 할 것이다. 더 나아가, 앞서 언급된 허가나 동의 없이 이루어지는 양도들과 관련된 그 모든 계약들은 설사 그것이 서약에 의해서 그리고 벌의 위협이나 여타의 그 어떤 보증에 의해서 강화되었다 하더라도 아무런 효력이 없는 것임을 포고하는 바이다. 그러므로 그 계약들은 어떤 권리도 부여하지 않으며, 시효와 관련한 소송도 성립되지 않는다. 이와 다르게 행동하는 고위 성직자들은 그 사실 자체로 그가 맡은 직무와 행정직으로부터 3년간 정직될 것이다.

---

1) BN에서는 제17법령이다.   2) I 20 in *VI*°에서는 제1장이다(Fr 2, 993).   3) BN에서는 제27법령이다.
4) Cf. *Les registres de Clément IV...*, ed. E. Jordan, I Paris 1893, nr. 212(p. 56).
5) III 4 in *VI*°에서는 제3장이다(Fr 2, 1021); 참조: Göller, *Zur Geschichte...*, 84-85; id. *Die Einnahmen der apostolischen Kammer unter Johann XXII.*, Paderborn 1910, 92*-93*.
6) BN에서는 제26법령이다.   7) 쿠트너(Kuttner)의 책 69쪽을 볼 것.

cos etiam qui scientes contra inhibitionem praedictam aliquid esse praesumptum, id superiori denuntiare neglexerint, a perceptione beneficiorum, quae in ecclesia sic gravata obtinent, triennio[a] statuimus esse suspensos[b]. Laici vero qui praelatos vel capitula ecclesiarum seu alias personas ecclesiasticas, ad submissiones huiusmodi faciendas hactenus compulerunt, nisi post competentem monitionem, remissa submissione quam per vim vel metum exegerant, ecclesias et bona ecclesiastica eis submissa taliter in sua libertate dimittant, illi etiam qui de cetero praelatos vel personas easdem ad talia facienda compulerint, cuiuscumque sint conditionis[c] aut status, excommunicationis sint sententia innodati. Ex contractibus praeterea super praemissis huiusmodi, licentia et consensu intervenientibus, hactenus initis vel quos in futurum iniri contingetur, seu occasione illorum, laici ultra id quod eis ex natura contractuum ipsorum vel adhibita in illis lege permittitur, aliquid non usurpent. Qui vero secus egerint, nisi legitime moniti ab huiusmodi usurpatione destiterint, restituendo etiam quae taliter usurparant, eo ipso sententiam excommunicationis incurrant et extunc ad supponendum terram ipsorum, si opus fuerit, ecclesiastico interdicto, libere procedatur.[1]

De religiosis domibus, ut episcopo sint subiectae

23.[2] Religionum diversitatem nimiam, ne confusionem induceret, generale concilium[3] consulta prohibitione vitavit. Sed quia non[a] solum[a] importuna petentium inhiatio illarum postmodum multiplicationem extorsit, verum etiam aliquorum praesumptuosa temeritas diversorum ordinum, praecipue mendicantium, quorum nondum approbationes meruere principium, effrenatam quasi multitudinem adinvenit, repetita constitutione districtius inhibentes, ne aliquis de cetero novum ordinem aut religionem inveniat vel habitum novae religionis assumat, cunctas[d] affatim religiones et ordines mendicantes post dictum concilium adinventos, qui nullam confirmationem sedis apostolicae meruerunt, perpetuae prohibitioni subicimus et quatenus[e] processerant[e], revocamus. Confirmatos tamen per sedem eamdem, post idem concilium institutos, quibus ad congruam sustentationem reditus aut possessiones habere professio sive regula vel constitutiones quaelibet interdicunt sed per quaestum publicum tribuere victum solet incerta mendicitas, modo subsidere decernimus infrascripto, ut professoribus eorumdem ordinum ita liceat in illis remanere, si velint quod nullum deinceps ad eorum professionem admittant, nec de novo domum aut aliquem locum acquirant nec domos seu loca quae habent[f] alienare valeant, sine sedis eiusdem licentia speciali. Nos enim ea dispositioni sedis apostolicae reservamus, in Terrae sanctae subsidium vel pauperum aut alios pios usus per locorum ordinarios vel eos quibus sedes ipsa commiserit, convertenda. Si vero secus praesumptum fuerit, nec

---

[a] *om.* W   [b] per triennium *add.* W   [c] dignitatis W
[d] cunctos R   [e] quae praecesserant W
[f] de novo ... habent] domos seu loca alia emant nec huiusmodi W

---

[1] c. 2 III 9 *in* VI⁰ (Fr 2, 1042-1043).   [2] c. 28 in BN.
[3] Cf. conc. Lat. IV, c. 13 (v. supra p. 242).

그리고 성직자들이 이러한 금지 조항에 반대되는 행태들에 대하여 알고 있으면서도 그것들을 상급자들에게 고발하지 않는다면, 이토록 과중한 부담을 받는 성당과 연결된 그들 교회록의 수입을 동일한 기간 동안 수령해서는 안 된다. 또한 평신도들이 지금껏 고위 성직자들이나 성당 참사회원들이나 여타의 교회 인물들에게 그러한 예속 행위를 강요하였다면 그들에게 정당한 경고가 주어질 것이고, 그래도 그들이 강압과 공포에 의해서 취득한 이 권한들을 행사함을 포기하지 않으며 또 그러한 방식으로 예속시켰던 성당들과 교회 재산들을 자유의사로써 내놓지 않는다면, 그들은 파문에 처해질 것이다. 앞으로 그 어떤 상황이라 할지라도 고위 성직자들이나 여타의 인물들로 하여금 그러한 행동을 하도록 강요하는 자들은 파문 판결을 받게 될 것이다. 나아가, 이러한 계약들이 합당한 허가와 동의에 의해서 이루어져 그에 따라 계약이 체결된다면, 이러한 경우에 있어서도 평신도들은 그 계약 자체의 본질적 성격에서 나오거나 법에 의해서 예견되는 것 외의 그 어떠한 이득도 끌어내어서는 안 된다. 이와 다르게 행동하는 이들은 법 규정에 따라 경고될 것이고, 만일 그들이 이러한 횡령을 그만두지 않으며 그런 방식으로 찬탈했던 것을 반환하지 않는다면, 그들은 의심 없이 파문 판결에 처해질 것이다. 그리고 그 순간부터 필요하다면 교회법적 금지가 가차 없이 진행되어 그들의 토지가 몰수될 것이다.[1]

수도원들은 주교에게 예속되어야 함

23.[2] 수도회들의 지나친 다양성으로 인해 야기되는 혼란을 피하고자 과거 어느 전체 공의회는[3] 심사숙고하여 금지 조항을 제정한 바 있다. 그러나 이후, 부적합한 열망을 가진 이들이 거의 협박하다시피 수도회 증설을 요구하였을 뿐만 아니라, 일부 몰염치하고 경솔한 이들 때문에 새로운 수도회, 특히 탁발 수도회들이 아직 그 설립이 승인되기도 전에 헤아릴 수 없이 증가하는 결과를 가져오기에 이르렀다. 따라서 그 법령을 갱신하여, 차후에 그 어느 누구라도 새로운 수도회 혹은 수도 생활의 새로운 형태를 창설하거나 그 복장을 갖추는 것을 엄격하게 금지하는 바이다. 위에서 언급된 그 공의회 이후 생겨났고 사도좌에 의해서 승인되지 않은 탁발 수도회를 비롯한 모든 수도회들을 영구적으로 금지 제재에 처하고, 이미 확산되어 있는 것들은 폐쇄시킨다. 하지만 그 공의회 이후에 설립되었고 사도좌의 승인을 받은 수도회의 경우, 그들의 서원, 규칙 내지는 회헌에 따라 안정된 생활을 위한 소득이나 소유는 금지되지만 통상적으로 안정적이지 못한 구걸 행위에 의존해서 생계를 유지한다면, 다음과 같이 그들의 존립 방식을 규정하는 바이다. 그러한 수도회들에서 서원한 이들은 만일 그들이 원한다면 다음과 같은 조건 하에 그 수도회들 안에 머물 수 있다. 그들은 앞으로 더 이상 새로운 서원자들을 받아들일 수 없고, 새로운 집이나 토지를 구입할 수 없으며, 이미 소유하고 있는 집이나 토지는 사도좌의 특별한 허가 없이는 매각할 수 없다. 사실 나는 그 소유물에 대한 처분권을 사도좌에 유보하여, 해당 교구 직권자들을 통해서나 사도좌가 임명한 이들을 통하여 예루살렘 성지나 가난한 이들에 대한 원조, 혹은 여타의 경건한 목적으로 사용되게끔 전환하고자 한다.

---

1) III 9 in Ⅵ°에서는 제2장이다(Fr 2, 1042-1043).
2) BN에서는 제28법령이다.
3) 제4차 라테란 공의회의 제13법령을 볼 것(상기 242쪽).

personarum receptio nec domorum vel locorum acquisitio aut ipsorum ceterorumque bonorum alienatio valeat, et nihilominus contrarium facientes, sententiam excommunicationis incurrant. Personis quoque ipsorum ordinum omnino interdicimus, quoad extraneos, praedicationis et audiendae confessionis officium ac etiam sepulturam[a]. Sane ad Praedicatorum et Minorum ordines, quos evidens ex eis utilitas ecclesiae universali proveniens perhibet approbatos, praesentem non patimur constitutionem extendi. Ceterum Carmelitarum et Eremitarum sancti Augustini ordines, quorum institutio dictum concilium generale praecessit[b], in suo statu manere concedimus, donec de ipsis fuerit aliter ordinatum. Intendimus siquidem tam de illis quam de reliquis etiam non mendicantibus ordinibus, prout animarum saluti et eorum statui expedire viderimus, providere. Ad haec personis ordinum, ad quos constitutio praesens extenditur, transeundi ad reliquos ordines approbatos, licentiam concedimus generalem, ita quod nullus ordo ad alium vel conventus ad conventum se ac loca sua totaliter transferat, sedis eiusdem permissione super hoc specialiter non obtenta.[1]

De censibus et procurationibus

24.[2] Exigit perversorum audacia ut non simus sola delictorum prohibitione contenti, sed poenam etiam delinquentibus imponamus. Constitutionem itaque felicis recordationis Innocentii papae IV[3] praedecessoris nostri editam super non recipiendis in pecunia procurationibus et super receptione munerum visitantibus eorumque familiis interdicta, quam multorum fertur temeritas praeterire, volentes inviolabiliter observari, eam decrevimus poenae adiectione iuvandam, statuentes ut universi et singuli qui, ob procurationem sibi ratione visitationis debitam, exigere pecuniam vel etiam a volente recipere, aut alias constitutionem ipsam, recipiendo munera sive visitationis officio non impenso procurationem in victualibus aut aliquid aliud, procurationis occasione, violare praesumpserint, duplum eius quod receperint, ecclesiae a qua id receptum fuerit, infra mensem reddere teneantur; alioquin extunc patriarchae, archiepiscopi, episcopi duplum ipsum ultra praedictum tempus restituere differentes, ingressum sibi ecclesiae interdictum; inferiores vero ab officio et beneficio noverint se suspensos, quousque de duplo huiusmodi gravatis ecclesiis plenariam satisfactionem impendant, nulla eis in hoc dantium remissione, liberalitate seu gratia valitura.[4]

[a] personis ... sepulturam] personas quorumcumque (personis quoque *K*) ipsorum ordinum omnino praedicantes (praedicationis *K*) et audiendae confessionis officium nec non vel admittendi extraneos ad sepulturam aliquos interdicimus facultatem *W*
[b] quorum ... praecessit] qui se asserunt ante dictum concilium institutos *W*

---

[1] c. un. III 17 *in VI⁰* (Fr 2, 1054-1055); cf. inter alios K. Balthasar, *Geschichte des Armutsstreits im Franziskanerorden bis zum Konzil von Vienne*, Münster i. W. 1911, 56. 79-81; v. etiam Martin nr. 1817-1819.
[2] c. 11 in BN.   [3] Cf. c. 1 III 20 *in VI⁰* (Fr 2, 1056-1057).
[4] c. 2 III 20 *in VI⁰* (Fr 2, 1057); cf. W. E. Lunt, *Papal Revenues in the Middle Ages*, II New York 1934, 410, 421.

위의 조건들을 거슬러 행한 새로운 사람의 입회 허가나 집과 토지의 구입, 혹은 그것들과 여타 재산의 양도는 모두 무효이며, 그런 위반자들은 파문 판결을 받을 것이다. 그리고 이 수도회들의 회원들에게는 외부인들을 대상으로 설교하거나 고해를 듣거나 장례를 거행할 권한을 전적으로 금하는 바이다. 하지만 본 법령은 설교사회(도미니코회)와 작은 형제회(프란치스코회)에는 적용되지 않는 바, 그 수도회들의 보편 교회를 위한 유익성이 명백히 증명되었다고 인정되기 때문이다. 앞서 언급한 전체 공의회 이전에 설립된 가르멜회와 아우구스티노 은수자회의 경우에는, 그들을 위해 별도의 조치가 내려질 때까지 현재의 상태를 유지해도 된다고 허락하는 바이다. 사실 그 수도회들뿐 아니라 비(非)탁발 수도회를 포함한 여타의 수도회들에 영혼들과 그 수도회들의 선익이 된다고 여겨지는 바를 구현하고자 하는 것이 나의 의도이다. 아울러, 본 법령이 적용되는 수도회의 회원들에게는 승인된 다른 수도회들에로의 소속 전환을 일괄적으로 허가하는 바이다. 그러나 한 수도회가 다른 수도회에로, 그리고 한 수도원이 다른 수도원에로 그 소유한 모든 것과 함께 온전히 흡수되는 것은 사도좌의 특별 허가를 얻지 않는 한 금지된다.[1]

세금과 거마비

24.[2] 사악한 자들의 몰염치에는 그 악행에 대한 금지만으로는 충분치 않으며, 범법자들에 대한 처벌 또한 수반되지 않을 수 없다. 나의 선임자이신 승하하신 교황 인노첸시오 4세의 법령은[3] 사목 순시자들과 그 수행원들이 금품 수수의 형태로 거마비를 수령하는 것을 금지하고 있지만, 많은 이들이 지각없이 이를 무시하고 있다고 본다. 그래서 나는 그것이 온전히 지켜지도록 하기 위하여, 형벌의 추가로써 그것을 강화하기로 결정하는 바이다. 따라서 그들의 당연한 의무로서의 순시에 대한 보상으로서 금품을 감히 요구하거나 아니면 제공하는 이로부터 단순히 받기만이라도 하는 모든 각 개인들, 혹은 단지 선물이나 식품이라 할지라도 순시의 의무를 채우지 않은 상태로 받음으로써 동일 법령을 다른 방식으로 어기는 모든 각 사람들은 한 달 이내로 그들이 수령했던 것의 두 배를 그들이 받았던 바로 그 성당에 다시 반환해야만 한다. 만일 이를 어기고, 총대주교들, 대주교들, 주교들이 상기의 기간 내에 정해진 두 배의 액수를 반환하는 것을 소홀히 한다면, 그들은 바로 그 성당 출입이 금지된다는 것을 알아야 한다. 하급 성직자들은 그들이 부담을 주었던 성당에 두 배를 반환함으로써 완전한 배상을 할 때까지 직무와 교회록이 정지될 것이다. 증여자들의 용서와 자유와 호의는 그들에게 아무런 영향도 미치지 못할 것이다.[4]

---

1) III 17 in *VI*°에서는 제1장이다(Fr 2, 1054-1055). 다른 것들 중에서도 다음을 참조할 것: K. Balthasr, *Geschichte des Armutsstreits im Franziskanerorden bis zum Konzil von Vienne*, Münster in Westphalia 1911, 56, 79-81; 마틴(Martin)의 책 1817-1819항을 또한 참조할 것.
2) BN에서는 제11법령이다.
3) III 20 in *VI*°에서의 제1장을 볼 것(Fr 2, 1056-1057).
4) III 20 in *VI*°에서는 제2장이다(Fr 2, 1057). 다음을 참조할 것: W. E. Lunt, *Papal Revenues in the Middle Ages*, II New York 1934, 410, 421.

De immunitate ecclesiarum

25.[1] *Decet domum Domini sanctitudo*[2], decet, ut cuius *in pace factus est locus eius*[3], sit cultus cum debita veneratione pacificus. Sit itaque ad ecclesias humilis et devotus ingressus, sit in eis quieta conversatio, Deo grata, inspicientibus placida, quae considerantes non solum instruat sed reficiat. Convenientes ibidem *nomen* illud *quod est super omne nomen*[4], a quo aliud sub coelo non est datum hominibus, in quo salvos fieri credentes oporteat[5], nomen videlicet Iesu Christi, qui *salvum faciet populum suum a peccatis eorum*[6], exhibitione reverentiae specialis attollant, et quod generaliter scribitur, *ut in nomine Iesu omne genu flectatur*[7], singuli singulariter in seipsis implentes, praecipue dum aguntur missarum sacra mysteria, gloriosum illud nomen quandocunque recolitur, flectant genua cordis sui[a], quod[b] vel capitis inclinatione testentur. Attendantur in locis[c] ipsis[c] intentis praecordiis sacra[d] solemnia, devotis animis orationibus intendatur. Nullus in locis eisdem in quibus cum pace ac quiete vota convenit celebrari, seditionem excitet, conclamationem moveat, impetumve committat. Cessent in illis universitatum et societatum quarumlibet consilia, conciones et publica parlamenta. Cessent vana et multo fortius foeda et prophana colloquia. Cessent confabulationes quaelibet. Sint[e] postremo quaecunque alia divinum turbare possunt officium aut oculos divinae maiestatis offendere, ab ipsis prorsus[f] extranea, ne ubi peccatorum est venia postulanda, ibi peccandi detur occasio aut deprehendantur peccata committi. Cessent in ecclesiis earumque cimiteriis negotiationes et praecipue nundinarum ac fori cuiusque tumultus. Omnis in eis saecularium iudiciorum strepitus conquiescat. Nulla inibi causa per laicos, criminalis maxime, agitetur. Sint loca eadem a laicorum cognitionibus aliena. Ordinarii locorum haec faciant observari, suadenda suadeant, interdicta huius canonis auctoritate compescant, ad haec alios etiam in ecclesiis ipsis magis assiduos et ad praemissa idoneos deputando. Et nihilominus processus iudicum saecularium ac specialiter sententiae prolatae in eisdem locis, omni careant robore firmitatis. Qui vero praemissas inhibitiones animo petulanti contempserint, praeter processum ordinariorum et deputandorum ab ipsis, divinae ultionis et nostrae poterunt acrimoniam formidare, donec suum confessi reatum, a similibus, firmato proposito, deliberaverint abstinere.[8]

De usuris

26.[9] Usurarum voraginem, quae animas devorat et facultates exhaurit, compescere cupientes, constitutionem Lateranensis concilii[10] contra usurarios editam, sub divinae maledictionis interminatione, praecipimus inviolabiliter observari. Et quia quo minor feneratoribus aderit fenerandi commoditas, eo magis adimetur fenus exercendi libertas, hac

---

[a] flectant et corporis, si patitur tunc facultas *add.* W   [b] *om.* W
[c] eis W   [d] missarum *add.* W   [e] sive W   [f] sint *add.* W

---

[1] c. 23 in BN.   [2] Ps 92, 5.   [3] Ps 75, 3.   [4] Ph 2, 9.   [5] Cf. Ac 4, 12.
[6] Mt 1, 21.   [7] Ph 2, 10.   [8] c. 2 III 23 *in VI⁰* (Fr 2, 1061-1062).
[9] c. 24 in BN.   [10] Cf. conc. Lat. III, c. 25 (v. supra p. 223).

성당의 면책권

25.¹⁾ *당신의 집에는 거룩함이 어울립니다.*²⁾ 그러므로 *그 거처를 평화 안에 자리 잡으시는*³⁾ 분께서는 평화 속에서 합당한 공경으로써 예배를 받으셔야 한다. 따라서 성당에 들어갈 때에는 겸허하고 신심 깊은 자세를 취해야만 한다. 그리고 그 안에서는, 찾는 이들에게 평화를 주시며 거기 있는 이들을 단지 가르치시는 것뿐 아니라 또한 위로하시는 하느님 마음에 들도록 차분하게 처신해야 한다. 그곳에 모이는 이들은 특별한 공경의 행위로써 *모든 이름 위에 뛰어난 이름*⁴⁾을 찬미해야 한다. 그 이름을 제외하고는 하늘 아래 그 어떤 다른 이름도 사람들에게 주어지지 않았으며, 바로 그 안에서 믿는 이들이 구원을 받게 되는 이름,⁵⁾ 즉 *당신 백성을 죄에서 구원하실*⁶⁾ 예수 그리스도의 이름인 것이다. 모든 이를 위하여 기록되어 있듯이, *예수님의 이름 앞에 모든 이가 다 무릎을 꿇어야 함*⁷⁾을 각 사람들이 실행해야 할 것이며, 특히 거룩한 미사의 신비가 거행되는 동안 그 영광스러운 이름이 불리어지는 순간마다 적어도 외적으로는 머리를 숙임으로써 그 마음의 무릎을 꿇는다는 것을 표시해야 한다. 성당 안에서는 거룩한 예식에 분심 없이 임하고, 열심한 마음으로 기도에 전념해야 할 것이다. 평화와 고요 속에서 간구를 드려야 마땅할 이 장소에서 그 어느 누구도 반란을 일으키고 소요를 선동하거나 폭력을 행사할 수는 없다. 대학 자문 위원들을 소집하여 성당에서 모이는 일은 이제 중단되어야 할 것이고, 여타의 다른 모임들도 마찬가지이며, 공적 연설이나 의회 역시 성당에서 열려서는 안 된다. 쓸데없는 연설들, 특히 천하고 세속적인 연설들은 더 이상 하지 말아야 할 것이며, 잡담을 중단해야 할 것이다. 한마디로, 지존하신 하느님 대전에서 모욕이 될 수 있는 그 모든 것들은 성당에 적합하지 않은 것들이며, 죄의 용서를 구하기 위해서 가는 바로 그곳에서 죄를 짓게 되거나 혹은 죄를 보게 되는 일이 일어나지 않게끔 해야 할 것이다. 성당과 그 묘지에서의 상행위는 중단되어야 하며, 특히 상행위로 인해 그곳이 시끄러운 시장이나 광장처럼 되어서는 안 된다. 성당 안에서는 세속 재판으로 인한 그 어떤 소음도 들려서는 안 된다. 세속인들은 성당에서 어떤 소송도 개최할 수 없으며, 형사 소송은 더욱 그러하다. 성당은 세속인들의 법적 심리(審理) 장소가 되어서는 안 된다. 교구 직권자들은 이 규정이 준수되게끔 해야 하며, 이를 위해 설득 작업을 벌여야 하고, 그 권위로써 이 법규에서 금지하고 있는 바를 실행할 수 없도록 막아야 할 것이다. 이를 위해 해당 성당에서 가장 근면한 이들과 이 목적에 적합한 이들에게 그 권위를 위임해야 한다. 그리고 성당에서 열리는 세속 재판관에 의한 소송이나 특히 그렇게 하여 선언되는 판결은 모두 무효이다. 무례하게도 상기 금지를 무시하는 자들은 교구 직권자들과 그 위임자들에 의한 재판뿐만이 아니라, 자신의 범죄를 고백하고 앞으로 그런 유사한 행동을 다시는 하지 않겠다고 굳게 결심하기 전까지는 하느님과 내가 내리는 형벌로 인한 고통을 진정 두려워해야 할 것이다.

고리대금업

26.⁸⁾ 고리대금업은 영혼을 집어삼키고 재산을 고갈시키는 심연과도 같기에 이를 철폐하기 위하여, 고리대금업자들을 거슬러 발표된 라테란 공의회의 법령이⁹⁾ 불가침적으로 준수되어야 함을 신적 저주의 위협 아래 명하는 바이다. 고리대금업자들에게 고리대금업을 할 수 있는 자유를

---

1) BN에서는 제23법령이다.   2) 시편 92, 5.   3) 시편 73, 3.   4) 필리 2, 9.
5) 참조: 사도 4, 12.   6) 마태 1, 21.   7) 필리 2, 10.   8) BN에서는 제24법령이다.
9) 제3차 라테란 공의회의 법규 제25조를 볼 것(위의 223쪽 참조).

generali constitutione sancimus, ut nec collegium nec alia universitas vel singularis persona, cuiuscunque sit dignitatis, conditionis aut status, alienigenas et alios non oriundos de terris ipsorum[a], publice pecuniam fenebrem exercentes aut exercere volentes, ad hoc domos in terris suis conducere vel conductas habere aut alias habitare permittat[b], sed huiusmodi usurarios manifestos omnes infra tres menses de terris suis[c] expellant, numquam aliquos tales[d] de cetero admissuri. Nemo illis ad fenus exercendum domos locet vel sub alio titulo quocunque concedat[e]. Qui vero contrarium fecerint, si personae fuerint ecclesiasticae, patriarchae[f], archiepiscopi[g], episcopi[h], suspensionis; minores vero personae[i] singulares[i], excommunicationis; collegium autem seu[k] alia universitas, interdicti sententiam ipso facto se noverint incursuros. Quam si per mensem animo sustinuerint indurato, terrae[l] ipsorum, quandiu[m] in[m] eis[m] iidem usurarii commorantur, extunc ecclesiastico subiaceant interdicto. Ceterum[n] si[n] laici fuerint, per suos ordinarios ab huiusmodi excessu, omni privilegio cessante, per censuram ecclesiasticam compescantur[o].[1]

27.[2] Quamquam[p] usurarii manifesti de usuris quas receperant, satisfieri[q] expressa quantitate vel indistincte in ultima voluntate mandaverint, nihilominus tamen eis sepultura ecclesiastica denegetur, donec vel de usuris ipsis fuerit, prout patiuntur facultates eorum, plenarie satisfactum vel illis quibus est facienda restitutio, si praesto sint[r] ipsi[r] aut alii qui eis possint acquirere vel, eis absentibus, loci ordinario aut eius vices gerenti sive rectori parochiae in qua testator habitat, coram aliquibus fidedignis de ipsa parochia (quibus quidem ordinario, vicario et rectori, praedicto[s] modo[s], cautionem huiusmodi, eorum nomine liceat praesentis constitutionis auctoritate recipere, ita quod illis proinde actio acquiratur), aut servo publico de ipsius ordinarii mandato, idonee de restitutione facienda sit cautum. Ceterum si receptarum usurarum sit quantitas manifesta, illam semper in cautione praedicta exprimi volumus; alioquin aliam recipientis cautionem huiusmodi[t] arbitrio moderandam. Ipse tamen scienter non minorem quam verisimiliter creditur, moderetur et si secus fecerit, ad

---

[a] alienigenas ... ipsorum *om. W* [b] permittant (permittat *K*) *W*
[c] sed ... suis] sed infra tres menses ipsos usurarios manifestos de terris suis omnes *W*
[d] numquam ... tales] ipsos vel alios ipso crimine similiter irretitos numquam *W*
[e] Nemo ... concedat *om. W* [f] si ... patriarchae *om. W* [g] vel *add. W*
[h] aliique maiores *add. W* [i] si regulares (singulares *K*) personae sint *W*
[k] collegium ... seu] si autem *W* [l] tempore (terrae *K*) *W* [m] in quibus *W*
[n] si vero *W*
[o] Sententiam excommunicationis insuper incurrant omnes qui usurariis manifestis ad fenus exercendum domos locarent vel sub quocumque alio titulo duxerint concedendas *W*
[p] praesenti quoque adicimus sanctioni, ut quicumque (quamquam *K*) *W*
[q] usuris ... satisfieri] usuris (quas *add. K*) receperint satisfacere *W*
[r] fuerit (fuerint *K*) *W* [s] *om. W* [t] aliam ... huiusmodi] ex ipsius ordinarii *W*

---

[1] c. 1 V 5 *in VI⁰* (Fr 2, 1081); de c. 26 et 27 cf. inter alios T. P. McLaughlin, *The Teaching of the Canonists on Usury* ..., Mediaeval studies 2 (1940) 3, 7-8, 9-10; G. Le Bras, DThC 15 (1948) 2365.   [2] c. 25 in BN.

제한할수록 고리대금업은 더욱 어려워지는 것이기에, 본 일반 법령으로써 다음과 같이 명하는 바이다. 그 어떠한 단체나 그 밖의 조합 혹은 그 어떤 직위나 조건이나 신분을 막론하고 개인도, 공개적으로 고리대금업을 이미 하고 있거나 하기를 원하는 이방인들과 그 영토에서 출생하지 않은 다른 이들이 고리대금업을 하려고 주택을 임차하는 것, 이미 임차한 주택을 점유하는 것, 그리고 어느 집에서라도 거주하는 것을 허가해서는 안 된다. 오히려 그들은 3개월 내에 자신의 영토에서 이 모든 고리대금업자들을 추방해야 할 것이며, 앞으로도 그러한 인물들이 얼씬대는 것을 더 이상 허락해서는 안 된다. 그 어느 누구도 그러한 사람들에게 거기에서 다른 명목을 걸어서라도 고리대금업을 할 수 있게끔 주택을 세놓아서는 안 된다. 이와 반대되는 행동을 하는 자는 그 자체로 다음과 같은 형벌 제재를 받는다는 것을 알아야 한다. 총대주교, 대주교, 주교들과 같은 교회 인사들은 정직 제재를 받게 될 것이고, 그보다 하위 직급의 인물들은 파문 제재를 받아야 하며, 단체나 여타 조합의 경우에는 금지 제재 처분을 받을 것이다. 만일 이들이 완고한 마음으로 한 달간 말을 듣지 않는다면, 그 순간부터 그들의 땅은 고리대금업자들이 거기에서 계속 머무는 한 교회법적으로 금지 제재를 받게 된다. 나아가, 평신도들의 경우에는 그들의 교구 직권자가 그들이 그런 범법 행위를 못하도록 교회법적 제재를 통해 강제할 것이고, 그들에게 주어졌던 모든 특전들이 중단될 것이다.[1]

고리대금업자의 이자 반환 유언

27.[2] 설혹 악명 높은 고리대금업자들이 그간 징수했던 이자들을 명시된 액수만큼 반환하거나 또는 개괄적 방식으로 반환하기로 유언하였다 하더라도, 그 반환이 완전히 혹은 그들의 가능한 한계 내에서 이루어질 때까지, 혹은 수령자 자신이나 그 대리인이 출석한 상태에서 담보가 제공되지 않는다면, 고리대금업자들에게 교회 장례식은 거부될 것이다. 만일 수령자나 그 대리인이 없는 상태라면, 그 담보는 교구 직권자나 대리자에게, 아니면 유언자가 살고 있는 본당의 주임 사제에게, 동일한 본당의 신심 깊은 몇몇 인물들이나 동일한 교구 직권자에 의해 임명된 공적인 피고용인이 참관한 상태에서 맡겨져야 한다. 교구 직권자와 그 대리자와 본당의 주임 사제는 본 법령의 효력으로써 그 담보를 자신의 이름으로 수령할 수 있으며, 차후 법적 소송에서의 권리를 갖게 된다. 그리고 만일 그 이자 액수가 알려진 경우라면, 그것이 항상 담보에 기입되기를 바란다. 만일 그 이자의 액수를 정확히 알 수 없는 경우라면, 담보를 수령하는 이가 그 액수를 정할 것이다. 그러나 그는 그 이자 액수를 예상액보다 고의적으로 낮게 책정해서는 안 된다. 만일 그와 다르게 행동한다면, 담보 수령자는 아직도 남아 있는 부분에 대한

---

1) V 5 in Ⅵ°에서는 제1장이다(Fr 2, 1081). 제26법령과 제27법령에 대해서는 다른 여러 것들 가운데 다음을 참조: T. P. McLaughlin, *The Teaching of the Canonists on Usury...*, Mediaeval Studies 2(1940) 3, 7-8, 9-10; G. Le Bras, DThC 15(1948) 2365.
2) BN에서는 제25법령이다.

satisfactionem residui teneatur. Omnes autem religiosos et alios, qui manifestos usurarios contra praesentis sanctionis[a] formam ad ecclesiasticam admittere ausi fuerint[b] sepulturam, poenae in Lateranensi concilio[1] contra usurarios promulgatae[c], statuimus subiacere. Nullus manifestorum usurariorum testamentis intersit aut eos ad confessionem admittat sive ipsos absolvat, nisi de usuris satisfecerint vel de satisfaciendo pro suarum viribus facultatum praestent, ut praemittitur, idoneam cautionem. Testamenta quoque manifestorum usurariorum aliter facta non valeant, sed sint irrita ipso iure[d].[2]

De iniuriis et damno dato

28.[3] Etsi pignorationes quas vulgaris elocutio represalias nominat, in quibus alius pro alio praegravatur, tanquam graves, legibus et aequitati naturali contrariae, civili sint constitutione prohibitae, ut tamen earum prohibitio in personis ecclesiasticis tanto amplius timeatur, quanto in illis specialius inhibentur, eas concedi contra personas praedictas seu bona ipsarum, aut quantumcumque generaliter praetextu cuiusvis consuetudinis, quam potius reputamus abusum, forte concessas, ad illas extendi praesenti decreto districtius inhibemus. Illi autem qui contra fecerint, adversus personas easdem pignorationes seu represalias concedendo vel extendendo ad eas, nisi praesumptionem huiusmodi revocaverint, a concessionis vel extensionis tempore infra mensem, si personae singulares fuerint, sententiam excommunicationis incurrant; si vero universitas, ecclesiastico subiaceat interdicto.[4]

De sententia excommunicationis

29.[5] Constitutionem felicis recordationis Innocentii papae IV[6] praedecessoris nostri, quae prohibet participantes excommunicatis ea participatione quae solam minorem excommunicationem inducit, monitione canonica non praemissa maiori excommunicatione ligari, decernens promulgatam aliter excommunicationis sententiam non tenere, ad tollendum omnem ambiguitatis scrupulum, declarantes decernimus ita demum monitionem esse canonicam in hoc casu si, aliis rite servatis, eos qui monentur, exprimat nominatim. Statuimus quoque ut inter monitiones quas, ut canonicae promulgetur excommunicationis sententia, statuunt iura permitti, iudices, sive monitionibus tribus utantur sive una pro omnibus, observent aliquorum dierum competentia intervalla, nisi facti necessitas ea suaserit aliter moderanda.[7]

---

[a] constitutionis *W*
[b] vel ad confessionem vel ad absolutionem vel ad communionem vel ad *add. W*
[c] poenae ... promulgatae] poenae praedicti (concilii *add. K*) *W*
[d] nullus ... iure *om. W*

---

[1] Cf. conc. Lat. III, c. 25 (v. supra p. 223).
[2] c. 2 V 5 *in VI⁰* (Fr 2, 1081-1082); cf. Göller, *Zur Geschichte* ... 86.
[3] c. 19 in BN. [4] c. un. V 8 *in VI⁰* (Fr 2, 1089). [5] c. 12 in BN.
[6] Cf. conc. Lugd. I, c. 21 (v. supra p. 292).
[7] c. 9 V 11 *in VI⁰* (Fr 2, 1101-1102).

반환을 책임져야 할 것이다. 모든 수도자들과 다른 이들이 본 규정을 위반하면서 악명 높은 고리대금업자들에게 감히 교회 장례식을 허락한다면, 그들은 라테란 공의회에서[1] 고리대금업자들을 거슬러 정해진 벌을 받게 될 것이다. 만일 공적으로 알려진 고리대금업자가 먼저 이자를 반환하거나 아니면 위에서 언급한 대로 적당한 담보를 제공하면서 힘닿는 대로 이자를 반환할 것을 보장하기 전에는, 그 어느 누구도 그의 유언에 대한 증인이 되거나 그 고해를 듣거나 죄의 사함을 베풀 수 없다. 이와 다른 방식으로 작성된 악덕 고리대금업자들의 유언은 아무런 효력도 가질 수 없으며 법 자체로 무효한 것이다.[2]

불법행위와 야기된 손실

28.[3] 통상적 압력 수단인 근저당 설정은 한 사람이 다른 사람을 위해 부담을 지게 되는 것으로서 그 무거움 때문에 법과 자연적 형평에 어긋나기에 민법상으로도 금지되어 있다. 교회 인사들을 대상으로 범법을 하는 자들이 보다 더 큰 두려움을 갖게 하기 위하여, 더욱 특별한 방법으로 이러한 금지가 준수되게 해야 할 것이다. 그러므로 본 교령을 통해 엄중하게 금하노니, 근저당 설정은 교회 인사들이나 그들의 재산에 대하여 이루어질 수 없다. 나는 그것을 남용이라고 판단하지만 설혹 관습이란 미명하에 근저당 설정 행위가 일반적으로 허용된다 하더라도, 교회 인사들에게까지 확대 적용되어서는 안 된다. 이를 어겨서 근저당 설정이라는 압력 수단을 교회 인사들에게까지 허용하거나 확대하는 자들은, 개인의 경우 파문 판결을 받을 것이고, 단체의 경우에는 교회법적 금지 제재를 받을 것이다. 다만 한 달 이내로 그런 무도한 짓을 거둔다면 그러하지 아니하다.

파문 판결

29.[4] 나의 추모하는 선임자 교황 인노첸시오 4세 교황의 법령은[5] 이미 파문된 자들과 함께 단지 하급 파문에 해당되는 일에 관련하여 내통한 사람들이 사전의 교회법적 경고 없이 상급 파문에 처해지는 것을 금하고 있으며, 이와 다른 방식으로 공포된 파문 판결은 아무런 효력도 없음을 규정하고 있다. 모든 의심과 불분명한 해석을 없애기 위하여, 이 경우에 있어서는 다른 모든 지시 사항들이 준수된 후에 경고를 받는 자들의 이름이 일일이 명기될 때에만 그 경고가 교회법적인 것이라 말할 수 있다고 규정하는 바이다. 교회법적 파문 판결이 공포되기 위해서 요구되는 경고 과정에 관한 법적 규정에 따라, 재판관들은 세 차례에 걸쳐 경고를 주든지 아니면 한 번에 세 차례의 경고를 모두 주든지 간에 며칠 동안의 합당한 간격을 준수해야만 한다. 다만 상황이 긴박해서 달리 행동해야 할 경우에는 그러하지 아니하다.

---

1) 제3차 라테란 공의회의 법규 제25조를 볼 것(위의 223쪽 참조).
2) V 5 in *VI*°에서는 제2장이다(Fr 2, 1081-1082); 참조: Göller, *Zur Geschichte...*, 86.
3) BN에서는 제19법령이다.
4) BN에서는 제12법령이다.
5) 제1차 리옹 공의회의 제21법령을 볼 것(상기의 292쪽 참조).

30.[1] Praesenti generali declaramus edicto beneficium relaxationis ad cautelam, quoad interdicti sententias in civitates, castra vel quaelibet alia loca generaliter promulgatas, locum aliquatenus non habere.[2]

31.[3] Quicunque pro eo quod in reges, principes, barones, nobiles, ballivos vel quoslibet ministros eorum aut quoscunque alios excommunicationis, suspensionis seu interdicti sententia fuerit promulgata, licentiam alicui dederint occidendi, capiendi seu alias in personis aut bonis suis vel suorum gravandi eos qui tales sententias protulerunt, sive quorum sunt occasione prolatae vel easdem sententias observantes seu taliter excommunicatis communicare nolentes, nisi licentiam ipsam re integra revocaverint vel si ad bonorum captionem, occasione ipsius licentiae, sit processum, nisi bona ipsa sint infra octo dierum spatium restituta aut satisfactio pro ipsis impensa, in excommunicationis sententiam incidant ipso facto[a]. Eadem quoque sint sententia innodati omnes qui ausi fuerint praedicta licentia data uti, vel aliquid praemissorum, ad quae committenda licentiam dari prohibuimus, alias committere suo[b] motu[b]. Qui autem in eadem sententia permanserint duorum mensium spatio, extunc ab ea non possint nisi per sedem apostolicam absolutionis beneficium obtinere.[4]

a in ... facto] eo ipso excommunicationis sententiam incurrant *W*
b per se ipsos *W*

[1] c. 13 in BN.   [2] c. 10 V 11 *in VI⁰* (Fr 2, 1102).   [3] c. 20 in Bn.
[4] c. 11 V 11 *in VI⁰* (Fr 2, 1102).

실효 집행

30.[1] 본 일반 법령으로써, 전체적 금지 판결이 공포되었던 도시들과 성들과 그 밖의 다른 모든 장소들에 부여되었던 유예 혜택(beneficium relaxationis ad cautelam)은 모두 무효임을 선언하는 바이다.[2]

판결 관련 인사에 대한 부당한 보복 행위

31.[3] 왕, 군주, 영주, 귀족, 행정관, 혹은 그들의 집행관들이나 그 밖의 사람들을 향한 파문, 정직, 혹은 금지 판결에 대해 불만을 품고서, 그러한 판결을 명했거나 그에 관해 소견을 제출했던 인물들, 혹은 그 판결을 준수하는 사람들, 파문된 자들과의 통교를 거부하는 사람들을 죽이거나 납치하도록 사주하는 자들, 그리고 사람에 대해서나 재물에 대해서나 그 친척들에 대해서나 누군가를 사주하여 고통을 주는 자들은 그 사실 자체로 파문 판결에 처해질 것이다. 만일 그들이 때맞추어 그러한 사주를 취소한다면, 이러한 판결에 처해지지는 않을 것이다. 만일 이러한 사주의 기회를 틈타서 재물을 약탈하였다면, 8일 이내에 그것을 반환하거나 그 피해에 대한 보상을 하지 않을 경우에는 동일한 판결에 처해질 것이다. 이러한 사주의 기회를 이용하거나 아니면 자신이 주도해서 내가 금지한 바 있는 상기의 그 어떠한 범죄들을 감히 저지르는 자들은 동일한 판결에 처해질 것이다. 이 파문 판결에 묶여 있음에도 두 달간이나 이러한 행동을 고집하는 자들은 오직 사도좌에 의해서가 아니면 결코 사면될 수 없다.[4]

---

1) BN에서는 제13법령이다.
2) V 11 in VI°에서는 제10장이다(Fr 2, 1102).
3) BN에서는 제20법령이다.
4) V 11 in VI°에서는 제9장이다(Fr 2, 1101-1102).